시부에 추사이

비장의 구슬이 갑자기 상자를 열고 나왔다.
그 밝고 투명하게 빛나는 모습이 한 점 흠도 없다.
이것을 받아 센소지 주변에서 파도와 같은 소란이 일고 있다.
다쓰노구치의 엔도 님이 처음으로 찾아낸 것이 바로 이 구슬이다.

『시부에 추사이』43에서 발췌

시부에 추사이

모리 오가이 지음
전정은 옮김

옮긴이의 말

　　박사학위 논문을 작성하면서 모리 오가이(森鷗外, 1862-1922)의 『시부에 추사이(澁江抽齋)』를 번역하게 되었다. 그리고 많은 분들의 도움으로 책이 세상에 나오게 되었다. 나에게 『시부에 추사이』 번역을 제안하고 지도해 주신 여인석 교수님과 학위 논문을 심사해 주신 선생님들 그리고 번역과 연구에 도움을 주신 연세의대 의사학과 선생님들께 진심으로 감사드린다. 이 작품의 가치를 알아봐 주신 역사공간에도 감사드린다.

　　모리 오가이는 나쓰메 소세키(夏目漱石)와 함께 일컬어지는 일본의 근대 문호로, 문학사와 의학사 동시에 족적을 남긴 독특한 이력을 가진 작가다. 오가이는 1862년에 쓰와노번(현재 시마네현)에서 영주의 주치의 집안 장남으로 태어나 1884년부터 1888년까지 4년 간의 독일 유학을 거쳐 1922년 신장 기능의 저하와 폐결핵으로 사망하기까지 육십 평생 동안 의업과 문업을 병행하며 살았다. 그의 본명은 린타로(林太郎)인데, 위생학 전문 군의관으로 육군 군의총감과 의무국장 자리까지 올랐고, 퇴역 후에는 넓은 식견을 인정받아 궁내성 제실박물관장 겸 도서관장(현재 도쿄국립박물관 및 국립도서관 총책임자), 제실미술원장(현재 도쿄국립미술관장) 등을 역임했다. 오가이는 필명으로, 번역과 평론을 시작으로 소설, 시가, 희곡 등 거의 모든 장르에 걸쳐 일본 근대 문단에서 선구적인 역할을 담당했다. 한마디로 오가이는 문학자요, 의학자며, 군인이자 관료로 종횡무진 활약한 일본 근대 지식인이었다.

　　1916년에 발표된 『시부에 추사이』는 오가이가 생애 말년에 심혈을 기울여 집필한 대작으로, 그의 본령이 깃든 최고 걸작이라고 말할 수 있는 작품이다. 그는 이 작품에서 의사이자 문학자이며 관리인 자신의 정체성을 뚜렷이 드러냈다. 오가이는 생의 후반에 주로 일본의 과거와 역사에서 소재를 구해 글을 썼는데, 그 과정에서 『무감(武鑑)』이라고 하는 일종의 에도시대 인명사전을 많이 수집했고 거기서 우연히 '시부에 추사이'라는 이름을 발견했다. 시부에 추사이(澁江抽齋, 1805-1858)는 에도시대 말 실존인물로, 에도에 상주한 히로사키번의 의관(醫官)이자 학의(學醫)였다. 오가이는 자신과 마찬가지로 의사이면서 관리이고 문인이었던 추사이에게서 깊은 동질감과 외경심, 친애의 감정을 느끼고 이 인물을 탐색하기 시작했다. 그렇게 해서 탄생한 작품이 바로 『시부에 추사이』다. 오가이는 『시부에 추사이』를 시작으로 『이사와 란켄(伊澤蘭軒)』, 『호조 가테이(北條霞亭)』 등 에도시대 고증학자들의 전기를 집필하는 데 전념했고, 이러한 글쓰기로 창작의 영역에서도 일류로 인정받았다.

『시부에 추사이』는 동명의 인물을 주인공으로 한 장편 역사전기물로, 1916년 1월부터 5월까지 『도쿄니치니치신문』(현재 『마이니치신문』) 등에 119회에 걸쳐 연재되었다. 신문 연재물로 발표된 것이 나중에 가필과 수정을 거쳐 오가이 사후에 전집에 수록되고 서적화되었다. 오가이의 본령은 에도시대 인간에 대해 썼던 만년의 역사물에 잘 드러난다고 이야기될 만큼 『시부에 추사이』는 오가이가 양적, 질적으로 엄청난 열정을 기울여서 집필한 작품으로 유명하다. 그뿐만 아니라 일본문학사에서는 역사전기의 새로운 경지를 개척한 수작으로 평판이 높은 작품이다. 오가이는 역사상 인물이지만 당시에는 무명이나 다름없었던 시부에 추사이에게 매료되어 그 가족과 친구, 스승 등 인간관계는 물론 학문, 성격, 취미, 인품, 저술, 업적, 습관, 기호, 일상생활 등에 이르기까지 이 인물을 둘러싼 거의 모든 것을 꼼꼼하게 추적하고 조사해서 기록했다. 위로 추사이의

6대 조상으로 거슬러 올라가고 아래로는 추사이 사후 60여 년에 이르며 작품에 등장하는 인물의 수만 해도 800여 명에 달한다. 오가이는 엄격한 실증주의에 입각하여 자료와 취재를 바탕으로 추사이를 조사하게 된 동기부터 조사 방법, 조사 내용, 조사 과정, 조사 결과를 빠짐없이 기록해 생생하고 담담한 문체로 『시부에 추사이』를 완성했다.

『시부에 추사이』는 한 인물의 전기인 동시에 에도시대를 배경으로 한 역사서이자 일종의 학술연구서다. 이 작품에는 에도시대 말 인물, 학문, 문화, 사상, 정치, 경제, 풍속, 사건, 사고, 유행 등이 방대하게 담겨 있다. 특히 에도시대 말에 활동한 의관이 주인공이고 그와 교류한 많은 인물들이 의학으로 연결되어 있다는 점에서 에도시대 말 의학의 동향을 살펴보기 좋은 텍스트다. 그중에서도 주목할 만한 부분은 일본 전통의학의 한 유파인 고증학파를 다룬 내용이다. 에도시대 말에 성행한 학문은 고증학이었다. 그리고 이 시기의 의학도 고증학의 영향을 많이 받았다. 추사이와 마찬가지로 에도시대 말에 활동한 의사들 중에는 고증학자들이 많았다. 이들은 고증학파라고 하는 하나의 집단을 형성하여 의학 연구를 주도하고 에도 말 의학계를 장악했다.

고증학이란 옛 문헌을 실증적, 비판적으로 해석하는 학문이다. 고증학자들은 고서(古書)를 참고해 한 글자, 한 구절의 음과 뜻을 치밀하게 연구했고, 이를 토대로 고전을 해석하고 정비했다. 고증학파는 의사라는 안정적인 지위와 풍부한 장서를 바탕으로 고의서에 대한 엄밀한 문헌학적 작업을 수행했다. 이들은 가능한 많은 고서를 수집하고 발굴하는 데 주의를 기울였고, 수집·발굴한 고서를 교정하고 출판하는 데도 정성을 쏟았다. 그 결과 고증학파는 중국 당나라 때 의학서인 『천금방(千金方)』, 조선 세종 때 의학서인 『의방유취(醫方類聚)』, 일본에서 현존하는 가장 오래된 의학서인 『의심방(醫心方)』 등을 새로 교각하고, 고서 연구의 성과를 집적하여 『경적방고지(經籍訪古志)』를 편찬하는 등의 업적을 남겼다. 이들은 세이주칸(躋壽館)이라는 의학 교육 기관을 본거지로 활동하는 한편 녹정회, 설문회 같은 사적인 고서 모임을 통해 결속과 친목을 다지며 그 학통을 이어갔다. 그러나 문헌 중심의 학문이라는 자체적인 한계와 근대화라고 하는 시대적 조류로 인해 임상 실력을 갖춘 서양의학에 자리를 내주며 점차 쇠퇴해 갔다. 이렇게 에도 말에 고증학파가 흥하고 쇠락해 가는 일련의 과정이 『시부에 추사이』에 잘 묘사되어 있다.

올해는 『시부에 추사이』가 발표된 지 109년, 오가이가 사망한 지 103년이 되는 해다. 오가이 사망 100주년이던 지난 2022년에는 일본에서 『시부에 추사이』의 자필 원고 일부가 발견되는 기념비적인 일도 있었다. 그동안 국내에서 오가이의 작품은 중편과 단편 소설을 위주로 소수의 작품만 소개됐었는데, 이번에 우리말 초역으로 선보이는 『시부에 추사이』는 오가이가 남긴 몇 안 되는 장편 작품인 데다 오가이의 역사전기의 시작을 알린 작품이자 대표작이다. 오가이의 정수가 담긴 최고 걸작이며 메이지와 다이쇼시대 문학을 대표하는 작품으로 일본문학사에서도 높은 평가를 받고 의학사적으로도 참고할 게 많은 이 작품을 국내에 처음으로 선보일 수 있게 되어 역자로서 대단히 기쁘게 생각한다.

비장의 구슬이 갑자기 상자를 열고 나왔다. 그 밝고 투명하게 빛나는 모습이 한 점 흠도 없다. 이것을 받아 센소지 주변에서 파도와 같은 소란이 일고 있다. 다쓰노구치의 엔도 님이 처음으로 찾아낸 것이 바로 이 구슬이다.

『시부에 추사이』에 나오는 "예로부터 엄숙하게 감추어져 있던 책이 갑자기 눈앞에 나타난 상황"의 기쁨을 노래한 내용인데, '비장의 구슬'로 일컬을 수 있는 『시부에 추사이』를 소개하는 역자의 기쁨도 이와 같다.

오가이는 창작자이기에 앞서 뛰어난 번역가였다. 그의 번역은 원작보다 뛰어난 것으로 정평이 나 있는데, 지금까지도 일본에서 안데르센의 『즉흥시인』이나 괴테의 『파우스트』 번역은 오가이의 번역이 제일 유명하다. 그러나 그런 오가이조차도 오역 논란을 피하지 못했다. 오가이는 인간이 하는 일에는 과오가 없을 수 없고, 오류가 없는 책, 오역이 없는 번역은 있을 수 없다고 했다. 그저 그것을 없애도록 노력하는 수밖에 없다고 했다. 『시부에 추사이』는 결코 읽기 만만한 작품이 아니며, 번역하기는 더더욱 녹록지 않은 작품이다. 일본 근대의 최고 지성이 에도막부 말이라는 격동기를 배경으로 쓴 대하역사물인 만큼, 원어민조차도 자료를 참고해 가면서 읽지 않으면 이해가 어려운 작품을 우리말로 번역한다는 게 쉽지 않았다. 오역이나 오류가 없도록 거듭 노력하고 신경 썼지만, 그럼에도 발견되는 아쉬운 점에 대해서는 책을 읽는 분들의 이해와 가르침을 받고자 한다.

모리 오가이의 『시부에 추사이』는 국내에서 처음으로 베일을 벗는 작품이다. 앞서 말한 것처럼 『시부에 추사이』는 역사인 동시에 문학이고, 창작인 동시에 고증이자 그 자체가 하나의 학술연구라고까지 말해지는 엄청난 작품이다. 그만큼 읽을거리, 즐길거리가 풍부하며 무엇보다도 일본 에도시대 말 풍경의 보고(寶庫)와도 같은 작품이라고 할 수 있다. 모리 오가이를 지식계급의 우상이자 무조건적인 숭배의 대상으로 언급한 적이 있는 미시마 유키오(三島由紀夫)는 이 작품을 두고 "누구의 입에도 맞는 맛있는 음료가 될 것"이라고 말한 적이 있는데, 역자도 이 말에 공감한다.

작품은 최대로 응축되어 인생의 굴곡이 최대로 압축된 채 채워져 있어서 일반 독자에게는 마치 진한 농축액을 마시는 것처럼 쓰다. 그러나 『시부에 추사이』의 단 한 줄을 물에 넣으면 진한 농축액이 금세 물에 퍼져 입에 잘 맞는 부드러운 음료가 되듯이 누구의 입에도 맞는 맛있는 음료가 될 것이다.

미시마 유키오, 『문장독본』(강방화·손정임 역, 미행, 2022)

마지막으로 이 책이 나오기까지 격려하고 함께 애써준 모든 분께 감사드린다. 특히 어머니 이경숙, 아버지 전상욱, 언니 전진주에게 사랑과 존경, 감사의 마음을 전한다.

모쪼록 추리소설을 읽는 것과 같은 탐구의 즐거움 속에서, 시부에 추사이라는 한 인간을 향한 모리 오가이의 열렬한 마음과 깊은 애정을 확인해 보길 바란다.

2025년 3월 전정은

차례

옮긴이의 말　　7
일러두기　　16

제1장　　17
제2장　　169
제3장　　203

시부에 집안 가계도　　350
일본 연호: 간에이~다이쇼　　351

일러두기

· 본 역서의 저본은 森鷗外 著, 『渋江抽斎』(岩波書店, 2020)다.
· 모든 주석은 역자의 것이다.
· 원서에 1~119로 구분되어 있는 내용을 이야기 전개에 따라 3개의 장으로 묶었다.
· 국립국어원 외래어표기법을 따르되, 이미 굳어져 익숙한 표현과 일부 인명, 고유명사는 예외를 두었다.
· 연도는 서력을 기본으로 하고, 일본 연호를 병기했다.
· 일본식 한자는 한국식 한자로 수정했다.
· 큰따옴표, 작은따옴표 등 일부 문장부호는 역자가 삽입한 것이다.

제1장

1

37년의 삶이 순식간에 지나갔다.

의학을 공부하고 가업을 계승하며 부족한 재능을 키우고 있다.

세간에서 성공할 수 있는지 운명의 흐름에 맡기고 불평하지 않는다.

돈을 버는 대신 안락한 생활을 우선으로 하고 가난을 걱정하지 않는다.

이것은 시부에 추사이가 쓴 「술지(述志)」[1]라는 시다. 생각건대 1841년(덴포12) 말에 지은 것 같다. 시부에 추사이는 히로사키[2]의 성주(城主)인 쓰가루 유키쓰구[3]의 에도 번저(藩邸)에 상주하는 의관(醫官)으로, 당시 긴주즈메[4]였다. 그러나 은거(隱居)를 보좌하는 역에 임명되고 주로 야나기시마에 있는 노부유키[5]의 저택으로 출근했다. 아버지 다다시게가 직에서 물러나고 가독 상속을 하고 19년, 어머니 이와다 누이를 여의고 12년, 아버지를 여의고 4년이었다. 세 번째 아내 오카니시 도쿠와 장남 쓰네요시, 장녀 이토, 차남 야스요시 다섯 식구로, 남편이 서른일곱 살, 아내가 서른두 살, 장남이 열여섯 살, 장녀가 열한 살, 차남이 일곱 살이었다. 거처는 간다 벤케이바시에 있었다. 봉록은 300석(石)이었다. 그러나 추사이는 마음속으로 고대 의학서 읽기를 좋아하고 기술을 팔려는 생각이 없었기 때문에 봉록 외에 다른 수입은 거의 없었을 것이다. 다만 쓰

---

1 시부에 추사이의 시집 『抽齋吟稿』에 수록. "三十七年如一瞬. 學醫傳業薄才伸. 榮枯窮達任天命. 安樂換錢不患貧."
2 히로사키(弘前): 아오모리현 서부에 위치.
3 쓰가루 유키쓰구(津輕順承): 1800-1865, 히로사키번의 11대 번주.
4 긴주즈메(近習詰): 긴주(近習)란 군주를 가까이서 섬기는 신하. 긴주즈메는 대기소(詰所)에 상주하는 긴주를 의미하는 것으로 추정된다.
5 쓰가루 노부유키(津輕信順): 1800-1862, 히로사키번의 10대 번주.

가루 가문의 비방[6]인 일입금단[7]이라는 것을 제조해서 파는 것이 허락되었으므로 약간의 수익은 있었다.

　추사이는 검소한 생활을 하는 사람이었다. 술은 전혀 마시지 않았지만 4년 전에 선대의 번주 노부유키를 따라 히로사키에 가서 이듬해까지 추운 곳에 있었기 때문에 저녁 반주를 하게 되었다. 담배는 평생 피우지 않았다. 산으로 놀러 다니지도 않았다. 때때로 약초를 캐러 가볍게 여행하는 수준이었다. 다만 연극을 좋아해서 극장에 종종 드나들었는데, 그것도 동호인들과 함께 무대 정면 바닥의 관람석을 사서 가는 것이 정해져 있었다. 검소함을 사랑한다는 의미에서 이 무리를 주무숙련[8]이라고 칭했다고 한다.

　추사이는 돈을 어디에 썼을까. 책을 구입하고 식객을 돌보는 두 가지 일 외에는 없었던 것 같다. 시부에 가문은 대대로 학의[9]였기 때문에 조상의 손때 묻은 책이 적지 않았을 것이다. 실제로 『경적방고지(經籍訪古志)』[10]에 실린 책 목록만 봐도 추사이가 책을 사기 위해 돈을 아끼지 않았던 것을 알 수 있다.

　추사이의 집에는 식객이 끊이지 않았다. 적을 때는 두세 명, 많을 때

6　　비방(秘方): 자기만 알고 남에게 공개하지 않는 특효의 약방문.
7　　일입금단(一粒金丹): 히로사키번이 제조하여 에도시대에 시중에 알려진 비약. 아편을 함유한 제약으로, 진정제나 강장제로 사용되었으며 설사나 뇌졸중, 후유증 등에도 효과가 있다고 알려져 있다. 영지와 에도에 상주하는 한정된 번의에게만 제조법이 전수되었다.
8　　주무숙련(周茂叔連): 주무숙과 같은 마음을 가진 사람이라는 뜻. 중국 북송의 유학자였던 주무숙은 부귀를 멀리하고 검소함을 사랑했다고 알려져 있다.
9　　학의(學醫): 개업의가 아니라 유학(儒學)의 하나로 의학을 수양하는 학자.
10　에도막부 말 당시 일본에 전해지고 있던 한문으로 된 귀중서 해제집. 전체 8권.

는 십여 명이었다고 한다. 대개 제자들 중에서 뜻이 있고 재능이 있지만 스스로 돈을 벌지 못하는 자를 택해서 더부살이를 허락했던 것 같다.

    추사이는 앞의 시에서 가난을 이야기하고 있다. 그 가난이 어느 정도였는지 지금까지의 사실로 보아 대강 짐작할 수 있다. 이 시를 얼핏 보면 추사이는 가난을 편안히 받아들이고 조상 대대로 전해 내려온 의업에 자신의 재능을 더한 것처럼 보인다. 그러나 나는 추사이의 속마음이 스물여덟 글자 아래 감춰져 있는 것 같다. 한번 살펴보는 게 좋겠다. 눈 깜짝할 사이에 지나가 버린 40년 채 안 되는 세월을 돌아본 첫 번째 구절은 두 번째 구절의 부족한 재능으로 이야기될 수 없을 것이다. 부족하다는 것은 반어여야 한다. "늙은 준마가 마구간에 엎드려 있지만 마음은 여전히 천 리를 달리고자 한다"는 뜻이 이 안에 담겨 있는 것이다.[11] 세 번째 구절 역시 마찬가지다. 운명의 흐름에 맡긴다고 하지만 출세에 대한 뜻을 완전히 끊어낸 것 같지는 않다. 네 번째 구절에 이르면 가난을 걱정하지 않고 안락하게 지낸다고 하는데, 이것도 반어일까. 아니, 그렇지 않다. 오랜 시간 수양을 쌓아서 내면에 의지할 곳이 있는 작자는 몸은 고난 속에 처해 있고 뜻은 아직 펴지 못했어도 거기서 편안함을 얻었을 것이다.

2

    추사이는 위의 시를 짓고 3년 후인 1844년(고카1)에 세이주칸(躋壽館)의 강사가 되었다. 세이주칸은 1765년(메이와2)에 다키 교쿠치[12]가 사쿠마정 천문대 터에 세운 의학교로, 1791년(간세이3)에 막부 관할이 되었다. 추사이가 강사가 됐을 때는 이미 교쿠치가 죽고 그 아들 란케이[13]와

손자 게이잔,[14] 증손자 류한[15]도 죽고 현손 교코[16]의 대였다. 추사이와 친했던 게이잔의 차남 사이테이[17]는 분가하고 관에서 근무하고 있었다. 지금 제도와 비교해 보면 추사이는 제국대학 의과대학 교직에 임명된 것과 같다고 할 수 있다. 동시에 추사이는 막부에 의식(儀式)이 있는 날에는 에도성으로 출근하게 되었고 이어서 1849년(가에이2)에 도쿠가와 이에요시[18]를 알현하고 이른바 쇼군[19]을 직접 뵐 수 있는 자격을 가진 신분이 되었다. 이것이 추사이 나이 마흔다섯 살 때로, 이때야 비로소 추사이는 재능을 펼치게 되었다고 할 수 있다. 그러나 가난은 여전했던 것 같다. 막부는 1850년(가에이3) 이후 15인 녹미,[20] 1854년(안세이1)에 다시 직무급여와 같은 성격의 5인 녹미를 지급하고 연말마다 상은(賞銀) 5냥(兩)을 하사했지만 새로운 신분으로 인해 발생하는 비용은 이 금액으로 메울 수 없었다. 쇼군을 알현하는 해에는 당시 추사이의 아내였던 야마노우치 이오가 의류나 장식품을 팔아서 비용을 충당했다고 한다. 이오는 도쿠가 죽고 추사이가 맞이한 네 번째 아내다.

---

11 노기복력지재천리(老驥伏櫪志在千里): 중국 고전에서 유래한 말. 영웅은 나이가 들어도 큰 뜻과 포부를 잃지 않는다는 의미.
12 다키 교쿠치(多紀玉池): 1695-1766, 의사. 교쿠치는 호, 이름은 모토타카(元孝). 다키 가문은 대대로 막부 의관을 지냈다.
13 다키 란케이(多紀藍渓): 1732-1801, 의사. 란케이는 호, 이름은 모토노리(元德).
14 다키 게이잔(多紀桂山): 1755-1810, 의사.
15 다키 류한(多紀柳沜): 1789-1827, 의사.
16 다키 교코(多紀暁湖): 1806-1857, 의사.
17 다키 사이테이(多紀茝庭): 1795-1857, 의사.
18 도쿠가와 이에요시(德川家慶): 1793-1853, 에도막부의 12대 쇼군.
19 쇼군(將軍): 막부의 실권자.
20 녹미(扶持): 무사에게 쌀로 주는 급여. 1인 녹미(一人扶持)는 한 사람 앞에 하루 현미 다섯 홉의 급여를 의미.

나는 나카무라 후세쓰[21]에게 부탁해서 추사이의 시를 적고 그 족자를 받아서 지금 거실에 걸어두고 있다. 나는 최근 추사이를 경모하는 마음이 커져서 이 족자를 만들었다.

추사이는 실제로 널리 알려진 인물은 아니다. 우연히 소수의 사람들이 추사이를 『경적방고지』의 저자 중 한 명으로 안다. 다방면으로 활동했던 추사이는 본업인 의학을 비롯하여 철학, 예술 등 많은 저술을 남겼다. 그러나 1858년(안세이5)에 추사이가 쉰네 살로 세상을 떠날 때까지 완성하지 못한 글들도 있다. 또 이미 완성한 것도 당시에는 책을 출판하는 게 쉽지 않아서 세상에 공표되지 못했다.

추사이 생전에 출판된 책은 『호두요법(護痘要法)』한 권뿐이다. 이 책은 종두술이 아직 널리 행해지지 않던 당시에 의학계의 선각자가 무서운 전염병을 치료하기 위해서 저술한 책 중 하나다. 추사이는 이케다 게이스이[22]에게 그 치료법을 배워서 기록했다. 이것을 제외하면 여기에 열거하는 게 이상한 『네 개의 바다(四つの海)』라고 하는 나가우타[23] 책이 있다. 이것은 당시 추사이가 자신의 체면을 고려해서 후원자인 후지타 센조[24]의 이름으로 공개했는데, 지금은 그럴 필요가 없다. 『네 개의 바다』는 지금도 키네야(杵屋) 일파에서 사용하는 우타이모노[25]의 하나로, 역시 추사이가 다방면으로 활동했음을 증명하는 작품이다.

그러면 세상에 좀 알려진 『경적방고지』는 어떨까. 이것은 추사이의

21　나카무라 후세쓰(中村不折): 1866-1943, 서양화가, 서가.
22　이케다 게이스이(池田京水): 1786-1836, 의사. 세이주칸의 초대 두과 교수.
23　나가우타(長唄): 에도시대에 가부키 음악으로 성립, 발전한 노래 중심의 샤미센(三味線: 일본의 대표적인 현악기) 음악.
24　후지타 센조(富士田千藏)는 나가우타 가창 전문인의 명적(名跡: 가문에서 대대로 계승되는 이름). 여기서는 2세(?-1859).
25　우타이모노(謠い物): 말에 곡조를 붙여서 노래하는 것의 총칭.

고증학[26] 방면을 대표할 만한 저술로, 모리 키엥[27]과 분담해서 썼다. 그러나 출판은 하지 못했다. 그러던 중 중국 공사관에 있던 양수경이 그 사본을 입수하게 되었고 이를 요자량이 공사 서승조에게 보여주고 서승조가 서문을 써서 출판했다. 그때 다행히 모리 키엥이 살아 있어서 교정을 보았다.

세간에 얼마간 추사이를 아는 사람이 있는 것은 중국인의 손에서 간행된 『경적방고지』 때문이다. 그러나 나는 이 때문에 추사이를 알게 된 것은 아니다. 나는 어릴 때부터 다독하는 습관이 있어서 책을 아주 많이 산다. 내 급여의 대부분은 국내 서점과 베를린, 파리의 서적상에 들어가고 있다. 그러나 나는 한 번도 희귀본을 구하려고 한 적이 없다. 언젠가 독일의 바르텔스[28]가 쓴 『문학사(文學史)』 서문을 읽었는데, 그가 많은 책을 읽기 위해 저렴한 책을 섭렵했으며 『문학사』에 인용한 여러 사람들의 책도 대부분 레클람문고[29]였다는 것을 알게 됐다. 나는 이것을 읽고 국가는 달라도 취향이 같은 사람을 만났다고 생각했다. 나는 한문으로 된 서적도 송대나 원대에 출판된 귀중서는 보지 않는다. 『경적방고지』는 나에게 그다지 쓸모가 없다. 나는 그 저자가 시부에 추사이와 모리 키엥이라는 것조차 잊고 있었다.

---

26 고증학(考證學): 중국 명나라 말기에 일어나 청나라 때 발전한 학문으로, 일본에서는 에도시대 말에 성행. 옛 문헌에서 확실한 증거를 찾아 경서(經書)를 설명하려고 했다.
27 모리 키엥(森枳園): 1807-1885, 의사, 고증학자.
28 아돌프 바르텔스(Adolf Bartels): 1862-1945, 독일의 문학사가.
29 1867년부터 독일 레클람출판사(Reclam)에서 발행하기 시작한 19세기 유럽의 대표적인 문고.

3

내가 추사이를 알게 된 것은 기이한 인연이다. 나는 의사가 되고 대학을 나왔다. 그리고 관리가 되었다. 그런데 어릴 적부터 글쓰기를 좋아해서 어느새 문인의 대열에 들어가게 되었다. 나는 여러 가지 주변 상황으로 인해 문장의 소재를 과거에서 구하게 되었고[30] 도쿠가와시대[31]의 사적(事蹟)을 뒤졌다. 거기서 『무감(武鑑)』[32]을 검토할 필요가 생겼다.

내가 보기에 『무감』은 도쿠가와시대 역사를 연구하는 데 빼놓을 수 없는 사료다. 그런데도 공개되어 있는 도서관에서는 해마다 발행되었던 『무감』을 모아놓지 않고 있다. 『무감』, 특히 간분(寬文) 무렵보다 오래된 비슷한 종류의 책은 제후에 관한 기록에 오류가 많아서 신뢰하기 어렵기 때문인지도 모른다. 그러나 『무감』의 성립을 생각해 보면 오류가 많은 것은 당연하며 이러한 오류는 다른 책으로 바로잡을 수 있다. 그러면 오류는 오류로 두고 기록 전체를 살펴보면 도쿠가와시대 모년 모월의 인물 등을 단면적으로 알기 위한 사료로 이보다 더 나은 것은 없다. 그래서 나

30　모리 오가이는 주로 자신의 체험을 바탕으로 한 현대물을 발표했는데, 신변의 소재 고갈과 대중의 싸늘한 반응, 예술과 사상에 대한 탄압 등 기존의 방법으로 창작하는 데 한계를 느끼던 중 1912년에 메이지 천황이 죽고 천황을 따라 육군 대장 노기 마레스케(乃木希典) 장군 부부가 할복자결하는 사건이 발생하여 이 사건에 영향을 받아 순사(殉死)를 주제로 「오키쓰 야고에몬의 유서(興津彌五右衛門の遺書)」(1912)라는 작품을 발표한 이후 역사적인 사건, 역사적인 인물, 역사적인 사실 등을 소재로 역사물을 집필하는 데 전념했다.

31　에도시대. 1603년 도쿠가와 이에야스가 에도에 막부를 개설한 때부터 마지막 쇼군 도쿠가 요시노부가 천황에게 정권을 반환한 1867년까지 시기.

32　에도시대에 발행된 일종의 무사 명부. 다이묘(大名: 에도시대에 봉록이 1만 석 이상인 무가)의 성명, 녹봉, 관위, 가계, 거성 등을 기록. 매년 개정 간행을 관례로 했다.

는 직접 『무감』을 수집하기 시작했다.

　『무감』을 수집하면서 나는 "히로사키 의관 시부에씨 장서기(弘前醫官澁江氏藏書記)"라는 장서인이 찍힌 것을 여러 번 보았고 개중에는 구입한 것도 있다. 이를 통해서 히로사키 의관인 시부에라는 사람이 『무감』을 많이 소장했었다는 사실을 알게 되었다.

　그러는 동안 『무감』이라는 것이 언제 시작되었으며 현존하는 『무감』 가운데 가장 오래된 것은 어느 시기의 것인가 하는 문제가 생겼다. 이를 해결하려면 『무감』 안에 얼마나 많은 종류의 책을 포함시킬 것인지 『무감』의 정의를 명확히 해야 했다.

　나는 『아시카가(足利)무감』, 『오다(織田)무감』, 『도요토미(豊臣)무감』 같이 후대 사람들이 재구성하여 만든 것들을 먼저 제외했다. 다음으로 『군서유종(群書類從)』[33]에 있는 분한장[34] 같은 종류도 제외했다. 그렇게 하면 시대가 오래된 것들 중에서는 『어마인전(御馬印揃)』,[35] 『어문진(御紋盡)』,[36] 『어옥부부(御屋敷附)』[37] 같은 책들이 남게 되고 이것들이 점차 형태를 갖춘 『에도감(江戶鑑)』[38]으로 이어지고 『에도감』은 곧 『무감』으로 연결된다.

　현재 수집 중이기 때문에 『무감』에 대한 나의 지식은 날로 변해 가고 있다. 그러나 지금 알고 있는 한에서 말하면 『어마인전』이나 『어문진』은 간에이(寬永) 연간부터 존재했지만 당시 원본은 남아 있지 않다. 현재 남

33　일본의 국사, 국문 관련 문헌을 분류해서 수록한 에도시대 후기 총서.
34　분한장(分限帳): 가신(家臣)의 이름, 녹봉, 지위, 직책 등을 적은 장부.
35　다이묘의 마인(馬印: 장수가 탄 말 옆에 세워 그 소재를 알리던 표지) 등을 기록한 것.
36　다이묘의 가문 문장, 성명, 녹봉, 성지 등을 기록한 것.
37　다이묘의 저택 소재지 등을 기록한 것.
38　다이묘의 성명, 관위, 녹봉, 가문 문장, 저택 위치 등을 기록한 것.

아 있는 것은 나중에 개판된 것이다. 다만 여기서 논외로 두고 싶은 게 하나 있는데, 누마타 라이스케[39]가 가장 오래된 『무감』으로 보고한 가마다 가문의 『치대보현기(治代普顯記)』에 등장하는 기록이다. 누마타는 서양에서 특수한 사료로 연구되고 있는 문장학(紋章學)을 일본에 보급하려는 듯 문장을 연구하고 있다. 이를 위해 『무감』을 조사하던 중 도사의 가마다 가문이 1634년(간에이11)에 1만 석 이상의 제후를 기록한 것을 발견했다. 즉 『치대보현기』에 등장하는 한 문장이다.[40] 누마타가 다행히 나에게 그 내용을 베껴 쓸 수 있도록 허락했기 때문에 나는 조만간 이 기록을 자세히 검토해 볼 생각이다.

지금까지 내가 본 가장 오래된 『무감』 내지 비슷한 종류의 책은 1645년(쇼호2)에 만들어진 에도의 『옥부부(屋敷附)』다. 이 책은 거의 완벽하게 보존된 목판본으로, 끝부분에 1647년(쇼호4)이라고 돼 있다. 다만 제목이 찍힌 종이가 분실되어서 표지에 임의로 붙인 이름이 있다. 1647년(쇼호4)이라고 돼 있지만 이 책이 실제로는 1645년(쇼호2)에 만들어졌다는 증거가 책 속에 여러 가지 등장하는데, 시험 삼아 그중 하나를 말하면 1645년(쇼호2) 12월 2일에 사망한 호소카와 산사이가 산사이 노인으로 나오고 또 그의 저택이 다른 저택의 위치를 파악하기 위한 참조점으로 제시되어 있다. 이 책은 도쿄제국대학 도서관에 있다.

---

39 누마타 라이스케(沼田賴輔): 1867-1934, 『일본문장학(日本紋章學)』을 완성한 문장학자.
40 "日本國六十余州知行高一万石以上".

4

 나는 1645년(쇼호2)에 만들어져서 1647년(쇼호4)에 출판된 『옥부부』보다 더 오래된 『무감』류의 책을 본 적이 없다. 게이안(慶安) 연간의 『문진(紋盡)』이 되면 실제로 우에노의 제국도서관에도 한 권 있다. 그러나 이상한 점은 제목에 '게이안'이라고 쓰인 것은 나중에 간분 연간에 만들어진 것이고, 실제로 게이안 연간에 만들어진 것은 내용을 고치지 않고 나중 연호를 붙여서 찍어낸 것이다. 메이레키(明曆) 연간의 책은 세간에 드문드문 남아 있다. 대학에 있는 『문진』에는 반 노부토모[41]의 자필 서문이 있다. 반 노부토모는 1820년(분세이3)에 이 책을 손에 넣어 가장 오래된 『무감』으로 소장하고 있었다고 한다. 간분 연간의 『에도감』은 세간에 꽤 많다.

 이상은 내가 수년간 『무감』을 조사하여 얻은 결론이다. 그런데 나보다 먼저 같은 결론에 이른 사람이 있다. 우에노의 도서관에 있는 『에도감도목록(江戶鑑圖目錄)』이라는 사본(寫本)을 보면 알 수 있다. 이 책은 오래된 『무감』류와 에도지도를 나열한 목록으로, 저자는 자기가 눈여겨본 책과 구입해서 소장한 책들을 열거하고 있다. 이 책에서는 쇼호(正保)2년의 『옥부부』를 당시 알고 있는 가장 오래된 『무감』류 서적으로 권두에 싣고 2년의 '2' 글자 옆에 '4'라고 주를 달았다. 저자는 쇼호4년이라고 돼 있는 책의 내용이 쇼호2년의 사실이라는 것을 염두에 둔 것으로 보인다. 저자도 나와 비슷한 수집을 통해서 같은 결론에 이른 것 같다. 참고로 나는 오래된 에도지도도 모으고 있다.

---

41 반 노부토모(伴信友): 1773-1846, 국학자.

그런데 이 목록에는 저자의 이름이 적혀 있지 않다. 다만 글 곳곳에 고증을 기록하며 "추사이 가로되"라고만 되어 있다. 그리고 내가 자주 보았던 "히로사키 의관 시부에씨 장서기"의 장서인이 이 사본에도 찍혀 있다.

나는 이것을 보고 문득 시부에와 추사이가 동일인이 아닐까 생각했다. 그리고 어떻게든 그것을 확인해야겠다고 생각했다.

나는 친구들, 그중에서도 동북지방에서 온 친구들을 만날 때마다 시부에를 아는지 추사이를 아는지 물었다. 그리고 히로사키의 지인에게도 편지를 보내 물었다.

어느 날 나가이 긴푸[42]를 만나 물으니 나가이가 이렇게 말했다. "히로사키의 시부에라면 장서가로, 『경적방고지』를 쓴 사람입니다." 그러나 추사이라는 호를 썼는지는 나가이도 알지 못했다. 『경적방고지』에는 추사이의 호가 실려 있지 않기 때문이다.

그러는 동안 히로사키에서 근무하는 동료에게서 편지가 여러 통 왔고 나는 다음과 같은 사실을 알게 되었다. 시부에 집안은 겐로쿠(元祿) 무렵에 쓰가루 가문에 고용된 의사 가문으로 대대로 근무했다. 그러나 에도에 상주했기 때문에 히로사키에는 깊이 교제한 사람이 적었고 시부에 집안의 묘소나 자손도 없다. 현재 도쿄에 있는 사람들 중에서 시부에 집안과 교류했을 것으로 생각되는 인물은 이다 다쓰미[43]라는 사람이다. 또 향토사가로서 시부에 집안의 사적을 알 것 같은 사람은 도노사키 가쿠[44]다. 도노사키의 이름을 언급한 사람은 향토에 정통한 사토 야로쿠라는 노인

---

42 나가이 긴푸(長井金風): 1868-1926, 역사학자.
43 이다 다쓰미(飯田巽): 1842-1924, 히로사키 번사.
44 도노사키 가쿠(外崎覺): 1859-1932, 한학자, 역사학자.

으로, 1915년(다이쇼4)에 일흔네 살이 된다고 했다.

나는 시부에 집안과 직접 교류했을 것으로 생각되는 이다 다쓰미를 먼저 방문하기로 하고 갑작스럽기는 했지만 니시에도가와정에 있는 이다의 저택으로 갔다. 이다는 원래 궁내성[45] 관리였는데, 지금은 모(某)회사의 감사역을 맡고 있다고 한다. 니시에도가와정에 위치한 큰 저택은 금방 알아볼 수 있었다. 나는 누구의 소개도 구하지 않고 이다를 찾아갔음에도 이다는 나를 흔쾌히 만나고 질문에 답해 주었다. 이다는 시부에 도준을 알고 있었다. 이다의 친척 중에 의사가 있었는데, 그 사람이 의학과 관련해서 어려운 일이 있으면 시부에게 물으러 갔기 때문이다. 도준은 혼조 다이도코로정에 살았다. 그러나 자손은 어떻게 되었는지 이다도 모른다고 했다.

5

나는 이다의 입에서 처음으로 '도준'이라는 이름을 들었다. 『경적방고지』 서문에 나오는 이름이다. 그러나 도준이 호를 추사이라고 하는지 이다는 알지 못했다.

모처럼 도준을 아는 사람을 만났는데, 자손이 있는지 없는지도 모르고 묘소를 물어볼 기회조차 얻지 못한 것을 유감으로 생각하며 나는 작별인사를 하려고 했다. 그때 이다가 "잠깐 기다려주세요. 혹시 모르니 아내에게 물어볼게요"라고 했다.

---

[45] 궁내성(宮内省): 황실에 관한 사무를 맡아 보는 관청(궁내청)의 옛 명칭.

부인이 자리에 불려 왔다. 시부에 도준의 자취가 어떻게 되는지 아느냐고 묻자 "도준 씨의 따님이 혼조 마쓰이정에 사는 키네야 가쓰히사 씨입니다"라고 대답했다.

『경적방고지』의 저자 시부에 도준의 자손이 살아 있음을 나는 이때 처음 알았다. '키네야'라고 하면 나가우타 스승일 것이다. 혼조를 찾아가서 "아버님께 추사이라는 별호가 있었습니까?"라거나 "아버님께서『무감』을 수집하셨습니까?"라고 묻는 것은 너무 느닷없는 게 아닐까 걱정스러웠다.

나는 이다에게 키네야의 남자 친척이 있는지 물어봐 달라고 부탁했다. 이다는 이것도 흔쾌히 승낙했다. 나는 한 걸음을 내딛었다는 기쁨으로 니시에도가와정의 저택을 나섰다.

이삼일 후 이다에게서 편지가 왔다. 키네야에게는 시부에 슈키치라는 조카가 있고 그가 시모시부야에 살고 있다는 내용이었다. 키네야의 조카라면 도준에게는 손자일 것이다. 그렇게 보면 도준에게는 현재 살아 있는 딸과 손자가 있는 것이다.

나는 곧바로 슈키치에게 편지를 보내 언제 어디로 가면 만날 수 있는지 물었다. 답장은 금방 왔다. 지금 감기로 누워 있는데, 나으면 이쪽에서 움직여도 좋다는 내용이었다. 필적을 보니 아직 어린 사람인 것 같았다.

나는 속절없이 슈키치의 병이 낫기를 기다려야 했다. 조사는 여기서 잠시 좌절을 겪었다. 이를 유감으로 생각하며 나는 히로사키 역사가로 도준에 관해 알고 있다고 알려진 도노사키 가쿠를 방문하기로 했다.

도노사키는 제능료[46] 관리로 근무하고 있었다. 나는 궁내성으로

---

46   제능료(諸陵寮): 능묘의 관리를 담당한 관청.

갔다. 그리고 제능료가 궁성을 벗어나 가스미가세키의 산넨자카 위에 있다는 것을 알게 되었다.[47] 항상 궁내성에 드나들면서도 나는 제능료가 어디에 있는지 알지 못했다.

제능료의 작은 응접실에서 나는 처음으로 도노사키를 만났다. 도노사키는 이다의 선배라는 것 같은데 나와 나이도 비슷하고 게다가 역사학을 탐구하는 사람이었다. 나는 경개여구[48]와 같은 기분을 느꼈다.

첫 인사를 마치고 나는 찾아온 뜻을 말했다. 『무감』을 수집하고 있으며 『고(古)무감』에 정통한 무명인의 저술이 사본으로 전해지고 있다는 것, 그 무명인이 스스로를 추사이라고 칭하고 있다는 것, 사본에 히로사키의 시부에라는 사람의 도장이 찍혀 있다는 것, 추사이와 시부에가 동일인이지 않을까 생각하는 점 등을 간단히 말하고 나는 도노사키에게 답을 요청했다.

6

도노사키의 답은 명쾌했다. "추사이는 『경적방고지』를 쓴 시부에 도준의 호입니다."

나는 당황스러웠다.

---

47 가스미가세키(霞が關)는 일본의 중앙 관청이 밀집해 있는 지역. 산넨자카(三年坂)는 가스미가세키 3정목에 위치한 대장성과 문부성 사이의 언덕.
48 경개여구(傾蓋如舊): 잠깐 만났을 뿐인데도 오래된 친구처럼 금방 친해지다.

추사이 시부에 도준은 경사자집[49]이나 의학서를 섭렵하고 고증서를 저술했을 뿐만 아니라 『고무감』과 오래된 에도지도도 수집하여 거기에 고증의 흔적을 수기로 남겼다. 우에노의 도서관에 있는 『에도감도목록』은 『고무감』과 오래된 에도지도의 방고지(訪古志)다. 다만 경사자집은 세상이 중요시하는 것이어서 『경적방고지』는 서승조를 만나 처음으로 간행되었고 『고무감』이나 오래된 에도지도는 우리 같이 미력한 호사가가 우연히 한번 들여다보는 데 지나지 않기 때문에 그 목록은 간신히 존재해서 사람들이 잘 알지 못한다. 우리는 그것이 제국도서관의 보호를 받고 있는 것을 적어도 다행으로 생각해야 한다.

나는 또 이런 생각을 했다. 추사이는 의사였다. 그리고 관리였다. 그리고 경서와 제자[50] 같은 철학 방면의 책도 읽고 역사도 읽고 시문집 같은 문예 방면의 책도 읽었다. 그 자취가 나와 대단히 닮았다. 단지 서로 다른 점은 사는 시대가 달라서 생이 서로 접해 있지 않을 뿐이다. 아니, 그렇지 않다. 한 가지 큰 차이가 있다. 그것은 추사이가 철학, 문예에서 고증가로서 도달할 수 있는 높은 지위에 있었던 반면 나는 잡박한 딜레탕티슴[51]의 경계를 벗어나지 못한다는 것이다. 나는 추사이를 보고 스스로 부끄럽고 창피하지 않을 수 없었다.

추사이는 일찍이 나와 같은 길을 걸었던 사람이다. 그러나 그 튼튼한 다리는 나와 비교할 수 없다. 나보다 훨씬 뛰어난 제승의 구[52]를 가지고

---

49 경사자집(經史子集): 중국의 옛 서적 가운데 경서(經書), 사서(史書), 제자(諸子), 문집(文集) 네 부류를 아울러 이르는 말.
50 제자(諸子): 중국 춘추전국시대에 각기 일가(一家)의 학설을 세운 여러 사람들의 저서와 학술.
51 딜레탕티슴(dilettantisme): 예술이나 학문 등을 직업으로 하는 것이 아니라 취미 삼아 하는 태도나 경향.
52 제승(濟勝)의 구(具): 명승지를 돌아다니기 위한 도구, 즉 튼튼한 다리.

있었다. 나에게 추사이는 외경해야 할 사람이다.

그런데 놀라운 점은 그 사람이 학문의 큰 길만 걸은 게 아니라 때때로 샛길을 따라 가기도 했다는 것이다. 추사이는 송대에 간행된 경사자집만 검토한 게 아니라 오래된 『무감』과 에도지도도 즐겼다. 만약 추사이가 나와 동시대인이었다면 우리 두 사람의 소매는 골목길 도랑의 나무판 위에서 스쳤을 것이다. 여기서 이 사람과 나 사이에 친밀함이 생긴다. 나는 추사이를 친애할 수 있는 것이다.

나는 이런 기쁜 마음을 도노사키에게 털어놓았다. 그리고 지금까지 추사이가 누구인지도 모른 채 망연히 추사이의 자필 원고를 소장한 시부에 집안의 사적을 방문하고 거기서 처음으로 『경적방고지』를 저술한 시부에 도준의 이름을 알게 되었으며 도준을 알고 있는 사람에게서 도준의 자손이 살아 있다는 말을 듣고 마침내 오늘 도준과 추사이가 동일 인물임을 알게 된 경위를 이야기했다.

도노사키도 놀랐다. "추사이의 자식이라면 알고 있습니다."

"그렇습니까? 나카우타 스승이라고 하는 것 같은데요."

"그건 모르겠습니다. 제가 아는 것은 추사이의 뒤를 이은 아들로, 다모쓰라는 사람입니다."

"아, 그렇다면 시부에 다모쓰라는 사람이 추사이의 후계자라는 말씀입니까? 지금 다모쓰 씨는 어디에 살고 있나요?"

"글쎄요, 오랫동안 만나지 않아서 주소는 잘 모르겠습니다. 하지만 동향인 중에 아는 사람이 있을테니 조만간 물어보고 알려드리겠습니다."

7

나는 즉시 도노사키에게 다모쓰의 주소를 알아봐 달라고 부탁했다. '다모쓰'라는 이름은 처음 들은 게 아니다. 전에 히로사키에서 온 편지 가운데 쓰가루 가문을 섬긴 시부에 집안의 현재 주인이 시부에 다모쓰고 그가 히로시마에 있는 사범학교 교원이었다는 내용을 알려온 게 있었다. 나는 사범학교 직원록을 살펴보았다. 그러나 시부에 다모쓰라는 이름은 보이지 않았다. 그래서 히로시마고등사범학교 교장 시대하라 탄에게 편지를 보내 물었다. 그러나 학교에는 이 이름을 가진 사람이 없고 예전에도 있었던 적이 없는 것 같다. 나는 많은 사람들에게 시부에 다모쓰라는 이름을 물어보았다. 그중 두세 명이 하쿠분칸[53]에서 발행한 책에 이 이름의 저자가 있다고 했다. 그러나 히로시마에 자취가 없었기 때문에 나는 이 보도를 의심하고 조사를 중단했다.

이즈음 나는 추사이의 자식 두 명과 손자 한 명이 살아 있다는 것을 알게 되었다. 자식 중 한 명은 혼조에 사는 가쓰히사라는 딸이다. 다른 한 명은 아직 주소를 알지 못하는 다모쓰다. 손자는 시모시부야에 사는 슈키치다. 그러나 다모쓰를 알고 있는 도노사키는 가쓰히사도 슈키치도 알지 못했다.

나는 도노사키에게 추사이의 사적을 자세히 물어보았다. 도노사키는 기억나는 것을 두어 가지 말해주었다. 시부에 집안의 선조는 쓰가루 노부마사[54]에게 고용되었다. 추사이는 그 몇 세대 후손으로, 분카(文化) 연간

---

53 하쿠분칸(博文館): 1887년에 설립된 일본 출판사.
54 쓰가루 노부마사(津輕信政): 1646-1710, 히로사키번의 4대 번주.

에 태어나서 안세이(安政) 연간에 죽었다. 추사이가 도쿠가와 이에요시를 알현한 것은 가에이(嘉永) 연간이다. 묘지명은 친구 가이호 교손[55]이 지었다. 도노사키는 대강 이 정도만 이야기하고 추후에 가까이 있는 책들에서 추사이에 관한 기사를 발췌해서 보내주기로 약속했다. 나는 다모쓰의 소재를 찾는 일과 발췌본 만드는 일을 도노사키에게 부탁하고 제능료의 응접실을 나왔다.

곧 도노사키의 편지가 왔다. 『마에다분세이필기(前田文正筆記)』, 『쓰가루일기(津輕日記)』, 『기쓰메이잡화(喫茗雜話)』 이 세 권에서 추사이에 관한 사적을 발췌해서 첨부해 놨다. 『기쓰메이잡화』에서 발췌한 내용은 가이호 교손이 지은 추사이의 묘지(墓誌) 일부로, 나는 그중에서 "도준의 생전 이름은 전선(全善), 호는 추사이, 도준은 자(字)"라는 문장을 발견했다. 나중에 들으니 전선(全善)은 '가네요시'로 읽었다고 한다.

이와 거의 동시에 슈키치에게서 장문의 편지가 왔다. 감기가 좀처럼 낫지 않아서 나와 만나기에 앞서 시부에 집안에 관한 몇 가지 사항을 써 보낸다며 조부 묘의 위치와 현존하는 친척 상호 관계, 가독 상속을 한 숙부의 주소 등을 알려주었다. 무덤은 야나카에 있는 재장(齋場) 맞은편 골목을 서쪽으로 들어가면 북쪽의 감응사(感應寺)에 있다. 그리 가면 가이호 교손이 지은 묘지명 전문을 볼 수 있다. 혈족 관계는 키네야 가쓰히사가 누나, 다모쓰가 동생이다. 둘 사이에 오사무라는 사람이 있는데, 이 사람은 죽었다. 오사무의 아들이 슈키치다. 가쓰히사는 나가우타 스승, 다모쓰는 저술가, 슈키치는 도안 제작을 업으로 하는 화가로, 세 집안은 생계의 방향이 아주 다르다. 일찍이 아버지를 여읜 슈키치는 고모를 의지해서

---

55 가이호 교손(海保漁村): 1798-1866, 고증학자, 한학자.

왕래했지만 가쓰히사와 다모쓰는 언제부터인가 소원해져서 가쓰히사는 오랫동안 동생의 주소를 알지 못했다고 한다. 그러던 중 마침 내가 시부에 집안의 자손을 찾기 시작했을 무렵 다모쓰의 딸 후유코가 병으로 죽었다. 이를 다모쓰가 누나에게 알렸기 때문에 가쓰히사는 동생의 주소를 알게 되었다. 슈키치가 주소를 알려준 숙부라는 사람이 바로 다모쓰다. 나는 도노사키를 번거롭게 할 것도 없이 다모쓰의 우시고메 후나가와라 정 주소를 곧바로 도노사키에게 알려주었다.

8

나는 야나카에 있는 감응사로 가서 추사이의 묘를 방문했다. 묘는 쉽게 찾을 수 있었다. 남향인 본당 서쪽에, 서쪽을 향해 서 있었다. "추사이 시부에 군(君) 묘비명"이라는 전액[56]도 묘지명도 모두 고지마 세이사이[57]의 글씨다. 교손의 문장은 매우 길다. 나중에 다모쓰에게 들으니 이것도 비석이 너무 커질 것을 우려하여 일부를 삭제한 것이라고 한다. 『기쓰메이잡화』에 실린 내용은 3분의 1도 채 되지 않는다. 나는 또 나중에 고큐 세쓰소[58]가 이 문장을 『사실문편(事實文編)』[59] 권72에 수록한 것을 알게 되었다. 국서간행회본을 살펴보니 잘못된 것은 없는 것 같다. 다만 선경적방고지(撰經籍訪古志)에 훈점을 달아 '경적을 편찬하고 고지를 방문

---

56 전액(篆額): 석비(石碑) 등의 상부에 전서(篆文)로 써 놓은 글자.
57 고지마 세이사이(小島成齋): 1796-1862, 고증학자, 서가.
58 고큐 세쓰소(五弓雪窓): 1822-1886, 국학자.
59 일본 근세의 묘비문을 집성한 책.

한다'고 읽게 되어 있는 게 만족스럽지 않았다.『경적방고지』라는 책 이름은 다키 사이테이가 명한 것이라는 게 추사이와 모리 키엥이 지은 서문에 보이고, 방고(訪古)라는 글자의 뜻은『송사(宋史)』의 정초[60]전(傳)에 "명산대천(名山大川)을 유람하며 기이한 것을 찾아 고적을 방문하고, 책을 소장한 집을 만나면 반드시 빌려 읽고 다 읽은 후에 떠난다"는 데서 유래했다는 게 키엥의 후기에 보인다.

묘지에 쓰네요시, 야스요시, 시게요시 세 아들의 이름과 히라노가 낳은 딸 한 명이 열거돼 있다. 시게요시는 다모쓰다. 히라노가 낳은 딸이란 히라노 분조의 딸 이노가 낳은 이토다. 가쓰히사나 고인이 된 오사무는 없다.

추사이의 비석 서쪽에 시부에 집안의 묘가 네 기 있었다.

첫 번째 묘에는 "성여원종시일체신사(性如院宗是日体信士) 경신(庚申) 겐분5(1665년) 윤(閏) 7월 17일"이 오른쪽 옆면에 새겨져 있다. 추사이의 고조부 호시다. 중앙에는 "득수원량원일묘신사(得壽院量遠日妙信士) 덴포8(1837년) 유년(酉年) 10월 26일"이라고 새겨져 있다. 추사이의 아버지 다다시게다. 그 사이와 왼쪽에는 고조부의 배우자와 아버지의 배우자, 다다시게의 요절한 두 딸의 법명[61]이 새겨져 있다. "송봉원묘실일상신녀(松峰院妙實日相信女) 기사(己丑) 메이와6(1769년) 4월 23일"은 호시의 아내, "원정원묘경신녀(源靜院妙境信女) 경술(庚戌) 간세이2(1790년) 4월 13일"은 다다시게의 첫 번째 아내 다나카, "수송원묘원일량신녀(壽松院妙遠日量信女) 분세이12(1829년) 기사(己丑) 6월 14일"은

---

60 정초(鄭樵): 1104-1162. 중국 남송의 역사가. 젊은 시절에 여러 지역을 돌아다니며 장서가가 있는 곳을 찾아가 지식을 흡수한 것으로 알려져 있다.
61 법명(法名): 죽은 사람에게 붙여 주는 이름.

추사이의 생모인 이와다 누이, "묘품동녀(妙稟童女), 아버지 이름 다다시게, 어머니 가와사키, 간세이6(1794년) 갑인(甲寅) 3월 7일, 세 살에 요절, 속명 이쓰"라고 적힌 것도 "담화수자(曇華水子) 분카8(1811년) 신미(辛未) 윤(閏) 2월 14일"이라고 적힌 것도 모두 다다시게의 딸들이다.

두 번째 묘에는 "지선원격성일재(至善院格誠日在) 간포2(1742년) 임술(壬戌) 7월 2일"이 한 줄로 새겨져 있고 그 옆에 "종사원국만일영(終事院菊晚日榮) 가에이7(1854년) 갑인(甲寅) 3월 10일"이라고 새겨져 있다. 지선원은 추사이의 증조부 이린, 종사원은 추사이가 쉰 살 때 먼저 죽은 장남 쓰네요시다.

세 번째 묘에는 다섯 명의 법명이 나란히 새겨져 있다. "의묘원도의일심신사(醫妙院道意日深信士) 덴메이4(1784년) 갑진(甲辰) 2월 29일"은 추사이의 조부 혼코. "지조원묘도일수신녀(智照院妙道日修信女) 간세이4(1792년) 임자(壬子) 8월 28일"은 혼코의 아내 도세다. "성련원묘상일연신녀(性蓮院妙相日緣信女), 아버지 혼코, 어머니 시부에, 안에이6(1777년) 정유(丁酉) 5월 3일 사망, 향년 19세, 속명 치요, 임종시 읊을 노래 작사"라고 새겨져 있는 것은 도세가 낳은 혼코의 딸이다. 추사이의 고조부인 호시는 아들 없이 죽었기 때문에 열 살 된 딸 도세에게 데릴사위 얻은 게 이린이다. 그러나 이린은 도세가 성인이 되기 전에 죽었다. 그 뒤 혼코가 양자로 들어와서 도세의 배우자가 되고 치요를 낳았다. 그러나 치요가 열아홉 살에 죽었기 때문에 시부에 집안의 혈통은 일단 거기서 끊겼다. 추사이의 아버지 다다시게는 혼코의 양자다. 다음으로 누구누구 갓난아이라고 두 줄로 새겨져 있는 것은 모두 다모쓰의 자식들이라고 한다.

네 번째 묘에는 "시부에 오사무의 묘"라고 새겨져 있는데, 이것은 돌이 새것이다. 슈키치의 아버지 무덤이다.

　나중에 들으니 묘는 지금 한 기 있는데, 거기에는 원래 추사이의 6대조 신쇼가 "적이원종정일안거사(寂而院宗貞日岸居士)", 그 아내가 "계연원묘념일조대처(繫緣院妙念日潮大姉)", 5대조 신세이가 "적조원도륙현택일행거사(寂照院道陸玄澤日行居士)", 그 아내가 "적광원묘조일수대처(寂光院妙照日修大姉)", 추사이의 아내 히라노가 "편조원묘정일법대처(偏照院妙淨日法大姉)", 마찬가지로 추사이의 아내 오카니시가 "법심원묘수일창대처(法心院妙樹日昌大姉)"로 새겨져 있었다. 그 돌이 부서진 자리에 지금 슈키치의 아버지 묘가 세워졌다고 한다.

　나는 경애하는 추사이와 그 존속, 비속에게 향화를 바치고 감응사를 떠났다.

　그 후 나는 다모쓰를 찾아가려고 했는데, 갑자기 딸 안누[62]가 병에 걸렸다. 매일 관청에는 출근했지만 퇴근하고 귀갓길을 서둘렀다. 그래서 사람들을 만나러 갈 수 없어서 다모쓰와 슈키치, 도노사키 세 집에 여러 번 편지를 보냈다.

　세 집에서 저마다 답장이 왔고 그중에서도 다모쓰의 답장에는 추사이를 알기 위해서 빼놓을 수 없는 자료가 있었다. 그뿐만이 아니었다. 그 사이 완쾌된 슈키치가 다모쓰를 방문하여 나에게 추사이에 관한 이야기를 해 주라고 부탁해 놨다. 삼촌과 조카가 십수 년 만에 만났다고 한다. 또 도노사키도 나를 대신해서 다모쓰를 방문해 주었기 때문에 안누의 병이 낫고 내가 후나가와라정으로 가기 전에 다모쓰가 먼저 관청으로 찾아와 주어서 마침내 나는 추사이의 후계자와 만날 수 있었다.

62　고보리 안누(小堀杏奴): 1909-1998, 소설가, 수필가. 모리 오가이의 차녀.

9

날씨는 춥지만 아직 화로를 땔 때가 아니었기 때문에 불기운이 없는 관청 사무실에서 탁자를 사이에 두고 나는 다모쓰와 마주 앉았다. 그리고 지칠 줄 모르며 추사이에 관해 이야기했다.

지금 남아 있는 가쓰히사와 다모쓰 남매 그리고 슈키치의 아버지 오사무 이 세 명은 추사이의 네 번째 아내인 야마노우치 이오가 낳은 자식들이다. 가쓰히사는 이름을 쿠가라고 했다. 추사이가 마흔세 살, 이오가 서른두 살이던 1847년(고카4)에 태어나서 1916년(다이쇼5)에 일흔 살이다. 추사이가 1851년(가에이4)에 혼조로 이사했기 때문에 가쓰히사는 아직 간다에 있을 때 태어났다.

슈키치의 아버지 오사무는 1854년(안세이1)에 혼조에서 태어났다. 3년 후인 1857년(안세이4)에 다모쓰가 태어났다. 이때 추사이는 쉰세 살, 이오는 마흔두 살, 가쓰히사는 열한 살, 오사무는 네 살이었다.

추사이는 1858년(안세이5)에 쉰네 살로 죽었기 때문에 다모쓰는 그때 겨우 두 살이었다. 다행히 어머니 이오가 1884년(메이지17)까지 살았고 다모쓰가 스물여덟 살일 때 이오가 눈을 감았기 때문에 26년이라는 오랜 세월 동안 자애로운 어머니의 입을 통해 돌아가신 아버지 이야기를 들을 수 있었다.

추사이는 다모쓰가 학의가 되었으면 했던 것 같다. 죽기 전 남긴 유언에 따르면 경학을 가이호 교손에게, 의학을 다키 안타쿠[63]에게, 글씨를 고지마 세이사이에게 배우게 했다. 그리고 양학에 대해서는 때를 봐서 네

---

63   다키 안타쿠(多紀安琢): 1824-1876, 막부 의관.

덜란드어를 가르치는 것이 좋겠다고 했다. 추사이는 친구 다키 사이테이 등과 마찬가지로 네덜란드를 매우 싫어했다. 학식이 깊었던 추사이가 새로운 것을 좇는 세속과 흐름을 같이 하지 않은 것도 무리는 아니다. 연극을 좋아해서 배우를 품평하던 중에 이치카와 고단지[64]의 연기를 '서양(西洋)'이라고 했는데, 이것은 칭찬이 아니었다. 그런데 그 추사이가 말년에 이르러 양학의 필요성을 느끼고 아들에게 네덜란드어를 가르치라고 유언을 남긴 것은 아사카 곤사이[65]에게서 저술의 사본을 빌려 읽고 번뜩 깨달았기 때문이라고 한다. 아마도 그 저술이란 『양외기략(洋外紀略)』[66] 같은 것이었을 것이다. 다모쓰는 시대의 변화에 맞추어 나중에 네덜란드어 대신 영어를 배웠다.

나는 다모쓰에게 추사이를 조사하게 된 인연을 이야기했다. 그리고 놀랍게도 겨우 두 살이던 다모쓰가 아버지에게서 『무감』을 받아 가지고 놀았다는 말을 들었다. 이즈모지[67]판 『다이묘무감』으로, 다이묘가 거둥할 때의 행렬 도구류에 채색을 입힌 것이었다고 한다. 그뿐만이 아니다. 다모쓰는 아버지가 커다란 책장에 '에도감'이라는 표찰을 붙이고 그 안에 오래된 『무감』을 가득 모아두었던 것을 기억했다. 이 컬렉션은 다모쓰가 대여섯 살 때까지 흩어지지 않고 보존되어 있었다고 한다. 『에도감』을 모아둔 상자가 있었다면 에도지도를 모아둔 상자도 있었을 것이다. 나는 여기서 『에도감도목록』이 만들어진 유래를 알 수 있었다.

---

[64] 이치카와 고단지(市川小團次)는 가부키 배우의 명적. 여기서는 4대째(1812-1866).

[65] 아사카 곤사이(安積艮齋): 1791-1860, 주자학자.

[66] 서구 각국의 풍토, 인정, 정치 등을 번역하고 논평을 덧붙여 양이론(攘夷論)을 전개한 책.

[67] 이즈모지(出雲寺): 에도 료고쿠 요코야마정에 있던 서점.

나는 다모쓰에게 아버지에 관한 기억을 조목조목 정리해 달라고 부탁했다. 다모쓰는 흔쾌히 승낙하고 동시에 『독립평론(独立評論)』[68]에 연재하고 있는 추억담을 보여주겠다고 약속했다.

다모쓰를 만나고 얼마 지나지 않아 나는 대례[69]에 참석하기 위해서 교토로 떠났다. 부지런한 다모쓰는 아직 내가 교토에 있는 동안 작업이 끝났음을 알려왔다. 나는 교토에서 돌아와서 곧바로 우시고메로 다모쓰를 찾아가서 글을 받고 『독립평론』도 빌렸다. 여기서 내가 소개하는 내용은 주로 다모쓰에게서 얻은 자료에 근거했다.

10

시부에 집안의 선조는 시모쓰케의 오타와라 가문의 신하였다. 추사이의 6대조를 고자에몬 신쇼라고 한다. 오타와라 세이케이, 세이소 2대를 섬기고 1711년(쇼토쿠1) 7월 2일에 죽었다. 신쇼의 적자(嫡子) 초코는 가문을 이어받아서 오타와라 세이소, 세이쇼를 섬겼고 이남 쇼초는 히젠의 오무라 가문, 삼남 신세이는 오슈의 쓰가루 가문을 섬겼고 사남 쇼쿄는 군사학자가 되었다. 오무라 가문에는 쇼초가 오기 전에 미나모토노 요리토모[70]시대부터 이어져 온 시부에 고교의 후손이 있었는데, 시모쓰케에서 온 시부에 집안과의 관계 유무는 더 조사해 봐야 한다. 신세이는 추사

---

68 야마지 아이잔(언론인)의 개인잡지. 다모쓰의 추억담은 1913년 8월부터 1916년 4월까지 연재되었다.
69 대례(大禮): 1915년 11월 10일 거행된 다이쇼 천황(大正天皇)의 즉위식.
70 미나모토노 요리토모(源賴朝): 1147-1199, 가마쿠라막부의 초대 쇼군.

이의 5대조다.

시부에 집안이 섬긴 오타와라 가문은 아마도 시모쓰케국 나스군 오타와라의 성주 종가가 아니라 그 지봉(支封)이었을 것이다. 종가는 시부에 신쇼가 섬길 무렵 기요노부, 스케키요, 도모키요 등의 대였을 것이다. 오타와라 가문은 원래 1만 2천 4백 석이었는데, 1665년(간분5)에 비젠의 관리[71] 마사키요가 슈젠[72] 다카키요에게 종가를 잇게 하고 천 석을 떼어 말가[73]를 세웠다. 시부에 집안은 이 지봉을 섬겼을 것이다. 그러나 지금 수중에 말가의 계보가 없기 때문에 확인할 수 없다.

신세이는 통칭[74]을 다히토라고 했고 나중에 고사부로, 다시 기로쿠로 바꿨다. 도리쿠는 출가한 후의 칭이다. 의학을 시종(侍從) 이마오지 도산 겐엔[75]에게 배우고 1704년(겐로쿠17) 3월 12일에 에도에서 엣추의 관리 쓰가루 노부마사에게 고용되고 의작금[76] 3매와 10인 녹미를 받았다. 1704년은 호에이(寶永)로 개원된 해다. 스승 도산은 옛 도사의 관리 노부요시[77]의 5녀를 아내로 맞이하고 노부마사의 매형이 되었다. 신세이는 1706년(호에이3)에 노부마사를 따라 쓰가루로 가서 1707년(호에이4) 정

---

71   비젠의 관리(備前守)는 오타와라 마사키요의 관위. 작품에 등장하는 '(지방명)의 관리'는 모두 관위.
72   슈젠(主膳): 천황과 황태자의 식사를 담당한 궁중 직책. 에도시대에는 막부나 다이묘 가문에서 연회와 식사를 담당한 관리직 또는 무사계급의 명예 칭호(관위)로 사용.
73   말가(末家): 같은 혈족 중에서 혈연이 먼 집안.
74   통칭(通稱): 에도시대 사람들은 공식적인 이름(실명) 외에도 통칭을 사용했다. 통칭은 실생활에서 널리 쓰이는 이름이었을 뿐만 아니라 신분과 가문을 유지하는 중요한 수단이었다. 무가(武家)에서는 혈통과 신분을 나타내기 위해 대대로 통칭을 세습하는 게 일반적이었고, 일부 상인 가문에서도 가문의 전통과 신용을 유지하기 위해서 대대로 같은 통칭을 사용했다.
75   이마오지 도산 겐엔(今大路道三玄淵): 1636-1686, 막부 의관.
76   의작금(擬作金): 포상 등을 위해 제후가 만든 모방 화폐.
77   쓰가루 노부요시(津輕信義): 1619-1655, 히로사키번의 3대 번주.

월 28일에 봉록 200석을 받았다. 1710년(호에이7)에 두 번째, 1712년(쇼토쿠2)에 세 번째로 영지에 들어가고 1712년 7월 28일에 녹이 300석으로 증액되고 외에도 10인 녹미를 받았다. 노부마사가 1710년(호에이7)에 사망했기 때문에 쓰가루 가문은 도사의 관리 노부시게[78]의 대가 되었다. 신세이는 1729년(교호14) 9월 19일에 물러나서 1732년(교호17)에 죽었다. 데와의 관리 노부아키[79]가 가문을 이어받고 이듬해 사망한 것이다. 신세이는 1662년(간분2)에 태어났으므로 나이는 일흔한 살이었다. 이 사람은 삼남으로 다른 집을 섬겼으나 그 부모는 종가에서 와서 신세이에게 봉양을 받았다고 한다.

    신세이는 형 초코의 둘째 아들인 호시를 시모쓰케에서 맞이하여 양자로 삼고 겐사라고 부르며 의학을 가르쳤다. 즉 추사이의 고조부다. 호시는 1729년(교호14) 9월 19일에 가문을 물려받고 300석을 받았다. 노부시게를 섬기다가 2년 후에 노부아키를 섬기고 개칭하여 2대 도리쿠가 되었다. 1740년(겐분5) 윤 7월 17일에 죽었다. 1693년(겐로쿠7)생이기 때문에 마흔일곱 살에 죽은 것이다.

    호시에게는 도세라는 딸 한 명뿐이었다. 그래서 호시가 병약해지자 시나노에 사는 사람 아무개의 아들을 양자로 길러서 후사로 삼고 이 사람에게 도세를 짝지어 주었다. 그러나 도세가 아직 열 살이었기 때문에 이름만 부부였다. 이 사위가 추사이의 증조부 이린이다. 이린은 1741년(간포1) 정월 11일에 가문을 물려받고 2월 13일에 통칭인 겐슌을 2대 겐사로 바꿨다. 이듬해인 1742년(간포2) 7월 2일에 죽었다. 도세는 열두 살

---

78   쓰가루 노부시게(津輕信壽): 1669-1746, 히로사키번의 5대 번주.
79   쓰가루 노부아키(津輕信著): 1719-1744, 히로사키번의 6대 번주.

의 미망인으로 남겨졌다.

　1742년(간포2)에 열다섯 살로 도세에게 데릴사위 온 사람은 무사시노국 오시의 사람인 다케노우치 사쿠자에몬의 아들로, 추사이의 조부 혼코가 바로 이 사람이다. 쓰가루 가문은 엣추의 관리 노부야스[80]의 대가 되었다. 1759년(호레키9)에 도세는 스물아홉 살에 딸 치요를 낳았다. 치요는 끊겨 가던 시부에 집안의 혈통을 가까스로 이어갈 아이로, 총명하고 슬기로워서 부모는 치요를 외동이라 칭하고 예뻐했으나 열아홉 살이 된 1777년(안에이6) 5월 3일에 하직의 노래를 읊고 죽었다. 혼코가 쉰 살, 도세가 마흔일곱 살 때다. 혼코에게는 레이토라는 이름의 서자가 있었다. 그러나 혼코는 시부에 집안을 잇는 데 특별히 학예에 능통한 사람을 원했기 때문에 레이토를 같은 번의 의사 오노 도슈의 집에 양자로 보내고 따로 후계자를 구했다.

　이때 네즈에는 묘가야라는 여관이 있었다. 그 주인 이나가키 세이조는 도바의 이나가키 가문의 중신으로, 군주에게 간언하고 뜻을 거슬러서 은둔하여 상인이 되었다. 세이조에게는 1764년(메이와1) 5월 12일에 태어난 적자 센노스케가 있었다. 센노스케는 여섯 살인데 시부(詩賦)에 능했다. 혼코가 이를 듣고 양자로 삼기를 원하자 세이조는 아들이 사적(士籍)을 회복하기를 바랐기 때문에 흔쾌히 승낙했다. 그래서 시모쓰케의 종가를 양부모 삼아서 오타와라 타노모의 가신으로 80석을 받는 요닝[81] 시부에 간자에몬의 차남이라는 명의로 거두었다. 센노스케의 이름은 다다시게, 자는 시레이, 호는 데이쇼(定所), 거처하는 방을 용안(容安)이

80　쓰가루 노부야스(津輕信寧): 1739-1784, 히로사키번의 7대 번주.
81　요닝(用人): 에도시대에 다이묘 밑에서 서무, 출납 등을 맡았던 사람.

라고 했다. 통칭은 처음에 겐안이라고 했고 가독을 상속한 해 11월 15일에 4대 도리쿠로 개명했다. 유학을 시바노 리쓰잔[82]에게 배우고 의술을 요다 쇼준의 문하에서 배웠다. 저술에는 『용안실문고(容安室文稿)』, 『데이쇼시집(定所詩集)』, 『데이쇼잡록(定所雜錄)』 등이 있다. 이 사람이 추사이의 아버지다.

11

다다시게는 똑똑하고 미남이었다. 1778년(안에이7) 3월 초하루에 열다섯 살로 시부에 집안에 입양되어서 당시 다이묘의 적자로 두 살 연상이던 데와의 관리 노부아키라[83]에게 예쁨을 받았다. 양아버지 혼코가 쉰여덟 살로 죽은 게 1784년(텐메이4) 2월 29일인데, 노부아키라가 영지를 물려받은 날과 같다. 노부아키라는 이미 도사의 관리로 칭해지고 있었다. 주군이 스물세 살, 다다시게가 스물한 살이었다.

1791년(간세이3) 6월 22일에 노부아키라가 겨우 서른 살에 죽고 8월 28일에 와사부로 야스치카[84]가 지봉에서 들어와 종가를 계승했다. 나중에 엣추의 관리라고 칭한 사람이다. 야스치카는 스물일곱 살, 다다시게는 스물여덟 살이었다. 다다시게는 야스치카와도 거의 형제처럼 아주 친하

---

82 시바노 리쓰잔(柴野栗山): 1736-1807, 유학자, 문인.
83 쓰가루 노부아키라(津輕信明): 1762-1791, 히로사키번의 8대 번주.
84 쓰가루 야스치카(津輕寧親): 1765-1833, 히로사키번의 9대 번주.

게 지냈다. 평소 옷 기장 4척[85] 옷을 입고 체중이 20관[86]이었다고 하니 그 당당한 풍채가 떠오른다.

당시 쓰가루 가문에 시즈라는 여자가 근무하고 있었다. 시즈에는 늙어서 출가하고 호를 묘료니라고 했다. 묘료니가 시부에 가문에 거처하던 무렵 우스꽝스러운 이야기를 했다. 다다시게가 일을 마치고 물러나면 쓰가루 가문의 하녀들이 앞다투어 다다시게가 사용한 찻잔 바닥의 잔여물을 손가락에 묻혀 핥았는데, 자신도 그렇게 했다는 것이다.

다다시게는 근엄한 사람이어서 여색 따위는 돌아보지 않았다. 다다시게는 1789년(간세이1) 8월 22일에 첫 번째 아내 다나카와 결혼했다. 그러나 이 사람은 자식 없이 이듬해 4월 13일에 사망했다. 다음으로 1791년(간세이3) 6월 4일에 요리아이[87] 도다 마사고로의 가신으로 금 7냥 12인 녹미를 받는 난도[88]역(役) 가와사키 조스케의 딸과 결혼했다. 이 사람과는 1792년(간세이4) 2월에 딸 이쓰를 낳고 이쓰가 세 살로 요절한 이듬해 2월 19일에 헤어졌다. 마지막으로 1795년(간세이7) 4월 26일에 시모우사 국 사쿠라의 성주인 사가미의 관리 홋타 마사요리의 신하 이와다 주지의 여동생 누이와 결혼했다. 이 사람이 추사이의 어머니다. 결혼 당시 다다시게가 서른두 살, 누이가 스물한 살이었다.

누이는 1802년(교와2)에 스마라는 첫 딸을 낳았다. 스마는 열여덟 살이던 1819년(분세이2)에 부젠의 관리 사노 마사치카의 조직에서 루스이

---

85 척(尺): 척관법에서 길이의 단위. 1척은 약 37.8cm. 4척은 약 152cm. 옷 기장이 152cm이므로 신장은 대략 170cm였을 것으로 추정된다.
86 관(貫): 척관법에서 무게의 단위. 1관은 약 3.75kg. 20관은 약 75kg.
87 요리아이(寄合): 에도시대에 3천 석 이상의 하타모토(旗本: 쇼군에 직속된 무사)로 직임이 없는 사람.
88 난도(納戶): 에도시대에 쇼군이나 다이묘의 의복, 도구 등의 출납을 맡았던 관리.

도시요리[89]직(職)을 맡은 이다 요시키요에게 시집가고 1826년(분세이9)에 스물다섯 살로 죽었다. 다음으로 1805년(분카2) 11월 8일에 태어난 게 추사이다. 다다시게가 마흔두 살, 누이가 서른한 살 때 태어난 자식이다. 이후 1811년(분카8) 윤 2월 14일에 딸이 태어났는데, 이 아이는 이름도 없이 죽었다. 감응사의 묘에 "담화수자"라고 새겨져 있는 게 이 여아의 법명이다.

다다시게는 야스치카의 시의(侍醫)로, 쓰가루 번저에서 열리는 월례강의 교관을 겸해 번의 자제들에게 경학과 의학을 가르쳤다. 300석 10인 녹미의 세록[90] 외에 1800년(간세이12)부터 급료 5인 녹미를 받고 1807년(분카4)에 추가로 5인 녹미를 받았다. 1811년(분카8)에 다시 5인 녹미를 더해 마침내 300석 25인 녹미를 받았다. 그로부터 2년 후인 1815년(분카11)에 일입금단 조제를 허락받았다. 이것은 세간에 알려진 쓰가루 가문의 비방으로, 매달 100냥 이상의 수입이 되었다.

다다시게는 표면상 시의이자 교관일 뿐이었지만 야스치카의 신임이 두터웠기 때문에 감히 남들이 말하지 못하는 것도 말하게 되어서 자주 간언하고 자주 받아들여졌다. 야스치카는 1804년(분카1) 5월에 매년 에조치[91]의 방어를 맡았다는 이유로 4만 8천 석에서 일약해 7만 석을 받았다. 이른바 쓰가루 가문의 상승이 이것이다. 1808년(분카5) 12월에는 난부 가문과 함께 오랫 동안 동서 에조치를 경호하라는 명을 받고 10만 석 종4위하에 봉해졌다. 쓰가루 가문의 정치적 발전 시기에 다다시게의

---

89   루스이도시요리(留守居年寄): 오오쿠(大奧: 쇼군의 부인이 거처하던 곳)의 단속, 쇼군 외출시 성중 경비 등을 담당한 하타모토 최고직.
90   세록(世祿): 대대로 그 집의 계승자가 받는 봉록.
91   에조치(蝦夷地): 에도시대에 아이누족의 거주지를 가리킨 말로, 홋카이도 본섬, 사할린섬, 쿠릴 열도를 포함한 주변 섬들의 총칭.

계옥[92]의 공도 적지 않았던 것 같다.

다다시게는 1822년(분세이5) 8월 초하루에 쉰아홉 살로 물러났다. 추사이가 열여덟 살 때다. 곧이어 야스치카도 1825년(분세이8) 4월에 은퇴하고 시가, 하이카이[93]를 소일거리 삼으며 가회[94]에는 나루시마 시초쿠[95] 등을 부르고 시회[96]에는 다다시게를 불렀다. 다다시게는 1831년(덴포2) 6월부터 데와국 가메다의 성주인 이요의 관리 이와키 다카히로[97]에게 시집간 노부유키의 누이를 모시고 같은 해 8월부터는 노부유키의 부인인 가네히메의 시중을 겸했다. 8월 15일에 은거료[98]로 3인 녹미를 받게 된 것은 이 때문일 것이다. 1년 지나고 1833년(덴포4) 4월 초하루에 은거료 2인 녹미를 더해 5인 녹미를 받게 되었다.

다다시게는 1837년(덴포8) 10월 26일에 일흔네 살로 죽었다. 야스치카는 4년 전인 1833년(덴포4) 6월 19일에 예순아홉 살로 죽었다. 다다시게의 아내 이와다 누이는 1824년(분세이7) 7월 초하루에 출가하여 주쇼라고 칭하고 1829년(분세이7) 6월 14일에 쉰다섯 살로 남편보다 8년 먼저 세상을 떠났다.

---

92   계옥(啓沃): 마음에 생각한 것을 숨기지 않고 충성스러운 말을 주군에게 아뢰는 것.
93   하이카이(俳諧): 하이쿠(俳句: 5·7·5의 3구(句) 17음(音)으로 된 일본 고유의 단시)와 렌쿠(連句: 시가의 길게 연속된 구)의 총칭.
94   가회(歌會): 와카(和歌: 일본 고유 형식의 시)를 짓고 서로 발표, 비평하는 모임.
95   나루시마 시초쿠(成島司直): 1778-1862, 막부역사서 『도쿠가와실기(德川實記)』를 편찬한 유학자.
96   시회(詩會): 시, 특히 한시(漢詩)를 짓고 감상하는 모임.
97   이와키 다카히로(岩城隆喜): 1791-1854, 가메다번의 8대 번주.
98   은거료(隱居料): 에도시대에 은거한 무사에게 막부 또는 번이 지급한 녹미.

12

다모쓰는 추사이가 1805년(분카2) 11월 8일에 간다 벤케이바시에서 태어났다고 했다. 어머니 이오가 들려준 이야기를 기억해서일 것이다. 아버지 다다시게가 마흔두 살, 어머니 누이가 서른한 살 때다. 추사이가 태어난 집은 어디쯤이었을까. 벤케이바시는 다리 이름이 아니라 마을 이름이다. 당시 〈에도 지적도(江戶分間大繪圖)〉라는 것을 보면 이즈미바시와 아타라시바시 사이의 야나기하라 거리에서 조금 남쪽으로 치우친 곳에 서쪽에서 동쪽으로 오타마가이케, 마쓰에다정, 벤케이바시, 모토야나기하라정, 사쿠마정, 시켄정, 야마토정, 도시마정 순서로 마을 이름이 적혀 있다. 그리고 이즈미바시를 남쪽으로 건너 동쪽으로 조금 치우친 거리는 동쪽이 벤케이바시, 서쪽이 마쓰에다정이다. 이 거리의 동쪽 옆 줄기는 동쪽이 모토야나기하라정, 서쪽이 벤케이바시로 되어 있다.

내가 후지카와 유[99]에게 빌린 쓰가루 가문의 의관 숙직 일기에 따르면 다다시게는 1786년(덴메이6) 8월 19일에 도시마정 도오리요코정 가마쿠라요코정의 집주인 이에몬의 셋집을 빌렸다. 이 가마쿠라요코정이라는 곳은 앞서 언급한 지도를 보면 모토야나기하라정과 사쿠마정 사이로, 북쪽 강변 근처다. 다다시게는 그해 정월 22일에 살던 집에 불이 나서 한동안 다키 게이잔의 집에 머물다가 8월에 이르러 이 셋집을 빌려서 이사했다. 전에 살던 집도 그다지 멀지 않은 이즈미바시 부근이었음을 일기를 통해서 알 수 있다. 또 1825년(분세이8) 3월 그믐에 추사이의 모토야나기

---

99 후지카와 유(富士川游): 1865-1940. 일본 의학사 연구를 확립한 의학자. 『일본의학사(日本醫學史)』를 저술.

하라 6정목 집이 반쯤 불탔다는 것도 일기에 보인다. 모토야나기하라정은 벤케이바시와 같은 줄기로, 단지 동쪽과 서쪽의 이름이 다를 뿐이다. 생각건대 시부에 집안은 오랫동안 이즈미바시 부근에 살다가 덴메이(天明) 때 빌린 가마쿠라요코정에서 1825년(분세이8)에 이르는 사이에 모토야나기하라정으로 이사했을지도 모른다. 이 모토야나기하라정 6정목 집은 추사이가 태어난 벤케이바시 집과 같을 수도 있다. 아니면 추사이가 태어난 1805년(분카2)에는 서쪽의 벤케이바시에 있다가 그 후 1825년(분세이8)에 이르는 사이에 건너편에 있는 모토야나기하라정으로 이사한 것이라고 볼 수도 있다.

추사이는 아명(兒名)을 쓰네키치라고 했다. 옛 엣추의 관리 노부야스의 부인 신주인이 이 아이를 예뻐해서 갓난아이 때부터 다섯 살이 될 때까지 거의 매일 불러들여 곁에서 장난치는 모습을 보며 즐거워했다고 한다. 미남인 다다시게를 닮은 사랑스러운 아이였을 것이다.

시마의 이나가키 집안의 가세는 현재 자세히 알 수 없다. 그러나 추사이의 조부 세이조도 필시 외모가 훌륭한 사람이었을 것이고 그것이 아버지 다다시게를 거쳐서 추사이에게 유전되었을 것이다. 이 신체적인 내력과 함께 정신적인 내력도 존재했을 것이다. 나는 세이조가 주인에게 간언하고 떠난 사람이었다는 데 주목한다. 나중에 다다시게가 된 신동 센노스케를 배출한 세이조의 가정은 평범한 가정이 아니었을 것이다. 저것은 의지(意志), 이것은 지능 방면으로, 두 가지 측면의 유전적 계통을 고려할 때 추사이의 앞길은 유망했다고 해도 좋을 것이다.

그러면 추사이가 나고 자란 환경은 어땠을까. 다다시게의 가정 교육이 믿을 만한 것이었음은 두말할 나위가 없다. 점성술은 사람이 태어난 때의 별자리를 관찰하는 것이다. 나는 당시 사회에 어떤 인물들이 있었는지를 묻고 여기에 학문과 예술계의 저명인들을 열거해 보려고 한다. 그러나 관찰이 지나치지 않도록 추사이가 직접 교류했던 인물들에 한정하고자 한다. 즉 추사이의 스승과 연상의 친구로, 추사이가 본 큰 인물들이다.

추사이의 경학 스승에는 우선 이치노 메이안[100]이 있다. 다음으로 가리야 에키사이[101]가 있다. 의학 스승에는 이사와 란켄[102]이 있다. 다음으로 추사이가 특별히 종두술을 배운 이케다 게이스이가 있다. 추사이가 교제한 연장자는 아주 많다. 유학자 또는 국학자로는 아사카 곤사이, 고지마 세이사이, 오카모토 쿄사이,[103] 가이호 교손이 있다. 의가에는 다키 본가와 다키 말가, 그중에서도 특히 사이테이와 이사와 란켄의 장남 신켄[104]이 있다. 그리고 예술가 및 예술 비평가로는 다니 분초,[105] 나가시마 고로사쿠,[106] 이시즈카 주베에[107]가 있다. 이들은 모두 사회 여러 방면에서 추사이가 세상에 알려지기를 기다렸던 것 같다.

13

추사이의 스승과 연상의 친구들 중에는 실제로 세상에 널리 알려진 이들이 적지 않다. 그렇기 때문에 나는 여기에 그들의 전기를 하나하나

---

100 이치노 메이안(市野迷庵): 1765-1826, 유학자.
101 가리야 에키사이(狩谷棭齋): 1775-1835, 고증학자.
102 이사와 란켄(伊澤蘭軒): 1777-1829, 의사, 유학자.
103 오카모토 쿄사이(岡本況齋): 1797-1878, 고증학자.
104 이사와 신켄(伊澤榛軒): 1804-1852, 의사.
105 다니 분초(谷文晁): 1763-1841, 화가, 시인.
106 나가시마 고로사쿠(長島五郎作): 1769-1848, 렌가 작가.
107 이시즈카 주베에(石塚重兵衛): 1799-1861, 고증가, 잡학(雜學)가.

끼워 넣을 생각은 없다. 다만 추사이의 탄생을 이야기함에 있어서 추사이가 천직을 다하도록 크게 이바지한 연장자들을 살펴보려는 데 지나지 않다.

이치노 메이안, 이름은 고겐, 자는 슌케이, 시호라고 했고 호를 처음에 운소, 나중에 메이안이라고 했다. 그밖에 스이도, 후닌치교 등의 별호가 있다. 추사이의 아버지 다다시게가 스이도설(說)을 만든 게 『용안실문고』에 나온다. 통칭은 산에몬이다. 6대조 초코가 이세국 시로코에서 에도로 와서 간다 사쿠마정에 전당포를 열고 가게 이름을 미카와야라고 했다. 당시 가게는 벤케이바시에 있었다. 메이안의 아버지인 고키가 가즈키와 결혼해서 메이안을 얻은 게 1765년(메이와2) 2월 10일이니까 추사이가 태어났을 때 메이안은 이미 마흔한 살이었다.

메이안은 고증학자였다. 즉 경서의 고판본(古版本), 고사본(古寫本)을 샅샅이 뒤져서 그 텍스트를 조사하고 비교, 고찰하는 학파, 비판을 하는 학파. 이 학파는 미토의 요시다 고톤[108]에서 시작되어 에키사이가 계승해서 발전시켰다. 고톤은 추사이가 태어나기 7년 전에 죽었다. 메이안이 에키사이 등과 함께 연구한 성과가 나중에 무르익어서 추사이의 『경적방고지』가 되었다. 이 사람이 만년에 『노자(老子)』[109]를 좋아했기 때문에 추사이도 같은 취향을 가지게 되었다.

가리야 에키사이, 이름은 보시, 자는 게이운, 호는 에키사이다. 통칭은 산에몬이라고 했다. 집은 유시마에 있었다. 지금의 1정목이다. 에키사이의 집은 쓰가루의 용달(用達)로, 쓰가루야라고 했다. 에키사이는 쓰가루

---

108 요시다 고톤(吉田篁墩): 1745-1795, 유학자.
109 중국 전국시대 도가의 언설을 모아 한나라 초기에 편찬한 것으로 추정되는 중국의 도가서(道家書).

가문의 녹 천 석을 받고 주군을 알현하는 자들 가운데 말석에 자리했다. 선조는 미카와국 가리야의 사람으로, 에도로 이주한 후 가리야라는 성을 사용했다. 그러나 에키사이는 가리야 호코의 대에 이 집에 양자로 온 사람으로, 친아버지는 다카하시 고빈, 어머니는 사토다. 1775년(안에이4)생으로 추사이의 어머니 누이와 동갑이었다고 한다. 그렇다면 에키사이는 추사이가 태어났을 때 서른한 살로, 메이안보다 열 살 어렸을 것이다. 추사이가 에키사이에게 사사(師事)한 게 스무 살 남짓 때였다고 하니까 아마도 추사이는 메이안이 죽고 에키사이에게 갔던 것 같다. 메이안이 예순두 살로 죽은 1826년(분세이9)에 추사이는 스물두 살, 에키사이는 쉰두 살이었다. 메이안도 에키사키도 모두 고서(古書)를 수집했는데, 에키사이는 고전(古錢)을 수집해서 연구하는 취미도 가지고 있었다. 에키사이는 한나라 때 다섯 가지 물건[110]을 소장하고 호를 롯카도진(六漢道人)이라고 했는데, 사람들이 한 가지 부족하지 않느냐고 묻자 그 한 가지는 한학이라고 대답했다는 일화가 있다. 추사이도 고서나 『고무감』만 소장한 게 아니라 고전을 수집하는 버릇도 있었다고 한다.

  메이안과 에키사이는 나이로 따지면 저쪽이 형, 이쪽이 동생이지만 고증학의 학통에서 보면 에키사이가 먼저고 메이안이 나중이다. 그리고 이 두 사람의 통칭이 모두 산에몬(三右衛門)이었다. 세간에서는 이들을 분세이(文政)의 로쿠에몬(六右衛門)이라고 불렀다. 추사이는 로쿠에몬 두 사람 모두에게 사사한 셈이다.

  로쿠에몬이란 호칭은 매우 묘하다. 그런데 세상 사람들은 여기에 다

---

[110] 거울(漢鏡), 화폐(漢錢), 왕망(王莽)의 위두(威斗), 중평(中平)의 쌍어세(雙魚洗), 삼이호(三耳壺).

시 한 명의 산에몬을 더해 산산에몬(三三右衛門)이라고도 했다. 이 산에몬은 성씨는 기타(喜多), 이름은 신겐(愼言), 자는 유와, 호는 바이엔, 세이로라고 했고 거처에 사당서옥(四當書屋)이라는 이름을 붙였다.[111] 그 성인 기타(喜多)를 다듬어 호쿠 신겐(北愼言)이라고도 서명(署名) 했다.[112] 신바시 곤파루 저택에 살던 지붕공으로, 야네야[113] 산에몬이 통칭이다.[114] 본래는 시바의 요릿집 스즈키의 아들 사다지로로, 지붕공 집에는 양자로 왔다. 어릴 때 교카[115]를 짓고 별호를 아미노하손하리가네(網破損針金)라고 했다. 나중에 견문이 넓은 걸로 유명했다. 1848년(가에이1) 3월 25일에 여든세 살로 죽었다고 하니까 추사이가 태어났을 때는 메이안과 마찬가지로 마흔한 살이었을 것이다. 이 산에몬과 거의 매일 왕래하다싶이 한 오야마다 도모키요[116]의 『요쇼로일기(擁書樓日記)』를 보면 1815년 (분카12)에 쉰한 살이라고 되어 있기 때문에 이 추산은 틀림없다. 그러나 이 사람을 메이안, 에키사이와 함께 논하는 것은 서양인이 말하는 "머리카락을 움켜쥐고 끌어당긴"[117] 듯한 느낌이 있다. 야네야 산에몬과 추사이 사이에는 교제가 없었다고 한다.

---

[111] 기타 세이로(喜多靜廬): 1765-1848, 민간 학자.
[112] 喜多(기타)와 北(기타)의 발음이 같은 데서 유래한 서명으로 추정된다. 北는 '호쿠'라고도 발음. 원문에는 호쿠 신겐으로 표기되어 있다.
[113] 야네야(屋根屋): 지붕을 이는 장인이라는 뜻.
[114] 실제로는 산자에몬(三左衛門)이 통칭.
[115] 교카(狂歌): 에도시대 후기에 유행했던 풍자와 익살을 주로 한 단가(短歌).
[116] 오야마다 도모키요(小山田與淸): 1766-1847, 국학자.
[117] "자신의 머리카락을 잡아당겨 늪에서 빠져나오려 한다(Sich an den eigenen Haaren aus dem Sumpf ziehen)"라는 독일 속담을 말하는 것 같다. 억지스럽다는 의미.

14

훗날 추사이에게 의학을 전수한 사람은 이사와 란켄[118]이다. 이름은 신텐, 통칭은 지안이다. 이사와 집안의 종가는 치쿠젠국 후쿠오카의 성주인 구로다 가문의 신하였다. 란켄은 그 분가로, 빈고국 후쿠야마의 성주인 이세의 관리 아베 마사토모의 신하였다. 1829년(분세이12) 3월 17일에 향년 53세로 사망했다고 하니까 추사이가 태어났을 때는 스물아홉 살로, 혼고 마사고정에 살았다. 아베 가문은 이미 빗추의 관리 마사키요의 대였다. 란켄이 혼고 마루야마에 있는 아베 가문의 별저로 옮긴 것은 나중 일이다.

아베 가문은 1826년(분세이9) 8월에 대가 바뀌어 이요의 관리 마사야스가 봉(封)을 계승했기 때문에 란켄은 마사야스의 대가 되고 햇수로 4년 동안 아베 가문의 저택에 드나들었다. 그 무렵 추사이의 네 번째 아내인 이오의 언니가 마사야스의 부인 나베시마의 시동으로 일하며 긴고라고 불렸다. 이 긴고의 이야기에 따르면 란켄은 다리가 불편했기 때문에 저택 내에서 가마를 타는 게 허용되었다. 그런데 란켄이 가마에서 내려 무릎을 꿇고 주군 쪽으로 기어가는 모습을 보고 시녀들이 서로 마주보고 웃었다. 어느 날 마사야스가 우연히 이 이야기를 듣고 "란켄은 다리가 없지만 두 사람 몫을 한다"며 시녀들을 꾸짖었다고 한다.

다음은 추사이의 두과[119] 스승이다. 이케다씨(氏), 이름은 인, 자는 가초, 통칭은 즈이에이, 호는 게이스이라고 했다.

---

118 모리 오가이는 『시부에 추사이』 연재를 마친 다음 194회에 걸쳐 『이사와 란켄』을 연재했다.
119 두과(痘科): 천연두 치료를 전문으로 행한 의료과명.

원래 천연두를 치료하는 방법은 오랫동안 일본에서는 행해지지 않았다. 병이 중해지면 보통 의사들은 팔짱을 끼고 지켜보기만 했다. 그러던 중 1653년(조오2)에 대만공[120]이 중국에서 건너와 이 불치병을 치료하기 시작했다. 공정현[121]을 근본으로 삼은 치료법을 시행했다. 만공, 이름은 입, 항주 인화현 사람으로, 만공은 자(字)다. 1596년(만력24)생으로, 나가사키에 왔을 때 쉰여덟 살이었다. 만공이 스오국 이와쿠니에 머물고 있을 때 이케다 스잔이라는 사람이 치두법을 배웠다. 스잔은 깃카와 가문의 의관으로, 이름을 세이초쿠라고 했다. 선조는 미나모토노 노리요리[122]에서 나와 대대로 이즈모에 살면서 이쿠타라는 성을 사용했다. 세이초쿠의 수대 선조인 신초가 이즈모에서 이와쿠니로 이주하고 처음으로 성을 이케다로 바꿨다. 세이초쿠의 아들이 신시, 신시의 양자가 세이메이로, 모두 만공이 남긴 법을 전했다.

그런데 1742년(간포2)에 세이메이가 병들어 죽음을 앞두고 있을 때 그의 아들 도쿠비는 겨우 아홉 살이었다. 세이메이는 만공이 남긴 법을 동생인 마키모토보 센오에게 전하고 눈을 감았다. 그사이 도쿠비는 성인이 되고 센오에게 조부의 법을 배워서 터득했다. 1762년(호레키12)에 도쿠비는 어머니를 모시고 아키국 이쓰쿠시마로 이주했다. 이쓰쿠시마에 천연두가 크게 유행했기 때문이다. 1773년(안에이2)에 어머니가 돌아가시고 1777년(안에이6)에 도쿠비는 오사카로 이주하여 니시호리에 류헤이바시 근처에 살았다. 이때 도쿠비는 마흔네 살이었다.

---

120 대만공(戴曼公): 1596-1672, 중국 명나라 출신 의사, 서가.
121 공정현(龔廷賢): 1522-1619, 중국 명나라 의사, 저술가.
122 미나모토노 노리요리(源範賴): ?-1193, 헤이안시대 말기부터 가마쿠라시대 초기에 활동한 무장.

도쿠비는 1792년(간세이4)에 교토로 가서 히가시노토인 거리[123]에 살았다. 이때 쉰아홉 살이었다. 1796년(간세이8)에 도쿠가와 이에나리[124]의 부름을 받고 1797년(간세이9)에 에도로 가서 스루가다이에 살았다. 이해 3월 도쿠비는 세이주칸에서 두과를 강의하게 되고 200섬(俵)을 받았다. 도쿠비가 예순네 살 때다. 세이주칸에서는 도쿠비를 위해서 처음으로 두과 강좌를 개설했다.

추사이가 태어난 1805년(분카2)에 도쿠비는 아직 살아 있었고 스루가다이에 살았을 것이다. 나이는 일흔두 살이었다. 도쿠비는 1816년(분카13) 9월 6일에 여든세 살로 죽었다. 유해는 무코지마 고우메무라 영송사(嶺松寺)에 묻혔다.

도쿠비, 자는 젠케이, 통칭은 즈이센, 호를 긴쿄, 센오라고 했다. 센오(蟾翁)[125]라는 호에는 재미난 일화가 있다. 도쿠비는 언젠가 꿈에서 커다란 두꺼비를 보았다. 그 후 『포박자(抱朴子)』[126]를 읽고 그 꿈을 상서라고 여겨서 두꺼비 그림을 그리고 두꺼비 조각을 해서 사람들에게 선물했다. 이것이 센오라는 호의 유래다.

15

이케다 도쿠비에게는 전후 세 명의 아내가 있었다. 1779년(안에이8)에 죽은 묘센, 1790년(간세이2)에 죽은 주케이, 1848년(가에이1)까지 산 료쿠호다. 료쿠호는 히시타니 집안, 사이 집안에 입양되었고 도쿠비에게 시집간 것은 도쿠비가 교토에 있을 때다. 도쿠비와 세 사람 사이에 자식은 없었다고 한다.

도쿠비가 이쓰쿠시마에서 오사카로 이주했을 때 첩이 있어서 1남 2녀를 낳았다. 아들은 이름을 젠초쿠라고 했는데, 병이 많아서 가업을 잇지 못했다고 한다. 두 딸 중 장녀는 1790년(간세이2)에 죽고 죽은 뒤에 이름을 치슈라고 했다. 차녀는 1797년(간세이9)에 요절하고 죽은 뒤에 이름을 치즈이라고 했다. 이 외에 지금 가고시마에 사는 도쿠비의 자손이 한 명 있는데, 이 집에 대해서는 아직 자세히 알 수 없다.

도쿠비의 집은 제자 중에 한 사람이 양자가 되어 계승하고 2대 즈이센이라고 했다. 이 사람은 고즈케국 기류의 사람인 무라오카 젠자에몬의 2남이었다. 이름은 신, 자는 주코, 호를 초쿠케이, 무케이라고 했다. 세이주칸의 강좌도 이 사람이 이어받았다.

처음에 도쿠비는 만공이 남긴 법을 존중한 나머지 이것을 자기 자식 한 사람에게만 전하고 다른 사람에게 전하기를 거부했다. 그런데 오사카에 있을 때 사람들이 간곡히 말하기를 한 사람이 능히 구하는 데는 한계가 있으며 좋은 방법이 있는데도 이를 숨기고 전하지 않는 것은 어질지 못한 일이라고 했다. 그래서 도쿠비는 비로소 혈서를 쓰게 하고 제자를 받았다. 그 후 제자가 점차 늘어나서 도쿠비가 죽을 때 즈음 500명이 넘었다. 2대 즈이센은 그중에서 선발되어서 양자가 되었다.

초대 즈이센은 본래 겐 가문의 명벌이라고는 하지만 스오의 이와쿠니에서 일어나 막부 신하가 되고 스루가다이의 이케다 집안의 종가가 되었다. 그러나 가업을 계승할 자식이 없었기 때문에 문하의 수재가 들어와

123 히가시노토인 도오리(東洞院通): 교토에 남북으로 뻗어 있는 거리.
124 도쿠가와 이에나리(德川家齊): 1773-1841, 에도막부의 11대 쇼군.
125 두꺼비 노인이라는 의미.
126 중국 진나라의 갈홍(葛洪)이 지은 도가서. 신선 사상을 집성한 내편과 정치, 문화 등을 언급한 외편으로 구성되어 있다. 포박자는 갈홍의 호.

서 뒤를 이었다. 얼핏 보면 이상할 게 전혀 없다.

그러나 여기 문제의 인물이 있다. 바로 추사이의 두과 스승인 이케다 게이스이다.

게이스이가 도쿠비의 아들이었는지 조카였는지는 분명하지 않다. 무코지마의 영송사에 세워져 있는 묘비에는 아들로 돼 있는 것 같다. 그런데 2대 즈이센의 아들인 초쿠온이 작성한 과거첩[127]에는 게이스이가 도쿠비의 동생인 겐슈의 아들로 기록되어 있다. 자식이든 조카든 도쿠비의 혈족인 게이스이는 종가를 계승하지 못하고 독립해서 시중 개업의가 되었고 시타야 가치마치에 일가를 이뤘다. 당시 에도에는 스루가다이의 관의(官醫) 2대 즈이센과 가치마치의 개업의 게이스이가 공존하고 있었다.

종두술이 보급된 이후로 사람들은 천연두를 두려워하지 않게 되었다. 그러나 옛날에는 사람들이 이 병을 결핵이나 암, 나병보다도 훨씬 두려워하여 그 유행이 한창일 때 사회는 일종의 공황 상태에 빠졌다. 이케다 집안의 치료법이 도쿠가와정부와 전국의 사람들로부터 환영을 받은 것은 당연했다. 그래서 추사이는 란켄에게 일반 의학을 배운 후 특별히 치두법을 게이스이에게 배웠다. 마치 요즘 의사들이 세균학이나 원충학,[128] 생물화학을 자세히 배우는 것과 마찬가지다.

이케다 집안이 만공에게 전수받은 치두법은 어떤 것이었을까. 전통적으로 천연두는 태독,[129] 오염된 피, 후천적 식독 등이라고 해서 사람들은 각자가 보는 바에 따라 똑같은 방법으로 여러 증상을 치료했다. 그러

---

127 과거첩(過去帖): 고인의 이름, 계명(戒名), 사망 연월일, 사망 연령 등의 정보를 기록한 가문의 장부.
128 원충학(原虫學): 원생동물을 연구 대상으로 하는 생물학의 한 분야.
129 태독(胎毒): 젖먹이의 몸이나 얼굴에 진물이 흐르며 허는 증상.

나 이케다 집안은 천연두를 일종의 이독이기(異毒異氣)로 보고 8증 4절 3항[130]으로 구분하여 편벽된 치료법을 배척했다. 즉 대증 요법의 만전을 기하고자 한 것이다.

16

나는 추사이의 스승이 될 만한 인물들을 헤아리고 게이스이에 이르러서 그의 신상에 관한 의문을 적고 세상 사람들의 가르침을 받고자 한다.

나는 지금 이것을 적기까지 문서를 뒤지고 사원을 방문하고 또 수많은 선배와 친구들을 귀찮게 해서 답을 구하려고 했다. 그러나 대체로 모두 헛수고였다. 그중에서도 유감스러운 것은 게이스이의 묘가 사라진 것이다.

처음으로 나에게 게이스이의 묘에 대해 이야기해 준 사람은 다모쓰다. 다모쓰는 어렸을 때 게이스이의 묘에 참배한 적이 있다. 그러나 절 이름은 기억하지 못했다. 무덤이 무코지마에 있었다는 것만 기억했다. 그 사이 나는 후지카와 유에게 여러 가지를 물어보았다. 후지카와가 답한 내용 중에 게이스이의 무덤이 상천사(常泉寺) 옆에 있다는 게 있었다.

나는 어렸을 때 무코지마 고우메무라에 살았다. 처음 살던 집은 지금 스사키정이 되었고 나중에 살던 집은 고우메무라가 되었다. 그 나중에 살

---

[130] 8증(證)은 표실(表實), 이허(裏虛), 이실(裏實), 표허(表虛), 독옹(毒壅), 혈열(血熱), 기허(氣虛), 혈허(血虛). 4절(節)은 견묘(見苗), 기창(起脹), 관장(灌漿), 수엽(收靨). 3항(項)은 순(順), 검(險), 역(逆).

던 집에서 둑으로 가려면 항상 상천사 뒤쪽에서 미토 저택 북쪽 끝자락으로 나왔다. 상천사는 내게 익숙한 절이다.

나는 상천사에 갔다. 지금은 신코우메정 안에 있다. 마쿠라바시를 북쪽으로 건너서 도쿠가와 가문의 저택 남쪽을 지나면 같은 쪽에 상천사의 커다란 대문이 있다. 나는 본당 주위에 있는 무덤도 경내 말사[131] 정원에 있는 무덤도 하나하나 살펴보았다. 니치렌종[132]이라서 에도인들의 무덤이 많다. 이름이 널리 알려진 학자로는 아사카와 젠안[133] 일가의 무덤이 본당 서쪽에 있을 뿐이다. 본당 동남쪽에 있는 말사에 이케다 집안의 묘가 한 기 있는데, 예의 도시인답게 게다가 무연고나 다름없어 보였다.

그래서 승려에게 청해서 과거첩을 보았는데, 그것은 최근에 만들어진 것으로 가나다순으로 단가[134]의 성씨가 나열되어 있었다. 그러나 '이' 부에는 이케다 집안이 없었다. 말사 묘지에 있는 이케다 집안의 무덤은 과연 무연고였다.

나는 헛걸음을 하고 돌아와서 먼저 고향 사람인 미야사키 사키마로를 통해서 도쿄의 무덤에 대해 잘 아는 다케다 신켄[135]에게 물어보았다. 그러나 다케다도 게이스이의 무덤을 알지 못했다.

그러는 동안 나는 『사실문편』 권45에서 2대 즈이센이 편찬한 이케다 집안의 행장[136]을 발견했다. 이것은 양부 초대 즈이센의 행장으로, 그 무덤이 무코지마 영송사에 있다고 적혀 있다. 원래 영송사에는 대만공의 묘

---

131 말사(末寺): 본사(本寺)의 관리를 받는 작은 절.
132 니치렌종(日蓮宗): 가마쿠라시대에 니치렌(日蓮) 대사가 창시한 일본 불교 종파.
133 아사카와 젠안(朝川善庵): 1781-1849, 유학자.
134 단가(檀家): 일정한 절에 속해 시주를 하며 절의 재정을 돕는 집.
135 다케다 신켄(武田信賢): 1844-1927. 만년에 성묘가(省墓家)로 알려졌다.
136 행장(行狀): 죽은 사람의 평생 경력을 쓴 기록.

비가 있고 즈이센은 그 옆에 묻혔다고 한다. 무코지마에 산 적이 있는 나도 영송사라는 절은 알지 못했다. 그러나 초대 즈이센이 영송사에 묻혔다면 게이스이도 거기에 묻힌 게 아닐까 짐작해 보았다.

나는 다시 무코지마로 갔다. 그리고 신코우메정, 고우메정, 스사키정 사이를 돌아다니며 구석구석 찾아보았다. 그러나 영송사라는 절은 없었다. 나는 절망해서 발걸음을 돌렸고 그 길에 스사키정에 있는 홍복사(弘福寺)에 들러 아버지 무덤에 참배했다. 그리고 주지(住持)인 오쿠다 보쿠슈 스님께 오랜만에 문안 인사를 드렸다. 대화를 나누던 중에 내가 영송사와 이케다 집안의 무덤에 관한 이야기를 하자 보쿠슈 스님은 의외로 두 가지 모두 알고 있었다.

보쿠슈 스님은 말했다. 영송사는 상천사 근방에 있었다. 그 경계 안에 이케다 집안의 무덤 여러 기가 나란히 서 있었던 것을 기억한다. 무덤에는 많은 묘지명이 새겨져 있었다. 그런데 최근에 영송사는 폐사(廢寺)되었다. 이것을 듣고 나는 우선 이케다 집안의 묘를 목격한 사람을 두 명이나 얻은 것에 기뻤다. 즉 다모쓰와 보쿠슈 스님이다.

"절이 폐사되면 무덤은 어떻게 됩니까?" 나는 물었다.

"무덤은 단가가 이어받아서 다른 절로 모셔갑니다."

"단가가 없으면 어떻게 되나요?"

"무연고 무덤은 공동묘지로 이장하고 있습니다."

"그러면 이케다 가문의 무덤은 공동묘지로 옮겨졌을지도 모르겠네요. 이케다 가문의 후손은 지금 어떻게 되었는지 모르십니까?"

이렇게 말하고 나는 허탈했다.

17

나는 보쿠슈 스님에게 말했다. 이케다 즈이센 일족은 그 당시 명의였다. 무덤의 행방을 조사하고 싶다. 그리고 대만공의 묘비라는 것도 만약 존재한다면 이름난 유적의 하나로 꼽아야 할 것이다. 영송사에 있던 무연고 무덤이 어느 공동묘지로 이장되었는지 모르지만 만약 알 수 있다면 찾아가 보고 싶다.

보쿠슈 스님도 고개를 끄덕이며 말했다. 대만공의 묘비에 대해서는 처음 들었다. 이케다 집안만 그런 게 아니다. 자신도 황벽종[137]의 의발[138]을 전한 몸이고 보면 대만공이 남긴 유적의 운명에 마음을 쓰지 않을 수 없다. 생각건대 대만공은 간분 연간에 규슈에서 스승 은원[139]의 안부를 물으러 황벽산에 오르던 중 입적(入寂)했다고 하니까 에도에는 무덤이 없을 것이다. 영송사의 묘비가 어떤 것이었는지 모르겠지만 어쩌면 아발탑[140]의 일종이기라도 했을까. 어쨌든 그 묘비의 행방도 알고 싶다. 보쿠슈 스님은 짐작 가는 곳들에 문의해 보겠다고 했다.

내가 다시 무코지마를 조사한 것은 1915년(다이쇼4) 말이었다. 그사이 1916년(다이쇼5) 초가 되었다. 보쿠슈 스님의 신년 서신에 매우 조심스러운 말투로 문의 결과가 적혀 있었다. 영송사가 폐사될 때 그 일에 관여한 절들에 물어보았는데, 이케다 집안의 무덤에는 단가가 없었다고 한다. 당시 무연고 무덤을 이장한 곳은 소메이 공동묘지였다. 대만공의

---

137 황벽종(黃檗宗): 중국 불교 선종(禪宗)의 한 파.
138 의발(衣鉢): 스승이나 선배로부터 전해 받는 학문, 기예 등의 깊은 뜻.
139 은원(隱元): 1592-1657, 중국 명나라에서 일본으로 귀화한 승려. 일본 황벽종을 창시.
140 아발탑(牙髮塔): 고인의 모발이나 치아를 넣어둔 석탑.

묘비는 아무도 모른다는 것이다. 이래서는 조사의 앞길에 조금의 희망도 보이지 않는다. 나는 의혹을 풀기 위해서 소메이로 찾아갔다. 그리고 묘지를 관리한다는 집을 방문했다.

무덤을 찾는 사람들에게 붓순나무[141]와 선향[142]을 팔고 사람들의 발을 쉬어가게 하며 차도 대접하는 집에 서른 살 정도의 영리해 보이는 아주머니가 있었다. 나는 이 여자의 입에서 절망적인 대답을 들었다. 공동묘지라고는 하지만 지면에는 정연한 구획이 있고 구역마다 주인이 있다. 그것이 무덤의 단가다. 그리고 현재 단가 중에 '이케다'라는 집은 없다. 이케다라는 단가가 없으니 이케다라는 사람의 무덤이 있을 리 없다는 것이다.

"그래도 신문에 보면 행려병자를 공동묘지에 묻었다는 기사가 있지 않습니까? 그렇게 보면 단가가 없는 고인을 모시는 곳이 분명 있을 겁니다. 제가 찾는 사람은 행려병자는 아니지만 전에 묻혀 있던 절이 폐사되면서 여기로 모셔온 고인입니다. 묘비가 있었다면 분명 묘비도 함께 옮겨졌을 겁니다. 저는 그것을 묻는 겁니다."

이렇게 말하며 나는 구역마다 주인이 있다는 여자의 주장에 반박을 시도했다.

"네, 행려병자를 묻어주는 곳도 한 군데 있습니다. 하지만 행려병자에게 묘비을 세워주는 사람은 없어요. 게다가 절에서 묘비를 운반해 왔다는 얘기는 들어본 적도 없는 걸요. 그러니까 묘비 같은 건 하나도 없습니다."

"그래도 일부러 찾아온 것이니 그리 가 보겠습니다."

---

141 붓순나무(樒): 묘전에 바치는 것.
142 선향(線香): 향료 가루를 가늘고 긴 선 모양으로 만들어 풀로 굳힌 향.

"그만두세요. 비석이 없다는 건 제가 보증할게요."

이렇게 말하며 여자는 웃었다.

나도 과연 그렇다고 생각했기 때문에 묘지에는 발을 들이지 않고 돌아갔다.

여자의 말에는 의심할 여지가 없었다. 그러나 나는 같은 말이라도 책임자의 입에서 다시 한 번 듣고 싶은 마음이었다. 그래서 돌아오는 길에 동사무소에 들러 물었다. 동사무소 직원은 묘지에 관한 일은 취급하지 않으니 구청에 가보라고 했다.

동사무소를 나섰을 때 이미 겨울 해가 저물고 있었다. 나는 다시 생각했다. 폐사가 된 영송사에서 소메이 공동묘지로 묘비가 오지 않은 것은 분명하다. 그것을 구청에 묻는 건 어리석은 일일 것이다. 오히려 행정상 무연고 묘 단속이 있는지, 있다면 어떻게 단속하는지 물어보는 게 낫다. 게다가 지금 구청에 가서 당직자에게 묘비에 관해 물어봤자 쓸데없을 것이다. 나는 이렇게 생각하며 집으로 돌아갔다.

18

나는 사람들에게 물어 묘지를 관할하는 게 도쿄부청이고 묘소 이전을 감시하는 게 경시청[143]이라는 것을 알게 되었다. 그래서 친구에게 부탁해서 부청에서는 영송사의 폐사에 관해 얼마나 알 수 있고 또 경시청은 묘지 이전을 어느 정도로 감시하는지 물어보았다.

143　경시청(警視廳): 도쿄도를 관할 구역으로 하는 경찰 기관.

부청에는 1885년(메이지18)에 작성된 묘지 장부라는 게 있었다. 그러나 우선 그것을 검토한 바로 영송사라는 절은 실려 있지 않은 것 같다. 영송사의 폐사에 관해서는 아무것도 알 수 없다. 경시청에서는 폐사 등으로 묘비를 반출할 때 경관을 입회시킨다. 그러나 그것은 연고가 있는 경우에 한하고 연고가 없는 것은 어느 공동묘지로 이장했는지 신고하게 하는 데 그친다고 한다.

그렇게 보면 영송사가 폐사되었을 때 경내의 무연고 무덤이 소메이 공동묘지로 이장되었다고 하는 것은 한 장의 신고서가 관청에 제출된 것에 지나지 않은 것인지도 모른다. 어차피 이제 와서 대만공의 묘비나 이케다 집안의 묘비 자취를 발견하는 건 불가능할 것이다. 나는 수색을 단념할 수밖에 없었다.

그러던 중 내가 이케다 게이스이의 무덤을 찾고 있다는 것, 이케다 집안의 무덤이 있던 영송사가 폐사되었다는 것 등이 『도쿄아사히신문(東京朝日新聞)』 잡보란에 실렸다. 내가 선배, 친구들에게 편지를 보내 물어본 것을 듣고 알게 된 것 같다. 기사가 실린 날 저녁, 무명의 사람이 나에게 전화를 걸어왔다. 자신은 예전에 부청에 근무했던 사람이다. 그 당시 무세지(無稅地) 반별장[144]이라는 장부가 있었는데, 만약 그게 아직 존재한다면 영송사에 관한 내용이 실려 있을지도 모른다. 나는 이 무명인의 말에 따라 사람을 시켜 부청에 물어봤지만 그런 장부는 없다고 했다.

이 사건에 관해서 내가 방문한 사람, 편지를 보내 가르침을 구한 사람은 매우 많다. 처음에는 묘지를 읽기 위해서 무덤의 소재를 물었지만 나중에는 하다못해 게이스이가 죽은 나이만이라도 알고 싶었다. 나는 추

---

144 반별장(反別帳): 논밭의 넓이를 기록한 장부.

사이가 태어난 해에 이치노 메이안이 몇 살, 가리야 에키사이가 몇 살, 이사와 란켄이 몇 살인지 계산한 것과 마찬가지로 게이스이의 나이도 추산해 보고 싶었다. 만약 숫자로 나타낼 수 없다면 최소한 대략적으로라도 헤아려 보고 싶었다.

여러 사람들 중에서도 도가와 잔카[145]는 나를 위해서 다케다 신켄에게 물어보거나 난키문고[146]에서 소장한 책을 검토해 주었다. 구레 슈조[147]는 의학사 자료를 찾아 주었다. 오쓰키 후미히코는 뇨덴[148]에게 물어봐 주었고 뇨덴은 무코지마까지 무덤을 찾으러 가 주었다. 뇨덴에 관해서는 보쿠슈 스님의 편지를 통해 알게 됐는데, 향토사의 기호가 있었기 때문에 답사의 수고를 마다하지 않았던 것 같다. 그러나 유감스럽게도 나는 이들을 쓸데없이 번거롭게 했을 뿐이다.

반면 내가 다소 적극적으로 얻은 바가 있다면 후지카와 유와 보쿠슈 스님 덕분이다. 나는 여러 번 편지를 주고받은 끝에 어느 날 후지카와 유의 집을 방문했다. 그리고 다음과 같은 이야기를 들었다. 후지카와는 옛날에 의학사 자료를 구하려고 이케다 집안의 무덤에 참배한 적이 있다. 『일본의학사(日本醫學史)』의 기록 중에 각주에 묘지라고 적혀 있는 것은 당시 무덤에서 직접 발췌한 것이라고 한다. 아쉽게도 후지카와는 전문을 기록해 두지 않았다. 또 영송사라는 절 이름도 잊어버렸다. 그래서 나에게 보낸 답장에 상천사 옆이라고 적은 것이다. 이로써 일찍이 영송사

---

145 도가와 잔카(戶川殘花): 1855-1924, 종교가, 문학자. 난키문고 주임 역임.
146 난키문고(南葵文庫): 1902년에 도쿠가와 요리미치(德川賴倫)를 관장으로 해서 개설된 사설도서관.
147 구레 슈조(呉秀三): 1865-1932, 일본 의학사 연구에 공헌한 정신병학자.
148 오쓰키 뇨덴(大槻如電): 1845-1931, 오쓰키 후미히코의 형. 당시 에도통(江戶通)으로 제가들에게 존중받았다.

에 있는 묘비를 직접 본 사람은 세 명이 되었다. 다모쓰와 후지카와 유 그리고 보쿠슈 스님이다. 그리고 후지카와는 자취도 없이 사라져 가고 있던 묘지명에서 우연히 몇 문장을 구해 냈다.

19

홍복사의 현재 주지인 보쿠슈 스님은 1916년(다이쇼5)에 들어서도 조사의 손길을 멈추지 않았다. 그리고 마침내 시모메구로무라의 해복사(海福寺)에서 소장하고 있는 이케다 집안 과거첩이라는 것을 빌려서 나에게 보여주었다. 장부는 표지를 제외하고 15매였다. 표지에는 '생전씨중흥지전씨과거첩경응기원계추(生田氏中興池田氏過去帖慶應紀元季秋)'[149]라는 열일곱 글자가 네 줄로 쓰여 있었다. 발문[150]을 읽어보면 이 책은 2대 즈이센의 아들 초쿠온, 자는 시토쿠가 1865년(게이오1) 9월 6일에 초대 즈이센의 50주기를 맞아서 새로 역대 위패를 제작하고 이를 기록하여 영송사에 바친 것으로, 초쿠온의 자필이었다.

이 책에는 이케다 집안의 일족 남녀 108명이 열거되어 있는데, 그 묘소는 어떤 것엔 주(注)가 달려 있고 어떤 것엔 달려 있지 않았다. 영송사에 묻었다 또는 영사(嶺寺)에 묻었다고 분명하게 주가 달린 것은 초대 즈이센과 그 부인 사이, 2대 즈이센과 그 2남 고노스케, 2대 즈이센의 형 신

---

149 이쿠타씨(生田氏) 중흥 이케다씨(池田氏) 과거첩 게이오1년(1865) 음력 9월.
150 발문(跋文): 책의 끝에 본문 내용의 대강이나 간행 경위에 관한 사항을 간략하게 적은 글.

이치 다섯 명에 불과했다. 그러나 이미 게이스이의 무덤이 같은 절에 있었다고 하면 가치마치의 이케다 집안 사람들의 무덤도 이 절에 있었을 것이다. 요컨대 영송사에 있었다는 확증이 있는 무덤은 이 책에 주가 달린 스루가다이의 이케다 집안 무덤 다섯 기와 게이스이의 무덤 총 여섯 기다.

이 책에 기록된 내용 중에는 나로서는 처음 듣는 게 상당히 많았다. 개중에서도 특이한 것은 도쿠비에게 겐슌이라는 동생이 있었는데, 그가 우노와 결혼해서 둘 사이에 낳은 자식이 게이스이라고 하는 것이었다. 이 책에 따르면 도쿠비는 일단 조카인 게이스이를 입양해서 자식으로 삼으면서도 이 사람에게 가문을 물려주지 않고 제자 무라오카 신을 입양해서 자식으로 삼고 그에게 업을 잇게 했다.

그런데 후지카와 유가 발췌한 묘지에는 "게이스이는 도쿠비의 자식으로 폐사[151]되었다"라고 적혀 있었다고 한다. 게다가 그 이유가 방종하고 방탕하여 사람들에게 받아들여지지 않고 결국 많은 병을 얻어 후계에서 물러나게 되었다고 적혀 있었다고 한다.

두 설이 반드시 모순되는 것은 아니다. 도쿠비는 동생 겐슌의 아들 게이스이를 입양해서 자식으로 삼았다. 게이스이가 방탕했다. 그래서 게이스이와 절연하고 제자 신을 양자로 들였다고 하면 그 설이 통하지 않는 것도 아니다.

그러나 게이스이가 후에 능히 스스로를 일으켜 세우고 그 저술 사업이 신과 비교해서 전혀 뒤지지 않은 것을 보면 이 사람이 평범하지 않았음은 짐작하기 어렵지 않다. 살펴봐야 할 저술로는 『두과거요(痘科擧

151　폐사(廢嗣): 대를 이을 아들에게서 그 자격을 없애는 것.

要)』두 권, 『두과건회통(痘科鍵會通)』한 권, 『두건사형(痘鍵私衡)』다섯 권, 추사이가 받아 적은 『호두요법』한 권이 있다. 양부 도쿠비가 보기에 게이스이가 평범한 탕자와 같아서 이 사람을 쫓아내는 것을 아쉬워하지 않은 것은 은혜가 부족해서라고는 할 수 없지 않을까.

나는 게이스이의 묘지 문장이 누구의 것인지 알지 못한다. 그러나 게이스이가 정말로 도쿠비의 조카라면 비록 도쿠비가 한때 키운 자식이었다고 할지라도 직접 도쿠비의 자식으로 적는 게 어땠을까. 후지카와 유도 묘지에 근거해서 『일본의학사』에 게이스이를 도쿠비의 아들로 적고 있다. 또 방종이니 폐사니 하는 것도 이렇게 적는 게 묘지 문장으로서 적절한 형태를 갖춘 것이라고 할 수 있을까. 나는 이를 크게 의심한다. 그리고 묘지 전문을 보지 못하고 그 작성자를 정확히 알지 못하는 것을 유감스럽게 생각한다.

나는 작자 미상인 게이스이의 묘지만 의심하는 게 아니다. 2대 즈이센이 작성했다는 이케다 집안의 행장도 의심하지 않을 수 없다. 이 책은 『사실문편』 권45에 실려 있다.

행장에 의하면 도쿠비는 1717년(교호2) 을묘(乙卯) 5월 22일에 태어나서 1816년(분카13) 병자(丙子) 9월 6일에 죽었다. 그리고 1777년(안에이6) 정유(丁酉)에 사십, 1792년(간세이4) 임자(壬子)에 오십오, 1797년(간세이9) 정사(丁巳)에 육십사, 사망 연도에 팔십삼이라고 적혀 있다. 출생연도에서 차례로 계산하면 사십삼, 오십팔, 육십삼, 팔십이가 되어야 한다. 나이를 기록할 때마다 거의 반드시 차이가 나는 것은 왜일까. 참고로 과거첩에도 나이가 팔십삼으로 되어 있다. 그래서 나는 팔십삼에서 역으로 계산해 보기로 했다.

20

 2대 즈이센 신이 작성한 이케다 집안의 행장에는 초대 즈이센의 서자인 젠초쿠를 언급하며 "병이 많아 가업을 이을 수 없다"라고 적혀 있다. 그 앞에는 초대 즈이센이 병중(病中)에 신에게 한 말을 기록해 놓았는데, 무려 84언(言)에 이른다. 즈이센은 두창 치료의 어려움을 말하며 "수백 명의 제자 중에 능숙한 자가 없다"고 하고 신을 칭찬하며 "그러나 너는 내 업을 이을 수 있다"고 했다.
 나는 아직 과거첩을 손에 넣기 전에 이것을 읽고 젠초쿠가 게이스이의 첫 이름일 거라고 생각했다. 게이스이의 묘지에 "병이 많아서 대를 잇지 못하게 되었다"고 쓰여 있는 것과 일치하는 것처럼 보이기 때문이다. 과거첩에 따르면 서자 젠초쿠와 조카 게이스이는 다른 사람이어야 한다. 그러나 젠초쿠와 게이스이가 동일인이 아닐까, 게이스이가 겐슌의 자식이 아니라 초대 즈이센의 자식이 아닐까 하는 의구심이 아직도 내 마음을 떠나지 않는다. 특히 그 과거첩에 가깝고 먼 친척이 108명이나 열거되어 있는데, 초대 즈이센의 유일한 자식인 젠초쿠라는 사람이 흔적조차 남기지 않고 사라졌다는 사실은 이 의심을 부추긴다.
 나는 작자 미상의 묘지 잔결[152]에 게이스이의 이름이 새겨져 있는 것을 보고 몹시 기탄없음을 느꼈다. 그리고 신이 양부를 찬미하는 말을 기록하면서 한 마디 겸손의 말도 적지 않은 것을 보고 오만함 또한 심하다고 느꼈다. 나는 초대 즈이센 도쿠비, 2대 즈이센 신, 게이스이 이 세 사람 사이에 어떤 사연이 숨겨져 있는 게 아닐까 생각한다. 내가 세상 사람들

---

152 잔결(殘缺): 역사적 유물 따위의 일부가 없어져 불완전한 것.

에게 가르침을 구하고 싶은 것은 바로 이것이다.

나는 추사이의 탄생을 이야기하면서 훗날 그의 스승 되는 사람들을 세어 보았다. 추사이가 태어났을 때 마흔한 살이었던 메이안, 서른한 살이었던 에키사이, 스물아홉 살이었던 란켄 세 사람과 게이스이로, 게이스이만이 과거첩을 구하기 전까지 그 나이를 계산할 수 없었다. 왜냐하면 게이스이의 사망 연도가 1836년(덴포7)이라는 것은 다모쓰도 알았지만 나이에 대해서는 전혀 의견이 없었기 때문이다.

과거첩에 의하면 게이스이의 아버지 겐슌은 이름을 아무개, 자를 신케이라고 했고 1797년(간세이9) 8월 2일에 예순 살로 죽었다. 어머니 우노는 1786년(덴메이6)에 서른여섯 살로 죽었다. 게이스이는 1836년(덴포7) 11월 14일에 쉰한 살로 죽었다. 법명은 "종경헌경수서영거사(宗經軒京水瑞英居士)"[153]다.

이로 미루어 보면 게이스이는 1786년(덴메이6)생으로, 추사이가 태어난 1805년에 스무 살이었다. 추사이의 스승 네 명 중 가장 어리다.

훗날 추사이와 교유한 사람들 중에 추사이보다 먼저 태어난 학자는 아사카 곤사이, 고지마 세이사이, 오카모토 교사이, 가이호 교손이다.

아사카 곤사이는 추사이와 교류가 깊지 않았던 것 같지만 추사이가 서학(西學)을 꺼리는 마음을 바꾼 것은 이 사람 덕분이었다. 곤사이, 이름은 시게노부, 다음서 신이라고 했다. 통칭은 유스케다. 오슈 고오리야마의 하치만궁[154]의 신관인 안도 지카시게의 아들로, 1790년(간세이2)에 태어났다고 한다. 열여섯 살 때 근처 마을의 장이었던 이마이즈미 집안

---

153 종경헌 게이스이 즈이에이 거사.
154 하치만궁(八幡宮): 하치만 신(八幡神: 궁시의 신)을 모신 신사.

의 데릴사위가 되었으나 아내에게 미움을 받고 이듬해 에도로 도망쳤다. 그러나 누구에게 의지할 곳도 없어서 방황하고 있던 것을 니치렌종의 승려인 니치묘가 발견하고 혼조 반바정의 묘원사(妙源寺)로 데려가서 몇 달 동안 머물게 했다. 그리고 소개하여 사토 잇사이[155] 집의 학복이 되게 했다. 묘원사는 지금 곤사이의 묘비가 있는 절이다. 그 후 스물한 살에 하야시 줏사이[156]의 문하생이 되었다. 스루가다이에 살면서 강습소를 연 것은 스물네 살 때다. 그렇게 보면 추사이가 태어난 1805년(분카2)은 곤사이가 에도로 오기 전년으로, 곤사이는 열여섯 살이었다. 이것은 곤사이가 1860년(만엔1) 11월 22일에 일흔한 살로 사망한 것에서 추정한 것이다.

고지마 세이사이, 이름은 지소쿠, 자는 시세쓰, 처음에 호를 세이사이라고 했다. 통칭은 고이치다. 에키사이 문하에서 선서(善書)로 이름을 떨쳤다. 가이호 교손의 묘비에 1862년(분큐8) 10월 18일에 예순일곱 살로 죽었다고 돼 있기 때문에 추사이가 태어난 1805년(분카2)에는 겨우 열 살이었다. 아버지 신조가 후쿠야마의 제후인 빗추의 관리 아베 마사키요를 섬겼기 때문에 세이사이도 에도의 번저에 살았다.

21

오카모토 교사이, 이름은 호코, 통칭은 처음에 간에몬, 나중에 누이노스케라고 했다. 세쓰세이도라는 별호가 있다. 막부의 유원(儒員) 반열

155 　사토 잇사이(佐藤一齋): 1772-1859, 유학자.
156 　하야시 줏사이(林述齋): 1768-1841, 유학자.

에 들었다. 『순자(荀子)』,[157] 『한비자(韓非子)』,[158] 『회남자(淮南子)』[159] 등의 고증을 하고 국전(國典)에도 통달했다. 1878년(메이지11) 4월까지 살다가 여든두 살로 죽었다. 1797년(간세이7)생으로, 추사이가 태어난 1805년에는 겨우 아홉 살이었을 것이다.

가이호 교손, 이름은 젠비, 자는 준케이다. 이름을 기시, 자를 순노라고도 했다. 통칭은 쇼노스케, 덴케이로라는 별호가 있다. 1798년(간세이10)에 가즈사국 무사군 기타시미즈무라에서 태어났다. 노년에 세이주칸에서 경학을 강의했다. 1866년(게이오2) 9월 18일에 예순아홉 살로 죽었다. 추사이가 태어난 1805년(분카2)에 여덟 살이었으니까 고향에서 아버지 교사이에게 구독[160]을 배우고 있었다.

이상 학자 선배는 곤사이가 열여섯 살, 세이사이가 열 살, 교사이가 아홉 살, 교손이 여덟 살일 때 추사이가 태어났다.

다음으로 의사 연장자에는 먼저 다키 본가와 다키 말가가 있다. 본가에서는 게이잔, 이름은 겐칸, 자는 렌후가 추사이가 태어난 1805년(분카2)에 쉰한 살, 그 아들 류한, 이름은 인, 자는 에키키가 열일곱 살, 말가에서는 사이테이, 이름은 겐켄, 자는 에키주가 열한 살이었다. 게이잔은 1810년(분카7) 12월 2일에 쉰여섯 살로 죽었고 류한은 1827년(분세이10) 6월 3일에 서른아홉 살, 사이테이는 1857년(안세이4) 2월 14일에 예순세 살로 죽었다.

---

157 중국 전국시대 유학자 순자가 지은 사상서. 예치주의를 강조하며 성악설을 주창.
158 중국 춘추시대 말기에 한비(韓非)가 지은 형벌의 이름과 방법을 논한 책.
159 중국 전한의 유안(劉安)이 편찬한 철학서. 형이상학, 우주론, 국가 정치, 행위 규범 등을 다루었다.
160 구독(句讀): 문장을 읽는 법. 특히 한문의 소독(素讀: 글뜻을 도외시하고 음독하는 것).

이 중에서 추사이와 가장 친했던 사람은 사이테이다. 추사이는 스승 이사와 란켄의 장남 신켄과도 친하게 지냈다. 신켄, 통칭은 초안, 나중에 이치안으로 바꿨다. 1804년(분카1)에 태어났으므로 추사이보다 한 살 연상이었다. 신켄은 1852년(가에이5) 11월 17일에 마흔아홉 살로 죽었다.

연상의 친구 되는 의사는 추사이가 태어났을 때 열한 살이었던 사이테이와 두 살이었던 신켄이었다고 해도 좋다.

다음은 예술가 및 예술 비평가다. 예술가로서 여기에 언급할 만한 사람은 다니 분초 한 사람에 불과하다. 분초는 원래 '文朝'라는 글자를 사용했고 통칭은 분고로, 출가하고 분아미라고 했다. 호를 샤잔로, 가가쿠사이라고 했고 그 외의 호는 누구나 다 안다. 가노파[161]의 가토 분레이[162]를 첫 스승으로 삼았고 이후 기타야마 간간[163]에게 배우고 별도로 독창적인 기법을 만들어냈다. 1840년(덴포11) 12월 14일에 일흔여덟 살로 죽었기 때문에 추사이가 태어난 1805년(분카2)에는 마흔세 살이었다. 두 사람의 나이 차이는 대강 메이안의 경우와 마찬가지로 추사이는 그림도 조금 배웠기 때문에 이 사람은 추사이의 스승에 포함시키는 게 더 적절했을지 모른다.

나는 여기에 마시야 고로사쿠와 이시즈카 주베에를 소개하기 위해서 예술 비평가 항목을 세웠다. 두 사람 모두 연극에 정통했기 때문에 이렇게 이름 붙인 것이다. 생각건대 비평가라고 하기보다는 애호가라고 했어야 할지도 모른다.

---

161 가노파(狩野派): 15~19세기에 막부의 후원 아래 일본 화단의 중심을 이끈 유파. 중국 수묵화 기법에 일본적 정취를 느낄 수 있는 야마토에(大和繪)의 전통을 합친 고전적이면서도 서정적이고 장식적인 화풍이 특징.
162 가토 분레이(加藤文麗): 1706-1782, 화가.
163 기타야마 간간(北山寒巖): 1767-1801, 화가.

추사이가 훗날 연극을 좋아하게 된 것은 당시 사람들의 눈으로 보면 하나의 취미, 도락(道樂)이었다. 당시에만 그런 게 아니다. 이와 같이 사물을 보는 안목은 지금도 여전히 교육자들 사이에서 전대(前代)의 유물로 전해지고 있다. 나는 예전에 역사 교과서에 "지카마쓰[164]와 다케다[165]의 각본, 바킨[166]과 교덴[167]의 소설이 나와 풍속의 퇴패를 가져왔다"고 쓰여 있는 것을 보았다.

그러나 이것을 시의 변형으로 본다면 각본과 소설의 가치도 인정하지 않을 수 없고 각본에 따라 공연되는 연극도 고급 예술로서 존중하지 않을 수 없게 된다. 내가 추사이의 마음을 일깨워 연극의 취미를 이해하게 만든 사람들에게 경의를 표하고 이들을 학자, 의사, 화가 다음으로 꼽는 것은 좋아하는 것에 아첨하는 게 아니다.

22

마시야 고로사쿠는 간다 신코쿠정의 과자상이었다. 미토 가문의 마카나이가타[168]를 지낸 집안으로, 어느 시대부터 어떤 이유로 인해 세록 300섬을 받았다. 소문에는 미토 제후와 혈연이 있다고 하는 것 같은데 어

---

164 지카마쓰 몬자에몬(近松門左衛門): 1653-1725, 가부키(歌舞伎: 음악과 무용의 요소를 포함한 일본 전통극) 작가.
165 다케다 이즈모(竹田出雲): 1691-1756, 조루리(淨瑠璃: 샤미센 반주에 의한 이야기와 음곡을 통틀어 이르는 말) 작가.
166 교쿠테이 바킨(曲亭馬琴): 1767-1848, 요미혼(讀本: 에도시대 후반기의 전기적이고 교훈적인 소설) 작가.
167 산토 교덴(山東京傳): 1761-1816, 통속 문학 작가.
168 마카나이가타(賄方): 에도막부의 식료품 조달 담당역.

째서 그런 설이 떠돌게 되었는지 알 수 없다. 나는 그저 풍채가 좋았다는 것만 안다. 다모쓰의 어머니 이오의 이야기에 따르면 고로사쿠는 용모가 옹골차고 야무진 남자였다고 한다. 이 사람은 과자상, 용달 외에도 막부의 렌가[169] 작가로 활동했다.

고로사쿠의 본가는 에마씨(氏)로, 한때 나가시마 가문을 잇고 마시야의 니시무라 집안을 계승하기에 이르렀다. 이름은 슈호(秋邦), 자는 도쿠뉴, 호를 쿠게, 겟쇼, 뇨제엔안 등이라고 했다. 평소 사용한 서명은 '邦'자였다.[170] 출가하고 '고로사쿠 신봇치 도요인 주아미 다부쓰 돈초(五郎作新發智東陽院壽阿彌陀佛疊翁)'라고 했다. 돈초(疊翁)란 연극을 좋아한 고로사쿠가 음이 비슷한 돈초(緞帳)[171]와 송나라로 간 승려 초넨(奝然)의 이름을 조합해서 만든 희호[172]가 아닐까.

고로사쿠는 게키신센(劇神仙)이란 호를 다카라다 주라이에게 받아서 나중에 이것을 추사이에게 전한 사람이라고 한다.

다카라다 주라이, 통칭은 긴노스케, 호를 오로지 간가라고만 했다. 『작가 헐뜯기(作者店おろし)』라는 책에 다카라다는 원래 간다에서 나온 이름이라고 적혀 있는 것을 보면 진짜 성은 아니었을 것이다. 조루리 『관문(関の扉)』은 이 사람의 작품이라고 한다. 1794년(간세이6) 8월에 쉰일곱 살로 죽었다. 고로사쿠가 스물여섯 살 때로 추사이가 태어나기 11년 전이다. 이 사람이 초대 게키신센이다.

고로사쿠는 사망 연도에서 추산해 보면 1769년(메이와6)생으로, 추

---

169 렌가(連歌): 두 사람 이상이 와카의 상구(上句)와 하구(下句)를 서로 번갈아 읽어 나가는 형식의 노래.
170 이름인 슈호(秋邦)에 사용한 글자.
171 극장의 말아서 오르내리게 하는 무대막.
172 희호(戱號): 통속 소설가 등이 쓰는 호.

사이가 태어난 1805년(분카2)에는 서른일곱 살이었다. 추사이와의 장유 관계는 스승 메이안이나 분초의 경우와 크게 다르지 않다. 1848년(가에이1) 8월 29일에 여든 살로 죽었기 때문에 추사이가 2세 게키신센의 뒤를 이어서 3세 게키신센이 된 것은 마흔네 살 때다. 고로사쿠는 추사이의 아버지 다다시게와 친하게 지냈는데, 다다시게는 고로사쿠보다 11년 먼저 세상을 떠났다.

고로사쿠는 연극을 보는 것만 좋아한 게 아니라 무대를 위해 작품을 쓰기도 했다. 4세 반도 히코사부로[173]를 매우 좋아해서 그를 위해 무용극를 써 보냈다고 직접 말한 적이 있다. 고로사쿠가 낭독을 잘했다는 것은 인정 없는 기타무라 인테이[174]가 대본을 읽는 게 고로사쿠의 유일한 장기라고 말한 것을 보면 알 수 있다.

고로사쿠는 기행은 있었지만 천성이 술을 좋아하지 않고 항상 양성[175]에 신경을 썼다. 1827년(분세이10) 7월 말에 조카딸 집 마루에서 떨어져서 부상을 입고 당시 유행한 접골가(接骨家)인 모토오사카정의 나구라 야지베에[176]에게 진찰을 받았는데, 나구라가 이렇게 말했다고 한다. 당신은 술을 못 마시고 계행[177]이 엄격하며 기가 강해서 이렇게 큰 부상을 입었음에도 정신을 잃지 않고 지나갈 수 있었다. 이 세 가지 중 하나라도

---

173 1800-1873. 반도 히코사부로(坂東彦三郎)는 가부키 배우의 명적.
174 기타무라 인테이(喜多村筠庭): 1783-1856. 고증가. 민간풍속 기록과 고증을 잘하고 비판적 기술이 많은 게 특징.
175 양성(養性): 성품을 잘 수양하는 양생 방법.
176 나구라 야지베에(名倉彌次兵衛): 에도시대의 저명한 접골의. 나중에 나구라(名倉)가 접골의 일반을 칭하게 될 정도로 치료법이 화제였다. 그 치료법에 대해서는 나쓰메 소세키의 소설 『한눈팔기』(1915)에 "쉰내가 나는 노란색의 걸쭉한 것을 날마다 환부에 바르고"라는 언급이 있다.
177 계행(戒行): 계율에 따라 올바른 행위를 하는 것.

빠졌다면 기절했을 것이다. 기절했다면 치료에 이백일 정도 걸리지만 이것은 백오육십일이면 낫는다. 계행이란 출가한 후였기 때문인 것으로 보인다. 양쪽 팔꿈치를 다쳤기 때문에 뼈에는 이상이 없었지만 통증이 오래도록 멈추지 않았다. 고로사쿠는 12월 말까지 나구라에게 다녔는데, 팔꿈치의 마비는 후에도 남았다. 고로사쿠가 쉰아홉 살 때다.

고로사쿠는 문장을 잘 썼다. 섬세한 것을 서술하는 데 간결한 필치로 썼다. 기술적인 면에서 말하자면 바킨과 교덴에게 뒤지지 않았다. 다만 소설을 쓰지 않았기 때문에 세상 사람들에게 알려지지 않은 것이다. 이것은 내 생각이다. 나는 1915년(다이쇼4) 12월에 고로사쿠가 쓴 장문의 편지가 매물로 나왔다는 소식을 듣고 섣달 그믐날 쓰키지에 있는 홍문당에 사러 갔다. 편지는 괘지 12장에 잔글씨로 쓴 것이었다. 1828년(분세이11) 2월 19일에 쓴 것임을 기사로 미루어 짐작할 수 있다. 여기에 적은 고로사쿠의 성품도 절반은 이 편지에서 취했다. 수신인인 히쓰도는 구와바라 씨(氏), 이름은 세이즈이, 자는 고케이, 통칭을 고사쿠라고 했다. 스루가국 시마다에키에 사는 재산가로, 시와 글을 잘 지었다. 현손(玄孫) 기요헤이는 시마다에키에서 북쪽으로 반 리[178]쯤 떨어진 전심사(傳心寺)에 산다. 고로사쿠의 뛰어난 문장은 이 편지 한 통으로도 알 수 있다.[179]

---

178 리(里): 옛날 거리 단위. 1리는 약 3.9km.
179 모리 오가이는 『시부에 추사이』 연재를 마친 후 고로사쿠의 편지를 소재로 32회에 걸쳐 『주아미의 편지』를 연재했다.

23

내가 입수한 고로사쿠의 편지에 정골가(整骨家) 나구라 야지베에의 유행을 읊은 교카가 있다. 팔꿈치를 다쳤을 때 친히 치료를 받았다고 읊은 것이다. "날카롭게 갈고 닦은 칼날이라도 나구라 의사에 비할 바 아니네."[180] 나는 교카를 좋아하지 않기 때문에 평가할 만한 입장은 못 되지만 이 작품을 쇼쿠산[181] 등의 작품과 비교해도 손색이 없다고 생각한다. 인테이는 고로사쿠에게 문필의 재능이 없다고 생각했는지 노래는 조금 읊을 줄 알지만 글을 쓸 때는 한문을 읽는 듯한 가나(仮名)를 써서 마무리한다고 했는데, 이는 결코 공론이 아니다. 인테이는 원래 까닭 없이 함부로 욕하는 버릇이 있다. 고로사쿠와 같은 해에 죽은 기타 세이로를 평해 성품이 풍류가 없고 제례(祭禮)와 같이 변화한 걸 보는 것을 좋아한다고 했다. 인테이는 풍류를 어떤 것으로 알고 있었을까. 나는 굳이 세이로를 옹호할 생각은 없지만 이것을 읽고 톨스토이가 예술론에서 '시적(詩的)'이라는 말에 대한 악의적인 해석을 들먹이며 입에 침이 마르도록 비웃었던 것을 떠올렸다. 내가 경애하는 추사이는 가쿠베에 사자춤[182] 보는 것을 좋아해서 만사를 제쳐두고 현관으로 나가 구경했다고 한다. 이것이 풍류고 시적이다.

고로사쿠는 어릴 때 야마모토 호쿠잔[183]의 해의숙(奚疑塾)에 있었다.

---

180 수술을 하지 않는 무혈 치료법을 암시하는 것 같다.
181 정확히는 쇼쿠산진(蜀山人). 쇼쿠산진은 에도시대 후기 시인 오타 난포(大田南畝)의 필명.
182 가쿠베에 사자춤(角兵衛獅子): 에도시대에 에치고국(현재 니가타현) 간바라군을 본거지로 삼아 여러 지역을 돌아다니며 가쿠베에 사자탈 분장을 하고 춤과 곡예를 선보인 거리 공연.
183 야마모토 호쿠잔(山本北山): 1752-1812, 유학자.

오쿠보 텐민[184]과는 동창이었기 때문에 나중까지 친하게 지냈다. 술꾼인 텐민은 작은 술병을 숨겨서 가지고 다니며 술을 마셨다. 야마모토가 강습소를 돌아다니다 그것을 보고 술병이라도 작은 것을 좋아하니 그 인물이 작게 생각된다고 말했다. 텐민이 이 말을 듣고 큰 술통을 강습소에 가지고 온 적이 있다고 한다. 술을 못 마시는 고로사쿠는 틀림없이 옆에서 보고 웃고 있었을 것이다.

고로사쿠는 또 박학다식한 야마자키 요시시게[185]나 화가 기타 가안[186]과도 교류했다. 그중에서도 추사이보다 4살 연상인 야마자키는 고로사쿠를 선배로 여기고 의문이 생기면 고로사쿠에게 가서 묻곤 했다. 고로사쿠도 진기한 물건이 있으면 야마자키에게 가져가서 보여 주었다. 1823년(분세이6) 4월 29일의 일이다. 고로사쿠는 아직 시타야 초자마치에서 약을 팔고 있던 야마자키의 집으로 채소 가게 오시치[187]의 비단보를 보여 주러 갔다. 비단보는 수대 전에 마시야 집안에 시집온 시마라는 여자의 유물이었다. 시마의 친정을 가와치야 한베에라고 했고 마시야 집안과 마찬가지로 미토 가문의 마카나이가타로 근무하며 3인 녹미를 받았다. 오시치의 아버지인 채소 가게상 이치자에몬이 가와치야 집안의 땅을 빌렸다. 시마가 무가로 고용살이 떠날 때 어릴 적부터 친하게 지낸 오시치가 7촌(寸) 4방(方) 되는 빨간 비단에 홍견 안감을 대어 꿰매 주었다. 얼마 지나지 않아 혼고 모리카와주쿠에 있는 오시치의 집이 1682년(덴나

---

184 오쿠보 텐민(大窪天民): 1767-1837, 한시인.
185 야마자키 요시시게(山崎美成): 1796-1856, 고증가.
186 기타 가안(喜多可庵): 1776-1856, 화가.
187 채소 가게 오시치(八百屋お七): 1667-1683. 에도 혼고 채소 가게상의 딸. 연인과 재회하기 위해 방화 사건을 일으켰다가 화형당한 일화가 다양한 예술 분야에서 각색되면서 유명해졌다.

2) 12월 28일의 화재로 불에 탔다. 오시치는 피난 중에 연인과 눈이 맞았고 이듬해 봄 집에 돌아온 후 다시 그 연인을 만나기 위해 불을 질렀다고 한다. 오시치는 1683년(덴나3) 3월 29일에 16세로 사형에 처해졌다. 시마는 유품인 비단보를 애장하여 마시야 집안에 시집올 때 가지고 왔다. 그리고 승려 유텐 쇼닌[188]에게 받은 명호(名號)를 비단보에 감쌌다. 고로사쿠는 새로 흰 명주에 비단보의 유래를 적고 꿰매게 한 다음 그것을 야마자키에게 가져가서 보여주었다.

고로사쿠와 비슷하게 추사이보다 불과 여섯 살 많은 연극 애호가는 이시즈카 주베이다. 1799년(간세이11)생으로, 추사이가 태어난 1805년(분카2)에는 일곱 살이었다. 사망한 것은 1861년(분큐1) 12월 15일로 향년 63세였다.

24

이시즈카 주베에의 선조는 사가미국 가마쿠라 사람이다. 덴메이 연간에 주베에의 증조부가 에도로 와서 시타야 도요즈미정에 살았다. 대대로 겨잣가루 장사를 했기 때문에 사람들이 가라시야[189]라고 불렀으나 실제 가게 이름은 가마쿠라야였다.

주베에도 직접 마당에 내려가서 겨자를 빻는 방아를 밟은 적이 있다.

---

188 유텐 쇼닌(祐天上人): 1637-1718, 대승정(大僧正: 승려가 오를 수 있는 가장 높은 벼슬)에 오른 정토종 승려.
189 가라시야(芥子屋): 겨자를 파는 가게라는 뜻.

그래서 도요즈미정의 가라시야라는 뜻에서 스스로 호카이시(豊芥子)[190]라고 서명했다. 그리고 이것으로 세상에 알려졌다. 호테이(豊亭)라는 호도 도요즈미정에서 따왔다.[191] 별도로 슈코도라는 호가 있다.

주베에에게는 두 명의 딸이 있었다. 장녀에게 데릴사위를 얻었으나 사위가 방탕해서 딸과 헤어졌다. 그러나 나중에 아사쿠사 스와정 서쪽 모퉁이로 이사한 후에 다시 그 사위를 불러들였다고 한다.

주베에는 1861년(분큐1)에 교토로 가려고 길을 나섰다가 도중에 병이 들어서 12월 15일에 죽었다. 나이는 예순세 살이었다. 추사이가 태어난 1805년(분카2)에 주베에는 일곱 살 어린아이였을 것이다.

주베에의 후손은 어떻게 되었는지 알 수 없다. 몇 년 전에 오쓰키 뇨덴이 아사쿠사 기타키요지마정의 보은사(報恩寺) 안 전념사(專念寺)에 있는 주베에의 무덤에 참배하러 갔다가 승려에게서 기일에 무덤에 오는 자는 가와타케 신시치[192] 한 사람뿐이라는 말을 들었다. 가와타케에게 그 이유를 물으니 자신이 모쿠아미[193]의 제자가 된 것은 주베에의 소개에 의해서였다고 답했다고 한다.

이상 추사이의 친구이자 연장자였던 인물들을 열거하면 학자로는 추사이가 태어난 해 열여섯 살이었던 아사카 곤사이, 열 살이었던 고지마 세이사이, 아홉 살이었던 오카모토 교사이, 여덟 살이었던 가이호 교손이 있다. 의사로는 당시 열한 살이었던 다키 사이테이와 두 살이었던 이사와 신켄이 있다. 그 외에 화가 다니 분초는 마흔세 살, 연극통 마시야 고로사

---

190 도요즈미정(豊住町)의 '豊'와 가라시야(芥子屋)의 '芥子'를 조합한 서명.
191 豊는 '호' 또는 '도요'로 발음.
192 가와타케 신시치(河竹新七): 1842-1901, 가부키 작가.
193 가와타케 모쿠아미(河竹黙阿彌): 1816-1893, 가부키 작가.

쿠는 서른일곱 살, 이시즈카 주베에는 일곱 살이었다.

추사이가 처음으로 이치노 메이안의 문하생이 된 것은 1809년(분카6)으로 스승은 마흔다섯 살, 제자는 다섯 살이었다. 이어 1814년(분카11)에 의학을 공부하기 위해 이사와 란켄에게 사사했다. 스승이 서른여덟 살, 제자가 열 살 때다. 아버지 다다시게는 경예[194]와 문장을 가르치는 일에도 가업인 의학을 전수하는 일에도 대단히 일찍부터 마음을 썼다. 생각건대 훗날 스승이 되는 가리야 에키사이와는 집에서도 만나고 스승 메이안의 집에서도 만나서 어릴 때부터 친하게 지냈을 것이다. 또 나중에 절친한 친구가 된 고지마 세이사이도 일찍이 이치노 메이안의 집에서 추사이와 동문의 인연을 맺었을 것이다. 추사이가 언제 이케다 게이스이의 문을 두드렸는지 지금으로선 알 수 없지만 아마도 이보다 나중일 것이다.

1814년(분카11) 12월 28일에 추사이는 처음으로 번주 쓰가루 야스치카를 알현했다. 야스치카는 쉰 살, 추사이의 아버지 다다시게는 쉰한 살, 추사이는 열 살 때다. 알현 장소는 혼조 후타쓰메의 저택이었을 것이다. 알현, 즉 배알(拜謁)은 추사이가 히로사키 무사로서 받은 예우의 시작으로, 이후 월례 출사(出仕)를 명받기까지는 7년, 번입[195]를 명받고 가독을 상속하기까지는 8년 지나서다.

추사이가 메이안의 문인이 되고 8년째인 1817년(분카14)에 기념할 만한 일이 있었다. 추사이와 모리 키엥이 교분을 맺은 것이다. 키엥은 나중에 이것을 제자 입문이라고 칭했다. 1807년(분카4) 11월생인 키엥은 당

---

194 경예(經藝): 사서오경을 연구하는 학문.
195 번입(番入): 막부의 직종에는 쇼군의 경호, 에도성 경비 등을 담당하는 번방(番方)과 행정, 재정, 사법 등의 업무를 담당하는 역방(役方)이 있었는데, 처음으로 번방의 직책에 오르는 것을 번입이라고 했다. 번입은 명예로운 일로 간주되었다.

시 열한 살이었기 때문에 열세 살인 추사이가 열한 살인 키엥을 제자로 삼은 셈이다.

  모리 키엥, 이름은 릿시, 자는 리쓰후, 통칭은 처음에 이오리, 중간에 요신, 나중에 요치쿠라고 했다. 유신[196] 후에는 릿시라는 이름으로 널리 알려졌다. 아버지의 이름은 교추, 통칭은 마찬가지로 요치쿠였다. 교추는 빈고국 후쿠야마의 성주인 이세의 관리 아베 마사토모, 빗추의 관리 아베 마사키요 2대를 섬겼다. 아들 키엥을 얻은 것은 기타핫초보리 다케시마 정에 살 때였다. 훗날 『경적방고지』에 함께 서명하게 되는 두 사람은 여기서 처음으로 손을 잡았다. 참고로 키엥은 단독으로 제자가 된 것이 아니라 열한 살 동갑내기였던 히로사키의 의관 오노 도에이의 아들 도슈와 함께 입문했다.

25

  추사이의 가독 상속은 1822년(분세이5) 8월 초하루를 기해 이루어졌다. 이보다 앞서 추사이는 1821년(분세이4) 10월 초하루에 월례 출사을 명받고 1822년(분세이5) 2월 28일에 번의[197] 견습, 즉 오모테이시[198]에

---

196 메이지유신을 가리킨다. 메이지유신이란 19세기 후반 메이지 천황 때 에도 막부를 무너뜨리고 왕정복고를 이룩하여 근대국가로 나아가기 위해 실시한 변혁 과정의 총칭.
197 번의(番醫). 정확히는 고항이시(御番醫師): 에도막부의 의사. 쇼군의 거처에서 공적인 의식이나 사무를 보는 곳의 의료 업무를 담당. 숙직하며 불시의 치료도 담당했다.
198 오모테이시(表醫師): 고항이시(御番醫師)에 준하는 히로사키번의 직명. 번저에서 병자가 생기면 진료를 담당.

임명되어 같은 날 수습 자리에 앉고 3월 초하루에 정식으로 근무를 시작했다. 가독을 상속한 해 추사이는 열여덟 살, 은거한 아버지 다다시게는 쉰아홉 살이었다. 추사이는 가독을 상속한 직후 일입금단 제조법을 전수받았다. 이는 8월 15일 날짜로 이루어졌다.

추사이가 가독을 상속한 같은 해 같은 달 29일 소마 다이사쿠[199]가 에도 고즈카하라[200]에서 처형되었다. 나는 이 우연한 일치 때문에 여기서 소마 다이사쿠에 대해서 말하려는 것은 아니다. 그러나 하는 김에 말해두고 싶은 게 있다. 다이사쿠는 쓰가루 가문의 조상이 난부 가문의 신하였다고 생각했다. 그래서 1805년(분카2) 이후 쓰가루 가문이 점차 번성해 가는 것을 못마땅하게 여겨서 야스치카가 영지에 들어갈 때 도중에 습격하려고 데와국 아키타령 시라사와주쿠까지 갔다. 그러나 야스치카가 이를 알고 길을 바꿔 돌아갔다. 다이사쿠는 발각되어서 잡혀갔다고 한다.

쓰가루 가문의 조상이 난부 가문의 신하였다는 것은 나이토 치소우[201]도 『도쿠가와십오대사(德川十五代史)』에 적고 있다. 그러나 향토사에 정통한 도노사키 가쿠는 전에 나이토에게 편지를 보내 이 설명의 오류를 바로잡으려고 했다.

처음에 쓰가루 가문과 난부 가문은 대등한 가문이었다. 그러나 쓰가루 가문이 히데노부의 대에 기세를 잃고 난부 가문의 후견을 받게 되고 이후 모토노부와 미쓰노부 부자가 난부 가문에 인질로 간 적도 있다. 그러나 쓰가루 가문이 난부 가문을 섬겼다는 이야기는 아직 한 번도 들어본 적이 없다. 미쓰노부는 시부에 신세이를 고용한 노부마사의 6대 조상

---

199 소마 다이사쿠(相馬大作): 1789-1822, 난부 번사.
200 고즈카하라(小塚原): 에도시대의 형장(刑場).
201 나이토 치소우(内藤恥叟): 1827-1903, 역사학자.

이다. 쓰가루 가문의 번영은 난부 가문에 원한을 맺을 이유가 없다. 이 설원[202]의 글을 쓴 도노사키가 시부에 집안의 자손을 찾는 데 중간 역할을 해 주었기 때문에 나는 그저 이것만 여기에 기록해 둔다.

가독을 상속한 이듬해인 1823년(분세이6) 12월 23일에 추사이는 열아홉 살에 처음으로 아내를 맞이했다. 아내는 시모우사국 사쿠라의 성주인 사가미의 관리 홋타 마사치카의 가신으로 100석을 받는 오메쓰케[203] 역 이와타 주타유의 딸 유리로 결혼 승낙을 받았는데, 실은 시모쓰케국 아소군 사노의 로닝[204] 오지마 주스케의 딸 사다였다. 이 사람은 추사이의 아버지 다다시게가 며느리로는 가난한 집에서 자라 고생을 많이 한 여자를 맞이하고 싶다고 하여 선택한 사람이라고 한다. 부부의 나이는 추사이가 열아홉 살, 사다가 열일곱 살이었다.

모리 키엥은 그동안 추사이의 제자, 즉 이사와 란켄의 제자의 제자였는데, 이해에 직접 란켄에게 배우게 되었다. 당시 서양어로 이른바 시닉[205]하며 기이한 버릇이 많고 아침저녁으로 종종 배우의 몸짓과 성대모사를 하는 키엥의 동창에 시오다 요안이라는 기인이 있었다. 본래 에치고국 니가타 사람으로, 추사이와 이사와 란켄의 소개로 쓰시마의 관리 소 요시카타의 신하인 시오다 집안의 사위가 되었다. 시오다는 산책을 할 때 친구를 부르지 않아서 친구가 몰래 뒤따라가서 보니 대나무 지팡이를 손가락 끝에 세우고 혼고 오이와케 주변을 돌아다니고 있었다고 한다. 이사와 문하에서 모리 키엥, 시오다 요안 두 사람은 한 쌍의 기벽가(奇癖家)

---

202 설원(雪冤): 억울함을 풀다 또는 억울한 누명을 벗기다.
203 오메쓰케(大目附): 다이묘를 감시하는 직책.
204 로닝(浪人): 직위를 잃고 매인 데 없이 떠돌던 무사.
205 시닉(cynic): 냉소적이라는 뜻.

로 대접받고 있었다. 성대모사를 하는 사람도 곡예를 하는 사람도 모두 열일곱 살 학생이었다.

추사이의 어머니 누이는 며느리를 맞이하고 반년 지나 1824년(분세이7) 7월 초하루에 출가하고 주쇼라고 했다.

이듬해인 1825년(분세이8) 3월 그믐에 당시 추사이가 살던 모토야나기하라정 6정목 집이 반쯤 불탔다. 이해 쓰가루 가문에서는 대가 바뀌었다. 야스치카가 물러나고 오스미의 관리 노부유키가 봉을 계승했다. 당시 노부유키는 스물여섯 살로 추사이보다 다섯 살 많았다.

1826년(분세이9)에 추사이는 여러 가지 일을 겪었다. 먼저 6월 28일에 누나 스마가 스물다섯 살로 죽었다. 8월 14일에는 스승 이치노 메이안이 예순두 살로 죽었다. 마지막으로 12월 5일에 적자 쓰네요시가 태어났다.

스마는 전에 말한 대로 이다 요시키요라는 사람의 아내였는데, 요시키요는 추사이의 아버지 다다시게의 친아버지인 이나가키 세이조의 손자였다. 세이조의 아들이 오야 세이베에, 세이베에의 아들이 이다 요시키요다. 스마의 남편이 이다 가문을 잇게 된 것은 막부의 케닌카부[206]를 구입했기 때문이고 남편의 아버지가 오야 가문을 잇게 된 것도 아마 카부[207]를 구입해서였을 것이다.

메이안의 죽음은 추사이가 가리야 에키사이에게 사사하게 된 동기가 되었다고 하니까 추사이가 에키사이의 문하에 들어간 것도 이 무렵이었

---

206 케닌카부(家人株): 에도시대에 케닌(家人: 쇼군 직속의 하급 무사)이 생활고로 인해 농민, 도시민 등에게 팔아넘긴 가문. 표면적으로는 입양의 형태를 취했다.
207 카부(株): 에도시대에 매매되었던 특수한 직위나 권리.

을 것이다. 메이안의 뒤는 아들 고주가 계승했다.

26

1829년(분세이12)도 추사이에게 다사다난한 해였다. 3월 17일에는 스승 이사와 란켄이 쉰세 살로 죽었다. 28일에는 추사이가 긴주이시[208] 대리에 임명되었다. 6월 14일에는 어머니 주쇼가 쉰다섯 살로 죽었다. 11월 11일에는 아내 사다와 헤어졌다. 12월 15일에는 두 번째 아내로 100석을 받는 같은 번의 루스이[209]역 히라노 분조의 딸 이노가 스물네 살에 시집왔다. 추사이는 이해 스물다섯 살이었다.

나는 여기에 추사이의 스승 이사와 집안 그리고 전후 배우자인 사다와 이노에 대해 덧붙이고 싶다. 추사이의 돌아가신 어머니에 대해서는 별로 할 말이 없다.

추사이와 이사와 집안의 교제는 란켄이 죽은 뒤에도 조금도 시들지 않았다. 란켄의 적자인 신켄이 추사이의 절친한 친구로 추사이보다 한 살 위였다는 것은 앞서 말했다. 신켄의 남동생 하쿠켄, 통칭 반안은 1810년(분카7)에 태어났다. 아버지를 여의었을 때 형은 스물여섯 살, 동생은 스무 살이었다. 추사이는 하쿠켄을 예뻐해서 친동생처럼 대했다. 하쿠켄은 가리야 에키사이의 딸 다카와 결혼했다. 그 차남이 이와오, 삼남이 지금 치과 의사인 신페이다.

---

208 긴주이시(近習醫師): 번주의 시의(侍醫).
209 루스이(留守居): 다이묘의 저택에 머물며 막부와의 공적 연락이나 정보 수집 등을 담당.

추사이가 첫 번째 아내 사다와 헤어진 이유는 자세히 알 수 없다. 그러나 시부에의 집에서 가난한 집 딸이라면 이런 성품을 지녔으리라고 기대했던 바를 사다는 불행히도 갖추지 못했던 것일지도 모른다.

사다를 대신해서 시부에의 집에 온 추사이의 두 번째 아내 이노는 대대로 요직에 있는 히라노 집안의 당주(當主) 분조를 아버지로 두고 있었다. 가난한 집 여자에 질려서 맞이한 며느리일 것이다. 이 며느리는 단명했지만 남편의 집에서는 사람들이 기뻐했다고 한다. 왜냐하면 이노가 죽고 세 번째 아내도 죽고 네 번째 아내를 상인 집안에서 맞이했을 때 이노의 아버지 분조가 기꺼이 양아버지가 되어 주었기 때문이다. 시부에 집안과 히라노 집안의 교분이 나중에 이르기까지 오랫동안 변치 않았다는 것을 봐도 부부 사이에 불화가 없었다는 것을 짐작할 수 있다.

히라노 집안은 무사 기풍의 가문이었다. 분조의 아버지이자 이노의 조부인 스케타로 사다히코는 문무를 겸비한 호걸의 무사였다. 호를 가이힌, 레이세쓰라고 했고 1776년(안에이5)에 에도 번저의 교수로 임명되었다. 그림을 잘 그려서 〈소토가하마[210] 그림 두루마리(外浜畵卷)〉와 〈흰 수염바다오리 그림 족자(善知鳥畵軸)〉를 남겼다. 검술은 빼어났다. 장년(壯年)에는 무라마사[211]가 만든 칼을 차고 혼조 와리게스이에서 오카와바타 부근을 돌아다니며 통행인을 베었다. 천 명을 베겠다고 결심했다고 한다. 추사이는 이 이야기를 듣고 탄식하지 않을 수 없었다. 그리고 자신은 의약으로 천 명을 구하겠다는 소원을 빌었다.

---

[210] 소토가하마(外が浜): 일본 아오모리현 쓰가루 북쪽 무쓰만에 면한 지역의 옛 지명. 헤이안시대부터 문학작품 등에 등장하며 나라의 북쪽 경계를 가리키는 말로 쓰였다.
[211] 무라마사(村正): 이세국 구와나군에서 무로마치시대부터 에도시대 초기까지 활약한 도공(刀工) 일파.

1831년(덴포2) 추사이가 스물일곱 살 때, 8월 6일에 장녀 이토가 태어나고 10월 2일에 아내 이노가 죽었다. 나이는 스물여섯 살로 시집와서 불과 3년째였다. 12월 4일에 빈고국 후쿠야마의 성주인 이요의 관리 아베 마사야스의 의관 오카니시 에이겐의 딸 도쿠가 추사이에게 시집왔다. 이 해 8월 15일에 추사이의 아버지 다다시게는 은거료 3인 녹미를 받았다. 종래 야스치카와 노부유키 두 공(公)에 번갈아가며 근무하고 있었는데, 6월부터는 이와키 다카히로의 부인인 노부유키의 누나 모토히메, 8월부터는 노부유키의 부인 가네히메를 가까이 모시게 되었기 때문일 것이다.

　　이때 추사이의 가족은 아버지 다다시게, 아내 오카니시 도쿠, 오지마 사다가 낳은 적자 쓰네요시, 히라노 이노가 낳은 장녀 이토 네 명이었다. 추사이가 세 번째 아내 도쿠를 맞이하게 된 것은 도쿠의 오빠 오카니시 겐테이가 추사이와 마찬가지로 란켄 문하에 있으면서 함께 학문적 교제를 맺었기 때문이다.

　　1833년(덴포4) 4월 6일에 추사이는 번주 노부유키를 따라 에도를 출발해 처음으로 히로사키에 갔다. 에도로 돌아온 것은 이듬해인 1834년(덴포5) 11월 15일이다. 이 부재 중에 전 번주 야스치카가 예순아홉 살로 죽었다. 추사이의 아버지 다다시게가 4월 초하루에 2인 녹미를 추가로 받고 은거료 5인 녹미를 받게 된 것은 특별히 야스치카를 가까이서 모셨기 때문일 것이다. 이상은 추사이가 스물아홉 살에서 서른 살 동안 있었던 일들이다.

　　추사이의 친구 모리 키엥이 사사키 가쓰를 아내로 맞이하여 처음으로 가정을 꾸린 것도 1833년(덴포4)으로, 추사이가 히로사키에 갔을 때다. 이보다 앞서 키엥은 1821년(분세이4)에 아버지를 여의고 열다섯 살에 형식적인 가독 상속을 했다. 란켄에게 종학(從學)하기 2년 전 일이다.

27

　1835년(덴포6) 윤 7월 4일에 추사이는 스승 가리야 에키사이를 잃었다. 에키사이는 예순한 살로 죽었다. 11월 5일에 차남 야스요시가 태어났다. 나중에 이름을 유타카로 바꿨다. 이해 추사이는 서른한 살이었다.
　에키사이의 뒤는 가이시, 자는 쇼케이, 통칭 산페이가 이어받았다. 추사이의 가족은 아버지 다다시게, 아내 도쿠, 적자 쓰네요시, 장녀 이토, 차남 야스요시 다섯 명이었다.
　같은 해 모리 키엥의 집에서도 적자 요신이 태어났다.
　1836년(덴포7) 3월 21일에 추사이는 긴주즈메에 올랐다. 지금까지는 긴주격(格)이었다. 11월 14일에 스승 이케다 게이스이가 쉰한 살로 죽었다. 이해 추사이는 서른두 살이었다.
　게이스이에게는 두 명의 아들이 있었다. 장남을 즈이초라고 했고 이 사람이 가업을 이어받았다. 차남을 젠안이라고 했고 이사와 가문의 사위가 되었다. 이사와 신켄의 딸 가에에게 짝지어 준 것이다. 후에 젠안은 독립해서 혼고 유미정에 살았다.
　1837년(덴포8) 정월 15일에 추사이의 장자 쓰네요시가 처음으로 번주 노부유키를 알현했다. 나이는 열두 살이었다. 7월 12일에 추사이는 노부유키를 따라 히로사키에 갔다. 10월 26일에 아버지 다다시게가 일흔네 살로 죽었다. 이해 추사이는 서른세 살이었다.
　처음에 추사이는 술을 마시지 않았다. 그런데 이해에 번주가 이른바 쓰메코시[212]를 하게 되었다. 예에 따라 이듬해 에도로 돌아가지 않고 두 번의 겨울을 히로사키에서 보내게 되었다. 그래서 겨울이 오기 전에 여러 가지 방한 방법을 고안하고 새끼 돼지를 구해다 길렀다. 그사이 겨울이

오고 에도에서 아버지가 편찮으시다는 소식을 듣고도 돌아갈 수 없어서 추사이는 술을 마시며 괴로움을 달랬다. 추사이는 이때 처음으로 술을 마시고 짐승 고기를 먹게 되었다.

그러나 추사이는 평생 담배만큼은 피우지 않았다. 다다시게의 직계 비속은 지금 다모쓰 등에 이르기까지 한 사람도 담배를 피우지 않았다고 한다. 단 추사이의 차남 야스요시는 예외였다.

추사이가 아직 에도를 떠나기 전 일이다. 가치마치에 있는 이케다의 집에서 당주 즈이초가 아버지 게이스이의 예에 따라 초봄에 발회식이라는 것을 열었다. 게이스이는 매년 이 행사를 열고 문인들을 불러 모았었다. 그런데 이해 추사이가 가 보니 이름은 발회식이라고 하지만 분위기는 예전과 전혀 달랐고 게이스이 시대의 정숙함은 흔적도 남지 않았다. 기생이 와서 술을 따르고 있었다. 모리 키엥이 성대모사를 하고 있었다. 추사이는 한동안 침묵하며 좌중의 광경을 지켜보다가 마침내 자세를 고치고 주객의 결례를 꾸짖었다. 즈이초는 크게 부끄러워하며 즉시 기생을 물렸다고 한다.

이어서 2월에 모리 키엥의 집에 기괴한 일이 발생했다. 키엥이 아베 가문에서 쫓겨나 할머니, 어머니, 아내 가쓰, 세 살배기 아들 요신 네 명을 데리고 야반도주한 것이다. 훗날 키엥이 직접 편찬한 묘비[213]에는 "어떤 까닭으로 인해 녹을 잃었다"고 적혀 있는데, 그 이유란 게 실로 비참하기도 하고 우스꽝스럽기도 했다.

키엥은 연극 애호가였다. 단순히 연극을 좋아하는 것이라면 추사이

---

212 쓰메코시(詰越): 번주가 에도로 돌아가지 않고 자신의 영지에 1년 더 머무는 것을 의미하는 것 같다.
213 수장비(壽藏碑): 살아 있을 때 미리 만들어 둔 무덤에 세워 놓은 묘비.

도 마찬가지였다. 그러나 추사이는 배우의 기교를 관람석에서 바라보며 즐기는 데 불과했다. 키엥은 직접 대사를 익혔다. 대사를 익히는 데 만족하지 않고 마침내 무대에 올라 딱따기²¹⁴를 쳤다. 나중에는 하급 배우들 사이에 섞여 나라비다이묘²¹⁵로 분장하고 급보를 알리는 등의 역할도 맡았다.

어느 날 아베 가문의 하녀가 휴가를 얻어 연극을 보러 갔다가 문득 등장하는 배우 중 한 사람이 키엥과 닮았음을 깨달았다. 그렇게 생각하고 이리저리 살피던 중 하녀는 그 사람이 키엥임에 틀림없다고 확신했다. 그리고 저택에 돌아가서 이를 동료들에게 말했다. 본디 우스운 일로 이야기한 것이기 때문에 애당초 키엥에게 해를 끼치려는 생각은 없었다.

그런데 이 기이한 이야기가 아베 가문 저택 안팎으로 퍼져나가자 상관은 이를 내버려둘 수 없는 일이라고 여겨서 마침내 제후에게 아뢰어 녹을 빼앗는 게 되고 말았다.

28

모리 키엥은 배우와 어깨를 나란히 해서 등장한 죄로 아베 가문의 녹을 잃고 쫓겨났다. 훗날 추사이의 네 번째 아내 되는 야마노우치 이오의 언니는 아베 가문의 부인을 섬기며 긴고라는 이름으로 불렸고 또 키엥도 알고 있었지만 사건이 일어나기 삼사 년 전에 그 집을 떠났기 때문에 당

---

214 딱따기(梆子): 예전에 극장에서 막을 올릴 때 신호로 치던 나무토막.
215 나라비다이묘(竝大名): 다이묘로 분장해 주연 배우의 뒤쪽이나 좌우에 늘어서 있기만 하고 특별한 대사나 동작이 없는 역할.

시 아베 가문의 세세한 사정을 알지 못했다.

쫓겨나기까지는 그에 상응하는 여러 가지 논의가 있었을 것이다. 친구들 중에는 키엥을 구하려고 한 사람도 있었을 것이다. 그러나 키엥은 평소 자질구레한 규칙에 구애되는 사람이 아니었기 때문에 여러 방면에서 소위 의리 없는 짓을 되풀이하고 있었다. 그중에서 한두 건은 글로 옮길 수 없는 것도 있다. 키엥을 구하려고 한 사람들도 이러한 장애 때문에 그 뜻을 이루지 못했다고 한다.

키엥은 에도에서 한동안 떠돌이 생활을 하다가 결국 부채 때문에 가족들을 데리고 야반도주했다. 아마도 이 마지막 방법을 쓰기로 한 것은 면목이 없어서 추사이에게도 털어놓지 못했을 것이다. 혈구지도[216]를 잊지 않기 위해 허리띠에 써 두고 있던 추사이까지도 자주 참기 힘든 일을 겪게 했기 때문이다.

키엥은 사가미국을 향해 도망쳤다. 당시 서른한 살이던 키엥에게는 이미 몇 명의 제자들이 있었는데, 그중 사가미 사람이 있어서 그를 따라 도망친 것이다. 이 몰락 중의 상세한 내력을 나는 알지 못한다. 『계천시집(桂川詩集)』,『유상의화(遊相醫話)』 등 당시 저술을 보면 알 수 있을지도 모르지만 나는 아직 보지 못했다. 묘비에는 우라가, 오이소, 오야마, 히나타, 쓰쿠이현의 지명이 나열되어 있다. 오야마는 지금의 오야마정, 히나타는 지금의 다카베야무라로, 둘 다 오이소와 마찬가지로 나카군이다. 쓰쿠이현은 지금의 쓰쿠이군으로, 사가미강이 이곳을 관통하고 있다. 가쓰라가와는 이 강의 상류다.

---

216 혈구지도(絜矩之道): 자신을 척도로 삼아 남의 마음을 헤아려 바른 길로 향하게 하는 도덕상의 길.

나중에 키엥이 한 말에 따르면 에도를 떠날 때 주머니에는 겨우 800문(文)의 돈이 있었다고 한다. 이 돈은 하코네의 유모토에 도착했을 때 이미 다 써버렸다고 한다. 그래서 키엥은 일단 안마를 했다. 위아래로 16문[217]의 쌀값을 벌었지만 여전히 그것으로는 부족했다. 안마만 한 게 아니다. 키엥은 닥치는 대로 무엇이든 했다. "내과, 외과를 가리지 않고 때로는 수생(收生), 때로는 정골을 하며 심지어 소, 말, 닭, 개의 병에 이르기까지 치료를 요청하는 자들에게는 반드시 치료해 주었다"고 직접 쓴 글에서 말하고 있다. 수생은 조산(助産)이다. 정골은 접골이다. 수의의 영역에도 개입했다. 의사가 이 치료조차 거부하는 요즘 사람들에게는 상상할 수도 없는 일이다.

노쇠한 조모는 우라가에서 곤경에 처해 있는 동안 돌아가셨다. 그래도 어머니와 처자식이 남아 있다. 자기를 포함해서 네 사람의 입을 이와 같은 방법으로 풀칠하지 않을 수 없었다. 그러나 키엥의 성격으로 미루어 볼 때 이 시기에도 의기소침하지 않고 여전히 어느 정도 낙천가의 기분을 가졌을 것이다.

키엥은 오이소에 정착했다. 제자가 나누시[218]를 맡고 키엥을 에도의 큰 선생으로 선전하여 여기서 개업의 행운이 찾아왔다. 얼마 지나지 않아서 병가(病家)의 수가 늘었다. 화폐나 비단으로 보답하는 게 어려운 사람들도 쌀이나 곡식, 채소를 보내 부엌을 북적이게 했다. 나중에는 멀리서 가마를 보내 맞이하는 일도 있었다. 말을 보내 초청하는 일도 있었다. 키엥은 오이소를 근거지로 삼아 나카와 미우라 양군 사이를 오가며 여기서

217　대략 쌀 한 말 정도의 작은 금액.
218　나누시(名主): 촌장 또는 마을 지도자.

햇수로 12년을 보냈다.

추사이는 1838년(덴포9) 봄을 히로사키에서 맞이했다. 예의 숙직 일기에 "정월 13일 탈상"이라고 적혀 있다. 아버지의 상이 끝난 것이다. 이어서 두 번째 겨울도 히로사키에서 보내고 이듬해인 1839년(덴포10)에 추사이는 번주 노부유키를 따라 에도에 돌아왔다. 추사이는 서른다섯 살이었다.

이해 5월 15일에 쓰가루 가문의 대가 바뀌었다. 노부유키는 마흔 살로 물러나 야나기시마의 별저로 이동했고 동갑인 유키쓰구가 고쓰가루[219]에서 들어와 봉을 계승했다. 노부유키는 화려한 것을 매우 좋아해서 걸핏하면 야연을 여는 등 재정의 궁핍을 초래하고 결국 은퇴했다고 한다.

추사이는 이때부터 은거하는 노부유키를 수행하여 평일에는 야나기시마의 저택에서 근무하고 가끔 본저에 문안을 드렸다.

29

1840년(덴포11) 12월 14일에 다니 분초가 죽었다. 분초는 추사이가 사우(師友)로서 모신 연장자로, 추사이는 평소 그림을 감상하는 것에 대해 분초에게 여러 가지로 가르침을 구하고 또 고기물(古器物)이나 본초학[220] 참고에 도움이 될 만한 동식물을 그리기 위해 붓을 사용하는 법, 안료를 푸는 법 등을 지도받았다. 그가 전년에 77세 축하연을 료고쿠 만하

---

219 **고쓰가루(小津輕)**: 지봉인 구로이시(黒石)번을 가리킨다.
220 **본초학(本草學)**: 한방에서 약재나 약학에 대해 연구하는 학문. 주로 식물을 대상으로 했다.

치로[221]에서 연 것을 마지막으로 올해 죽은 사람 축에 들었다. 분초의 뒤는 1812년(분카)생으로 스물아홉 살인 분지가 이었다. 분지 외에 여섯 명의 아들을 낳은 분초의 후처 아사는 이미 5년 전에 남편보다 먼저 세상을 떠났다. 이해 추사이는 서른여섯 살이었다.

1841년(덴포12)에는 오카니시 도쿠가 2녀 요시를 낳았는데, 요시는 요절했다. 윤 정월 26일에 태어나서 2월 3일에 죽었다. 이듬해인 1842년(덴포13)에는 3남 하치사부로가 태어났는데, 이 아이도 요절했다. 8월 3일에 태어나서 11월 9일에 죽었다. 추사이가 서른일곱 살에서 서른여덟 살 동안 일어난 일들이다. 나는 처음에 추사이에 대해 서술하면서 1841년(덴포12) 말 작품이라고 할 수 있는 추사이의 시를 읊고 당시 시부에의 가족을 열거했지만 홀연 왔다 떠난 딸 요시의 이름은 적을 수 없었다.

1843년(덴포14) 6월 15일에 추사이는 긴주로 승진했다. 서른아홉 살 때다.

이해 세이주칸에서는 글을 강의하고 제번의 의사와 시중 개업의들에게 청강을 허용하는 예가 시작되었다. 그게 10월로, 11월에 처음으로 강사가 새로 임명되었다. 초기 관에는 관장과 교수가 있고 학생들에게 수업을 가르치는 데 불과했다. 한때 다키 란케이 시대에 백일과(百日課) 제도를 실시하여 의학도, 경학도 과를 나누어서 백일 한정으로 강의한 적이 있다. 오늘날 말하는 강습이다. 그러나 그것도 학생들을 대상으로 한 것이었다. 백일과는 4년 만에 중단되었다. 강사를 두고 제번의 의사와 시중 개업의들에게 청강을 허용한 것은 이때가 처음이다. 5개월 후에 막부가 추사이를 등용하게 된 것은 이 제도 때문이다.

---

221 만하치로(万八樓): 에도 료고쿠 야나기바시에 위치했던 요릿집.

1844년(고카1)은 추사이에게 일대 전기를 가져왔다. 사회에서는 막부의 직참²²²이 되고 가정에서는 오카니시 도쿠가 죽은 뒤 처음으로 재색을 겸비한 아내를 맞이하게 된 것이다.

　이 일 년 동안 일어난 일을 차례대로 열거하면 먼저 2월 21일에 아내 도쿠가 죽었다. 3월 12일에 로주²²³ 오이노카미²²⁴ 도이 도시쓰라²²⁵가 추사이를 세이주칸의 강사로 임명했다. 4월 29일에 정기 등성(登城)을 명받았다. 연초, 팔삭,²²⁶ 오절구,²²⁷ 월례 예식 때 에도성에 가게 된 것이다. 11월 6일에 간다 곤야정의 철물 도매상 야마노우치 주베에의 딸 이오가 시집왔다. 표면상으로는 100석을 받는 히로사키번의 메쓰케²²⁸역 히라노 스케타로의 여동생 가자시로 신고되었다. 12월 10일에 막부로부터 백은²²⁹ 5매를 받았다. 이것은 이후 항례가 되었기 때문에 굳이 쓰지 않는다. 같은 달 26일에 장녀 이토가 막부 신하인 바바 겐큐에게 시집갔다. 이토는 당시 열여섯 살이었다.

　추사이가 오카니시 도쿠를 아내로 맞이한 것은 그녀의 오빠 겐테이가 용모도 재학도 뛰어난 것을 보고 이 사람의 여동생이라면 좋겠다고

222　직참(直參): 주군을 직접 섬기는 신하. 여기서는 쇼군을 직접 섬기게 되었다는 의미.
223　로주(老中): 에도막부에서 쇼군에 직속되어 정무를 통할하고 다이묘를 감독하던 최고 직책.
224　오이노카미(大炊頭): 궁정의 음식 조달을 책임지는 관직. 에도시대에는 무사계급의 명예 직함(관위)으로 사용되었다.
225　로주는 도이 도시쓰라의 관직, 오이노카미는 도시쓰라의 관위. 에도시대 무사의 인명은 관직명, 관위, 이름 순으로 구성되었다.
226　팔삭(八朔): 음력 팔월 초하룻날.
227　오절구(五節句): 연간의 다섯 명절. 즉 인일(人日), 상사(上巳), 단오(端午), 칠석(七夕), 중양(重陽).
228　메쓰케(目附): 무사의 위법을 감찰하던 직명.
229　백은(白銀): 에도시대 타원형 은화. 종이에 싸서 선물로도 사용했다.

생각했기 때문이다. 그런데 막상 부부가 되고 보니 외모도 재주도 예상했던 것과 달랐다. 그뿐이라면 괜찮았을텐데 도쿠는 오빠를 닮지 않고 오히려 아버지 에이겐의 편협한 기질을 물려받았다. 그리고 그것이 추사이에게 반감을 일으켰다.

첫 번째 아내 사다는 가난한 집 딸이 지니고 있을 법한 미덕을 갖추지 못했던지 추사이의 아버지 다다시게는 언젠가 자신의 생각이 틀렸다고 탄식한 적도 있다고 하는데, 추사이는 그렇게까지 싫다고는 생각하지 않았다. 두 번째 아내 이노는 영리하고 사람을 다루는 재주가 있었다. 아무튼 추사이에게 처음으로 반감을 불러일으킨 것은 세 번째 아내 도쿠였다.

30

자제심을 잃은 적이 없는 추사이는 도쿠를 꾸짖거나 벌하는 일은 없었다. 그뿐만이 아니라 노골적으로 불쾌감을 드러내지도 않았다. 그러나 결혼한 후 약 1년 반 동안 아내와 가깝게 지내지 않았다. 그리고 히로사키로 떠났다. 첫 여행 때 일이다.

그런데 추사이가 히로사키에 있는 동안 에도에서 소식이 있을 때마다 반드시 도쿠에게서 장문의 편지가 왔다. 부재 중에 일어난 일들을 거의 일기처럼 자세하게 쓴 것이다. 추사이는 처음 몇 줄을 읽고 곧 도쿠가 자력으로 쓴 게 아님을 알았다. 행간에서 아버지 다다시게의 기질이 역력히 보였기 때문이다.

다다시게는 추사이가 도쿠와 친하게 지내지 않는 것을 보고 앞날이 걱정스러워서 추사이가 여행을 떠나자 곧바로 도쿠에게 매일 일과를 주기 시작했다. 본보기를 주고 습자(習字)를 시켰다. 일기를 쓰게 했다. 그리고 그것을 바탕으로 문안을 만들어 도쿠에게 붓을 잡게 하고 집안일은 크고 작은 것 할 것 없이 남편에게 보고하게 했다.

추사이는 에도에서 편지가 올 때마다 울었다. 아내 때문에 운 것이 아니다. 아버지 때문에 운 것이다.

2년 가까운 여행에서 돌아와 추사이는 애써 도쿠와 친하게 지내며 아버지의 마음을 편안하게 해 드리려고 했다. 그 후 2년이 지나 야스요시가 태어났다.

추사이는 다시 히로사키로 가서 햇수로 3년 체류했다. 부재 중에 아버지가 돌아가셨다. 그 후 에도로 돌아와서 1년 지나 요시, 그 다음해에 하치사부로가 태어났다. 도쿠는 하치사부로를 낳고 일 년 반 만에 죽었다.

도쿠가 죽고 야마노우치 이오가 왔다. 추사이의 신분은 도쿠가 떠나고 이오가 오는 사이에 변하여 막부의 직참이 되었다. 교제는 넓어졌다. 비용은 많아졌다. 이오는 별안간 그 가운데 몸을 던져 난국을 헤쳐 나가야 했다. 이오가 마침 적임자였음은 추사이의 행운이다.

이오의 아버지 야마노우치 주베에는 이름을 호카쿠(豊覺)라고 했다. 간다 곤야정에 철물 도매점을 내고 가게 이름을 히노야라고 했다. 상표에는 '井'자 모양 무늬 안에 '喜'자를 썼다. 주베에는 시문서화를 잘했고 많은 문인, 묵객들과 교류하며 재산을 기부해서 이들의 후견인이 되었다.

주베에에게는 장남 에이지로, 장녀 야스, 차녀 이오 세 명의 자식이 있었다. 주베에는 다다시게의 친구로 적자 에이지로의 교육을 오랫동안 추사이에게 맡겼다. 1824, 25년(분세이7, 8) 무렵 다다시게가 히노야를 방문해 연극 이야기를 하자 아홉 살인가 열 살이었던 이오와 한 살 위의 언니 야스가 재미있어하며 들었다고 한다. 야스는 훗날 아베 가문을 섬긴 긴고다.

이오는 1816년(분카13)에 태어났다. 오빠 에이지로가 다섯 살, 언니 야스가 두 살이었을 때다. 주베에는 세 아이가 점차 장성하자 적자에게는 무사에게 걸맞는 교육을 시켰고 두 딸에게도 보통 여자아이들이 배우는 읽기와 쓰기, 여러 기예 외에도 무예를 익히게 하고 어릴 때부터 무가에 고용살이를 보냈다. 그중에서도 이오에게는 경학 등 거의 남자아이에게 가르치는 것과 똑같이 가르쳤다.

주베에가 이처럼 자식을 키우게 된 데는 사연이 있다. 주베에의 선조는 다지마의 관리 야마노우치 모리토요(盛豊)의 아들, 쓰시마의 관리 가즈토요(一豊)의 동생에서 나왔다고 하며 에도의 상인이 된 후에도 미쓰바가시와[230] 문장을 붙이고 이름에 '豊'자를 사용했다. 지금 내 가까이 있는 족보에 가즈토요의 동생은 오다 노부나가[231]를 섬긴 슈리노스케[232] 야스토요와 다케다 신겐[233]을 섬긴 법안[234] 닛타이 두 사람만 나와 있다. 주베에의 집이 이 두 사람 중 어느 쪽 후손인지 아니면 가즈토요에게 또 다른 동생이 있었는지 여기서 갑자기 결정할 수 없다.

---

230 미쓰바가시와(三葉柏): 세 개의 떡갈나무 잎이 그려진 도안의 가문 문양.
231 오다 노부나가(織田信長): 1534-1582, 도요토미 히데요시, 도쿠가와 이에야스와 함께 중세 일본의 삼영걸(三英傑)로 불린 센코쿠시대 무장.
232 슈리노스케(修理亮): 궁전이나 관청의 건축, 수리를 담당한 관리 직책. 에도시대에는 무사계급의 명예 관직으로 사용되었다.
233 다케다 신겐(武田信玄): 1521-1573, 센고쿠시대 무장.
234 법안(法眼): 무가시대에 의사, 화가, 유학자 등에 내려 준 칭호.

31

이오는 열한두 살 때 혼마루에서 고용살이를 했다고 한다. 시기를 추정해보면 1826년(분세이9)이나 1827년(분세이10)이다. 도쿠가와 이에나리가 쉰네다섯 살 됐을 때다. 부인은 고노에 게이키의 양녀 시게히메였다.

이오는 아네코지라고 하는 시녀가 부리는 하녀였다. 아네코지라고 하면 시녀의 최고위였을 것이다. 그렇다면 이오는 나가쓰보네[235] 남쪽 한쪽에 있었을 것이다. 이오는 저녁이 되면 긴 복도를 지나 창문을 닫으러 가야 했다. 그 복도에는 귀신이 나온다는 소문이 있었다. 귀신이란 게 어떤 것인지 그게 나와서 무엇을 하는지 누구도 잘은 보지 못했지만 남자 옷을 입고 이마에 뿔이 나 있으며 돌멩이를 던지거나 재를 뿌린다고 했다. 그래서 하녀들은 창문 닫으러 가는 것을 싫어하여 서로 양보했다. 이오는 어리지만 담력이 있고 무예를 배운 적도 있기 때문에 자진해서 창문을 닫으러 갔다.

어두운 복도를 나아가니 과연 쪼르르 달려오는 게 있다. 순간적으로 이오는 한쪽 뺨에 재를 뒤집어썼다. 눈 깜짝할 사이라서 그 물체의 모습을 잘은 보지 못했지만 아무래도 소년의 장난처럼 느껴졌기 때문에 이오는 달려들어 붙잡았다.

"용서해 줘!" 귀신은 비명을 지르며 몸부림쳤다. 이오는 조금도 손을 놓지 않았다. 그사이에 밖에 있던 하녀들이 달려왔다.

귀신은 항복하며 쓰고 있던 도깨비 탈을 벗었다. 긴노스케 님이라고

---

[235] 나가쓰보네(長局): 길게 한 채로 지어 여러 구획으로 나눈 궁녀들의 거처.

불린 젊은이로, 어려서 미마사카국 니시호조군 쓰야마의 성주인 마쓰다이라 가문에 데릴사위 온 사람이라고 한다.

쓰야마의 성주인 에치고의 관리 마쓰다이라 나리타카의 차녀 가치노카타에게 데릴사위로 온 사람은 도쿠가와 이에나리의 34번째 자식으로 14남인 미카와의 관리 나리타미[236]였다.

나리타미는 아명을 긴노스케라고 했다. 1814년(분카11) 7월 29일에 태어났다. 어머니는 이에나리의 측실인 오야에노카타였다. 1817년(분카14) 7월 22일에 부인의 양자로 입양되고 9월 18일에 쓰야마의 마쓰다이라 가문의 데릴사위가 되고 12월 3일에 마쓰다이라 저택으로 갔다. 네 살배기 사위였다. 1819년(분세이2) 정월 28일에 새 집이 완공되어서 그리로 이사했다. 1824년(분세이7) 3월 28일에 열한 살로 원복[237]하고 종4위상 시종 미카와의 관리 나리타미가 되었다. 1826년(분세이9) 12월에는 열세 살로 소장[238]에 임명되었다. 성인이 된 후 가쿠도공(公)이라고 불렸고 나루시마 류호쿠[239]의 비석에 새겨진 전액은 그의 글씨다. 그렇게 보면 이 사람이 도깨비로 분장해서 이오에게 붙잡힌 것은 종4위상 시종이 되고 나서인데 다만 소장이었는지 아니었는지 의문이다. 쓰야마 저택에 거처가 있었지만 혼마루에 머물며 아명인 긴노스케로 불렸던 것으로 보인다. 나이는 이오보다 두 살 위였다.

이오가 혼마루를 떠난 게 언제였는지 모르지만 열다섯 살 때는 이

---

236 마쓰다이라 나리타미(松平齊民): 1814-1891, 쓰야마번의 8대 번주.
237 원복(元服): 남자가 성인의 표시로 머리 모양과 옷을 바꾸고 머리에 관을 쓰는 일.
238 정확히는 좌근위부 소장(左近衛府少將): 천황의 경호를 담당한 근위부 중 좌측 방위를 담당했던 좌근위부의 중간급 지휘관.
239 나루시마 류호쿠(成島柳北): 1837-1885, 한시인, 수필가.

미 토도 가문에서 고용살이하고 있었다. 이오가 열다섯 살이 된 것은 1830년(덴포1)이다. 만약 열네 살에 혼마루를 떠났다고 한다면 1829년(분세이12)에 떠난 셈이다.

토도 가문에서 고용살이하기까지 이오는 20여 가문의 다이묘 저택을 돌아다니면서 살펴봤다고 한다. 그 당시에도 하녀의 고용은 군(君)이 신(臣)을 선택한 게 아니라 신이 군을 선택한 것으로 보이는데, 이오가 이처럼 여러 가문을 살펴보러 다닌 것은 도처에서 쫓겨난 게 아니라 자신이 거절했기 때문이라고 한다.

20여 집을 돌아다니는 동안 이오가 섬기고자 생각한 집이 딱 한 곳 있었다. 그게 공교롭게도 도사국 고치의 성주인 도사의 관리 마쓰다이라 도요스케의 집이었다. 즉 이오와 선조가 같은 야마노우치 가문이다.

이오는 가지바시 안 저택으로 안내되고 다른 집에서와 마찬가지로 시험을 치렀다. 필적, 와카,[240] 음곡[241]의 기예를 시험했다. 시험관은 시녀 우두머리였다. 먼저 벼루와 색지를 꺼내고 시험관이 "여기에 하나 적어 보라"고 했다. 이오는 직접 지은 시를 썼기 때문에 동시에 와카 심사도 마쳤다. 그리고 나서 도키와즈[242]를 한 곡 읊었다. 이것들은 다른 집과 별반 다르지 않았지만 하녀들이 모두 면복 차림인 게 이오의 눈에 띄었다. 이오는 24만 2천 석 다이묘 집안의 검소함을 기뻐했다. 그리고 곧바로 이 집에서 고용살이하기로 결심했다. 부인은 가즈사의 관리 마쓰다이라 나리마사의 딸이었다.

---

240 와카(和歌): 일본에서 옛날부터 내려온 31음을 정형으로 하는 단가. 넓은 뜻에서는 중국에서 온 한시와 대조해 일본 고유의 시를 이른다.
241 음곡(音曲): 일본식 음악과 가곡의 총칭.
242 도키와즈(常磐津): 가부키와 함께 발전해 온 조루리의 흐름을 잇는 가타리모노(語り物: 곡조를 붙여 악기에 맞추어 낭창하는 이야기나 읽을거리).

이때 시녀가 문득 이오의 옷에 미쓰바가시와 문장이 새겨져 있는 것을 발견했다.

32

야마노우치 가문의 시녀는 이오에게 어째서 이 집과 똑같은 문장을 옷에 새기고 있는지 물었다. 이오는 자신의 집이 야마노우치 집안으로, 옛날부터 미쓰바가시와 문장을 사용했다고 답했다. 시녀는 잠시 고민하다 말했다. 쓸모 있을 것 같은 사람이라고 생각되어 고용을 건의할까 한다. 그러나 그 문장은 당분간 삼가는 것이 좋을 것 같다. 유서 깊은 것인 만큼 나중에 허락을 구할 수도 있을 것이다.

이오는 집에 돌아와서 아버지에게 당분간 문장을 숨기고 고용살이하는 것의 가부(可否)를 상담했다. 아버지 주베에는 즉시 반대했다. 성명이나 문장은 조상으로부터 물려받아 후손에게 전하는 중요한 것이다. 함부로 숨기거나 바꿔서는 안 된다. 그렇게 해야 할 수 있는 봉공이라면 하지 않는 게 좋다.

이오가 야마노우치 가문을 뒤로 하고 다음으로 찾아간 곳은 무코야나기하라의 토도 가문 저택이었다. 예의 시험은 순조롭게 끝났다. 특별히 중용하려고 한다는 간곡한 부탁을 받고 여러 집을 돌아다니다 지친 이오는 이 집에서 일하기로 결심했다.

이오는 곧바로 시녀로 임명되어 영주의 시중을 들고 동시에 부인의 서기도 겸했다. 영주는 이세국 아노군 쓰의 성주로 32만 3,950석을 받는 이즈미의 관리 토도 다카유키였다. 관위는 종4위 시종이었다. 부인은 도노모노카미[243] 토도 다카타케의 딸이었다.

당시 이오는 아직 열다섯 살이었기 때문에 보통이라면 시동으로 뽑혔어야 한다. 이오가 단번에 영주의 시녀로 발탁된 것은 파격적인 일이었다. 시동은 차, 담배, 세숫물 등 잡다한 용무를 처리하는 자로, 지금으로 말하면 신변의 잔시중을 드는 하녀다. 영주의 시녀는 부인의 시중을 들며 부인 곁에서 여러 가지 용무를 처리한다. 막부의 관례에서는 그것이 바뀌어 쇼군의 시중이 되면 첩이 된 것이라고 봐도 무방하다. 그러나 다이묘의 집에서는 부인을 섬기지 않고 영주를 섬기는 데 불과하다. 서기는 일기를 쓰거나 편지를 쓰는 역할이다.

이오에게는 가자시(挿頭)라는 호명이 붙여졌다. 나중에 추사이에게 시집가기로 하고 히라노 집안의 양녀가 되었을 때 '가자시(翳)'라는 이름으로 신고한 것은 이 호명을 답습한 것이다. 그런데 잠시 근무하는 동안 무예에도 조예가 있다는 사실이 사람들에게 알려지면서 오토코노스케[244]라는 별명이 붙었다.

토도 가문에서도 다른 집에서와 마찬가지로 시녀는 세 칸으로 나누어진 방에 살며 하녀 2명을 부렸다. 식사는 본인 부담이었다. 게다가 다른 집에서는 연급(年給)이 30냥 내외였는데, 토도 가문에서는 9냥이었다. 당시 무가에서 고용살이한 여성은 많은 급료를 받으려고 한 게 아니다. 지금 여성이 여학교에 가는 것처럼 수행을 하러 간 것이다. 가풍이 좋아 보이는 집을 선택해서 섬기려고 한 이오에게 급료의 많고 적음은 애당초

---

243 도노모노카미(主殿頭): 궁전의 내실을 관리하는 책임자. 에도시대에는 무사계급의 지위와 위엄을 상징하는 명예 칭호로 사용되었다.
244 오코토노스케(男之助). 오토코(男)는 남자, 노스케(之助)는 전형적인 남자 이름. 즉 무예를 잘해서 남자 같다는 의미.

따질 게 아니었다.

　수행은 돈을 써서 하는 일이지 돈을 버는 길은 수행이 아니다. 이오도 저택에 살면서 관리들에게 물건을 바치고 동료들을 대접하고 의복과 세간을 마련하고 하녀를 고용해서 생활하는 데 아버지 주베에가 1년에 400냥을 썼다고 한다. 이오는 급료를 30냥 받든 9냥 받든 딱히 개의치 않았을 것이다.

　이오는 토도 가문에서 신임을 받았다. 근무한 지 채 1년도 되지 않았는데, 1831년(덴포2) 정월 초하루에 시녀 우두머리로 승진했다. 시녀 우두머리는 단 한 명밖에 두지 않는 역(役)으로 보통 스물네다섯 살 여자가 맡았다. 그것을 이오는 열여섯 살에 맡게 되었다.

33

　이오는 토도 가문에서 10년 간 고용살이했다. 그리고 1839년(덴포10)에 스물네 살로 아버지 주베에의 병 때문에 휴가를 얻었다. 훗날 남편 되는 추사이는 이오가 혼마루에 있는 동안 오지마 사다, 토도 가문에 있는 동안 히라노 이노와 오카니시 도쿠를 아내로 맞이했다.

　이오는 아버지 주베에가 죽던 해 토도 가문를 떠났다. 그러나 이오가 고용살이를 그만둘 당시 주베에의 병세는 아직 딸을 불러들일 정도의 상태는 아니었다. 이오가 휴가를 얻은 것은 주베에가 딸을 여행에 나서게 하는 것을 좋아하지 않았기 때문이다. 이해에 토도 다카유키 부부는 이세신궁[245]에 참배하게 되었고 이오는 수행원에 포함되었다. 주베에는 다카유키가 에도를 떠나기 전에 이오를 집으로 돌아오게 한 것이다.

이오가 돌아온 곤야정의 집에는 아버지 주베에 외에 당시 쉰 살이던 주베에의 첩 마키와 스물여덟 살이던 오빠 에이지로가 있었다. 스물다섯 살이던 언니 야스는 4년 전에 아베 가문을 그만두고 요코야마정의 칠기 도매상 나가오 소에몬에게 시집갔다. 소에몬은 야스보다 1살 연상이었다.

주베에의 자식들이 에이지로가 여섯 살, 야스가 세 살, 이오가 두 살로 아직 모두 어렸을 때, 고지마치의 종이 도매상 야마이치의 딸로 셋쓰의 관리 마쓰다이라 기켄의 저택에 고용살이한 적이 있는 주베에의 아내가 죽었기 때문에 그 후 1803년(교와3)에 열네 살로 히노야에 고용살이를 온 마키가 첩이 되었다.

주베에는 만년에 몸이 쇠약해져 있었다. 마키는 남 위에 군림하며 지시하는 여자가 아니었다. 그런데 이오가 토도 가문에서 돌아왔을 때 히노야에는 곤란한 문제가 생겨서 온 집안이 골머리를 앓고 있었다. 그것은 오빠 에이지로의 신상에 관한 문제였다.

에이지로는 처음에 추사이에게 배우다가 쇼헤이코[246]에 다녔다. 야스의 남편 소에몬은 같은 학교 친구로, 이 두 사람만 무수히 많은 무사들 사이에 끼어 있는 상인 집안 자식이었다. 지금으로 비유하면 화족(華族)이 아닌 사람이 가쿠슈인[247]에 입학한 것과 같다.

이오가 토도 가문을 섬기는 동안 에이지로는 학교 생활에 전념하지

---

245 이세 신궁(伊勢神宮): 미에현 이세시에 위치한 일본에서 가장 큰 규모의 신사.
246 쇼헤이코(昌平黌): 수신치국의 도를 연구하고 막부를 돕는 도덕적 인물 양성을 주목적으로 한 에도막부의 학문소.
247 가쿠슈인(學習院): 1877년에 황족 및 화족 자제들의 교육을 위해 도쿄에 창립된 학교.

못하고 요시와라[248]에 드나들기 시작했다. 상대는 야마구치 도모에[249]의 쓰카사라는 여자였다. 이오가 저택에서 물러나기 2년 전에 에이지로는 지나치게 깊이 빠져들어 마침내 몸값을 지불하고 쓰카사를 기적[250]에서 빼내기로 한 적이 있다. 주베에가 이 사실을 알고 에이지로와 의절하려고 했다. 그러나 이를 해결하기 위해서 이오가 저택에서 왔기 때문에 사태는 일단락되었다.

그런데 이오가 토도 가문을 그만두고 돌아왔을 때 이 문제가 다시 불거졌다. 에이지로는 동생의 힘으로 의절을 면하고 한동안 근신하며 대문 밖을 나가지 않았다. 그사이 이나카 다이진이라는 자가 쓰카사를 빼내어 데려갔다. 에이지로는 우울증에 걸렸다. 주베에는 마음이 약해서 사람을 시켜 에이지로를 요시와라에 데려가게 했다. 이때 쓰카사의 시중을 들던 아가씨가 하마테루라는 이름으로 다음달에 데뷔하게 되었다. 에이지로는 하마테루의 손님이 되어 전보다도 왕성하게 놀기 시작했다. 주베에는 또다시 의절을 선언했지만 그와 동시에 병에 걸렸다. 에이지로도 과연 놀라서 한동안 요시와라에 가지 않았다. 이것이 이오가 돌아왔을 때의 상황이었다.

이때에 이르러 막 뒤집히려고 하는 히노야의 가계를 지지해 가려고 한 사람이 저택 고용살이를 그만두고 돌아온 이오밖에 없었음은 상상하기 어렵지 않을 것이다. 언니 야스는 지나치게 온화하여 결단력이 없고 그 남편 소에몬은 요절한 형의 가업을 이어받은 후 술을 마시고 놀며 자

---

248 요시와라(吉原): 에도에 있던 유곽.
249 야마구치 도모에(山口巴): 요시와라에 있던 찻집. 당시 유곽의 찻집은 손님이 유녀와 만나는 공간을 제공했다.
250 기적(妓籍): 기생으로 등록되어 있는 소속, 기생들을 등록해 놓은 대장.

신의 재산을 관리하는 것조차 잊어버리고 있었다.

34

이오는 아버지 주베에를 보살피고 위로하고 오빠 에이지로를 타이르고 격려하며 풍랑에 휘둘리는 히노야라는 배의 키를 잡았다. 그리고 주베에의 이복형으로 주닌슈[251]를 지낸 오마고 아무개를 증인으로 세워 오빠의 폐적(廢嫡)을 면하게 해 주었다.

주베에는 12월 7일에 죽었다. 히노야의 재산은 일단 주베에의 의사에 따라 이오의 이름으로 다시 쓰였으나 이오는 즉시 재산을 오빠에게 돌려주었다.

이오는 남자아이와 똑같은 교육을 받았다. 토도 가문에서는 무예로 인해 오토코노스케라 불린 반면 세간에서는 문학으로 인해 신쇼나곤[252]으로 불렸다. 같은 시기에 가리야 에키사이의 딸 다카에 쇼나곤이라는 칭호가 있었기 때문에 이오는 신쇼나곤으로 불렸다.

이오가 스승으로 섬긴 사람으로는 경학에 사토 잇사이, 서법에 우부카타 데이사이,[253] 그림에 다니 분초, 와카에 마에다 나쓰카게[254]가 있다. 열한두 살 때 일찍 고용살이하러 갔기 때문에 가르침을 받기 위해서는 숙소로 돌아올 때마다 강의를 듣거나 글씨본을 받아서 익혀 청서한 것을

---

251 주닌슈(十人衆): 막부의 출납을 담당한 에도의 호상(豪商) 대표 10명.
252 쇼나곤에 필적하는 문학적 재능을 가졌다는 의미. 세이 쇼나곤(清少納言)은 일본 최초의 수필집 『마쿠라노소시(枕草子)』를 쓴 헤이안시대 여성 작가.
253 우부카타 데이사이(生方鼎齋): 1799-1856, 유학자.
254 마에다 나쓰카게(前田夏蔭): 1793-1864, 국학자.

보여주러 가거나 미리 낸 제목의 시를 읊고 고쳐달라는 게 연습 방법이었을 것이다.

스승 가운데 가장 나이가 많은 사람은 분초, 다음은 잇사이, 그 다음은 나쓰카게, 가장 젊은 사람은 데이사이였다. 나이를 추정해 보면 이오가 태어난 1816년(분카13)에 분초가 쉰네 살, 잇사이가 마흔다섯 살, 나쓰카게가 스물네 살, 데이사이가 열여덟 살이었다.

분초는 전에 말한 대로 1840년(덴포11)에 일흔여덟 살로 죽었다. 이오가 스물다섯 살때다. 잇사이는 1859년(안세이6) 9월 24일에 여든여덟 살로 죽었다. 이오가 마흔네 살 때다. 나쓰카게는 1864년(겐지1) 8월 26일에 일흔두 살로 죽었다. 이오가 마흔아홉 살 때다. 데이사이는 1856년(안세이3) 정월 7일에 쉰여덟 살로 죽었다. 이오가 마흔한 살 때다. 데이사이는 화가 후쿠다 한코[255]의 무라마쓰정 집에 새해 인사를 하러 갔다가 술에 취해서 미토의 검객 아무개와 말다툼을 벌이다 그 제자의 칼에 찔려 죽었다.

이오는 데이사이를 스승으로 삼은 것 외에도 고노에 요라쿠인[256]과 다치바나 노치카게[257]의 글씨를 베껴 쓴 적이 있다고 한다. 요라쿠인은 1736년(겐분1)에 죽었다. 이오가 태어나기 80년 전이다. 노치카게는 신분

---

255   후쿠다 한코(福田半香): 1804-1864, 화가.
256   고노에 요라쿠인(近衛予樂院): 1667-1736, 에도시대 중기 귀족. 요라쿠인은 호, 이름은 이에히로(家熙). 당대 일류로 칭송받을 만큼 글씨를 잘 썼다고 알려져 있다.
257   다치바나 노치카게(橘千蔭): 1717-1808, 시인, 서가, 국학자. 일본풍 서가로 일가를 이루고 노치카게류(千蔭流)로 명성을 얻었다.

이 마치부교 요리키[258]로, 가토 또는 자에몬이라고 칭했고 1808년(분카5)에 죽었다. 이오가 태어나기 8년 전이다.

이오는 토도 가문을 그만두고 5년째 되던 해 시부에 집안에 시집갔다. 어릴 때부터 친하게 지낸 사람을 남편으로 삼는 것인데 이오에게 있어 추사이에게 시집갈 수 있는 가능성이 생긴 것은 2월에 오카니시 도쿠가 죽고 나서다. 항상 왕래하던 시부에의 집이라서 이오는 도쿠가 죽은 2월부터 자신이 시집온 11월 사이에도 추사이를 방문한 적이 있다. 미혼 남녀의 교제나 자유 결혼 같은 문제는 당시 사람들은 꿈에도 알지 못했다. 훌륭한 교육을 받은 두 사람이 남자는 마흔 살, 여자는 스물아홉 살에 오랜 세월 함께 한 친구 관계를 청산하고 갑자기 부부 관계로 들어선 것이다. 깨어 있는 두 사람 사이에 이렇게 약혼이 이루어졌다는 것은 당시로서는 거의 드문 일이라고 해도 좋을 것이다.

나는 홀아비가 된 추사이의 집에 이오가 방문했을 때의 긴장된 상황을 상상해 본다. 그리고 다모쓰가 이야기한 호카이시의 일화를 떠올리면 재미있다. 이오가 추사이에게 시집오기 전이었다. 어느 날 이오가 찾아와서 추사이와 이야기를 나누고 있는데, 호카이시가 대나무 껍질로 만든 보따리를 들고 찾아왔다. 그리고 그것을 풀어서 추사이에게 초밥을 권하고 자신도 먹고 이오에게도 부디 먹으라고 했다. 나중에 이오는 그때처럼 곤란했던 적이 없었다고 했다고 한다.

---

258 마치부교(町奉行)는 시중의 행정, 사법, 소방, 경찰 등의 직무를 담당한 에도막부의 직명. 요리키(與力)는 마치부교의 휘하에서 하급 관리를 지휘하던 직.

35

이오는 추사이에게 시집갈 때 히라노 분조의 양녀가 되었다. 분조의 아들로, 메쓰케가 된 사다카타는 1812년(분카) 출생이기 때문에 이오의 오빠 에이지로와 동갑이라서 이오는 여동생이 되었다. 그러나 사다카타는 이오가 누나 이노의 자리에 앉는다고 하여 이오를 누님이라고 부르기로 했다. 사다카타의 통칭은 조부와 마찬가지로 스케타로였다.

분조는 양부모가 되었으니 친부모와 다름없는 정을 나누고 싶다며 시부에 집안에 시집가기 약 석 달 전에 이오를 집으로 데리고 왔다. 그리고 자신의 곁에 두고 담배를 채우게 하거나 차를 끓이고 술을 따르게 하는 등의 일을 시켰다.

사다카타는 무뚝뚝한 남자로, 머리를 속발[259]로 묶고 검은 명주에 가문의 문장을 넣은 예복을 입었다. 그리고 이미 아이바라 카나라고 하는 아내가 있었다. 처음에 사다카타와 카나는 아직 카나가 아이바라 우에몬의 딸일 때 은근히 정을 통하며 만났기 때문에 두 사람은 부모에게 의절당하고 뒷골목의 초라한 셋집에 가정을 꾸렸다. 그러나 둘 다 사랑받는 자식이었기 때문에 얼마 지나지 않아 부모에게 용서를 받고 사다카타는 정식으로 카나를 아내로 맞이했다.

이오가 추사이에게 시집올 때 혼수는 훌륭했다. 히노야의 재산은 오빠 에이지로의 방탕한 생활로 인해 기울어가고 있었지만 아버지 주베에가 이오에게 무가 고용살이를 시키기 위해 준비해 둔 머리 장식, 의복, 세

---

259 속발(糸鬢): 에도시대 중기에 유행한 남자 머리 모양. 정수리를 넓게 밀고 양쪽 밑머리만 실 같이 가늘게 남긴 머리.

간만으로도 사람들의 눈을 놀라게 하기에 충분했다. 요즘 세상 사람들도 고용살이를 시작하는 데 준비가 있다고 한다. 그러나 그것은 하사품을 말하는 것이다. 당시 여자아이들은 이와 달리 주로 부모가 준비해 둔 물건을 가지고 있었다. 5년 후 남편이 쇼군을 알현할 때 이오는 이 혼수의 일부를 팔아서 남편의 급한 용무를 도울 수 있었다. 또 이보다 1년 전에 모리 키엥이 에도로 돌아왔을 때도 이오는 혼수의 일부를 선물하여 키엥의 아내의 체면을 세워주었다. 키엥의 아내는 그 이후로도 옷이 필요할 때마다 이오에게 부탁했기 때문에 "가쓰 씨는 내가 가진 것이 많다고 생각하는 것 같다"며 이오가 탄식한 적이 있다.

이오가 시집왔을 때 추사이의 가족은 부부, 장남 쓰네요시, 장녀 이토, 차남 야스요시 다섯 명이었다. 이토는 곧 출가해서 바바 집안의 아내가 되었다.

1845년(고카2)부터 1848년(가에이1), 그러니까 추사이가 마흔한 살 때부터 마흔네 살 동안 시부에 가정에는 특기할 만한 일이 거의 없었다. 이오가 낳은 자식에는 1845년(고카2) 11월 26일생인 3녀 토, 1846년(고카3) 10월 19일생인 4남 겐코, 1847년(고카4) 10월 8일생인 4녀 쿠가가 있다. 4남은 죽은 채 태어났고 "환향수자(幻香水子)"[260]는 그의 법명이다. 쿠가는 지금의 키네야 가쓰히사다. 1848년(가에이1) 12월 28일에 장남 쓰네요시가 스물세 살로 월례 출사를 명받았다.

이오의 친정에서는 주베에가 죽고 에이지로가 3년 정도 근신하고 있다가 1842년(덴포13)에 서른한 살이 됐을 때부터 다시 요시와라에 드나들기 시작했다. 상대는 전의 하마테루였다. 그리고 에이지로는 마침내

---

260 겐코 갓난아기라는 뜻.

몸값을 치르고 하마테루를 데려와서 아내로 삼았다. 이어서 1846년(고카3) 11월 22일에 은거하고 히노야의 가독을 겨우 두 살 된 추사이의 3녀 토에게 물려주고 자신은 금화 주조소[261] 관리의 카부를 사서 히로세 에이지로라고 했다.

이오의 언니 야스를 아내로 맞이한 나가오 소에몬은 형이 죽고 난 후 종일 술잔을 놓지 않고 칠기 가게의 계산대는 관리인에게 맡기고 돌보지 않았다. 그것을 온순하게 넘어가는 성격의 야스는 충고하려고도 하지 않았기 때문에 이오는 언니를 찾아가서 이런 모습을 볼 때마다 답답하게 생각했지만 어쩔 도리가 없었다. 그럴 때 소에몬은 이오를 상대로 『자치통감(資治通鑑)』[262]에 등장하는 인물을 평하는 등 쉽게 돌아가지 못하게 했다. 이오가 억지로 돌아가려고 하면 소에몬은 야스가 낳은 두 딸인 케이와 센에게 이모를 붙잡아 두게 했다. 이모가 돌아간 후 집이 적막해지고 아버지가 언짢아해 할 것을 걱정해서 두 아이는 울면서 이오를 붙잡았다. 그래서 이오는 마침내 돌아갈 기회를 잃었다. 이오가 이 사정을 남편에게 이야기하자 추사이는 에이지로의 동창이자 아내의 형부인 소에몬의 신상을 걱정하여 일부러 요코야마정으로 잘 타이르러 갔다. 소에몬은 크게 부끄러워하고 점차 사업에 신경을 쓰기 시작했다.

---

261 금화 주조소(金座): 에도막부가 화폐를 주조시킨 곳.
262 중국 송나라의 사마광이 편찬한 중국의 편년서. 정사(正史) 이외의 자료와 고증을 첨가.

36

　모리 키엥은 오이소에서 의업이 유행하고 생활에 여유도 생겼기 때문에 가끔 에도에 왔다. 그리고 그때마다 일주일 정도는 시부에 집에 머물렀다. 키엥의 행색은 결코 예전에 야반도주를 한 땅으로 몰래 들어가는 사람처럼 보이지 않았다. 다모쓰가 기억하는 이오의 이야기에 따르면 키엥은 고급 비단옷을 입고 새우 껍질 모양[263]의 칼을 허리에 차고 걸을 때는 옷자락을 들어 올려서 흰 바탕에 남색이 희미하게 염색된 훈도시[264]를 살짝 드러내 보였다. 만약 누군가 키엥이 7대째 단주로[265]를 좋아한다는 것을 알고 "나리타야"[266]라고 부르면 키엥은 걸음을 멈추고 서서 포즈를 취했다고 한다. 당시 키엥은 이미 마흔 살이었다. 하긴 비단옷을 입은 게 반드시 사치라고는 볼 수 없을 것이다. 한 필[267]에 2분(分) 1주(朱)인가 2분 2주였다고 하니까 입으려고 하면 입을 수 있었을 것이라고 다모쓰는 말했다.

　키엥이 찾아와서 묵던 무렵에 추사이의 집에는 로쿠라는 하녀가 있었다. 로쿠는 이오가 토도 가문에 있을 때부터 고용한 사람으로, 추사이에게 시집오면서 함께 데리고 왔다. 키엥은 추사이의 집에 와서 묵을 때마다 이 여자를 쫓아다녔는데, 어느 날 도망가는 로쿠를 잡으려다가 큰

263　에비자야(海老鞘): 칼자루와 칼집에 새우 껍질처럼 홈을 파고 붉은 옻칠을 한 것.
264　훈도시(褌): 남성이 착용하는 일본 전통 속옷.
265　이치카와 단주로(七代目團十郎): 1791-1859, 가부키 배우.
266　나리타야(成田屋): 에도 가부키를 대표하는 이치카와 단주로(市川團十郎)의 명적.
267　1반(反)은 길이 약 10m 이상, 폭 약 36cm 이상. 어른 옷 한 벌을 만들 수 있을 정도.

등을 뒤집어엎고 다다미를 기름투성이로 만들었다. 이오는 장난으로 절교의 시를 지어 키엥에게 보냈다. 당시 로쿠를 놀린 사람은 키엥만이 아니었다. 호카이시도 찾아올 때마다 로쿠를 희롱했다. 그러나 로쿠는 얼마 지나지 않아 시부에 집안의 소개로 시집갔다.

또 키엥은 당시 스무 살을 갓 넘긴 추사이의 장남 쓰네요시가 너무 얌전한 것을 보고 자주 요시와라에 데려가려고 했다. 그러나 쓰네요시는 듣지 않았다. 키엥은 이오에게 자신의 뜻을 밝히고 어머니의 묵인이라는 명분으로 쓰네요시를 움직이려고 했다. 그러나 이오는 남편이 요시와라에 가는 것을 죄악시하는 것을 알고 있었기 때문에 쓰네요시를 보낼 수 없었다. 그래서 이오는 키엥과 여러 차례 논쟁을 벌였다고 한다.

키엥이 이렇게 자주 에도에 온 것은 놀러 나온 게 아니었다. 옛 주군 곁으로 돌아가려는 생각도 있었고 또 재능과 학식을 가진 사람이었기 때문에 잘하면 막부의 직참이 되려는 생각도 있어서 기회를 엿보고 있었다. 그리고 추사이의 집은 그 근거지였다.

언뜻 보면 키엥이 아베 가문의 옛 보금자리로 돌아가는 것은 쉽고 새로 막부에 등용되는 것은 어려워 보인다. 그러나 실제 상황은 반대였다. 키엥은 이미 학술로 세상에 이름을 널리 알리고 있었다. 그중에서도 본초학에 정통하다는 것은 모두가 인정했다. 이세의 관리 아베 마사히로도 이를 모르지 않았다. 그러나 재능과 학식을 갖춘 키엥의 경솔함을 꺼리는 마음이 매우 강했다. 이와 생각을 조금 달리하여 다키 일가, 특히 사이테이는 키엥의 단점을 감싸고 장점을 이용하려는 추사이의 뜻에 동조했다.

키엥을 아베 가문으로 복귀시키기 위해 가장 노력한 사람은 이사와 신켄, 하쿠켄 형제였고 추사이도 후쿠야마의 고요닝[268]인 핫토리 쿠주로, 간조부교[269]인 오코노기 한시치, 오타, 우가와 등과 비밀리에 상의하고 또

고지마 세이사이 등을 통해 번주를 설득하는 일도 여러 번 있었다. 그러나 번번이 번주의 반감에 가로막혀서 일이 성사되지 않았다. 그래서 이사와 형제와 추사이는 우선 사이테이의 동정에 호소하여 키엥에게 막부의 일을 맡기고 그것을 계기로 아베 가문을 설득하기로 결심했다. 그리고 마침내 이 방법이 성공을 거뒀다.

1848년(가에이1)에 키엥은 세이주칸의 사업 중 하나인 『천금방(千金方)』[270] 교각[271]을 도우라는 내명(內命)을 받았다. 그리고 5월에 아베 마사히로가 키엥의 복귀를 허락했다.

37

아베 가문으로의 복귀가 이루어지고 키엥이 가족을 데리고 에도로 오게 되었기 때문에 추사이는 오타마가이케의 집 근처에 있는 셋집을 빌려서 보증금을 내고 집세를 치르고 응급 가구 집기를 사서 이들을 맞이했다. 키엥만은 병가에 가야 하는 직업이라서 옷도 얼추 가지고 있었지만 가족들은 몸에 걸친 것 말고는 없었다. 키엥의 아내 가쓰에 대해서 이오가 저래서는 알몸이라고 해도 좋다고 말했을 정도다. 이오는 머리 장식부터 버선과 나막신까지 전부 모아서 가쓰에게 보냈다. 그래도 가쓰는 당분간은 부족한 게 있으면 창고에서 물건을 꺼내듯이 이오에게 얻으러 왔다.

268 고요닝(公用人): 다이묘 등의 집에서 공무를 보던 사람.
269 간조부교(勘定奉行): 에도막부의 직제. 민치(民治), 재정, 소송 등을 담당.
270 중국 당나라 때 손사막이 지은 의학서. 『천금요방(千金要方)』과 『천금익방(千金翼方)』의 총칭.
271 교각(校刻): 판각교정. 자구(字句)의 잘못을 바로잡아 판목에 새기는 것.

어느 날 이오가 이로써 흰 비단으로 된 목욕옷 여섯 벌을 주게 된 거라고 말한 적이 있다. 이오가 얼마나 친절하게 보살폈는지, 가쓰가 얼마나 태연하게 신세를 졌는지 짐작할 수 있다. 또 키엥에게 수많은 나쁜 버릇이 있었음에도 불구하고 추사이가 얼마나 그 재능과 학문을 존중했는지도 알 수 있다.

키엥이 의서조각취급보조(醫書彫刻取扱手傳)라는 명의로 세이주칸에 부름받은 것은 1848년(가에이1) 10월 16일이다.

당시 세이주칸에서 교각에 종사하고 있던 것은 『비급천금요방(備急千金要方)』[272] 30권 32책으로, 송나라 때 간행된 판본이었다. 이보다 앞서 다키 집안은 손사막[273]의 『천금익방(千金翼方)』[274] 30권 12책을 교각했다. 이것은 원나라 성종(成宗) 1307년(대덕11)에 매계서원(梅溪書院)에서 간행한 것을 저본으로 한 것이다. 그 다음으로 입수한 게 『천금요방』 송나라 판본이었다. 이것은 매권마다 가나자와문고[275] 도장이 찍혀 있는 호조 아키토키[276]가 소장했던 판본이다. 요네자와의 성주인 단조노다이히쓰[277] 우에스기 나리노리가 이것을 막부에 바쳤다. 자세히 살펴

---

272 중국 당나라 손사막이 7세기 중엽 편찬한 의학서. 『천금요방』이라고도 한다.
273 손사막(孫思邈): ?-682, 중국 당나라 의학자. 인명은 천금보다 귀중하다는 생각에 바탕을 둔 의가 윤리를 제창.
274 『비급천금요방』의 속편.
275 가나자와문고(金澤文庫): 가나자와 일족이 경영한 문고. 가마쿠라시대에 호조 사네토키(北條實時)가 세운 일본에서 가장 오래된 무가 문고. 한서 희구본이 문고의 근간을 이루고 장서에 '가나자와문고' 장방형 도장이 찍혀 있는 것이 특징.
276 호조 아키토키(北條顯時): 1248-1301, 가마쿠라시대 무장. 아버지 사네토키의 뜻을 이어 가나자와문고를 번창시켰다.
277 단조노다이히쓰(彈正大弼): 일본 고대 율령제에서 관리들의 비리와 부정을 감찰한 기관(彈正台)의 고위직. 에도시대에는 무사나 다이묘의 명예 칭호로 사용되었다.

보면 남송의 건도, 순희[278] 연간에 보각(補刻)한 게 여러 장 섞여 있지만 대체로 북송의 옛 모습을 간직하고 있다. 다키 집안은 이것도 사비를 들여서 새기려고 했다. 그런데 막부가 이를 듣고 관각(官刻)을 명했다. 그래서 영사[279]와 교감[280] 임무를 맡기기 위해 세 명의 보조가 생겼다. 이세의 관리 아베 마사히로의 가신인 이사와 반안, 부젠의 관리 구로다 나오치카의 가신인 호리카와 슈안, 다키 라쿠신인의 문인인 모리 요치쿠다. 반안은 하쿠켄, 슈안은 『경적방고지』 발문에 보이는 호리카와 세이다. 슈안의 주군인 구로다 나오치카는 가즈사국 구루리의 성주로, 저택은 시타야 히로코지에 있었다.

임명은 와카도시요리[281] 슈젠노카미[282] 오카 다다카타의 지시에 따라 세이주칸의 관장인 다키 안료가 전달했고 간사에 고지마 슈안,[283] 간사 보조에 가쓰모토 리안, 구마가이 벤안이 자리했다. 안료는 교코다.

무슨 이유로 키엥이 사이테이의 문인으로 부름받았는지 알 수 없으나 아베 가문으로의 복귀는 당시 내밀한 약속이었을 뿐 아직 공식적인 게 아니기라도 했던 걸까. 키엥은 마흔두 살이었다.

이해 8월 29일에 마시야 고로사쿠가 여든 살로 죽었다. 추사이는 이

---

278 건도순희(乾道淳熙): 중국 남송의 효종(孝宗)시대. 건도는 1165~1173년, 순희는 1174~1189년.
279 영사(影寫): 그림이나 글씨를 얇은 종이 밑에 비치도록 받쳐 놓고 그 위에 덧쓰는 것.
280 교감(校勘): 같은 종류의 여러 책을 비교해 차이 나는 것을 바로잡는 것.
281 와카도시요리(若年寄): 에도막부의 직명. 로주 다음. 쇼군에 직속되어 정무에 참여하고 하타모토를 통할.
282 슈젠노카미(主膳正): 일본 궁중에서 음식 준비와 의식 관련 업무를 총괄하던 고위직 책임자. 에도시대에는 무사계급의 위신을 나타내는 칭호로 사용되었다.
283 고지마 슈안(小島春庵): 1797-1849, 막부 의관.

때 3세 게키신센이 되었다.

　1849년(가에이2) 3월 7일에 추사이는 부름을 받고 성으로 갔다. 쓰쓰지노마²⁸⁴에서 로주 비젠의 관리 마키노 다다마사의 구두 전달이 있었다. 오랫동안 학업에 정진한 덕분에 이번에 기회를 맞아서 알현을 분부하셨다는 것이다. 이달 15일에 알현이 끝났다. 추사이는 처음으로 『무감』에 실리는 신분이 되었다.

　내가 소장하고 있는 1849년(가에이2) 『무감』에는 '쇼군 알현 의사'부에 시부에 도준의 이름이 실려 있고 저택 위치는 실려 있지 않다. 1850년(가에이3) 『무감』에는 곤야정 1정목으로 나와 있다. 이것은 오타마가이케의 집이 비좁아서 이오의 친정인 야마노우치 집을 시부에 저택으로 신고한 것이다.

38

　추사이가 쇼군 이에요시를 알현한 것은 이례적인 일이었다. 원래 세이주칸에 근무하는 의사로는 당시 오쿠이시²⁸⁵가 된 다쿠미노카미²⁸⁶ 다케베 마사아쓰의 가신 쓰지모토 슈안²⁸⁷과 같이 배면(拜面)의 영광을 입은 전례는 있었지만 추사이보다 먼저 이사와 신켄이 알현했을 때는 번주

284　쓰쓰지노마(躑躅之間): 에도성 니시노마루(西ノ丸) 대궐에 있던 방. 로주로부터 명령을 받는 방.
285　오쿠이시(奧醫師): 쇼군과 그 가족의 진료를 담당한 에도막부 의관.
286　다쿠미노카미(内匠頭): 궁중의 건축과 공예를 담당한 최고 책임자. 에도시대에는 명예적인 직위로 변모하여 무사계급의 품격과 지위를 나타내는 칭호로 사용되었다.
287　쓰지모토 슈안(辻元崧庵): 1777-1857, 막부 의관.

인 아베 마사히로가 로주였기 때문에 추천을 서둘러서 한 것이라고 했다. 추사이와 같은 날 알현한 사람으로는 5년 전에 함께 세이주칸의 강사로 임명된 시중 개업의 사카가미 겐조가 있다. 그러나 추사이는 겐조보다 널리 알려져 있었기 때문에 사람들이 그 특별한 대우를 축하하며 3년 전에 알현했던 이키의 관리 마쓰우라 하카루의 신하 아사카와 젠안과 함께 일컬었다. 젠안은 추사이가 알현하기 한 달 전인 1849년(가에이2) 2월 7일에 예순아홉 살로 죽었는데, 추사이와도 친하게 지내고 시부에 집의 발회에 꼭 참석하는 노인 격의 한 사람이었다. 젠안, 이름은 데이, 자는 고테이, 실은 에도의 유학자 가타야마 겐잔[288]의 아들이다. 겐잔이 죽고 아내 하라가 에도의 시중 개업의 아사카와 모쿠오[289]와 재혼했다. 젠안의 누나 스미와 형 도쇼는 당시 의붓자식이고 젠안은 아직 어머니 배 속에 있었다. 모쿠오는 늙고 병이 들자 후쿠야마 집안에 시집간 스미를 통해서 젠안에게 사실을 알려주고 본성으로 돌아갈 것을 권유했다. 그러나 젠안은 모쿠오의 무육지은[290]을 느껴 승낙하지 않았고 모쿠오도 굳이 말하지 않았다. 젠안은 차남 가쿠에게 가타야마 집안을 잇게 했지만 가쿠는 요절했다. 장남 세이준은 출가하고 아이다 가문을 이었기 때문에 젠안의 뒤는 차녀의 남편인 요코야마 신이 이어받았다.

 히로사키번에서는 무사를 막부에 보내는 것을 기쁘게 생각하지만은 않았다. 추사이가 알현했을 때도 동료로서 와서 축하해 주는 사람은 한 명도 없었다. 그러나 당시 세간 일반에서는 쇼군을 직접 뵐 수 있다는 게 매우 중시되었다. 이사와 신켄은 추사이보다 조금 먼저 알현했는데, 아베

---

288 가타야마 겐잔(片山兼山): 1730-1782, 유학자.
289 아사카와 모쿠오(朝川黙翁): ?-1814, 의사.
290 무육지은(撫育之恩): 잘 돌보아 고이 길러 준 은혜.

가문의 처우에 신켄 스스로도 깜짝 놀랐다고 한다. 신켄은 알현하는 날 혼고 마루야마 별저에서 성으로 갔다. 그리고 알현을 마치고 돌아와서 평소와 같이 통용문을 들어가려고 하는데, 문지기가 갑자기 본문 옆에 납작 엎드려 절했다. 신켄은 누구를 맞이하는가 싶어서 사방을 둘러보았지만 특별히 사람의 그림자는 보이지 않았다. 그리고 처음으로 자기에게 예를 행하는 것임을 알았다. 곧이어 평소처럼 현관과 부엌 사이에 있는 출입구로 들어가려는데, 현관 좌우에 대기하고 있던 사람들이 엎드려 절하고 있는 것을 깨달았다. 신켄은 또 놀랐다. 얼마 지나지 않아 아베 가문에서는 신켄을 오메쓰케격으로 올렸다.

알현은 이처럼 세상 사람들이 중시하는 관습이었기 때문에 그 영광을 짊어진 자는 많은 비용을 지불해야 했다. 쓰가루 가문에서는 1년 내에 갚아야 한다는 조건을 붙여서 금 3냥을 빌려주었다. 추사이는 주가의 호의에 기뻐하면서도 이것을 무슨 비용에 써야할지 갈피를 잡지 못했다.

알현을 한 사람은 먼저 성대한 연회를 여는 것이 예였다. 그리고 여기에 초대해야 할 빈객의 수도 거의 정해져 있었다. 그런데 추사이의 집에는 많은 손님을 초대할 수 있는 큰 방이 없었기 때문에 새로 지어야 했다. 이오의 오빠 에이지로가 와서 30냥 견적으로 건축에 착수했다. 추사이는 자신이 전곡(錢穀)에 어두운 것을 잘 알고 있었기 때문에 상인인 에이지로의 말대로 그에게 경영을 일임했다. 그러나 에이지로는 대갓집 젊은 주인 출신이라서 돈을 쓰는 데만 능숙했지 아껴서 쓰는 것을 이해하지 못했다. 공사가 아직 반도 채 안 끝났는데, 이미 지출한 돈이 백수십 냥에 달했다.

평소 금전에 무관심했던 추사이도 이 일에는 대단히 당황해서 톱질하는 소리와 망치질하는 소리가 울퍼 펴지는 가운데 안색이 점차로 창백

해져 갔다. 이오는 처음부터 오빠의 지시를 의심하며 보고 있다가 이때 남편을 향해서 말했다.

"제가 이렇게 말씀드리면 너무 주제넘는 것 같지만 한평생 축하할 일이 몇 번 있을까 한 상황에서 금전적인 일로 걱정하시는 것을 가만히 지켜보고 있을 수만은 없습니다. 부디 비용에 관해서는 저에게 맡겨주세요."

추사이는 눈을 크게 떴다.

"당신이 그렇게 말하지만 몇백 냥이라고 하는 돈은 쉽게 조달할 수 있는 게 아니라오. 뭔가 방법이 있어서 그렇게 말하는 거요?"

이오는 생긋 웃었다.

"네, 제가 아무리 어리석어도 대책 없이 말씀드리지는 않아요."

39

이오는 하녀에게 편지를 들려 가까운 전당포에 보냈다. 즉 이치노 메이안의 옛 집이다. 지금까지도 돌에 새겨지지 않은 마쓰자키 고도[291]의 글에서 알 수 있는 것처럼 메이안은 야나기하라의 가게에서 죽었다. 그 뒤를 이은 게 마쓰타로 고주(光壽)로, 산에몬이란 통칭도 이 사람이 계승했다. 메이안의 동생인 고추(光忠)는 별도로 소토칸다에 가게를 차렸다. 이후 우치칸다의 이치노야와 소토칸다의 이치노야가 대립하며 저쪽은 대대로 산에몬, 이쪽은 대대로 이치사부로를 칭했다. 이오가 편지를 보낸 이치노야는 당시 벤케이바시에 있었고 일찍이 고주의 아들 고도쿠의 대였다. 고주는 메이안 사후 불과 5년 만인 1832년(덴포3)에 아들 고도쿠에게 가독을 물려주었다. 고도쿠는 아명을 도쿠지로라고 했고 이때 다시 산에몬이라고 했다. 소토칸다의 가게는 이 무렵 아직 메이안의 조카딸 고초의 대였다.

이윽고 고도쿠의 가게에서 종업원이 왔다. 이오는 장롱과 서랍장에서 이백수십 벌의 옷과 침구를 꺼내 보여주고 돈을 빌려달라고 했다. 종업원은 1매 1냥 평균으로 돈을 빌려주려고 했다. 그러나 이오는 실랑이 끝에 기어코 300냥을 빌릴 수 있었다.

300냥은 건축비를 충당하기에는 충분한 돈이었다. 그러나 알현에 따르는 술잔치와 선물 전체 비용은 막대했기 때문에 이오는 결국 호카이시에게 부탁하여 주요 장식류를 팔아서 충당했다. 그 모습이 마땅히 해야 할 일을 하는 것처럼 보였기 때문에 추사이는 다른 의견을 끼워 넣을 수 없었다. 그러나 마음속 깊이 덕(德)으로 여겼다.

추사이가 알현한 해 윤 4월 15일에 장남 쓰네요시가 스물네 살로 첫 근무를 했다. 8월 28일에 5녀 키시가 태어났다. 당시 가족은 가장이 마흔다섯 살, 아내 이오가 서른네 살, 장남 쓰네요시가 스물네 살, 차남 야스요시가 열다섯 살, 4녀 쿠가가 세 살, 5녀 키시가 한 살 여섯 명이었다. 장녀 이토는 바바 집안에 시집가고 3녀 토는 야마노우치 집안을 이어받고 차녀 요시와 3남 하치사부로, 4남 겐코는 죽었다.

1850년(가에이3) 3월 11일에 추사이는 막부로부터 15인 녹미를 받았다. 번에서 주는 녹 등은 모두 예전과 같았다. 8월 그믐에 바바 집안에 시집간 이토가 스무 살로 죽었다. 이해 추사이는 마흔여섯 살이었다.

이오의 양아버지 히라노 분조가 죽은 것도 같은 해 4월 24일이다.

---

291 마스자키 고도(松崎慊堂): 1771-1844, 유학자.

뒤이어 후계자인 사다카타가 메쓰케역에서 루스이역으로 승진했다. 당시 쓰가루 가문의 직제에서 보면 이른바 독례(獨禮)의 반열에 합류한 것이다. 독례란 성에 의식이 있는 날 번주를 알현할 때 단독으로 나아가는 것을 말한다. 그 아래는 두 명, 세 명 등이 되고 마침내 우마마와리[292] 이하 일통례(一統禮)에 이른다.

당시 에도에 모여 있던 열번(列藩)의 루스이는 일종의 외교단 같은 것을 형성하고 있었고 그 생활은 대단히 특색 있었다. 사다카타는 그 광명면(光明面)을 체현한 인물이라고 해도 좋을 것이다.

옷을 가문의 문장을 넣은 검은색 예복에 한정하고 속발 머리를 한 사다카타는 원래 책을 읽는 사람이 아니었다. 그러나 서적을 숭상하고 그 안에서 일상생활의 규범을 구했던 것을 생각하면 루스이 가운데 희한한 인물이었음을 알 수 있다. 사다카타는 루스이에 임명되던 날 집에 돌아오자마자 편지를 보내 추사이를 초청했다. 그리고 자세를 고치고 말했다.

"저는 오늘 아버지의 뒤를 이어 루스이역을 분부받았습니다. 지금까지와는 다른 마음가짐으로 임해야 할 직무라고 생각됩니다. 실은 그에 도움이 될 강의를 듣고자 일부러 오시게 했습니다. '사방에 사신으로 가서 군주의 명을 욕되게 하지 않는다'[293]는 말씀이 있었지요. 그것을 하나 강의해 주시지 않겠습니까?"

"먼저 무엇보다 기쁘지 않을 수 없네. 강의에 대해서라면 아주 좋은 생각일세. 모두 잘 알겠네." 추사이는 흔쾌히 승낙했다.

---

292 우마마와리(馬廻): 말을 탄 장수 곁에서 경호하던 기마 무사.
293 『논어』「자로편(子路篇)」 20장. "子貢問曰, 何如斯可謂之士矣, 子曰, 行己有恥, 使於四方不辱君命, 可謂士矣(자공이 '어찌해야 선비라 이를 수 있습니까?'라고 묻자 공자께서 말씀하셨다. '몸가짐에 부끄러움이 있으며 사방에 사신으로 가서 군주의 명을 욕되게 하지 않으면 선비라 이를 수 있다')."

40

추사이는 마침 그 자리에 있던 하야시 라잔의 훈점[294]이 달린 『논어』를 꺼내 7권을 펼쳤다. 그리고 "자공이 '어찌해야 선비라 이를 수 있습니까?'라고 묻자"라는 곳에서 강의를 시작했다. 원래부터 주자의 주석은 돌아보지 않았다. 전부 옛 해석[295]에 따라 자유롭게 설명했다. 추사이는 스승 메이안이 교각한 육조본[296] 같은 것은 언제든 한 장, 한 줄 글자 배치에 이르기까지 기억에 의존하여 머릿속에 떠올릴 수 있었다.

사다카타는 경청했다. 그리고 추사이가 "공자께서 말씀하시길 아아, 도량이 협소하고 식견이 천박한 이들을 말해 무엇하겠느냐"라는 문장 설명에 이르렀을 때 사다카타의 눈은 반짝였다.

강의가 끝나고 사다카타는 한동안 생각에 잠겨 있다가 천천히 일어나 불단 앞으로 가서 조상의 위패 앞에 공손히 절했다. 그리고 분명한 목소리로 말했다. "저는 오늘부터 목숨을 걸고 직무에 최선을 다하겠습니다." 사다카타의 눈에는 눈물이 가득 고여 있었다.

추사이는 이날 히라노의 집에서 돌아와 이오에게 "히라노는 실로 훌륭한 무사야"라고 말했다고 한다. 그 목소리에는 떨림이 묻어 있었다고 나중에 이오가 말했다.

루스이가 되고 사다카타는 매일 아침 일출과 동시에 일어났다. 그리고 먼저 마구간을 둘러보았다. 거기에는 애마 하마카제가 묶여 있었다.

---

294 도슌점(道春点): 하야시 라잔(林羅山, 에도시대 유학자)이 송의 신주(新注)에 따라 달아놓은 사서오경의 훈점. 도슌은 하야시 라잔의 통칭.
295 여기서는 주자 이전의 해석을 의미.
296 육조본(六朝本): 중국 육조(오, 동진, 송, 제, 양, 진)시대의 판본으로 추정된다.

친구가 왜 그렇게 말을 아끼느냐고 묻자 사다카타는 말은 생사를 함께하는 존재이기 때문이라고 대답했다. 마구간에서 돌아오면 몸을 깨끗이 하고 불단 앞에 앉았다. 그리고 목탁을 두드리며 경을 외웠다. 이 시간 동안에는 집안 사람들에게 어떤 용건도 전하지 못하게 했다. 손님도 그대로 기다리게 했다. 독경이 끝난 후 머리를 묶었다. 그리고 아침밥을 먹으러 갔다. 밥상에는 반드시 술을 두게 했다. 아침이라고 해도 빠뜨리지 않았다. 술안주로는 특별히 가리는 것이 없었지만 노다헤이의 어묵을 즐겨서 빠뜨리지 않고 내오게 했다. 이것은 사치품으로, 장어 덮밥이 200문, 튀김 메밀국수가 32문, 메밀국수가 16문할 때 1판(板)에 2분 2주였다.

아침 식사가 끝날 무렵 번저에서 사시[297]를 알리는 북소리가 울린다. 쓰가루 저택의 유명한 망루 북이다. 예전에 에도 마치부교가 북 치는 것을 금지하려고 했는데, 쓰가루 가문에서 이를 듣지 않고 결국 저택을 스미다강 동쪽으로 옮겼다는 설이 전해지고 있다. 쓰가루 가문이 저택을 간다 오가와마치에서 혼조로 옮긴 것은 1688년(겐로쿠1) 노부마사 때다. 사다카타는 사시를 알리는 북소리를 듣고 쓰가루 가문의 루스이 관가로 출근해서 사무를 처리했다. 이어서 성으로 가서 여러 집의 루스이들을 만났다. 종자는 직접 양성하는 와카토[298]와 조리토리[299] 외에 주군의 집에서 붙여줬다.

루스이에게는 집회일이라는 게 있었다. 그날에는 성에서 회장으로 갔다. 야오젠, 히라세이, 가와초, 아오야기 등의 요릿집이다. 요시와라에서 모이는 경우도 있었다. 집회에는 번거로운 예절이 있었다. 이것을 예의라

297　사시(巳時): 오전 아홉 시부터 열한 시까지.
298　와카토(若黨): 무사의 젊은 종자.
299　조리토리(草履取): 무가에서 주인의 짚신을 들고 따라다니던 하인.

고 하면 지나친 표현일 것이다. 비유하자면 술자리의 약속과 같고 또 서양 학생들 사이의 관례 같다고 할 수 있을까. 그러나 집회에 참석하는 사람들은 이를 위해서 목숨을 걸어야 했다. 특히 엄격하게 지켜졌던 것은 신참과 고참의 서열이었는데, 고참은 신참을 위해서 자리에서 일어나지 않고 신참은 반드시 고참 앞에 나아가 인사를 해야 했다.

쓰가루 가문에서는 루스이의 연봉을 300석으로 하고 별도로 1개월의 교제비 18냥을 지급했다. 히라노는 100석을 받고 있었기 때문에 여기에 200석을 추가로 받을 수 있었다. 이오의 비망록에 따르면 300석 10인 녹미인 추사이의 월평균은 5냥 1분, 200석 8인 녹미인 야지마의 월평균은 3냥 3분이었다. 야지마란 나중에 추사이의 차남 야스요시가 양자로 간 집의 이름이다. 이렇게 보면 사다카타의 월수입은 5냥 1분에 18냥을 더한 23냥 1분이라고 봐도 무방할 것이다. 그런데 사다카타는 한 달에 교제비로 최소 100냥을 필요로 했다. 게다가 그것은 평상시 비용이었다. 요시와라에 불이 나면 사다카타는 기생 사노즈치에게 100냥에 노시[300]를 붙여서 들려 보내야 했다. 또 상대 마유즈미의 염치없는 금품 요구도 가끔씩 들어줘야 했다. 어느 연말 사다카타가 이오에게 소곤거린 적이 있다. "누님, 제 상황 좀 헤아려 주십시오. 정월이 오는데 사실 저는 훈도시 한 벌 살 돈도 없어요."

---

300 노시(熨斗): 색종이를 접어 위가 넓고 길쭉한 육각형으로 만들고 그 속에 얇게 펴 말린 전복을 붙여 선물 위에 얹어 보내는 것.

41

마찬가지로 쓰가루 가문의 번사(藩士)로, 야나기시마의 저택에 근무하는 메쓰케역에서 사다카타보다 조금 늦게 루스이역으로 전환한 자가 있다. 히라이씨(氏), 이름은 슌쇼, 자는 하쿠민, 아명은 세이타로, 통칭은 슈리, 호를 토도라고 했다. 1814년(분카11)생으로 사다카타보다 두 살 연하였다. 히라이의 집은 세록이 200석 8인 녹미였기 때문에 루스이가 되고 100석을 추가로 받았다.

사다카타는 훌륭한 사내로, 위엄 있는 용모를 가지고 있었다. 토도도 출중한 외모와 온화한 성품을 지니고 있었다. 그래서 세상 사람들은 쓰가루 가문의 루스이를 쌍벽이라고 일컬었다고 한다.

당시 루스이 관가에는 이 두 사람 밑에 루스이 하역(下役)인 스기우라 다키치, 루스이 서기인 후지타 도쿠타로 등이 있었다. 스기우라는 나중에 기자에몬이라고 한 사람으로, 사무에 정통한 60여 세의 노인이었다. 후지타는 유신 후에 히소무라고 한 사람으로, 당시 아직 청년이었다.

어느 날 토도가 관가에서 공무 서장을 발송하려고 후지타에게 원고를 맡겼다. 후지타가 초안을 작성해서 제출했다.

"후지타, 문장이 엉망이야. 게다가 글씨는 또 어떤가. 다시 고쳐 써 보게." 토도의 얼굴은 몹시 불쾌해 보였다.

원래 히라이 집안은 선서로 유명한 가문이었다. 조부 가사이는 예전에 서법을 고 이사이[301]에게 전수받아서 그 글씨가 한때 유행한 적도 있었다. 가사이, 통칭은 센에몬, 그 아들을 센조라고 했다. 나중에 아버지의

---

301 고 이사이(高頤齋): 1690-1769, 서가.

통칭을 계승했다. 이 센조의 아들이 토도다. 토도 역시 사와다 토리[302]의 문인으로 글씨로 이름을 떨쳤고 시문의 재능까지 겸비하고 있었다. 그런데 후지타는 문장에도 글씨에도 전문 소양이 없었다. 원고를 고쳐서 다시 제출했지만 그것이 토도를 만족시킬 리 없었다.

"아무래도 별로야. 이것밖에 못하나? 도대체 이래서는 일을 할 수 없다고 해도 좋을 걸세." 토도는 이렇게 말하고 원고를 후지타에게 돌려주었다.

후지타는 다리가 후들거렸다. 일신의 치욕과 가족의 비탄이 고개를 숙이고 있는 청년의 마음속에 떠오르고 눈에서는 눈물이 솟았다.

이때 사다카타가 관가에 왔다. 그리고 토도에게 물어서 일의 전말을 알게 되었다.

사다카타는 후지타가 손에 들고 있는 원고를 가져와서 읽었다.

"음, 대강 이해 못 할 정도는 아니지만 이걸로는 히라이의 마음에 들지 않겠어. 자네는 눈치가 없구만."

이렇게 말하고 사다카타는 거의 같은 문구를 두루마리에 썼다. 그리고 그것을 토도의 손에 건넸다.

"어때, 이걸로 됐는가?"

토도는 조금도 감탄하지 않았다. 그러나 고참의 문안에 비평을 가할 수 없기 때문에 얼굴 표정을 누그러뜨리고 말했다.

"예, 괜찮습니다. 번거롭게 해 드려서 죄송합니다."

사다카타는 문안을 토도의 손에서 가져와 후지타에게 건네주고 말했다.

---

302 사와다 토리(澤田東里): 1780-1821, 서가.

"자, 이것을 청서(淸書)하게. 문안은 앞으로 이런 식으로 작성하는 게 좋겠어."

후지타는 "예" 대답하고 문안을 받아서 물러났는데, 마음속으로 사다카타에게 재조지은[303]을 느꼈다고 한다. 생각건대 토도는 겉으로는 부드럽지만 안으로는 험상궂고, 사다카타는 밖으로는 사납지만 안으로는 너그러웠던 것 같다.

나는 전에 사다카타가 요직의 체면을 지키느라고 궁핍한 생활을 하며 낡은 훈도시를 입고 새해를 맞이했던 일을 적었다. 이 궁핍은 토도라고 해도 피할 수 없었던 것 같다. 나카이 게이쇼[304]가 오쓰키 뇨덴에게 말했다는 사실이 하나 있는데, 이것이 그 증거로 충분하다.

전에 내가 이케다 게이스이의 묘와 나이를 오쓰키 후미히코에게 물어본 적이 있는데, 그때 뇨덴이 예전에 수기로 적어 둔 것을 발췌해서 후미히코에게 보냈고 후미히코가 그것을 나에게 보여주었다. 나는 이케다 집안에 대해서 물었는데 어째서 뇨덴은 히라이 집안에 대한 이야기로 대답했을까. 거기에는 이유가 있다. 히라이 토도가 맡긴 전당물이 유질[305]되어서 그것을 구입한 게 이케다 게이스이의 아들 즈이초였기 때문이다.

---

303 재조지은(再造之恩): 거의 망하게 된 것을 구원하여 도와준 은혜.
304 나카이 게이쇼(中井敬所): 1831-1909, 전각가.
305 유질(流質): 돈을 빌린 사람이 빚을 갚지 않는 경우에 빌려준 사람이 담보로 맡긴 물건의 소유권을 취득하거나 물건을 팔아서 그 돈을 가지는 일.

42

히라이 토도가 전당 잡힌 것은 구리로 만든 불상 한 구와 육각형 도장 한 개였다. 불상은 인도에서 주조한 약사여래[306]로, 대만공의 유품이었다. 도장은 여섯 면에 조각을 한 유인[307]이었다.

유질됐을 때 이 불상을 이케다 즈이초가 샀다. 그런데 토도는 나중에 돈이 생기자 즈이초와 협상해서 값을 배로 치르고 불상을 되사들이려고 했다. 그러나 즈이초는 응하지 않았다. 그것은 히라이 집안도 이케다 집안도 대만공의 유품을 애지중지하는 까닭이 있었기 때문이다.

대만공은 서법을 고 덴이[308]에게 전수했다. 덴이, 이름은 겐타이, 처음 이름은 류타이, 자는 시신, 도탄, 통칭은 후카미 신자에몬으로, 귀화한 명나라 사람의 후손이다. 조부 고 주카쿠는 나가사키에 오고 죽었다. 아버지 다이쇼는 통역관이 되고 후카미씨(氏)를 칭했다. 후카미는 발해다. 고씨(氏)는 발해에서 나왔기 때문에 이 성씨를 칭한 것이다. 덴이는 서가로 드날린 사람으로, 센소지[309]의 '시무외'[310] 현판 같은 것은 누구나 다 안다. 1722년(교호7) 8월 8일에 일흔네 살로 죽었다. 대만공에게 글씨를 배운 것은 열 몇 살 때였을 것이다. 덴이의 아들이 이사이, 이사이의 제자가 가사이, 가사이의 손자가 토도다. 이것이 히라이 집안이 스승 대만공이 곁에 두고 모신 불상에 연연한 이유다.

306　약사여래(藥師如來): 중생의 질병 구제, 수명 연장, 재화 소멸, 의식(衣食) 만족을 이루어 주고 중생을 바른길로 인도하여 깨달음을 얻게 하는 부처.
307　유인(遊印): 호나 이름이 아닌 좋아하는 시구나 성어를 새긴 도장.
308　고 덴이(高天漪): 1648/49-1722, 유학자, 서가.
309　센소지(淺草寺): 도쿄에서 가장 오래된 절.
310　시무외(施無畏): 중생의 두려움을 없애 주고 구원하여 주는 일.

대만공은 또 두과를 이케다 스잔에게 전수했다. 스잔의 증손자가 긴쿄, 긴쿄의 조카가 게이쇼이, 게이쇼이의 아들이 즈이초. 이것이 이케다 집안이 우연히 손에 넣은 대만공의 유품을 애지중지하며 놓지 못한 이유다.

이 약사여래 불상은 메이지시대가 된 후 모리타 호탄[311]이 간직했다고 한다. 육방인은 나카이 게이쇼의 소유로 돌아갔다고 한다.

사다카타와 토도는 함께 루스이의 모노가시라를 겸하고 있었다. 모노가시라는 자세히 말하면 아시가루가시라라고 하며 번의 병사들을 지휘하는 우두머리다. 루스이도 모노가시라도 독례의 격식이다. 평상시에는 별저 부근에 화재가 발생하면 소방복을 입고 말을 타고 최하급 무사 수십 명을 거느리고 출동했다. 사다카타는 돌아오는 길에는 거의 반드시 시부에 집에 들렀는데, 그 모습이 실로 위풍당당했다고 한다.

사다카타도 토도도 당시 여러 번의 루스이 가운데 유수의 인물이었던 것 같다. 호아시 반리[312]는 예전에 루스이를 매도하여 국고를 낭비하고 사리사욕을 채우는 자라고 했다. 이 직책에 있는 사람은 어쩌면 재산을 많이 모았을지도 모른다. 그러나 다모쓰는 소싯적 호아시의 글을 읽을 때마다 마음이 불편했다고 한다. 그것은 사다카타의 인품을 좋아해서였기 때문이다.

1851년(가에이4)에는 2월 4일에 추사이의 3녀로 야마노우치 가문을 계승했던 토가 천연두를 앓고 죽었다. 이어서 15일에 5녀 키시가 감염돼 죽었다. 저쪽은 일곱 살, 이쪽은 세 살이었다. 중증이어서 대만공의 유법

---

311 모리타 호탄(守田寶丹): 1841-1912, 사업가.
312 호아시 반리(帆足萬里): 1778-1852, 유학자.

(遺法)도 효과가 없었던 것 같다. 3월 28일에 장남 쓰네요시가 스물여섯 살로 야나기시마에 은거하고 있는 노부유키의 긴주에 임명되었다. 6월 12일에 둘째 아들 야스요시가 열일곱 살로 200석 8인 녹미를 받는 야지마 겐세키의 말기양자[313]가 되었다. 이해 시부에 집안은 혼조 다이도코로정으로 이사하고 간다의 집을 별저로 삼았다. 추사이가 마흔일곱 살, 이오가 서른여섯 살 때다.

야스요시는 시부에 일족의 예를 깨고 담배를 좀 피우고 화려하고 요란한 곳[314]에 자주 발을 들이며 길거리의 멋지고 세련된 것에 쉽게 끌리는 경향이 있어서 당시 이미 앞날이 걱정스러울 정도였다.

혼조에서 시부에 집안이 살던 다이도코로정은 지금의 고이즈미정으로, 저택은 당시 구획도[315]에 실려 있다.

43

1852년(가에이5)에는 4월 29일에 추사이의 장남 쓰네요시가 스물일곱 살로 성곽 화재를 감시하며 60섬을 받는 다구치 기사부로의 양녀 이토를 아내로 맞이했다. 5월 18일에 쓰네요시가 급료로 3인 녹미를 받았다. 추사이가 마흔여덟 살, 이오가 서른일곱 살 때다.

이사와 집안에서는 이해 11월 17일에 신켄이 마흔아홉 살로 죽었다.

313 　말기양자(末期養子): 에도시대 무가의 당주로 후사가 없는 사람이 사고나 급병 등으로 죽기 직전에 집안의 단절을 막기 위해 긴급하게 입양한 양자.
314 　분화사미(紛華奢靡): 유흥가, 유곽을 말한다.
315 　기리에즈(切繪圖): 에도시대부터 메이지시대에 걸쳐 시가지나 근교 지역을 구획하여 그린 지도.

신켄은 추사이보다 한 살 연상으로, 두 사람은 매우 친하게 교제했다. 해서체[316]에 가타카나를 섞어 쓴 신켄의 편지에는 수신인의 이름이 추사이 현제[317]라고 되어 있었다. 그러나 추사이는 고지마 세이사이의 경우와 같이 마음을 기울이지 않았던 것 같다.

신켄은 혼고 마루야마에 있는 아베 가문 별저에 살았다. 아버지 란켄 때부터 살던 집으로, 매우 넓은 구조의 저택이었다. 정원에는 왕벚나무 여덟 그루를 심어서 꽃이 필 무렵에는 친척과 친구들을 초대하여 감상했다. 그날에는 신켄의 아내인 이다 시호와 딸 가에가 많은 하녀를 부리고 손님들에게 두부 산적 등을 대접했다. 미리 가든파티를 연 것이다. 연초의 발회식도 다른 집에 비해 화려했다. 시호의 어머니는 원래 교토 스와 신사의 신관인 이다씨(氏)의 딸로, 덴야쿠노카미[318] 아무개 집을 섬기는 동안 그 후계자와 사적인 관계를 맺고 시호를 낳았다. 시호는 몰락하고 에도로 와서 고비키정에서 기생이 되었고 약간의 재산을 모은 후 일을 그만두고 신보리에 살았다고 한다. 신켄과 결혼한 것은 이때다. 시호는 어머니에게서 면식도 없는 아버지의 기념물인 인롱[319] 하나를 물려받아서 가지고 있었다. 신켄이 시호에게서 얻은 딸 가에는 한때 이케다 게이스이의 차남인 젠안을 남편으로 맞이했지만 젠안이 내과를 폭넓게 공부하지 않고 두과와 소아과에 치우친다는 이유로 신켄이 젠안을 게이스이에게 돌려보냈다고 한다.

신켄은 체면을 차리지 않았다. 시부에의 집을 방문하면 현관에서부

---

316 해서(楷書): 글자 모양이 가장 방정한 한자 서체.
317 현제(賢弟): 아우뻘이 되는 사람을 높여 이르는 말.
318 덴야쿠노카미(典薬頭): 일본 고대 율령제 하에서 궁중의 의료와 약물 관리를 총괄한 최고 책임자. 에도시대에는 최상위 관의.
319 인롱(印籠): 약 따위를 넣어 허리에 차는 타원형의 작은 합.

터 춤을 추며 들어와 거실 문밖에서 말을 걸었다. 직접 장어를 주문해 놓고 와서 죽을 청하는 일도 있었다. 그리고 추사이에게 "나는 신경 쓰지 말게. 내 상대는 부인이야"라고 말하며 서재로 물러나서 이오와 이야기를 나누며 먹고 마시기를 예로 삼았다고 한다.

신켄이 죽고 한 달 뒤인 12월 16일에 동생 하쿠켄이 세이주칸의 강사로 임명되었다. 모리 키엥 등과 함께 『천금방』 교각을 명받고 4년 후로 하쿠켄은 마흔세 살이었다.

이해 이오의 형부 나가오 소에몬이 상업의 혁신을 꾀하여 요코야마정의 집을 칠기 가게로만 사용하고 혼정 2정목에 따로 거처를 두기로 했다. 이 계획을 위해서 추사이는 2층의 방 4개를 비우고 소에몬 부부, 케이와 센, 하녀 1명, 견습생 1명을 살게 했다.

1853년(가에이6) 정월 19일에 추사이의 6녀 미키가 태어났다. 가족은 부부, 쓰네요시 부부, 쿠가, 미키 여섯 명이었고 야스요시는 야지마 집안의 가장이 되었다. 추사이가 마흔아홉 살, 이오가 서른여덟 살 때다.

이해 2월 26일에 호리카와 슈안이 세이주칸의 강사로 임명되면서 『천금방』 교각을 담당했던 세 사람 중에 모리 키엥만 남겨졌다.

1854년(안세이1)은 다사다난한 해였다. 2월 14일에 5남 센로쿠가 태어났다. 나중에 오사무라고 한 사람이다. 3월 10일에 장자 쓰네요시가 병에 걸려 죽었다. 추사이는 며느리 이토의 아버지인 다구치 기사부로의 궁핍을 불쌍히 여겨서 100냥 남짓한 돈을 보내고 이토를 아리마 소치라는 사람과 재혼시켰다. 12월 26일에 추사이는 세이주칸의 강사라는 이유로 연간 5인 녹미를 지급받았다. 오늘날 특별 수당 같은 것이다. 29일에 다시 세이주칸의 의서조각보조로 부름받았다. 이번 책은 엔유 천황[320] 982년(덴겐5)에 단바노 야스요리[321]가 편찬했다고 하는 『의심방(醫心方)』[322]이었다.

다모쓰가 소장한 『추사이수기(抽齋手記)』에 『의심방』의 출현이라는 말이 있다. 예로부터 엄숙하게 감춰져 있던 책이 갑자기 눈앞에 나타난 상황이 이 말에 잘 표현돼 있다. "비장의 구슬이 갑자기 상자를 열고 나왔다. 그 밝고 투명하게 빛나는 모습이 한 점 흠도 없다. 이것을 받아 센소지 주변에서 파도와 같은 소란이 일고 있다. 용구(龍口)에서 처음으로 찾아낸 것이 바로 이 구슬이다." 이 시는 추사이의 사망한 아내의 오빠인 오카니시 겐테이가 당시의 기쁨을 기록한 것이다. 용구(龍口)라고 한 것은 『의심방』이 와카도시요리 다지마의 관리 엔도 다네노리의 손에서 세이주칸에 제출되었기 때문일 것이다. 엔도의 본저는 다쓰노구치(辰口) 북쪽 모퉁이에 있었다.[323]

44

일본의 옛 의서는 『속(續)군서유종』에 수록된 와케 히로요[324]의 『약경태소(藥經太素)』, 단바노 야스요리의 『강뇌본초(康賴本草)』, 샤쿠 렌키의 『장생료양방(長生療養方)』, 다키 가문에서 교각한 후카네 스케히

---

320 엔유 천황(圓融天皇): 959-991, 일본의 64대 천황.
321 단바노 야스요리(丹波康賴): 912-995, 헤이안시대 의사. 다키 가문은 단바노 야스요리의 후손.
322 현존하는 일본에서 가장 오래된 의학서. 전체 30권. 중국 의서를 인용하여 질병별로 편집.
323 龍口는 '다쓰노구치'로 발음할 수 있다. 이 경우 辰口와 발음이 같다. 龍口는 다쓰노구치의 엔도를 의미.
324 와케 히로요(和氣広世): 생몰년미상, 나라시대 말 의사.

토[325]의 『본초화명(本草和名)』, 단바노 마사타다[326]의 『의략초(醫略抄)』, 호에이 연간에 간행된 도모히라 신노[327]의 『홍결외전초(弘決外典抄)』 몇 가지에 불과하다. 도모히라 신노의 책은 본래 자류[328]에 속해 여기에 넣을 게 아니지만 의학에 관한 기록이 많기 때문에 포함했다. 반면 이즈모 히로사다[329]가 헌상한 『대동유취방(大同類聚方)』[330] 같은 것은 흩어져서 세상에 전해지지 않는다.

따라서 982년(덴겐5)에 완성되어서 984년(에이간2)에 헌상된 『의심방』이 거의 900년 만에 세상에 나온 것을 보고 학자들의 피가 끓어오른 것도 이상할 게 없다.

『의심방』은 궁궐의 비본(祕本)이었다. 그것을 오기마치 천황[331]이 꺼내어 덴야쿠노카미 쓰센인 나카라이 즈이사쿠[332]에게 하사했다. 그 후 대대로 나카라이 집안이 수호해 왔다. 도쿠가와막부에서는 간세이(寛政) 초에 인화사(仁和寺) 문고본을 베껴서 그것을 세이주칸에 보관했지만 이 책은 탈간[333]이 매우 많았다. 그래서 나카라이 집안이 소장한 책을 입수

---

325 후카네 스케히토(深根輔仁): 생몰년미상, 헤이안시대 의사.
326 단바노 마사타다(丹波雅忠): 1021-1088, 헤이안시대 의사. 단바노 야스요리의 증손자.
327 도모히라 신노(具平親王): 964-1009, 유학자. 무라카미 천황(村上天皇)의 아들.
328 자류(字類): 음이나 뜻, 구성 등에 따라 한자를 분류한 것.
329 이즈모 히로사다(出雲広貞): ?-870, 헤이안시대 의사.
330 헤이안시대에 헤이제이(平城)왕의 신하들이 약재 사용법을 조사해 100권으로 엮은 의학서. 808년에 출간됐으나 원본은 전해지지 않는다.
331 오기마치 천황(正親町天皇): 1517-1593, 일본의 106대 천황.
332 나카라이 즈이사쿠(半井瑞策): 1522-1596, 아즈치모모야마시대 의사. 황후의 병을 치료하고 오기마치 천황으로부터 『의심방』 30권과 쓰센인(通仙院) 원호를 하사받았다.
333 탈간(脱簡): 책 속에 편(編)이나 장(章)이 빠지거나 낙장(落張) 따위가 있는 일.

하고자 여러 번 명을 전했다는 것 같다. 그러나 당시 야마토의 관리 나카라이 세이비는 진상을 거절했고 그 아들 슈리노다이부[334] 세이가도 진상하지 않고 마침내 세이가의 아들 이즈모의 관리 히로아키에 이르렀다.

나카라이 집안이 처음에 어떤 말로 명을 거부했는지 자세히 알 수 없다. 그러나 나중에는 1788년(덴메이8)의 화재로 교토에서 소실됐다고 했다. 1788년의 화재란 정월 그믐에 교토 가모가와 동쪽 지역의 돈구리 사거리에서 발생하여 도시 전체를 잿더미로 만든 사건을 말한다. 막부는 이 대답에 만족하지 않고 비슷한 것이라도 좋으니 내놓으라고 강요했다. 아마도 사정을 알고서 그랬을 것이다.

나카라이 히로아키는 할 수 없이 이러한 말과 함께 『의심방』을 내놓았다. 표제는 같지만 필자가 제각각이며 오탈이 많고 매우 의심스러운 조잡한 책이다. 용무에는 도움이 되지 않겠지만 소망에 따라 내람을 제공한다. 책은 히로아키의 손에서 치쿠젠의 관리 로쿠고 마사타다의 손에 넘겨졌고 마사타다는 이것을 로주 이세의 관리 아베 마사히로의 관사로 가져갔다. 마사히로는 고요닝 와타나베 산타헤이를 통해 이것을 막부에 제출했다. 10월 13일의 일이다.

10월 15일에 『의심방』은 와카도시요리 다지마의 관리 엔도 다네노리를 통해서 세이주칸에 교부되었다. 이 책이 용무에 도움이 된다면 필사와 판각을 명할 것이다. 만약 판각을 명하게 된다면 그 비용은 금고에서 지출하게 될 것이다. 책은 자세히 조사하고 동시에 판각본을 판매한 대금으로 비용을 반환해야 하는 밀린 세금도 조사하라는 것이었다.

---

334 슈리노다이부(修理大夫): 궁정 건축물과 시설의 수리를 담당한 관직. 에도 시대에는 다이묘나 무가의 명예 칭호로 사용되었다.

나카라이 히로아키가 제출한 책은 30권 31책으로, 권25에는 상하가 있었다. 자세히 살펴보니 기대에 어긋나지 않는 선본이었다. 원래 『의심방』은 소원방[335]의 『제병원후론(諸病源候論)』[336]을 날줄로 삼고 수당(隋唐)의 방서[337] 백여 권을 씨줄로 삼아서 만든 것으로, 『의심방』에 인용된 것들 중에는 중국에서 소실된 것이 적지 않다. 세이주칸 사람들이 놀라서 기뻐한 것도 당연했다.

막부는 관원의 진언(進言)에 따라 즉시 교각을 명했다. 그리고 이와 동시에 총재 2명, 교정 13명, 감리 4명, 사생 16명이 임명되었다. 총재는 다키 라쿠신인 법인[338]과 다키 안료 법안이었다. 라쿠신인은 사이테이, 안료는 교코다. 둘 다 200섬을 받는 오쿠이시였지만 저쪽은 법인, 이쪽은 법안이었고 당시 사이테이의 야노쿠라 분가는 무코야나기하라의 종가 오른쪽에 있었다. 교정 13명 중에는 이사와 하쿠켄, 모리 키엥, 호리카와 슈안, 시부에 추사이가 포함되어 있었다.

세이주칸에는 『의심방』 영사(影寫) 정식이라는 게 만들어졌다. 사생은 매일 아침 진시[339]에 관에 출근하여 한 사람이 하루에 세 쪽을 필사한다. 세 쪽을 다 필사하면 임의로 퇴근할 수 있다. 세 쪽이 어려운 사람은 두 쪽을 필사한 후 퇴근해도 된다. 여섯 쪽을 필사한 사람은 다음날 쉴 수 있다. 영사는 11월 초하루에 시작해서 20일에 끝난다. 하루에 두 쪽을 필사하는 사람은 그믐에 이른다. 이 기간에는 '3'과 '8'이 들어간 날의 휴

---

335 소원방(巢元方): 생몰년미상, 중국 수나라 의학자.
336 610년에 소원방 등이 양제(煬帝)의 명에 따라 각종 질병의 근원과 증상을 정리해 편찬한 의서. 총 50권.
337 방서(方書): 의술의 처방을 기록한 책.
338 법인(法印): 에도시대에 승려의 칭호에 준하여 의사, 유학자 등에 준 최고위 칭호.
339 진시(辰時): 오전 일곱 시부터 아홉 시까지.

가를 중지한다. 이것이 정식의 개요였다.

45

나카라이본(本) 『의심방』을 교각할 때 인화사본을 베낀 세이주칸의 소장본이 참고가 되었음은 물을 필요도 없을 것이다. 그런데 또 하나의 선본이 있었다. 그것은 교토 가모의 의사 오카모토 유켄의 집에서 나온 『의심방』 권22다.

오기마치 천황 때 종5위상 오카모토 호코라는 사람이 있었다. 호코는 나카라이 즈이사쿠에게 『의심방』 한 권을 빌려서 베꼈다. 그리고 무슨 이유에서인지 원본을 나카라이 집안에 돌려주지 않고 죽었다. 호코는 유켄의 증조부다.

유켄의 말은 이렇다. 『의심방』은 도쿠가와 이에미쓰[340]가 나카라이 즈이사쿠에게 하사한 책이다. 호코는 에도에서 즈이사쿠에게 사사했다. 즈이사쿠의 딸이 산후에 병에 걸려서 죽을 지경에 이르렀다. 호코가 약을 주어서 살렸다. 즈이사쿠가 이에 보답하기 위해 『의심방』 한 권을 선물했다.

『의심방』을 즈이사쿠에게 하사한 사람은 이에미쓰가 아니다. 즈이사쿠는 교토에 살던 사람이라서 에도에 간 적은 없을 것이다. 즈이사쿠가 보답을 위해서 물건을 선물하려고 했더라도 황실에서 받은 『의심방』 30권 중에서 한 권을 떼어 주지는 않았을 것이다. 대체로 이러한 사실은

---

340 도쿠가와 이에미쓰(德川家光): 1604-1651, 에도막부의 3대 쇼군.

선인들이 모두 예전에 논한 바 있다.

이윽고 오카모토 집안이 쇠약해지자 하타 세이분에게 부탁해서 이 책을 팔려고 했다. 세이분은 나카쓰카사 곤쇼유[341]인 니시키코지 요리오사에게 권하여 원본을 구입하게 하고 부본은 자신의 집에 보관했다. 니시키코지는 교토에 있는 단바 집안의 자손이다.

오카모토 집안의 『의심방』 한 권은 이렇게 전해지고 있었다. 그리고 교각 때 대조용으로 제공된 것 같다.

이해 정월 25일에 모리 키엥이 세이주칸의 강사에 임명되고 2월 2일부터 출근했다. 『의심방』 교각이 시작된 것은 키엥이 교직에 취임하고 10개월 후다.

추사이의 가족은 이해 가장이 쉰 살, 이오가 서른아홉 살, 쿠가가 여덟 살, 미키가 두 살, 센로쿠가 한 살 다섯 명이었다. 야지마 가문을 잇게 된 야스요시는 스무 살이었다. 2년 전부터 더부살이를 하고 있던 나가오 집안의 가족은 혼정 2정목의 새 집으로 이사했다.

1855년(안세이2)이 왔다. 추사이의 집은 우선 작고 소소한 기쁨을 기록하지 않을 수 없었다. 3월 19일에 6남 스이잔이 태어난 것이다. 열한 살에 요절했다. 이해 모두가 아는 지진[342]이 발생했다. 그러나 당시 추사이를 뒤흔들며 일으킨 것은 지진만이 아니었다.

학문은 이것을 몸에 익히고 실천에 옮겨야 비로소 구실을 하는 것이다. 그렇지 못한 것은 죽은 학문이다. 이것이 세간의 일반적인 견해다.

341　**나카쓰카사 곤쇼유(中務權少輔)**: 중무성(천황 측근에서 문서 관리 등을 담당한 관청) 임시 쇼유(少輔). 황실 관련 사무를 담당.
342　안세이 대지진을 가리킨다. 1855년 10월 2일 저녁 10시경 수도 에도를 중심으로 진도 7 이상으로 추정되는 대지진이 발생.

그러나 학예를 연마하여 조예의 깊이를 이루고자 하는 사람은 즉시 몸에 익히려고 하지 않는다. 즉시 실천에 옮기려고 하지 않는다. 꾸준히 세월이 흐르는 동안 마음속으로 유용, 무용을 도외시한다. 커다란 공적은 이렇게 해야 비로소 거둘 수 있는 것이다.

유용, 무용을 묻지 않는 동안 그저 허송세월 하는 게 아니다. 어쩌면 삶을 마감하는 데 이를 수도 있다. 어쩌면 생을 거듭할 수도 있다. 그리고 이 기간에는 학문 생활과 시무의 요구가 확연히 분리되어 있다. 만약 시무의 요구가 점점 커져서 학자에게 압박을 가하면 학자는 학문 생활을 내던지고 떠날 수도 있다. 그 이면에는 학문상 손실이 있다. 연구는 여기서 멈춰 버리기 때문이다.

나는 1855년(안세이2)에 추사이가 당시 정세를 논한 것을 보고 이와 같은 견해를 가지게 되었다.

46

미국 군함이 우라가에 들어온 것은 2년 전인 1853년(가에이6) 6월 3일이다.[343] 이듬해인 1854년(안세이1) 정월에 미국 군함이 다시 우라가에 와서 6월에 시모다를 떠날 때까지 에도에서의 소동은 이루 말할 수 없

---

343 미국의 페리 제독이 4척의 검은 증기선을 이끌고 에도만(현재 도쿄만) 우라가(현재 가나가와현 요코스카시) 앞바다에 와서 개항을 요구하며 무력 시위를 벌였다.

을 정도였다.³⁴⁴ 막부는 5월 9일을 기해 만 석 이하의 무사에게 갑옷과 투구를 준비하라는 명령을 내렸다. 동원 준비가 안 된 군대의 허술함이 엿보인다. 새 쇼군 이에사다³⁴⁵ 밑에서 이 난국을 맞이한 것은 하쿠켄과 키엥의 주군인 아베 마사히로였다.

이해 들어서 막부는 강무소³⁴⁶ 설립을 명했다. 이어 교토에서는 사원의 범종으로 대포와 소총을 주조하라는 조칙이 발표되었다. 여러 해 동안 고서를 교감하며 잠자고 먹는 것을 잊고 지내던 추사이도 여기에 이르러서 점차로 세태의 영향을 받았다. 여기에는 당시 산후조리 중이던 여장부 이오의 계옥도 크게 작용했을 것이다. 추사이는 마침내 자진하여 쓰가루 무사를 위한 계획을 세우기에 이르렀다.

쓰가루 유키쓰구는 한 가지 진언을 접했다. 진언을 올린 사람은 요닝인 가토 세이베에, 소바요닝³⁴⁷인 가네마쓰 한타유, 메쓰케인 가네마쓰 사부로³⁴⁸였다. 막부는 갑옷과 투구를 준비하라는 명령을 내렸다. 그런데 번의 무사들 중 이 명령을 제대로 따르는 자가 적다. 대체로 모두 의복과 음식조차 마련하기 어려운 형편이기 때문에 갑옷과 투구를 준비할 여력이 없는 것이다. 모름지기 현재 갑옷과 투구를 갖추지 못한 자에게는 금 18냥을 대여하여 이걸로 마련하게 한 다음 해마다 나누어 갚게 해야 한다. 또 지금부터 매년 한 번씩 갑옷과 투구 점검을 실시하여 관리에 소

344　페리 제독이 함대를 9척으로 늘려 7개월 만에 다시 우라가에 나타났다. 이 사건으로 일본은 1854년 3월 31일에 미일화친조약을 체결하고 개항하게 되었다.
345　도쿠가와 이에사다(德川家定): 1824-1858, 에도막부의 13대 쇼군.
346　강무소(講武所): 1854년에 에도막부가 검술, 창술, 포술 등을 강습하기 위해 설치한 무도장.
347　소바요닝(側用人): 다이묘의 곁에서 그 집안의 잡무를 맡은 소임.
348　가네마쓰 사부로(兼松三郞): 1810-1877, 유학자.

홀하지 않도록 해야 한다. 유키쓰구는 찬성했다.

이 진언이 추사이의 뜻에서 나와서 가네마쓰 사부로가 이를 받아들여서 안을 마련하고 두 요닝의 동의를 얻어서 제출했다는 것은 번 내의 모두가 알고 있었다. 사부로는 호를 세키쿄라고 했다. 그의 코가 높아서 추사이는 사부로를 덴구[349]라고 불렀다. 사토 잇사이와 고가 도안[350]의 문인으로, 학식이 동료들을 뛰어넘어 한때 쇼헤이코의 사장(舍長)을 지낸 적도 있다. 당시 히로사키 서리들 사이에서 지식인으로 알려졌다.

추사이는 천하가 다사다난한 때를 만나 우연히 정사에 이르고 군비를 말하기에 이르렀지만 이와 같은 것은 본래 그의 본성이 아니었다. 추사이는 아침저녁으로 고서를 깊이 연구하고 옛 의의를 밝히는 데 힘 쏟았다. 저것은 히로사키 번사인 추사이가 외부 상황에 대응하여 보인 일시적인 반응이고 이것은 학자인 추사이가 평생 종사한 불후의 역작이다.

추사이의 교감 업무는 이 무렵 착착 진척되고 있었던 것 같다. 모리 키엥이 1885년(메이지18)에 쓴 『경적방고지』 발문에 녹정회에 대한 일을 기록하며 30년 전이라고 적었다. 녹정은 다키 사이테이의 혼조 미도리정에 있는 별장이다. 사이테이는 매달 한두 차례 시부에 추사이, 모리 키엥, 이사와 하쿠켄, 호리카와 슈안, 가이호 교손 등을 이곳에 모았다. 여러 사람이 둘러앉아 고본을 펼쳐서 조사하고 이것이 논정을 이루었다. 모임이 끝난 뒤에는 연회를 열었다. 그리고 스미다강 하류에 있는 료고쿠 다리 위에서 술에 취해 달빛을 밟으며 시를 읊고 돌아갔다고 한다. 같은 책에 사이테이가 1856년(안세이3)에 쓴 발문이 있는데, "여러 사람들이 순

---

349 덴구(天狗): 얼굴이 붉고 코가 높으며 신통력이 있어 하늘을 자유롭게 날면서 깊은 산 속에 산다는 상상 속 괴물.
350 고가 도안(古賀侗庵): 1788-1847, 주자학자.

서대로 편집하고 기록하는 일에 힘써서 각 부문이 차차 완성되었다"라고 적혀 있는 것을 보면 논정에 이어서 엮어서 만든 것까지도 당시 일이었음을 알 수 있다.

나는 이해 발생한 지진을 이야기하기에 앞서 다이도코로정에 있는 시부에의 집에 자시키로[351]가 있었다는 사실을 언급해야 함을 슬프게 생각한다. 이것은 2층의 방 하나를 사각형 눈이 있는 격자로 두른 것으로, 지진이 발생한 날 공사는 이미 끝났고 그 안은 아직 텅 비어 있었다. 만약 그 안에 사람이 있었다면 시부에 집에서는 필시 사망자가 나왔을 것이다.

자시키로는 추사이가 참다 참다 못해 차남 야스요시 때문에 설치한 것이었다.

47

추사이가 오카니시 도쿠와의 사이에서 낳은 세 명의 자식 중 유일하게 살아남은 차남 야스요시는 소싯적부터 방탕하게 지냈기 때문에 시부에 일가를 난처하게 했다. 야스요시에게는 시오다 료샹이라는 방탕한 친구가 있었다. 료샹은 란켄 문하에서 손가락 끝에 지팡이를 세우고 걸었다는 요안이 집안 여식에게서 얻은 적자다.

나는 전에 야스요시가 아버지, 형과 취향이 달라서 담배를 피운다는 말을 한 적이 있다. 그러나 이 사람은 술은 좋아하지 않았다. 야스요시도

---

351 자시키로(座敷牢): 격자 등으로 엄중히 칸막이를 해서 광인이나 죄인 등을 가두어 두는 방. 에도시대에 대상을 사적으로 감금하기 위해 주택에 한시적으로 설치한 일종의 감옥.

료상도 술 한 방울 마시지 않고 온갖 유희에 빠졌다.

추사이가 자시키로를 만들었을 때 1835년(덴포6)생인 야스요시는 스물한 살이었다. 그리고 친구 료상은 1837년(덴포8)생으로 열여덟 살이었다. 두 사람은 그림자처럼 잠시도 떨어지지 않았다.

언젠가 야스요시는 마쓰카와 히초라는 이름으로 요세[352]에 간판을 내건 적이 있다. 료상은 마쓰카와 스이초라는 이름으로 함께 무대에 올랐다. 악기 반주를 넣어서 흥을 돋우고 배우의 몸짓과 성대모사를 했다. 야스요시는 소위 맨 나중에 등장하는 인기 출연자였고 료상은 그 앞 순서를 담당했다고 한다. 또 여름이 되면 두 사람은 배를 빌려서 스미다강을 오르내리며 가게시바이[353]를 공연했다. 한 사람은 쓰가루 가문의 의관인 야지마 집안의 당주, 다른 한 사람은 종가의 의관인 시오다 집안의 어린 주인이었다. 그중에서도 료상의 아버지는 간다 마쓰에다정에 개업하여 시중 사람들에게 재치가 있고 진단을 잘하는 의사로 칭송받았고 살집 때문에 장님으로 오해받기 쉬운 면상으로 알려져 있었다. 집안은 부유하고 번영했다. 그런데도 두 사람 모두 요세에 얼굴을 드러내는 것을 꺼리지 않았다.

두 사람은 술을 마시지 않았지만 거리의 요릿집에 드나들고 또 자주 요시와라에 놀러갔다. 그리고 빚이 생기면 친척, 친구들에게 갚게 하고 이런 일이 거듭되어서 갚을 길이 막히면 자취를 감춰 버렸다. 추사이가 야스요시 때문에 자시키로를 만든 것은 바로 그러한 실종 시기의 일로,

---

352 요세(寄席): 사람을 모아 돈을 받고 재담, 만담, 야담 등을 들려주던 대중연예장.
353 가게시바이(陰芝居): 반주를 넣어 목소리만으로 연극의 한 장면을 연기하는 예능.

조만간 돌아올 때를 기다렸다가 야스요시를 그 안에 집어넣으려고 한 것이다.

10월 2일에 지진이 일어났다. 하늘은 흐리고 비가 오락가락하고 있었다. 추사이는 이날 연극을 보러 갔다. 주무숙련 무리에서도 차차 세대교체가 있어서 호카이시나 추사이가 최연장자로 추대되었을 것이다. 추사이는 일찍 귀가해서 저녁 반주를 하고 잤다. 지진은 해시(亥時)에 일어났다. 지금의 오후 10시다. 두 번의 강한 충돌을 시작으로 진동이 점점 기세를 더해갔다. 방한 잠옷을 입고 침실에 누워 있던 추사이는 벌떡 일어나서 머리맡의 칼 두 자루를 챙겼다. 그리고 객실로 나가려고 했다.

침실과 객실 사이에 강의실이 있고 벽을 따라서 책장이 수북이 쌓여 있었다. 추사이가 그곳에 다다르자 책장이 무너져 내렸다. 추사이는 그 사이에 끼어서 움직일 수 없었다.

이오가 일어나 남편을 뒤따라가려고 했지만 강의실에 발을 들여놓기도 전에 쓰러졌다.

잠시 후 하인들이 와서 부부를 구출했다. 추사이는 옷 허리 아래가 찢어졌지만 손에서 칼자루를 놓지 않았다.

추사이는 옷을 수선할 새도 없이 야나기시마 별저로 달려가서 은거 중인 노부유키를 위문하고 이어서 혼조 후타쓰메의 본저로 갔다. 노부유키는 야나기시마 집이 파손되어 나중에 하마정 별저로 옮겼다. 당주 유키쓰구는 히로사키에 있었고 본저에는 가족들만 남아 있었다.

추사이는 루스이 히라노 사다카타를 만나 구호에 관한 일을 의논했다. 사다카타는 주군이 영지에 있어서 직접 지시를 받을 틈이 없었기 때문에 즉시 창고에 저장되어 있는 쌀 2만 5천 가마를 꺼내 혼조의 궁핍한 백성들을 구제하도록 명했다. 간조부교인 히라카와 한지는 여기에 관여하지 않았다. 그는 나중에 번사들이 모두 쓰가루로 이주할 때 홀로 하직을 청하고 후카가와에 쌀 가게를 열었다.

48

추사이가 혼조 후타쓰메의 쓰가루 가문 본저에서 다이도코로정으로 돌아와 보니 집은 전부 기울어지고 무너져 있었다. 2층의 자시키로는 산산조각이 나서 흔적조차 남아 있지 않았다. 대문 맞은편에 있던 고쇼구미반가시라[354] 사도의 관리 쓰치야 구니나오의 저택은 불에 타서 소실된 상태였다.

지진은 그날 밤 일어났다 그쳤다를 반복했다. 거리마다 피해 정도는 달랐지만 에도 전 지역에서 손상되지 않은 가옥이나 광은 거의 없었다. 우에노의 대불은 머리가 부서졌고 야나카 천왕사(天王寺)의 탑은 구륜[355]이 떨어졌으며 센소지의 탑은 구륜이 기울어졌다. 수십 곳에서 발생한 불은 3일 아침 진시에 이르러서야 겨우 꺼졌다. 공식적으로 신고된 변사자가 4천 3백 명이었다.

3일 이후로도 밤낮으로 수차례 진동이 있었기 때문에 집이 있는 사람들은 마당에 가건물을 지어서 머물렀고 노숙하는 사람들도 많았다. 쇼군 이에사다는 2일 밤 후키아게의 정원에 있는 다키미 찻집으로 피신

---

354 고쇼구미반가시라(小姓組番頭): 에도막부의 직명으로 고쇼구미(小姓組: 여러 의식에 참여하고 쇼군 외출 시 호위, 시내 순찰 등을 담당)를 지휘한 우두머리.
355 구륜(九輪): 불탑의 노반(露盤) 위 9개의 고리가 끼워져 있는 장식 기둥.

했다가 모토마루의 피해가 적어서 이튿날 아침 돌아왔다.

막부가 설치한 스쿠이고야[356]는 사이와이바시 밖에 한 곳, 우에노에 두 곳, 아사쿠사에 한 곳, 후카가와에 두 곳 있었다.

이해 추사이는 쉰한 살, 이오는 마흔 살이었고 자녀는 쿠가, 미키, 센로쿠, 스이잔 네 명이었다. 야지마 야스요시에 관해서는 앞서 말했다. 이오의 오빠 에이지로가 이해 4월 18일에 병으로 죽고 아버지의 첩 마키가 추사이의 집에 임시로 거처했다.

마키는 1790년(간세이2)생으로, 처음에 이오의 할머니가 잔시중 드는 하녀로 고용한 여자였다. 1803년(교와3) 열네 살 때 이오의 아버지 주베에의 첩이 되었다. 주베에가 1810년(분카7)에 종이 도매상 야마이치의 딸 쿠미를 아내로 맞이했을 때 마키는 스물한 살이었다. 거기에 열여덟 살쯤 된 쿠미가 온 것이다. 쿠미는 부잣집 딸로, 성격이 온화했다. 나중에 이오와 야스를 낳은 후 천성이 센 이오보다는 내성적인 야스가 어머니의 성격을 물려받았다고 하는 사람들의 말에 비추어 봐도 쿠미가 어떤 여자였는지 짐작할 수 있다. 마키는 특별히 사납다고 할 만한 여자는 아니었던 것 같지만 어쨌든 쿠미보다 3살 연상이고 세상 물정에 밝았기 때문에 쿠미가 단순히 마키를 제압하기 어려웠을 뿐 아니라 자칫하면 마키에게 제압당할 뻔 한 것도 이상할 게 없다.

이윽고 쿠미는 에이지로를 낳고 야스를 낳고 이오를 낳았다. 그러나 1817년(분카14)에 차남 아무개를 낳다가 병에 걸려서 태어난 아이와 함께 세상을 떠났다. 이 마지막 출산 전후의 일이다. 쿠미는 혈액 순환의 문

---

356 스쿠이고야(救小屋): 에도시대에 지진이나 화재, 홍수, 기근 등 천재지변이 발생했을 때 피해를 입은 사람들을 구조하기 위해 막부나 번이 세운 공적 구제시설.

제 때문인지 귀가 멀었다. 그때 마키가 자주 쿠미를 귀머거리라고 부른 것을 여섯 살 된 에이지로가 듣고 나중까지 잊지 않았다.

이오는 여서일곱 살이 되어서야 오빠 에이지로에게 이 사실을 듣고 몹시 분개했다. 그리고 오빠에게 말했다. "그러고 보니 우리에게는 부모님의 원수가 있네요. 언젠가 오라버니와 함께 원수를 갚아야 하지 않겠어요?" 그 후 이오는 가끔 빗자루에 먼지떨이를 연결해서 양손처럼 만들고 여기에 옷을 입혀서 벽에 걸어놓고 이것을 베어버릴 기세로 "이놈, 어머니의 원수, 깨달았느냐"라고 외친 적이 있다. 아버지 주베에도 마키도 이오의 뜻이 가리키는 바를 알고 있었지만 아버지는 꺼려서 굳이 제지하지 않았고 마키는 두려워서 꾸짖을 수 없었다.

마키는 어떻게든 이오의 감정을 누그러뜨리기 위해 달콤한 말로 이오를 유혹하려고 했다. 그러나 이오는 응하지 않았다. 마키는 또 주베에에게 청하여 이오가 자신을 어머니라 부르도록 하게 하려고 했다. 그러나 이것은 주베에가 금했다. 주베에는 이오의 기질을 알고 있었고 이러한 방법이 오히려 그 반항심을 더욱 자극할까봐 두려워했다.

이오가 일찍이 혼마루로 가고 또 토도 가문에 몸을 던져 줄곧 집에서 멀어지려고 한 것은 아버지의 바람과 어머니의 유언 때문이기도 했지만 한편으로는 이오 자신이 마키와 함께 생활하는 것을 불편하게 여겨서 다른 곳으로 가는 것을 기뻐했기 때문이다.

이런 관계에 있던 마키가 지금 의지할 곳을 잃고 이오 앞에 머리를 숙이고 시부에 집안의 보살핌을 받게 된 것이다. 이오는 "원한이 있는 자에게 은덕으로써 갚는다"[357]고 하여 마키를 돌보기로 했다.

---

357 『노자』「도덕경(道德經)」 63장. "報怨以德".

49

 1856년(안세이3)이 되고 추사이는 다시 번의 정사에 개입했다. 추사이의 주된 주장은 다음과 같다. 히로사키번은 마땅히 당주 유키쓰구와 요로의 유력자 몇 명만 에도에 남기고 은거 중인 노부유키 이하 가족 및 가신 대부분을 귀국시키는 것이 바람직하다.

 그 첫 번째 이유는 이미 시대가 변해서 다수의 사람들이 에도에 상주해야 할 필요성이 인정되지 않기 때문이다. 본래 제후의 산킨[358]과 이에 따른 가족들의 에도 거주는 도쿠가와 가문에 인질을 제공한 것이다. 지금 쇼군은 외교의 난국에 직면하여 구습을 버리고 낭비를 줄이려고 하고 있다. 제후들에게 토목 공사를 돕도록 명령하던 것을 중지하고 에도 시내를 지날 때 집에 창문 덮개를 설치하도록 강요하던 것을 중단한 것만 봐도 그 의도를 엿볼 수 있다. 설령 제후들이 가족을 영지로 돌려보낸다고 하더라도 막부는 더 이상 이를 억류하려고 하지 않을 것이다.

 두 번째 이유는 지금과 같이 일이 많은 시기에 두세 명의 유력자에게 번의 중요한 일을 맡겨서 간섭하지 않고 당주를 보좌하여 임기응변의 조처를 취하도록 하는 것이 더 유리하기 때문이다. 옛날부터 히로사키번에는 나쁜 관습이 있었다. 그것은 매사에 번론(藩論)이 재부당[359]과 재국당[360]으로 나뉘어서 우물쭈물 결정을 내리지 못하는 것이다. 심한 지경에 이르러서 재부당은 고향에 있는 무사들을 조롱하여 시골 원숭이라고 부

---

358 산킨(參勤): 산킨코타이(參勤交代)의 줄임말. 산킨코타이는 에도막부가 다이묘를 교대로 일정 기간씩 에도에 머무르게 한 제도.
359 재부당(在府黨): 에도에 있는 파.
360 재국당(在國黨): 영지, 즉 본국에 있는 파.

르고 그들이 주장하는 바는 이해를 막론하고 배척한다. 이러한 태도는 지금처럼 다사다난한 시기에 처신할 방법이 아니다.

이 의론에는 동시에 두세 가지 주장이 있어서 찬반 논생이 활발하게 일어났다. 그러나 나중에는 찬성하는 사람들도 많아져서 유키쓰구가 청을 들어주려고 했다. 하마정에 은거하고 있던 노부유키가 이것을 보고 크게 화냈다. 노부유키는 평소 시골 원숭이를 증오하는 정도가 심한 사람 중 한 명이었다.

이 의론에 반대한 사람은 비단 하마정의 은거자만이 아니었다. 당시 에도에 있던 번사들 대부분은 히로사키에 가는 것을 달가워하지 않았다. 그중에서도 추사이와 친했던 히라노 사다카타는 추사이가 이 의론을 주장한다는 소식을 듣고 급히 달려와서 논박했다. 의론이 좋지 않다고는 할 수 없지만 에도에서 나고 자란 무사들과 그 가족들까지 전부 북쪽 땅 끝으로 이주시키는 것은 지나치게 참기 어려운 일이라고 했다. 추사이는 사다카타의 주장을 정에 치우치고 의리에 치우친 것이라 여겨서 듣지 않았다. 이로 인해 사다카타는 한동안 추사이와 교류를 끊기에 이르렀다.

이 무렵 귀국 의론에 동의한 사람들 가운데 쓰가루 가문의 후계 문제로 인해 죄 지은 사람들이 있어서 그 의론을 주창한 추사이 등은 주눅이 들었다. 후계자 문제란 당주 유키쓰구가 히고국 구마모토의 성주인 옛추의 관리 호소카와 나리모리의 아들 노부고로 쓰구테루[361]를 양자로 삼으려고 하면서 발생했다. 유키쓰구는 딸 다마히메를 무척 아껴서 딸에게 데릴사위를 얻어 가문을 지키려고 했는데, 쓰가루 가문의 별저 중 하나인 혼조 오카와바타에 있는 저택이 호소카와 저택과 인접해 있었기 때문

---

361 쓰가루 쓰구테루(津輕承昭): 1840-1916, 히로사키번 마지막(12대) 번주.

에 나리모리와 친해졌고 마침내 노부고로를 양자로 맞이하려는 데 이르렀다. 죄 지은 사람들은 혈통을 중시하는 입장을 내세워서 양자를 맞이하는 것을 거부했다. 그러나 유키쓰구는 양자를 맞이하기로 결심했다. 곧바로 소바요닝 가토 세이베에와 요닝 가네마쓰 한타유는 귀국 후 은거 근신, 가네마쓰 사부로는 귀국 후 영구 칩거를 명받았다.

세키쿄, 즉 가네마쓰 사부로는 후에 「몽성(夢醒)」[362]이라는 제목으로 시치고[363]를 지었다. 그중에 "또 이렇게 생각하네. 세자 돌아가신 후 후계자 아직 정해지지 아니하여 세상에서 수군거리고 있으므로 신분을 생각하지 않고 진상하였으나 오히려 견책을 받고 북쪽 땅끝으로 좌천되고 말았구나"라는 구절이 있다. 가네마쓰 사부로가 벌을 받고 에도를 떠날 때 추사이는 4언 12구를 써서 선물로 보냈다. 그중에 "간코[364]는 모함을 당했고 굴원은 홀로 깨끗하였다"[365]는 문장이 있었다.

이해 추사이의 차남 야지마 야스요시는 결국 행실이 고쳐지지 않아서 오모테이시에서 고부신이시[366]로 격하되었고 추사이도 이에 연루되어서 폐문[367] 3일에 처해졌다.

---

362 꿈이 깨졌다는 뜻.
363 시치고(七古): 칠언고시(七言古詩)의 줄임말. 한시에서 한 구가 칠언으로 된 고시.
364 간코(菅公): 헤이안시대 귀족, 학자, 정치인 스가와라노 미치자네(菅原道眞)의 경칭(敬稱).
365 스가와라노 미치자네는 스스로의 성실함을 지키려다 좌천되었고, 굴원은 쇠퇴한 초나라에서 고고한 정신을 지녔다는 의미. 미치자네는 교토에 살다가 말년에 억울한 죄를 뒤집어쓰고 후쿠오카로 좌천되었고, 굴원(屈原, 중국 초나라 정치인, 시인)은 모함을 받아 왕의 신임을 잃고 자살했다.
366 고부신이시(小普請醫師): 일반 백성이나 하급 무사의 병을 치료하며 의술을 수련한 의사. 관직이 없었다.
367 폐문(閉門): 밖에서 문을 닫고 쇠사슬로 창문을 잠가 주야로 출입을 금한 형벌.

50

　야스요시의 친구인 시오다 료상은 아버지에게 의절당하고 추사이의 집 식객이 되었다. 아들의 난행 때문에 견책 처분을 받은 추사이가 그 난행을 부추긴 료상의 신상을 떠맡아 집에 머물게 한 것은 지나치게 관대한 것처럼 보이지만 이는 재능을 사랑하는 정이 깊어서였기 때문인 것 같다. 추사이는 사람의 작은 장점도 놓치지 않고 보호하여 마치 그 결점을 잊는 것 같았다. 오래전부터 모리 키엥을 도운 것도 이 때문이다. 지금 료상을 집에 머물게 한 것도 료상에게 어느 정도 재능이 있음을 인정해서였을 것이다. 원래 추사이의 집에는 항상 여러 명의 제생이 머물고 있었기 때문에 료상은 그저 이 무리에 새로 합류한 데 지나지 않았다.

　몇 달 후 추사이는 료상을 아사카 곤사이의 강습소에 머물게 했다. 앞서 곤사이는 1842년(덴포13)에 고향으로 돌아가서 니혼마쓰에 있는 번학[368] 교수가 되었다. 1844년(고카1)에 다시 에도로 와서 1849년(가에이2) 이후 쇼헤이코 교수가 되었다. 추사이는 줄곧 주자학을 신봉한 곤사이와는 깊이 교류하지 않았지만 곤사이에게 료상을 맡긴 것은 료상에게 관리로서의 재능이 있음을 알고서 이를 키우려고 한 것이었을 것이다.

　추사이의 전처 도쿠의 친정 오카니시 집안에서는 이해 7월 2일에 도쿠의 아버지 에이겐이 죽고 이어서 11월 11일에 도쿠의 오빠 겐테이가 죽었다.

　에이겐은 의술로 아베 가문을 섬겼다. 장자 겐테이가 란켄 문하의 수

368　번학(藩學): 번교(藩校). 에도시대에 각 번이 무사의 자제들을 교육하기 위해 설립한 학교.

재였기 때문에 추사이는 겐테이와 교분을 맺고 마침내 그 여동생 도쿠를 아내로 맞이하기에 이르렀다. 도쿠가 죽은 후에도 차남 야스요시가 도쿠가 낳은 자식이었기 때문에 추사이 일가는 오카니시 집안과 변함없이 왕래했다.

    에이겐은 순박하고 정직한 사람이었으나 종종 버릇 때문에 언행의 규범을 벗어나는 경우가 있었다. 예전에 8문어치 콩자반을 사서 쥐가 들어오지 못하게 만든 창고에 보관하고 자주 그 상태를 살핀 적이 있다. 또 어느 날은 방어 한 마리를 가지고 와서 추사이에게 주고 돌아가는 길에 다시 방문하겠다며 약속을 하고 떠났다. 이오는 술과 안주를 준비하는 데 매우 고심했다. 에이겐이 찬에 대해서 사치를 금한 적이 여러 번 있었기 때문이다. 추사이는 이오에게 에이겐이 준 방어를 대접하라고 했다. 에이겐이 와서 대접을 받았으나 기쁘지 않은 듯이 마침내 "손님에게 이런 진수성찬을 내놓는 것은 내 뜻이 아니오"라고 했다. 이오가 "약소한 것입니다"라고 했지만 에이겐은 못 들은 척했다. 요리법이 너무 좋았던 것 같다.

    추사이가 가장 불평을 참을 수 없었던 것은 에이겐이 서자 토마를 대하는 태도가 너무 박한 것이었다. 토마는 에이겐이 부엌 하녀에게서 얻은 딸이었다. 에이겐은 인정하고 토마를 자식으로 삼았지만 "저런 더러운 아이는 다다미 위에 둘 수 없다"며 마루방에 돗자리를 깔고 자게 했다. 당시 에이겐의 아내는 이미 죽었기 때문에 하동 땅에 사자가 울부짖는 것[369]을 두려워해서가 아니라 전적으로 에이겐의 버릇 때문이었다. 추사이는

---

369 하동사자후(河東の獅子吼): 표독한 아내나 악처를 비유하는 말. 아내를 무서워한다는 의미.

이오와 상의해서 토마를 책임지고 맡고 후에 시모우사의 농가로 시집보냈다.

에이겐의 아들로, 아버지가 세상을 떠난 지 불과 4개월 후에 죽은 겐테이는 이름을 도쿠에이, 자를 로초쿠라고 했다. 추사이의 친구였다. 겐테이에게는 2남 1녀가 있었다. 장남은 겐안, 차남은 요겐, 딸은 이름을 하쓰라고 했다.

이해 추사이는 쉰두 살, 이오는 마흔한 살이었다. 추사이가 평소 학문 연구 외에 가장 많이 마음을 쓴 일이 무엇이었는지 묻는다면 아마도 그가 쉰두 살에 제기한 재국(在國) 의론이라고 하지 않을 수 없을 것이다. 이 의론이 미칠 영향의 크기와 이 의론이 극복해야 하는 저항의 강도는 추사이도 충분히 인식하고 있었을 것이다. 또 추사이는 자신이 그 위치에 있지 않으면서 발언한다는 게 불리하다는 것을 모르지 않았을 것이다. 그런데도 추사이가 이를 감행한 것은 내면에 억누를 수 없는 무언가가 있었기 때문일 것이다. 유감스럽게도 요로 중에 이를 활용할 수 있는 수완을 가진 사람이 없었기 때문에 히로사키는 결국 동북 지방의 여러 번들 사이에서 한발 앞서 일어설 수 없었다. 또 근왕[370]의 기치를 천명할 시기도 앞당길 수 없었다.

370　근왕(勤王): 왕실을 위해 진력하고 충성을 다하는 것. 막부에 충성하는 좌막(佐幕)파에 상대되는 말.

51

1857년(안세이4)에 추사이의 7남 시게요시가 7월 26일에 태어났다. 아명은 산키치, 통칭은 도리쿠다. 즉 지금의 다모쓰로, 아버지는 쉰세 살, 어머니는 마흔두 살에 태어난 자식이다.

시게요시가 태어났을 때 오카니시 겐안이 포의[371]를 얻으러 왔다. 겐안은 아버지 겐테이를 닮아서 어릴 때부터 영리했지만 1850, 51년(가에이 3, 4) 무렵 간질을 앓고 지능이 떨어졌다. 1835년(덴포6)생으로 열여섯일곱 살 때 병에 걸려서 지금은 스물세 살이 되었다. 포의를 구한 것은 간질 치료제로 사용하기 위해서였다.

추사이 부부가 기꺼이 응했기 때문에 겐안은 시게요시의 포의를 얻어서 돌아갔다. 이때 이를 아쉬워하며 하룻밤을 울며 지새운 이는 예전에 추사이의 아버지 다다시게의 찻잔에 남은 잔여물을 핥았다고 하는 늙은 묘료니였다. 묘료니는 오랫동안 시부에 집에 임시로 몸을 맡기고 항상 아이들을 보살폈는데, 그중에서도 추사이의 셋째 딸인 토를 예뻐했고 시게요시가 태어나고 시게요시를 아주 예뻐했다. 그래서 시게요시의 포의를 겐안에게 주는 것을 싫어했다. 속설에 포의를 다른 사람에게 빼앗긴 아이는 잘 자라지 못한다고 했기 때문이다.

이해 전에 관위가 격하되었던 추사이의 차남 야지마 야스요시가 겨우 오모테이시 대리에 임명되고 반쯤 그 지위를 회복했다. 야스요시의 친구 시오다 료상은 아사카 곤사이의 강습소에 들어갔지만 어느 날 스승의 돈 백 냥을 품에 지니고 나가사키로 도망쳤다. 아버지 요안이 아사카 곤

---

371 포의(胞衣): 태아를 싸고 있는 막과 태반.

사이에게 돈을 돌려주고 사람을 규슈로 보내 아들을 데려왔다. 료상은 아직 남은 돈을 가지고 있었기 때문에 마중 온 남자를 따라 상경하면서 역마다 사람들에게 거만하게 구는 게 마치 귀공자 같았다. 이때 히고국 구마모토의 성주인 엣추의 관리 호소카와 나리모리의 넷째 아들 노부고로가 쓰가루 유키쓰구의 딸의 데릴사위가 되어 상경하고 있었기 때문에 도중에 료상과 여숙을 함께 사용하게 되었다. 나리모리는 아들이 통하정[372] 하기를 바라여 특별히 미행을 명했기 때문에 노부고로와 종자는 줄곧 검소함을 제일로 했다. 제멋대로인 료상은 때때로 54만 석의 호소카와 가문에서 10만 석의 쓰가루 가문으로 데릴사위 오는 어린 주군을 업신여기고 여행 중 밑자리에 있는 소년이 누구인지 알아보지 못했다. 노부고로는 지금의 쓰가루 백작으로 당시 겨우 열일곱 살이었다.

 오노 집안에서는 이해 레이토가 물러나고 아들 후코쿠가 가독을 상속했다. 레이토는 아명을 게이지로라고 했다. 추사이의 조부인 혼코의 서자로, 어머니를 요코다 요노라고 했다. 요노는 무사시국 가와고에 사람 아무개의 딸이었다. 레이토는 200석을 받는 같은 번의 의관 오노 도슈의 말기양자가 되고 유쇼라고 했다가 나중에 다시 도에이라고 칭했다. 승진하여 긴주이시에 올랐다. 1783년(덴메이3) 11월 26일생으로 물러났을 때 일흔다섯 살이었다. 레이토에게는 1남 1녀가 있었는데 아들을 후코쿠, 딸을 히데라고 했다.

 후코쿠, 통칭은 조부와 마찬가지로 도슈라고 했다. 1807년(분카4)생이었다. 열한 살에 모리 키엥과 함께 추사이의 제자가 되었다. 가독을 상속한 때는 오모테이시였다. 레이토와 후코쿠 부자는 모두 재산을 늘리는

---

372 통하정(通下情): 아랫사람의 사정을 잘 알아주는 것.

데 뛰어나서 에도에 상주하는 히로사키번 출신 가운데 부자였다. 여동생 히데는 하세가와정의 외과 의사인 가모이케 도세키에게 시집갔다.

다키 집안에서는 이해 2월 14일에 야노쿠라의 말가에서 사이테이가 예순세 살로 죽고 11월에는 무코야나기하라의 본가에서 교코가 쉰두 살로 죽었다. 내가 소장한 1857년(안세이4)『무감』은 사이테이가 죽고 교코가 아직 살아 있을 때 완성된 것으로, 사이테이의 아들 안타쿠가 "다키 안타쿠 200섬 아버지 라쿠슌인"으로 실려 있고 교코는 예전처럼 "다키 안료 법안 200섬 아버지 안겐"으로 실려 있다. 사이테이 라쿠신인(樂眞院)을『무감』에서는 전부터 라쿠슌인(樂春院)으로 적고 있는데, 그 이유가 무엇인지 자세히 알 수 없다.

52

사이테이, 이름은 겐켄, 자는 에키주, 호는 오로지 산쇼라고 했다. 통칭은 안슈쿠, 나중에 라쿠신인 또는 라쿠슌인이라고 했다. 1795년(간세이7)에 게이잔의 차남으로 태어났다. 어릴 때 개싸움을 좋아하고 학업에 전념하지 않아서 사람들이 아버지와 형에 미치지 못한다고 나무라자 "어디 두고 봐, 훌륭한 의사가 되어 보이겠어"라고 했다. 얼마 지나지 않아 열심히 책을 읽고 에너지가 사람들을 능가해서 식견인(識見人)들을 놀라게 했다. 분가한 후 처음에는 혼코쿠정에 살다가 나중에 야노쿠라로 이사했다. 시의에 임명되고 법안에 서위되었으며 그 후 법인에 올랐다. 세습 녹봉은 종가와 마찬가지로 200섬 30인 녹미였다.

사이테이는 치료를 청하는 자가 있을 때는 가난한 집이라도 반드시 응했다. 그리고 그저 약과 음식을 제공할 뿐 아니라 여름에는 모기장을 보내고 겨울에는 이불을 보냈다. 또 가난한 정도에 따라 3냥에서 5냥의 돈을 준 적도 있다.

사이테이는 추사이의 가장 친한 친구 중 한 명으로 두 집의 왕래는 빈번했다. 그러나 당시 법인의 지위는 매우 고귀한 것이서 사이테이가 시부에의 집에 오면 차는 받침과 뚜껑이 있는 찻잔에 따르고 과자는 굽 달린 그릇에 담아 내놓았다. 이 그릇은 다이묘와 다키 법인에게 다과를 대접할 때만 사용했다고 한다. 사이테이의 뒤는 안타쿠가 이었다.

교코, 이름은 겐킨, 자는 초주, 통칭은 안료였다. 게이잔의 손자, 류한의 아들이다. 1806년(분카3)에 태어나서 1827년(분세이10) 6월 3일에 아버지를 여의고 8월 4일에 종가를 계승했다. 교코의 뒤를 이은 사람은 양자 겐키쓰로, 실은 막내동생이다.

1858년(안세이5) 2월 28일에 추사이의 7남 시게요시가 번주 쓰가루 유키쓰구를 알현했다. 당시 겨우 두 살로, 현재 나이를 계산하는 방식에 따르면 생후 7개월이었기 때문에 사람 품에 안겨서 알현했다. 그러나 알현은 8세 이상으로 정해져 있었기 때문에 이날만은 시게요시를 여덟 살로 소개했다고 한다.

5월 17일에는 7녀 사키가 태어났다. 사키는 7월 6일에 요절했다.

이해 7월부터 9월까지 콜레라가 유행했다. 도쿠가와 이에사다는 8월 2일에 "몸 상태가 조금 좋지 않다"고 했는데, 8일에 갑자기 훙거[373] 공보가 발표되고 이에나리의 손자인 키이의 재상(宰相) 이에모치[374]가 열세

373　훙거(薨去): 황족이나 3품 이상의 사람의 죽음을 높여 이르는 말.
374　도쿠가와 이에모치(德川家茂): 1846-1866, 에도막부의 14대 쇼군.

살로 지위를 세습했다. 이에사다의 병은 콜레라였다고 한다.

이 무렵 추사이는 이오에게 이런 말을 했다. "나는 막부로부터 부름을 받게 될 것 같소. 조만간 쇼군의 상이 끝나는 대로 명령이 내려질 것이오. 그러나 그것을 받아들이려면 어쩔 수 없이 쓰가루 가문을 떠나야 하오. 나는 겐로쿠 이래로 은혜가 중한 주가를 버리고 출세를 꾀할 마음이 없기 때문에 막부의 요청을 거절할 생각이라오. 병을 핑계로 내세울 거요. 그렇게 되면 쓰가루 가문에서 근무하는 것도 불가능해지오. 나는 은거하기로 결정했소. 아버지는 쉰아홉 살에 은거하고 일흔네 살에 돌아가셨기 때문에 나도 전부터 쉰아홉 살이 되면 은거하려고 생각하고 있었소. 그게 단지 조금 빨라졌을 뿐이라오. 만약 아버지처럼 일흔네 살까지 살 수 있다면 앞으로 약 20년의 세월이 남았소. 이제부터가 내 세상이오. 나는 저술을 할 것이오. 우선 『노자』의 주석을 시작으로 메이안과 에키사이에게 맹세한 일을 마친 다음 나 자신의 일에 매달릴 것이오." 막부의 부름이란 오쿠이시 등으로 부름받는다는 것으로, 추사이는 그 내명을 받았던 것 같다. 그러나 운명은 추사이에게 딜레마 앞에 서도록 내버려두지 않았다. 또 추사이에게 저술에 힘을 마음껏 쏟아붓게 내버려두지도 않았다.

53

8월 22일에 추사이는 평소처럼 저녁 식사 자리로 향했다. 그러나 이오가 술을 권했을 때 추사이는 술안주로 내온 회에 젓가락을 대지 않았다. "왜 드시지 않습니까?"라고 묻자 "배가 좀 불편해서"라고 했다. 다음날인 23일은 하마정 별저의 당직날이었지만 병을 이유로 그만두었다.

이날을 시작으로 구토를 했다. 그 후 27일에 이르기까지 증상은 점점 심해져만 갔다.

다키 안타쿠, 다키 겐키쓰, 이사와 하쿠켄, 야마다 친테이[375] 등이 병상의 시중을 들며 치료 방법을 다했지만 효과가 없었다. 친테이, 이름은 교코, 통칭은 쇼헤이다. 추사이의 아버지 다다시게의 문인으로, 다다시게가 죽고 추사이에게 종학했다. 고즈케국 다카사키의 성주인 우쿄노스케[376] 마쓰다이라 데루토시의 가신으로, 혼고 유미정에 살았다.

추사이는 때때로 헛소리를 했다. 듣자니 꿈속에서 『의심방』을 교합[377]하는 것 같았다.

추사이의 병세는 28일에 조금 나아졌다. 유언 중에 미리 후계자로 정해놓은 시게요시를 교육할 방법이 있었다. 경서를 가이호 교손에게, 서법을 고지마 세이사이에게, 『소문(素問)』[378]을 다키 안타쿠에게 배우게 하고 기회를 봐서 네덜란드어를 배우게 하라는 내용이었다.

28일 밤 축시(丑時)에 추사이는 마침내 숨을 거두었다. 즉 29일 오전 2시다. 나이는 쉰네 살이었다. 유해는 야나카의 감응사에 묻혔다.

추사이가 사망한 후 마흔세 살의 미망인 이오를 비롯하여 오카니시 도쿠가 낳은 차남 야지마 야스요시가 스물네 살, 4녀 쿠가가 열두 살, 6녀

---

375 야마다 친테이(山田椿庭): 1808-1881, 의사.
376 우쿄노스케(右京亮): 고대 율령제 하에서 교토 서쪽 지역의 행정과 치안을 담당한 중간급 관료. 율령제를 기반으로 한 관직 체계가 약화된 에도시대에는 실제 행정적 권한을 가진 관직이 아니라 귀족 가문의 전통과 명예를 나타내는 상징적 직위로 사용되었다.
377 교합(校合): 이본(異本)이 있을 때 비교하여 같고 다름을 조사하는 일.
378 중국 당나라 때 왕빙(王氷)이 쓴 동양에서 가장 오래된 의학서. 총 24권. 황제와 명의 기백(岐伯)의 문답형식으로 음양오행, 침구, 맥 등에 관해 쓴 저서.

미키가 여섯 살, 5남 센로쿠가 다섯 살, 6남 스이잔이 네 살, 7남 시게요시가 두 살 4남 2녀가 남았다. 야스요시를 제외하고 모두 야마노우치 이오가 낳은 자식들이다.

추사이의 자식으로 아버지보다 먼저 떠난 사람은 오지마 사다가 낳은 장남 쓰네요시, 히라노 이노가 낳은 이토, 오카니시 도쿠가 낳은 2녀 요시와 3남 하치사부로, 야마노우치 이노가 낳은 3녀 토, 4남 겐코, 5녀 키시, 7녀 사키 3남 5녀다.

야지마 야스요시는 이해 2월 28일에 쓰가루 가문의 오모테이시에 임명되었다. 처음 지위를 회복한 것이다.

이오의 형부인 나가오 소에몬은 추사이보다 한 달 앞서 7월 20일에 같은 병에 걸려 죽었다. 그 후 11월 15일에 발생한 화재로 요코야마정에 있던 가게도 혼정에 있던 집도 모두 불타서 철물 도매상은 폐업했다. 남은 것은 마흔네 살의 미망인 야스와 스물한 살의 장녀 케이, 열아홉 살인 차녀 센 세 명이었다. 이오는 다이도코로정 저택 빈터에 작은 집을 짓고 이들을 맞아들였다. 이오는 케이에게 데릴사위를 얻어서 나가오 집안의 제사를 받들게 하려고 야스를 설득했지만 야스는 주저하며 결정하지 못했다.

히라노 사다카타는 추사이가 죽은 직후부터 끊임없이 이오를 설득해서 시부에 가족을 자신의 집에 머물게 하려고 했다. 사다카타는 이렇게 말했다. 자신은 일 년 전에 추사이와 번정(藩政)에 대한 의견이 달라서 한때 절교한 상태였다. 그러나 추사이와의 정을 잊지 않고 조만간 지난날의 친분을 회복하려고 생각하고 있었는데, 공교롭게도 추사이가 죽었다. 자신은 어떻게든 옛 은혜에 보답하지 않을 수 없다. 자신의 집에는 빈 방이 많다. 부디 그리로 이사 와서 우리집에 사는 것처럼 살아주면 좋겠다.

자신은 가난하지만 하루하루 생계에는 여유가 있다. 결코 의식에 대한 값은 받지 않겠다. 그렇게 하면 시부에 일가는 과부와 고아로서 받아야 할 모욕을 막고 쓸데없는 지출을 아끼며 안심하고 자녀들이 성장하는 것을 기다릴 수 있을 것이다.

제2장

54

히라노 사다카타는 추사이의 유족을 자기 집으로 맞아들이려고 이오를 설득했다. 그러나 그것은 이오를 몰라서였다. 이오는 남의 처마 밑에 의지하는 데 안주하는 여자가 아니었다. 시부에 일가의 생계는 물론 축소하지 않을 수 없었다. 남편이 살아 있을 때처럼 많은 하인을 부리고 식객을 거둘 수는 없었다. 그러나 대대로 이 집을 섬겨온 와카토나 노파들 중에는 떠나보내기 어려운 사람들도 있었다. 식객들 중에는 떠나보내려고 해도 갈 곳이 없는 사람들도 있었다. 나가오 유족도 만약 독립시키려고 한다면 분명 불안해할 것이다. 이오는 남에게 의지하기보다는 남들이 자기에게 의지하게 해야만 했다. 그리고 내부에 기댈 곳이 있어서 굳이 스스로 이 중임을 떠맡으려고 했다. 사다카타의 권유가 보람이 없는 이유였다.

모리 키엥은 이해 12월 5일에 도쿠가와 이에모치를 알현했다. 묘비에는 "안세이5(1858년) 무오(戊午) 12월 5일 처음으로 쇼군 도쿠가와 이에사다공(公) 알현"이라고 돼 있는데, 이 연월일은 이에사다가 훙거하고 4개월 후다. 키엥이 직접 쓴 문장임을 생각하면 매우 의심스럽다. 키엥이 알현했을 이에모치는 열세 살 소년이어야 하는데, 이에사다는 사망 당시 서른다섯 살이었다.

이해 콜레라로 에도 시중에서만 2만 8천 명의 희생자가 발생했다고 한다.[379] 당시 유명인 중에 콜레라로 죽은 사람은 이와세 게이잔,[380] 안도

---

[379] 1858년 나가사키에 입항한 미국 군함 미시시피호에서 시작된 콜레라 유행은 8월에 전국적으로 확산되었다. 1855년 안세이 대지진, 1856년 풍수해에 뒤이어 발생했기 때문에 피해가 컸다.

히로시게,[381] 호이쓰[382]의 문인 스즈키 히쓰안[383] 등이 있다. 이치카와 베이안[384]도 80세 고령이었는데, 같은 병이었을지 모른다. 시부에 집안과 그 인척은 추사이와 소에몬 두 사람을 콜레라로 잃고 이오와 야스 자매가 동시에 미망인이 되었다.

추사이가 저술한 책에는 우선 『경적방고지』와 『유진보(留眞譜)』[385]가 있는데, 연달아 중국인의 손에서 간행되었다. 이것은 추사이와 그 스승, 친구들이 함께 연구하여 얻은 결실로, 모리 키엥이 기록에 참여했음은 앞서 말한 바와 같다. 추사이의 고증학 일면은 이 두 책이 대표하고 있다. 서승조가 『경적방고지』 서문에서 "대체로 글을 새기는 일을 논하지만 고증에 서투르고 그다지 깊은 주의를 기울이지 않았다"고 했는데, 일본에서 처음으로 교합 작업에 손을 댄 추사이 등에게 완벽함을 요구하는 것은 너무 지나친 게 아닐까.

일본에서 고증학의 계보는 가이호 교손에 따르면 요시다 고톤이 주창하고 가리야 에키사이가 이를 계승하여 발전시키고 시부에 추사이와 모리 키엥에 이르렀다. 고톤의 방계(傍系)에는 다키 게이잔이 있고 에키사이의 방계에는 이치노 메이안과 다키 사이테이, 이사와 란켄, 고지마 호소[386]가 있다. 추사이와 키엥의 방계에는 다키 교코, 이사와 하쿠켄, 고지마 호추, 호리카와 슈안, 가이호 교손이 있다. 고지마 호소는 원래

380 이와세 게이잔(岩瀨京山): 1769-1858, 통속 문학 작가. 산토 교덴의 동생.
381 안도 히로시게(安藤広重): 1797-1858, 우키요에(浮世繪: 에도시대에 성행한 풍속화) 화가.
382 사카이 호이쓰(酒井抱一): 1781-1828, 배우, 화가.
383 스즈키 히쓰안(鈴木必庵): 1796-1858, 화가.
384 이치카와 베이안(市河米庵): 1779-1858, 서가, 한시인.
385 『경적방고지』에서 중요한 부분을 편집해서 수록한 것.
386 고지마 호소(小島寳素): 1797-1849, 막부 의관.

150섬 30인 녹미를 받는 오모테이시 고지마 슌안으로, 이즈미바시 거리에 살았다. 이름은 쇼시쓰, 통칭은 가쿠코였다. 호추는 그의 아들 슌키로, 100섬을 받는 요리아이이시[387]에서 나와 아버지의 직을 이었다. 집은 처음에는 시타야 니초마치, 나중에는 니혼바시 구레마사정에 있었다. 이름은 쇼신이었다. 슌키의 뒤는 슌이쿠, 이름은 쇼케이가 계승했다. 슌이쿠의 아들은 현재 홋카이도 무로란에 사는 고이치. 쿠가 미노루[388]가 신문 『일본(日本)』에 추사이의 간략한 전기를 실었을 때 잘못하여 호소를 고지마 세이사이, 호추를 세이사이의 아들로 적었는데, 지금까지 누구도 이것을 바로잡고 있지 않다. 또 이 학통에 대해서 나가이 긴푸는 고톤 앞에 이노우에 란다이[389]와 이노우에 긴가[390]를 추가해야 한다고 했다. 요컨대 이들 제가가 새롭게 고증학의 영역을 개척하고 추사이가 키엥과 함께 마침내 간신히 전체 저술을 완성하는 데 이른 것이다.

    나는 『경적방고지』와 『유진보』 이 두 책은 조금 더 중요하게 평가해도 좋을 거라고 생각한다. 그리고 요사이 국서간행회가 『경적방고지』를 『해제총서(解題叢書)』[391]에 수록하고 축소판으로 인쇄하여 보급시키게 된 것을 기쁘게 생각한다.

---

387 요리아이이시(寄合醫師): 에도막부 의사. 의술에 능통한 자를 선발해 평상시에는 출근하지 않고 불시에 대비하게 했다. 봉록만 지급되었고, 별도의 급료는 없었다.
388 쿠가 미노루(陸實): 1857-1907, 언론인, 사상가. 신문 『일본』을 창간.
389 이노우에 란다이(井上蘭台): 1705-1761, 유학자.
390 이노우에 긴가(井上金峨): 1732-1784, 유학자.
391 한서(漢書), 불서(佛書) 등의 해제 8부를 수록한 것.

55

추사이의 의학 저술에는 『소문식소(素問識小)』, 『소문교이(素問校異)』, 『영추강의(靈樞講義)』³⁹²가 있다. 그중에서도 『소문』은 추사이가 힘을 다해 연구한 것이다. 가이호 교손이 지은 묘지에 추사이가 『설문(說文)』³⁹³을 인용해서 『소문』의 음양결사(陰陽結斜)는 결규(結糾)의 와언³⁹⁴이라고 설명한 게 실려 있다. 또 『옥방비결(玉房秘訣)』³⁹⁵을 인용해서 칠손팔익³⁹⁶을 설명한 것도 실려 있다. 『영추』 같은 책에서도 "부정즉부정당인언역인인이(不精則不正當人言亦人人異)"³⁹⁷라는 문장에서 추사이가 '정당'을 연속된 문장으로 본 것을 칭찬하고 있다. 추사이의 설명에는 발명한 게 아주 많고 이 같은 것은 그 중 일부에 불과하다.

추사이가 남긴 수택본³⁹⁸에는 종종 여백에 글이 적혀 있는 것을 볼 수 있다. 이러한 책에는 『노자』와 『난경(難經)』³⁹⁹이 있다.

추사이의 시는 여사(餘事)에 불과하지만 『추사이음고(抽齊吟稿)』 한 권이 아직 존재한다. 이상은 모두 한문으로 쓰였다.

『호두요법』은 추사이가 이케다 게이스이의 설명을 받아 적은 것으

---

392 『영추경(靈樞經)』(중국 고대 의학서)을 강의한 노트.
393 중국 후한 때 허신(許愼)이 편찬한 자전(字典).
394 와언(訛言): 잘못 전해진 말.
395 중국 고대 성(性) 의학서.
396 칠손팔익(七損八益): 성생활에서 발생하는 병세에 대처하는 15가지 요법. 칠손은 몸이 상한 것을 고치는 일곱 가지 방법. 팔익은 몸에 이로운 여덟 가지 방법.
397 정신 상태가 이상해지면 언행이 이상해지고 사람의 말 또한 사람마다 다르다는 뜻.
398 수택본(手澤本): 1. 되풀이해 읽어서 그 사람의 손때가 묻은 책. 2. 생전에 소중히 여기던 책. 3. 어떤 사람이 여러 가지 것을 참고로 써넣은 책.
399 중국 전국시대 의사 편작(扁鵲)이 지었다고 하는 중국 고대 의학서.

로, 추사이의 저술 가운데 에도시대에 간행된 유일한 책이다.

여러 가지 잡다한 저서로는 『안자춘추[400]필록(晏子春秋筆錄)』, 『게키신센이야기(劇神仙話)』, 『다카오[401]고(高尾考)』가 있다. 『게키신센이야기』는 나가시마 고로사쿠의 말을 기록한 것이다. 『다카오고』는 아쉽게도 완성되지 못했다.

『위어(囂語)』[402]는 추사이가 국문으로 학문의 모범을 기록하여 문하의 제자들에게 보여준 작은 책자에 붙인 이름일 것이다. 말미에 "덴포 신묘(辛卯) 늦가을 추사이 술에 취해 잠든 중 잠꼬대하다"라고 적혀 있다. 신묘는 1831년(덴포2)으로 추사이가 스물일곱 살 때다. 현재 존재하는 한 권에는 국문 8매가 홍색 반지[403]에 베껴져 있고 그 앞에 백지에 베낀 한문 초고 29매가 함께 묶여 있다. 그 목록을 열거하면 번민이문변(煩悶異文弁), 불설아미타경비(佛說阿彌陀經碑), 춘추외전국어(春秋外傳國語)[404] 발문, 장자[405]주소(莊子注疏) 발문, 의례(儀禮)[406] 발문, 팔분서[407] 효경(孝經)[408] 발문, 귤록(橘錄)[409] 발문, 충허지덕진경(沖虛至德眞經)[410] 석문[411] 발문, 청귀서목장서목록(青歸書目藏書目錄)[412] 발문, 활자판 좌전

---

400 중국 춘추시대 제나라 안영(晏嬰)의 언행을 기록한 책.
401 요시와라의 대표적인 유녀 이름.
402 마음을 다스리고 지켜야 할 말이라는 의미.
403 반지(半紙): 주로 붓글씨를 연습하는 일본 종이.
404 중국 춘추시대 열국(列國)사.
405 중국 전국시대에 장자가 지은 사상서. 중국의 철학과 선종의 발전에 막대한 영향을 미쳤다.
406 주공(周公)이 지었다고 알려진 경서. 중국 고대 사회의 의식(儀式)을 기록.
407 팔분서(八分書): 한자 서체로 소전(小篆)과 예서(隸書)의 중간체.
408 공자가 제자 증자에게 전한 효도에 관한 논설 내용을 기록한 유교 경전.
409 중국 남송 때 한언직(韓彦直)이 저술한 감귤 전문 서적.
410 중국 전국시대 사상가인 열자(列子)의 설을 수록.
411 석문(釋文): 불교 경론을 풀이한 글이나 글귀.
412 이치노 메이안의 문고 목록.

(左傳)⁴¹³ 발문, 송본(宋本) 교정(校正) 병원후론(病源候論) 발문, 원판(元板) 재교(再校) 천금방(千金方) 발문, 서의심방후(書醫心方後), 치쿠요시마사오(知久吉正) 옹(翁) 묘비(墓碣), 낙타고(駱駝考), 탄환(癱瘓),⁴¹⁴ 논어의소(論語義疏) 발문, 란켄 선생의 영에 고하다(告蘭軒先生之靈) 18편이다. 이 한 권은 표지에 "위어, 추재술(魘語, 抽齊述)" 다섯 글자가 전서체로 제목이 쓰여 있고 처음부터 끝까지 모두 추사이의 자필이다. 나는 도쿠토미 소호⁴¹⁵의 장본(藏本)이 된 것을 빌려 보았다.

추사이의 수필, 잡록, 일기, 비망록 가운데는 이미 없어진 것도 있다. 그중에서 일기는 1822년(분세이5)부터 1858년(안세이5)까지 37년에 걸쳐 기록한 것으로, 수십 권에 달하는 방대한 분량이다. 이것은 1784년(덴메이4)부터 1837년(덴포8)까지 54년 동안 아버지 다다시게의 일기에 접하고 1822년(분세이5)부터 1837년(덴포8)까지 16년 동안은 아버지와 아들의 기록이 함께 존재한다. 이 일대 기록은 1875년(메이지8) 2월까지 다모쓰가 소장하고 있었다. 그런데 다모쓰가 도쿄에서 하마마쓰현으로 부임하면서 이것을 여행용 고리짝에 담아서 친척집에 맡겼다. 친척은 귀중품인 줄 알지 못하고 보호에 소홀했고 전부 잃어버리고 말았다. 고리짝 안에는 앞서 말한 추사이의 수필 등 십여 권이 있었고 또 다다시게가 저술한 『데이쇼잡록』 등 약 30권이 있었다. 생각건대 이 책들은 이미 병풍, 맹장지, 옷농 등 초배⁴¹⁶의 재료가 된 것일까. 그렇지 않으면 누군가의 손에 들어가서 어딘가에 파묻힌 것일까. 찾고 싶어도 마땅한 길이 없다. 다

---

413 『춘추좌씨전(春秋左氏傳)』. 중국 노나라 좌구명(左丘明)이 『춘추』를 해설한 저서.
414 중풍을 논한 책.
415 도쿠토미 소호(德富蘇峰): 1863-1957, 언론인, 사상가, 역사가.
416 초배(初褙): 정식으로 도배하기 전에 허름한 종이로 애벌로 도배하는 것.

모쓰는 지금까지도 애석해 마지않는다.

『직사전기초(直舍傳記抄)』여덟 권은 지금 후지카와 유가 소장하고 있다. 그중에 제목이 빠진 것이 세 권 섞여 있는데, 주로 히로사키 의관 숙직부 일기에서 발췌한 것이다. 위로는 1704년(호에이1)부터 아래로는 1838년(덴포9)에 이른다. 곳곳에 "젠(善) 가로되"라고 저서(低書)한 주가 있다. 1704년(호에이1)부터 1785년(덴메이5)에 이르는 가장 오래된 한 권에는 제목이 없고 인용서로『쓰가루일통지(津輕一統志)』,[417]『쓰가루군기(津輕軍記)』,『신요개기(津陽開記)』,[418]『어계보삼통(御系圖三通)』,『역년귀감(歷年龜鑑)』,『효공행실(孝公行實)』,[419]『상복사[420]유래서(常福寺由緒書)』,『진량원[421]과거장초록(津梁院過去帳抄)』,『전문잡록(傳聞雜錄)』,『동번명수(東藩名數)』,『다카오카영험기(高岡靈驗記)』,[422]『제서안문(諸書案文)』,『번한보(藩翰譜)』[423]가 열거되어 있다. 이것은 여러 책에서 주로 히로사키 의관에 관한 내용을 발췌한 것일 것이다.

『네 개의 바다』는 추사이가 지은 나가우타. 이것은 책이라고는 할 수 없지만 앞서 언급한『호두요법』과 함께 에도시대에 간행된 두세 장짜리 작문이다.

『가면의 유래(仮面の由來)』이것도 얄팍한 소책자다.

---

417 히로사키번에서 편찬한 관찬(官撰) 역사서.
418 히로사키번의 초대 번주인 쓰가루 다메노부(津輕爲信)에 대해 기록한 것.
419 쓰가루 노부아키라에 대해 기록한 것.
420 쓰가루 가문의 보리사(菩提寺: 선조 대대의 위패를 모신 절)로 창건된 절.
421 쓰가루 노부요시에 의해 창건된 절.
422 쓰가루 노부마사를 모시는 다카테루 신사(高照神社)에 관한 기록.
423 에도시대 중기 역사서. 1600년부터 1680년까지 다이묘 가문의 유래와 사적, 계보도를 수록.

56

『여후천부(呂后千夫)』는 추사이가 쓴 소설이다. 경인(庚寅) 설날에 썼다고 하는 서문이 있다고 하니까 그 전년, 즉 1829년(분세이12)에 스물다섯 살 때 완성한 작품일 것이다. 이 소설은 이오가 시집왔을 무렵 아직 시부의 집에 있어서 이오가 여러 번 반복해서 읽었다고 한다. 그것을 어느 날 치쿠산 사에몬이라는 자가 빌려 갔다. 치쿠산은 시모쓰케국 아시카가의 나누시였다고 한다. 결국 돌려주지 않았다. 이상은 국문으로 쓴 것이다.

이 저술들 중에 간행된 것은 『경적방고지』, 『유진보』, 『호두요법』, 『네 개의 바다』 네 종에 불과하다. 그 외에는 전부 사본으로, 도쿠토미 소호가 소장한 『위어』, 후지카와 유가 소장한 『직사전기초』, 이미 없어진 책들을 제외하고 모두 다모쓰가 소장하고 있다.

추사이의 저술은 대강 이와 같다. 직에서 물러난 후 저술 작업에 힘을 쏟으려고 했으나 불행히도 역병으로 인해 목숨을 잃으면서 일찍이 내부에 쌓아둔 것들을 결국 밖으로 드러내지 못하고 말았다.

나는 여기에 추사이의 수양에 대해 조금 적어 두고 싶다. 고증가의 입장에서 보면 경서는 비판의 대상으로, 전래된 문헌은 무조건적으로 받아들여야 하는 게 아니다. 이와 같은 이유에서 고증가의 말단에는 파괴를 교감의 목적으로 삼고 조금도 경건함의 흔적을 남기지 않는 자들이 있다. 중국에서의 고증학 망국론 같은 주장은 본래 인문 진화의 길을 막는 누견(陋見)이지만 고증학자들 중에 종종 수양이 부족한 인물이 나왔다고 하는 어두운 면에 대해서는 그 존재를 부정할 수 없을 것이다.

그러나 진정한 학자는 고증을 위해서 수양을 소홀히 하는 일은 하지 않는다. 단지 온전한 수양을 이루고자 한다면 고증을 빼놓을 수 없다고 믿는다. 왜냐하면 수양을 위해서는 육경[424]을 깊이 탐구해야 하고 육경을 탐구하기 위해서는 반드시 고증이 필요하기 때문이다.

　추사이는 『위어』에서 이렇게 말하고 있다. "무릇 학문의 길은 육경을 다스리고 성인(聖人)의 도(道)를 몸소 실천하는 것을 주로 삼아야 함은 물론이다. 그런데 육경을 깊이 이해하고자 한다면 반드시 그 한 글자, 한 구절까지도 세밀하게 연구하지 않으면 안 된다. 한 글자, 한 구절을 연구하려면 글자의 음과 뜻을 명확히 아는 게 중요하다. 글자의 음과 뜻을 상세히 밝히기 위해서는 우선 선본을 많이 구해 같고 다름을 비교하고 오류를 교정하여 그 글자와 구절을 정한 후 소학[425]에 숙달되고 비로소 의리(義理)를 명확히 이해할 수 있다. 예를 들어 높은 곳에 오르려면 낮은 곳에서 시작해야 하고 먼 곳에 도달하려면 가까운 곳에서 출발해야 하는 것처럼 소학을 익히고 글자와 구절을 교정하는 일은 겉보기에 사소하고 번거로운 일처럼 보이지만 이를 행하지 않으면 성인의 대도미의[426]를 밝히는 것은 불가능하다. (중략) 그러므로 백가[427]의 책 중에 읽지 말아야 할 것은 없으나 그렇게 하다 보면 인간의 일생 동안 이루기 어려운 대업과 같기 때문에 그중에서 주가 되는 책을 집중적으로 읽는 게 필요하다. 이는 각자 스승으로 삼는 사람을 따라서 가르침을 받아야 할 부분이다. 이렇게 소학에 숙달된 후에 육경을 깊이 탐구하게 된다면 성인의 대도미의

424　육경(六經): 중국 춘추시대의 여섯 가지 경서. 『역경』, 『서경』, 『시경』, 『춘추』, 『예기』, 『악기』(『악기』 대신 『주례』를 넣기도 한다).
425　소학(小學): 문자의 형상, 훈고, 음운 등을 연구하는 학문.
426　대도미의(大道微意): 사람이 마땅히 지켜야 할 큰 도리와 미묘하고 깊은 대의(大儀).
427　백가(百家): 여러 가지 학설이나 주장을 내세우는 많은 학자.

에 통달하는 것을 반드시 이룰 수 있다."

이는 추사이의 본질을 꿰뚫어 설명한 것으로, 고증 없이는 육경에 통달할 수 없고 육경에 통달하지 못하면 무엇으로 수양해야 좋을지 알 수 없게 된다는 것이다. 추사이의 이러한 견해는 전적으로 스승 이치노 메이안의 가르침에 기인한다.

57

메이안의 고증학이 어떠한 것인지는 『독서지남(讀書指南)』[428]을 봐야 한다. 그 요지는 서문 한 편에 모두 담겨 있다. 메이안은 이렇게 말했다. "공자께서는 요순(堯舜)과 3대[429]의 도를 설명하고 그 흐름과 의미를 세우셨다. 요순 이후의 것들을 취한 이유는 그것이 명확히 전해진 사실이기 때문이다. 그러나 춘추시대에 이르러 세상이 변하고 시간이 흐르면서 그 도는 전혀 실행되지 않았다. 공자께서도 이를 시행하려 했으나 끝내 이루지 못하고 결국 노나라로 돌아가서 육경을 정리해 후세에 전하셨다. 이는 요순과 3대의 도를 인정했기 때문이다. 유자(儒者)는 공자를 본받아서 그 경전을 닦는 자들이다. 그러므로 유자의 도를 배우고자 한다면 먼저 글자를 정성을 다해 익히는 것이 좋다. 그다음에는 구경[430]을 잘

428 학문을 처음으로 배우기 시작한 사람을 위해 옛 주소(註疏: 본문에 대한 주해)를 중시하는 입장에서 경서와 사전을 해설한 입문서.
429 요순 다음의 하, 은, 주 시대.
430 구경(九經): 중국 고전인 아홉 가지 경서. 『주역』, 『시경』, 『서경』, 『예기』, 『춘추』, 『효경』, 『논어』, 『맹자』, 『주례』 또는 『주례』, 『의례』, 『예기』, 『좌전』, 『공양전』, 『곡량전』, 『주역』, 『시경』, 『서경』.

읽어야 한다. 한나라 유학자들의 주해는 모두 고대로부터 전해진 것으로, 자신의 억측을 섞지 않았다. 그러므로 전래된 것을 지키는 게 유자의 첫 번째 과업이다. (중략) 송나라 때 정이,[431] 주희[432] 등이 자신들의 학문을 세운 이후 근래 이토 겐사,[433] 오규 소에몬[434] 같은 자들이 모두 자기의 학문을 참된 학문이라 주장하며 시비 다투기를 그치지 않았다. 세상의 유자들은 모두 혼란에 빠져서 알지 못하게 되었다. 나 역시 어릴 때부터 이 문제를 공부했지만 헤매며 알지 못했다. 그러나 문득 깨달은 바가 있다. 학령(學令)의 취지에 따라 각각의 고서를 읽는 게 좋겠다고 생각하게 되었다."

요컨대 메이안도 추사이도 도에 이르기 위해서는 고증에 의해 도달하는 방법 말고는 없다고 믿었다. 본디 이것은 손쉬운 게 아니다. 메이안이 정성을 다해 글자를 익혀야 한다고 하고 추사이가 소학에 정통해야 한다고 말한 이 일을 위해서 한 사람의 생애를 전부 바쳐야 할지도 모른다. 이 동안에 수많은 세대가 태어났다 사라질지도 모른다. 그러나 달리 따라야 할 방법이 없다고 한다면 학자는 이 일에 종사하지 않을 수 없는 것이다.

그러면 학자는 고증에 몰두하여 수양할 새가 없어지는 게 아닐까. 아니, 그렇지 않다. 고증은 고증이다. 수양은 수양이다. 학자는 고증의 먼 길을 걸으며 부단히 수양을 할 수 있다.

---

431 정이(程頤): 1033-1107, 성리학을 주창한 중국 북송 유학자.
432 주희(朱熹): 주자(朱子). 1130-1200, 주자학을 대성한 중국 남송 유학자.
433 이토 겐사(伊藤源佐): 이토 진사이(伊藤仁齋). 1627-1705, 주희의 신주(新註)를 배척하고 직접 원전을 취해 경서를 읽을 것을 주장한 유학자.
434 오규 소에몬(荻生惣右衛門): 오규 소라이(荻生徂徠). 1666-1728, 경서해독 방법으로 중국어 습득과 시문 습숙을 주장한 유학자.

추사이는 그것을 이렇게 생각했다. 백가의 책 중에 읽지 않아도 되는 것은 없다. 십삼경[435]이라고 하고 구경이라고 하고 육경이라고 한다. 나열 방식이야 어쨌든 좋지만 진화[436]로 불에 탄 『악경(樂經)』을 제외하고는 반드시 독파해야 한다. 이것들을 독파한 후에는 크게 공을 덜 수 있다. "성인의 도라고 해도 앞서 말한 것처럼 육경을 독파한 후에는 『논어』와 『노자』 두 책으로 충분하다. 그중에서도 '과유불급'[437]을 품행의 중심으로 삼고 '무위'와 '불언'[438]을 마음가짐의 규범으로 삼으면 된다. 이 두 책만 잘 지키면 충분하다."

추사이는 백척간두 진일보하여[439] 이렇게 말하고 있다. "다만 『논어』 안에는 취사해야 할 부분이 있다. 왕충이 쓴 「문공편(問孔篇)」[440]과 스승 메이안이 논어 몇 구절을 논한 책도 있다. 모두 참고해야 한다." 왕충의 이른바 "성현이 붓을 들어 지은 글도 아무리 생각이 상세하고 명확하다고 해도 모두 사실과 부합한다고 할 수 없다. 하물며 급작스럽게 쓴 말을 어떻게 모두 옳다고 하겠는가"라는 식견이다.

추사이가 『노자』를 『논어』와 함께 언급한 것도 스승 메이안의 설에

---

435 십삼경(十三經): 중국의 열세 가지 경서. 『역경』, 『서경』, 『시경』, 『주례』, 『의례』, 『예기』, 『춘추좌씨전』, 『공양전』, 『곡량전』, 『논어』, 『효경』, 『이아』, 『맹자』.
436 진화(秦火): 진나라의 불태움이란 뜻. 중국 진나라 시황제가 유학과 제자백가의 서적을 불태운 일.
437 과유불급(過猶不及): 정도가 지나침은 미치지 못함과 같다는 뜻. 『논어』 「선진편(先進篇)」에 나오는 말.
438 무위(無爲)는 인위적으로 행동하지 않음. 불언(不言)은 말하지 않음.
439 백척간두 진일보하다(百尺竿頭一步를 進める): 이미 도달할 데까지 이르렀으나 한층 더 발전하려 한다는 비유. 여기서는 충분히 설명한 위에 다시 한번 말한다는 의미.
440 공자에게 묻는다는 뜻. 중국 후한 사상가 왕충(王充)이 공자에게 의문을 품고 공자의 가르침을 비판적으로 고찰한 글.

기인하고 있다. "하늘은 창창하여 위에 있다. 사람은 하늘과 땅 사이에 태어나서 본성이 모두 서로 가깝다. 그러나 관습은 서로 멀다. 태초부터 본성이 없는 사람은 없다. 관습이 없는 풍습도 없다. 세계 만국 모두 저마다 관습이 있지만 같지 않다. 그 관습은 본성과 같이 사람에게 스며들어서 떨어지지 않는다. 노자는 자연을 논한다. 그것이 바로 이것이다. '공자께서 말씀하시길 나는 전해 내려오는 것을 기술할 뿐 새로 지어내지 않으며 옛것을 믿고 좋아하니 나 자신을 가만히 노팽[441]에 비교해 본다.'[442] 공자의 뜻 또한 자연에 가깝다."

58

추사이는 『노자』를 숭상하기 위해 먼저 이것을 신뢰 상실에 빠뜨린 신선술을 도교의 영역 밖으로 몰아내려고 했다. 이는 일찍이 청나라의 방유전[443]이 가경[444]판 『포박자』 서문에서 변론한 바와 같다. 추사이는 이 무실(無實)을 증명하는 작업을 수행한 후 다음과 같이 말하고 있다. "노자의 도는 공자와 다른 듯 보이나 그 귀결되는 바는 하나로 통한다. '사람들이 자신을 알아주지 않는 것을 걱정하지 않는다'[445]는 것과 증자[446]가 '꽉 차 있어도 텅 빈 것처럼 보인다'[447]라고 말한 것은 모두 노자의 뜻

---

441 노팽(老彭): 옛날 일을 즐겨 이야기했다고 알려져 있는 중국 은나라 대부.
442 『논어』 「술이편(述而篇)」 중 "孔子曰, 述而不作, 信而好古, 竊比於我老彭."
443 방유전(方維甸): 1759-1815, 중국 청나라 학자.
444 가경(嘉慶): 중국 청나라 인종(仁宗) 때 연호로 1796년부터 1820년까지.
445 불환인부기지(不患人不己知).
446 증자(曾子): 기원전 506-기원전 436?, 중국 노나라 유학자. 공자의 제자.
447 유약무실약허(有若無實若虛).

에 가깝다. 또 자연이라고 하는 것은 만사에 걸쳐 그렇지 않을 수 없는 이치다. (중략) 또 불가에서는 막연히 돌아간다고 말하는 경우가 있다. 이것은 공[448]에 몸을 맡기는 대승[449]의 가르침이다. 자연이라고 하는 것보다 더 형체 없는 말이다. 소승[450]의 가르침은 모든 일을 형식에 따라 행하라는 것이다. 공자의 도 또한 효제인의(孝悌仁義)에서 시작하여 여러 예법을 따르는 것은 불가의 소승과 같다. 그러나 그 일이관지[451]는 이 가르침을 하나로 해서 집중[452]에 이르러 비로소 불가 대승의 경지에 도달하는 것이다. 집중 이상을 말하면 공자, 석자[453]의 가르침과 같다고 할 수 있다."

추사이는 마침내 유교, 도교, 불교 삼교의 귀일에 도달했다. 만약 이 사람이 구약성서와 신약성서를 읽었다면 어쩌면 그 안에서도 접점을 찾이내어 야스이 솟켄[454]의 『변망(弁妄)』[455] 등과는 전혀 다른 책을 저술했을지도 모른다.

이상은 추사이가 수기한 문장에서 그 마음 자세와 몸가짐의 근거가 된 바를 구한 것이다. 이외에도 내 수중에는 일종의 어록이 있다. 이것은 이오가 추사이에게 듣고 다모쓰가 이오에게 들은 것을 다모쓰가 나를 위

---

448 공(空): 대승불교에서 말하는 실재의 궁극적인 본성.
449 대승(大乘): 이타주의 입장에서 중생의 구제를 설파하는 불법.
450 소승(小乘): 수행을 통한 개인의 해탈을 가르치는 불법. 소극적이고 개인적인 열반만 중시해서 이에 반발하여 대승이 일어났다.
451 일이관지(一以貫之): 모든 것을 하나의 원리로 꿰뚫어 이야기하는 것.
452 집중(執中): 지나치거나 모자람 없이 또는 한쪽으로 치우침 없이 마땅하고 떳떳한 도리를 취하는 것.
453 석자(釋子): 석가모니의 제자.
454 야스이 솟켄(安井息軒): 1799-1876, 유학자. 오가이는 솟켄의 부인 사요(佐代)를 주인공으로 「야스이 부인(安井夫人)」(1914)이라는 작품을 썼다
455 유교의 입장에서 기독교 교리를 비판한 책.

해 글로 옮겨준 것이다. 나는 이것을 함부로 다듬거나 수정하지 않고 여기에 그대로 수록하고자 한다.

추사이는 평소 송유[456]의 이른바 순임금의 16자를 입에 담고 살았다. "인심유위, 도심유미, 유정유일, 윤집궐중"[457]이다. 위에서 말한 삼교귀일의 가르침이 바로 이것이다. 추사이는 『고문상서(古文尙書)』[458]의 전래를 믿는 사람이 아니었기 때문에 이것을 요임금이 순임금에게 고한 말이라고는 생각하지 않았지만 이것을 옛 말, 옛 뜻으로서 존중했다. 그리고 유정유일의 해석은 왕양명[459]을 따라야 한다고 했다고 한다.

추사이는 『예기(禮記)』의 "맑음과 밝음이 몸에 있으니 뜻과 기운이 신과 같다"[460]는 구절과 『소문』「상고천진론(上古天眞論)」의 "마음을 비우면 진기(眞氣)가 몸에 머물러 정신이 안정되므로 병에 걸리지 않는다"[461]는 구절을 외고 수양함으로써 심신의 평안을 이룰 수 있다고 믿었다. 추사이는 눈병을 몰랐다. 치통을 몰랐다. 복통은 어릴 때 있었지만 장년이 된 이후로는 전혀 없었다. 그러나 콜레라 같은 세균에 의한 전염병은 어쩔 수 없었다.

추사이는 스스로를 경계하고 다른 사람을 경계할 때 자주 택산함[462]

---

456 송유(宋儒): 중국 송나라 때 정주학파에 속하는 선비들.
457 인심유위, 도심유미, 유정유일, 윤집궐중(人心惟危, 道心惟微, 惟精惟一, 允執厥中): 인심은 위태롭기만 하고 도심은 미약하기만 하니 정성을 다하여 하나로 해야 진실로 그 중심을 잡을 수 있다는 뜻.
458 중국 한나라 경제 때 노나라의 공왕이 공자가 살았던 집을 확장하다가 벽 속에서 발견한 상서.
459 왕양명(王陽明): 1472-1528, 양명학을 주창한 중국 명나라 유학자.
460 청명재궁, 지기여신(淸明在躬, 志氣如神).
461 염담허무, 진기종지, 정신내수, 병안종래(恬惔虛無, 眞氣從之, 精神內守, 病安從來).
462 택산함(澤山咸): 주역의 64괘 중 31번째 괘.

의 구사효(九四爻)⁴⁶³를 인용했다. 학자는 "서로 자주 왕래하다 보면 벗도 네 생각을 따를 것이다"⁴⁶⁴라는 문장을 자세히 음미해야 한다. 즉 "군자는 자신이 처한 위치에 따라 행동할 뿐 그 외의 것을 바라지 않는다"⁴⁶⁵는 뜻이다. 사람은 그 지위에 만족해야 한다. 아버지 다다시게가 거처하는 방에 용안실이라고 이름 붙인 것도 이 때문이다. 의사가 되어서 유학자를 부러워하고 상인이 되어서 무사를 부러워하는 짓은 어리석은 행동이다. "천하 사람들이 무엇을 생각하며 무엇을 근심하겠는가. 천하 사람들이 돌아가는 곳은 같아도 가는 길은 제각각이며 이치는 하나지만 생각은 백 가지다"⁴⁶⁶라고 하고 "해가 가면 달이 오고 달이 가면 해가 오니 해와 달이 서로 밀어서 밝음이 생긴다. 추위가 가면 더위가 오고 더위가 가면 추위가 오니 추위와 더위가 서로 밀어서 한 해를 이룬다"⁴⁶⁷고 하는 것처럼 사람의 운명에도 자연의 성쇠가 있다. 모름지기 자중하며 때가 이르기를 기다려야 한다.

"자벌레가 몸을 구부리는 것은 다시 펴서 나아가기 위함이요, 용과 뱀이 몸을 숨기는 것은 몸을 잘 보존하기 위해서다"⁴⁶⁸라는 것은 이런 뜻이라고 했다. 이오의 오빠 에이지로가 이미 상인을 그만두고 금화 주조소의 관리가 되었지만 그 후 오랫동안 돈이 새로 주조되는 일이 없어서 다

---

463 효(爻): 역(易)의 괘(卦)를 나타내는 가로 그은 획.
464 동동왕래, 붕종이사(憧憧往來, 朋從爾思).
465 군자소기위이행, 불원호기외(君子素其位而行, 不願乎其外).
466 천하하사하려, 천하동귀이수도, 일치이백려(天下何思何慮, 天下同歸而殊塗, 一致而百慮).
467 일왕즉월래, 월왕즉일래, 일월상추이명생언, 한왕즉서래, 서왕즉한래, 한서상추이세성언(日往則月來, 月往則日來, 日月相推而明生焉, 寒往則暑來, 暑往則寒來, 寒暑相推而歲成焉).
468 척확지굴, 이구신야, 용사지칩, 이존신야(尺蠖之屈, 以求信也, 龍蛇之蟄, 以存身也).

시 업을 바꾸려 했을 때도 추사이는 이 효를 인용해 타일렀다.

59

추사이는 자주 지뢰복[469]의 초구효(初九爻)를 인용해서 사람을 깨우쳤다. "머지않아 되돌아오니 후회하는 일이 없다"[470]는 효다. 잘못을 알고 능히 고친다는 뜻으로, 안연[471]이 아성[472]인 까닭은 여기에 있다고 했다. 추사이는 항상 그 뒤에 덧붙여 말했다. 그러나 안연의 좋은 점은 단지 이것만이 아니다. "안연의 사람됨은 중용의 도를 택하여 하나의 선(善)을 얻으면 신중히 받아들여 마음에 새기고 잊지 않았다."[473] 공자가 자공[474]에게 안연을 칭찬하며 "나와 너는 안연만 못하다"[475]고 한 것도 이 때문이라고 했다.

추사이는 일찍이 말했다. "정치를 덕으로 하는 것은 비유하자면 마치 북극성이 제자리에 머물러 있으면서 무수한 별들이 그것을 향하는 것과 같다"[476]는 말은 단지 군주의 도가 당연히 그래야 한다는 것만을 의미

---

469 지뢰복(地雷復): 주역의 64괘 중 24번째 괘.
470 불원복무지회(不遠復无祗悔).
471 안연(顏淵): 안회(顏回). 기원전 521-기원전 490. 중국 춘추시대 유학자. 공문십철(공자의 문하생 중 10인의 수제자)의 한 사람.
472 아성(亞聖): 공자 다음가는 성인(聖人). 맹자 또는 안회를 이르는 말.
473 회지위인야, 택호중용, 득일선, 즉권권복응이불실지의(回之爲人也, 擇乎中庸, 得一善, 則拳拳服膺而弗失之矣).
474 자공(子貢): 기원전 520?-기원전 456?. 중국 춘추시대 위나라 유학자. 공문십철의 한 사람.
475 오여야불여야(吾與汝弗如也).
476 위정이덕, 비여북신, 거기소이중성공지(爲政以德, 譬如北辰, 居其所而衆星共之).

하지 않는다. 사람은 모두 어떻게 하면 무수한 별들이 자신에게로 향하게 할 것인지를 궁리해야 한다. 이를 능히 이루는 게 바로 혈구지도다. 한퇴지[477]는 "자기에 대한 요구는 무겁고 빈틈이 없어야 하고 남에 대한 요구는 가볍고 간단해야 한다"[478]고 했다. 사람과 교제하는 데는 그 장점을 취하고 단점을 비난하지 않는 게 좋다. "한 사람에게 완벽하기를 바라지 마라",[479] "사람을 쓸 때는 역량에 맞게 쓰라"[480]고 하는 게 바로 이것이다. 이것을 확대해서 말하면 『노자』의 "큰 나라를 다스리는 것은 작은 생선을 삶는 것과 같다"[481]는 뜻으로 귀결된다. "큰 도가 사라지니 인과 의가 생겼다"[482]고 하고 "성인이 없어지지 않으면 도둑이 그치지 않는다"[483]는 것은 그 반면을 가리켜서 한 말이다.

나도 지나간 일을 돌이켜보면 자칫 혈구지도에서 빠뜨린 게 있다. 아내 오카니시 도쿠를 멀리한 것도 이 때문이다. 다행히 아버지가 바로잡아 주셔서 잘못을 뉘우치고 고칠 수 있었다. 히라이 토도는 학식도 있고 식견도 있는 훌륭한 인물이다. 그러나 그 아버지는 요닝이 되었고 토도는 요닝이 되지 못했다. 나는 그 이유를 모르지만 수양이 부족한 것도 하나의 원인일 것이다. 히라노 사다카타는 재능은 부족하지만 사람들은 오히려 그에게 복종한다. 타고난 성품이 저절로 혈구지도에 부합했기 때문이라고 했다.

---

477 한퇴지(韓退之): 768-824, 중국 당나라 문인, 사상가.
478 기책기야중이주, 기대인야경이약(其責己也重以周, 其待人也輕以約).
479 무구비어일인(無求備於一人).
480 급기사인야기지(及其使人也器之).
481 치대국약팽소선(治大國若烹小鮮): 무엇이든 가만히 두면서 지켜보는 것이 가장 좋은 정치라는 의미.
482 대도폐유인의(大道廢有仁義).
483 성인불사, 대도부지(聖人不死, 大盜不止).

추사이는 또 『맹자』의 훌륭한 점은 「진심장(盡心章)」에 있다고 했다. "군자에게는 세 가지 즐거움이 있으니 천하의 임금이 되는 것은 여기에 끼어 있지 않다. 부모님께서 모두 살아계시고 형제들이 아무 일 없는 것이 첫 번째 즐거움이요, 하늘을 우러러 부끄럽지 않고 굽어보아도 사람들에게 부끄럽지 않은 것이 두 번째 즐거움이요, 천하의 영재를 얻어 그들을 교육하는 것이 세 번째 즐거움이다."[484] 『한비자』에서는 「주도(主道)」, 「양권(揚權)」, 「해로(解老)」, 「유로(喩老)」가 좋다고 했다.

이 말을 듣고 추사이의 일생을 돌아보면 누구라도 그 언행일치를 인정하지 않을 수 없다. 추사이는 안으로는 덕과 의를 쌓고 밖으로는 유혹을 물리치면서 항상 자신의 지위에 만족하며 때가 오기를 기다렸다. 우리는 추사이가 한 번 부름을 받고 일어선 것을 보았다. 바로 세이주칸의 강사가 됐을 때다. 우리는 추사이가 다시 부름을 받고 물러나려고 한 것을 보았다. 아마도 막 오쿠이시가 되려던 때였을 것이다. 나아가야 할 때 나아가고 물러나야 할 때 물러나는, 일에 대처하는 데 여유가 있다. 추사이가 택산함의 구사효를 설파한 것은 빈말이 아니다.

추사이가 모리 키엥, 시오다 료상, 아내 오카니시 도쿠를 관대하게 기다린 것을 보는 걸로도 충분하다. 추사이는 혈구지도에서 얻은 바가 있다.

추사이의 품행과 그 유래는 거의 상술한 것과 같다. 그러나 여기에 한 가지 문제가 남았다. 가에이, 안세이시대는 천하의 무사들을 모두 갈

---

484 군자유삼락, 이왕천하불여존언, 부모구존, 형제무고, 일락야, 앙불괴어천, 부부작어인, 이락야, 득천하영재이교육지, 삼락야(君子有三樂, 而王天下不與存焉, 父母俱存, 兄弟無故, 一樂也, 仰不愧於天, 俯不作於人, 二樂也, 得天下英才而教育之, 三樂也).

림길에 서게 했다. 근왕에게 갈 것인가 막부에게 갈 것인가. 시대는 그 중간에서 헛되이 연명하는 것을 허용하지 않았다. 추사이는 이 문제에 어떻게 대처했을까.

추사이는 이 문제를 깊이 고민할 필요가 없었다. 왜냐하면 시부에 집안의 근왕은 이미 오래전에 정해져 있었기 때문이다.

60

시부에 집안의 근왕은 그 본말(本末)이 자세히 알려져 있지 않다. 그러나 추사이의 아버지 다다시게에 이르러 스승 시바노 리쓰잔에 의해 계몽되었다는 것은 의심할 여지가 없다. 다다시게가 리쓰잔에게 종학한 시기는 분명하지 않지만 리쓰잔이 쉰세 살로 막부의 부름을 받고 에도로 온 1788년(덴메이8)에 다다시게는 정확히 스물다섯 살이었다. 가독을 상속하고 4년 후다. 다다시게가 리쓰잔의 문하에 들어간 것은 아마도 그 후 오래 지나지 않아서였을 것이다. 리쓰잔이 1807년(분카4) 12월 초하루에 일흔두 살로 죽은 것에서 추정하면 그렇다.

다다시게의 친구이자 추사이의 스승이었던 이치노 메이안이 근왕가였다는 사실은 그가 남긴 여러 편의 영사[485] 작품을 통해 알 수 있다. 이 시는 유신 후에 모리 키엥이 간행했다. 추사이는 가정에서 왕실을 존경하는 마음을 키웠을 뿐 아니라 메이안의 설을 듣고 감명받았던 것 같다.

추사이는 왕실에 대해서 항상 편치 않은 마음을 품고 있었다. 그리고

---

485 영사(詠史): 역사상의 사실을 읊은 시가체(詩歌體).

한 번은 이 때문에 목숨을 잃을 뻔한 적도 있다. 다모쓰는 이것을 어머니 이오에게 들었는데, 안타깝게도 그 날짜를 기억하지 못했다. 그러나 혼조에 있을 때 일어난 일이니까 아마도 1856년(안세이3) 무렵이었을 것이다.

어느 날 데지마 료스케라는 자가 추사이에게 한 가지 비밀스러운 이야기를 들려주었다. 에도에 있는 모 귀인의 궁핍한 사정에 관한 것이었는데, 귀인은 800냥의 돈이 없어서 곤경에 빠지려고 한다는 것이다. 데지마는 자금을 조달하기 위해 동분서주하고 있지만 구할 길이 없다고 했다. 추사이는 이 이야기를 듣고 감격해서 돈을 바칠 생각을 했다. 추사이는 자기 집의 어려운 형편을 구실로 800냥을 마련할 수 있는 계모임을 열고 친척, 친구들을 불러모아서 돈을 모았다.

계모임이 열린 날 밤, 손님들이 돌아간 후 이오는 목욕을 하고 있었다. 다음날 아침에 모금한 돈을 귀인에게 가져다주기 위해서였다. 돈을 전달할 날은 데지마를 통해서 미리 귀인에게 말해 두었다.

추사이는 갑자기 문 두드리는 소리를 들었다. 하인이 누구냐고 묻자 모 귀인의 심부름꾼이라고 했다. 추사이는 그들을 만나보았다. 온 사람은 세 명의 무사였다. 그들은 은밀히 전할 말이 있으니 다른 사람들을 물러나게 해달라고 했다. 추사이는 세 사람을 안쪽 작은 방으로 안내했다. 그들의 말에 따르면 귀인은 내일 아침까지 기다리지 못하고 돈을 구하기 위해 자신들을 보냈다는 것이다.

추사이는 응하지 않았다. 이 비밀스러운 일에 관여하고 있는 데지마는 귀인 곁에서 직무를 수행하고 있다. 돈은 데지마를 통해서 전달하기로 약속되어 있다. 얼굴도 모르는 세 사람에게 넘겨줄 수 없다고 했다. 그러자 세 사람은 데지마가 오지 않은 이유를 설명했다. 그러나 추사이는 믿을 수 없다고 했다.

세 사람은 서로 눈빛을 주고받더니 몸을 일으켜 칼자루에 손을 얹고 추사이를 둘러쌌다. 그리고 말했다. 우리들의 말을 믿지 못하다니 무례하다. 또한 중요한 사명을 받고도 이를 완수하지 않고 돌아가면 체면이 서지 않는다. 주인은 이래도 돈을 넘기지 않을 텐가. 즉시 대답하라고 했다.

추사이는 앉은 채 한동안 입을 다물고 있었다. 세 명이 거짓 심부름꾼이라는 것은 이미 분명해졌다. 그러나 이들과 격투를 벌이는 것은 자신이 원하지 않고 할 수도 없는 일이다. 집에는 와카토와 제생들이 있었다. 추사이는 이들을 부를지 말지 생각하며 세 사람의 표정을 살폈다.

바로 이때 복도에서 발자국 소리도 없이 장지문이 스르륵 열렸다. 주인과 손님 모두 깜짝 놀라 그쪽을 바라보았다.

61

칼자루에 손을 갖다 대고 일어선 세 명의 손님을 앞에 두고 작은 방 구석에 앉아 있던 추사이는 손님에게서 눈을 떼지 않고 장지의 열린 문을 비스듬히 바라보았다. 그리고 아내 이오의 이상한 모습에 놀랐다.

이오는 겨우 허리 덮개 하나만 걸친 알몸이었다. 입에는 단도를 물고 있었다. 그리고 문지방에서 몸을 구부려 툇마루에 놓인 자그마한 통 2개를 양손에 들어올리려고 했다. 통에서는 뜨거운 김이 피어오르고 있었다. 툇마루를 지나 살며시 다가와 장지문을 열 때 가져온 통을 바닥에 두었을 것이다.

이오는 작은 통을 든 채 훌쩍 방으로 들어와서 남편을 등지고 섰다.

그리고 끓어오르는 물이 담긴 작은 통을 좌우 두 명의 손님에게 내던지고 입에 물고 있던 단도를 손에 쥐고 칼집을 치웠다. 그리고 도코노마[486]를 등지고 서 있던 한 명의 손님을 노려보며 "도둑놈"이라고 외쳤다.

뜨거운 물을 뒤집어쓴 두 사람이 칼자루에서 칼을 빼지도 못하고 다다미방에서 툇마루로, 툇마루에서 정원으로 도망쳤다. 다른 한 사람도 뒤따라서 도망쳤다.

이오는 하인과 제생들의 이름을 부르며 "도둑놈"이라는 소리를 그 사이에 끼워 넣었다. 집에 있던 남자들이 모여들었을 때쯤 세 명의 손님은 이미 모두 도망갔다. 이때 일은 훗날까지 시부에 집안의 이야깃거리가 되었는데, 이오는 사람들이 그 공을 칭찬할 때마다 부끄러워서 자리를 피했다고 한다. 이오는 어려서 무가 고용살이를 시작한 때부터 단도 한 자루만큼은 늘 몸에 지니고 있었기 때문에 목욕탕에 벗어놓은 옷가지 옆에서 단도를 집어들 수 있었지만 몸에 옷을 걸칠 틈은 없었다.

다음 날 아침 이오는 돈을 귀인의 집에 가져갔다. 데지마의 말에 따르면 돈을 그냥은 받을 수 없고 차용으로 해서 10년 할부로 갚겠다고 했다. 그러나 데지마가 시부에 집을 방문하여 준비된 돈이 없어서 금년에는 갚을 수 없다고 한 적이 여러 번 있었고 유신이 일어난 해까지 갚은 돈은 아주 조금이었다. 다모쓰가 돈을 받으러 간 적도 있다고 한다.

이 일은 다모쓰도 말하기를 주저했고 나도 쓰기를 망설였다. 그러나 나는 추사이의 성심(誠心)과 이오의 용기를 이토록 분명하게 보여주는 사실을 차마 묻어버릴 수 없었다. 더구나 귀인은 지금은 고인이 된 분

---

486 도코노마(床の間): 일본식 방 상부에 바닥을 한층 높게 만든 곳. 벽에는 족자를 걸고 바닥에는 꽃이나 장식물을 꾸며 놓았다.

이다. 사람을 노골적으로 가리키지 않고 일을 기록하는 것은 지장이 없지 않을까. 나는 이렇게 생각해서 추사이의 근왕을 설명하다가 마침내 이 일을 언급하게 되었다.

추사이는 근왕가(勤王家)였지만 양이가(攘夷家)는 아니었다.[487] 처음에 추사이는 서양을 꺼려하여 양이에 귀를 기울이기 십상이었지만 전에 말했던 대로 아사카 곤사이의 책을 읽고 깨달은 바가 있었다. 그리고 몰래 한문으로 번역된 박물학, 물리학 서적을 읽고 점점 양학을 배척할 수 없음을 알게 되었다. 당시 양학은 주로 난학(蘭學)이었다. 후계자인 다모쓰에게 네덜란드어를 배우게 할 것을 유언한 것은 이 때문이었다.

추사이는 한방의[488]로, 마침 난방의[489]가 막부로부터 공인받을 때 세상을 떠났다. 이 공인을 쟁취하기까지 난방의는 사회에서 분투했다. 그리고 그들의 공격에 맞선 것은 한방의였다. 그 응전의 흔적은 『한난주화(漢蘭酒話)』,[490] 『일석의화(一夕醫話)』[491] 같은 책에서 확인할 수 있다. 추사이는 감히 그 사이에 말을 끼워넣지 않았지만 마음속으로 얼마나 근심하고 괴로워했을지 상상하기 어렵지 않다.

---

487 에도시대 말 내적으로는 막번체제의 모순이 첨예화되고 외적으로는 외세에 압력을 받는 상황 속에서 천황을 숭배하는 존왕론(근왕론)과 외세를 배격하는 양이론이 서로 결합하는 양상을 보였다.
488 한방의(漢方醫): 한의학을 기반으로 한 의학자.
489 난방의(蘭方醫): 서양의학을 기반으로 한 의학자.
490 한방의와 난방의의 문답형식을 빌려 한방의학의 우위를 설명한 책.
491 난방의학의 유행을 비판하고 한방의학의 우위를 설명한 책.

62

나는 막부가 난방의를 공인할 때 추사이가 죽었다고 했다. 이 공인은 1858년(안세이5) 7월 초의 일로, 추사이가 죽은 것은 8월 말이다.

이보다 먼저 막부는 1856년(안세이3) 2월에 반쇼시라베쇼(蕃書調所)를 쿠단사카시타에 있는 전(前) 고쇼구미반가시라격 몬도노쇼[492] 다케모토 세이보의 집터에 창설했다. 이것은 지금의 외무성 일부에 외국어학교를 겸한 것 같은 것으로, 의술에는 관여하지 않았다. 1858년(안세이5)에 이르러 7월 3일에 막부는 사쓰마의 관리 마쓰다이라 나리아키라의 가신인 도쓰카 세이카이,[493] 히젠의 관리 마쓰다이라 나리마사의 가신인 이토 겐보쿠,[494] 미카와의 관리 마쓰다이라 요시토모의 가신인 도다 초안,[495] 쓰루가의 관리 마쓰다이라 가쓰쓰네의 가신인 아오키 슌타이를 오쿠이시에 임명하고 200섬 3인 녹미를 지급했다. 이것이 막부가 난방의를 임용한 시초로, 추사이가 사망한 8월 28일 불과 54일 전이었다. 이어서 같은 달 6일에 막부는 어의(御醫), 즉 관의 중 뜻이 있는 자에게 "네덜란드 의술을 겸해 학습해도 무방하다"고 명했다. 다음날 사효에노스케[496] 아리마 미치즈미의 가신인 다케노우치 겐도,[497] 도쿠가와 겐키치의 가신인 이

---

492 몬도노쇼(主水正): 조정의 수도 행정 및 치수 관련 업무를 담당한 관리. 에도시대에는 무사들의 명예 관직으로 사용되었다.
493 도쓰카 세이카이(戶塚靜海): 1799-1876, 난방의.
494 이토 겐보쿠(伊東玄朴): 1801-1871, 난방의. 일본에서 최초로 우두 백신을 접종한 외과 의사.
495 도다 초안(遠田澄庵): 1819-1889, 한방의.
496 사효에노스케(左兵衛佐): 궁중의 왼쪽 경비를 담당한 중간급 관리. 에도시대에는 무사들의 명예 관직으로 사용되었다.
497 다케노우치 겐도(竹內玄同): 1805-1880, 난방의.

토 간사이[498]가 오쿠이시에 임명되었다. 이 두 사람도 난방의였다.

만약 추사이가 죽지 않고 오래 살아서 막부의 초빙을 승낙했다면 이들 난방의와 어깨를 나란히 하며 섬겨야 했을 것이다. 그랬다면 구사상을 대표하는 추사이는 신사상을 가져온 난방의와 원치 않는 갈등을 겪었을지도 모른다. 또한 사이테이의 손에서 나왔다고 하는 무명인의 『한난주화』, 히라노 가쿠케이의 『일석의화』 등과는 다른 진지한 한방의학과 난방의학 비교 연구의 단초가 열렸을지도 모른다.

추사이의 일상생활에 남다른 점이 있었다는 것은 앞에서도 기회가 있을 때마다 언급했지만 두세 가지 더 들어보기로 한다. 추사이는 병을 예방할 수 있는 것이라고 생각해서 항상 섭생[499]에 마음을 썼다. 밥은 아침, 점심 각각 세 그릇, 저녁 두 그릇 반으로 정해 두었다. 게다가 밥그릇 크기와 밥그릇에 밥을 담는 양까지 엄격히 정해 두었다. 특히 만년에 이르러서는 1849년(가에이2)에 쓰가루 노부유키가 추사이의 이러한 습관을 듣고 나가오 소에몬에게 명하여 만들어 선물한 밥그릇만 사용했다. 그 모양은 일반적인 밥그릇보다 약간 컸다. 그리고 여기에 밥을 담을 때 하녀에게 시키면 과불급을 피할 수 없다고 해서 이오를 시켜 밥을 작은 밥통에 나누어 담게 한 다음 밥통에서 밥그릇으로 옮겨 담게 했다. 아침 된장국도 반드시 두 그릇으로 제한했다.

채소는 무를 가장 좋아했다. 생으로 먹을 때는 무즙으로 해서, 삶아 먹을 때는 된장을 쳤다. 무즙은 즙을 버리지 않고 간장 등을 뿌리지 않았다.

---

498 이토 간사이(伊東貫齋): 1826-1893, 난방의.
499 섭생(攝生): 병에 걸리지 않도록 건강 관리를 잘해서 오래 살기를 꾀하는 것.

하마나 낫토[500]는 떨어지지 않게 저장해 두고 먹었다.

어류에서는 옥돔 된장절임을 즐겼다. 정어리포도 즐겨 먹었다. 장어는 가끔 먹었다.

간식은 거의 금했다. 그러나 드물게 사탕과 고급 전병을 먹는 경우가 있었다.

추사이가 젊은 시절에는 술을 조금도 마시지 않다가 1837년(덴포8)에 서른세 살로 히로사키에 갔을 때부터 추위를 견디기 위해서 술을 마시기 시작했다는 것은 앞서 언급한 대로다. 그런데 한번은 저녁 반주의 양이 조금 과했다. 그 후 1854년(안세이1)에 쉰 살이 되고부터 작은 사기 잔으로 세 잔을 넘기지 않기로 했다. 술잔은 야마노우치 주베에가 선물한 것으로, 연회에 갈 때는 그것을 품에 지니고 집을 나섰다.

추사이는 결코 찬술은 마시지 않았다. 그런데 1855년(안세이2)에 지진을 경험하고 갑자기 찬술을 마셨다. 그 후로도 가끔 마신 적이 있지만 이것도 세 잔을 넘기지 않았다.

63

장어를 즐겼던 추사이는 술을 마시게 된 이후로 자주 장어주라는 것을 했다. 찻잔에 장어구이를 넣고 약간의 양념을 부은 다음 뜨거운 술을 채우고 뚜껑을 덮어두었다가 잠시 후에 마시는 것이다. 추사이는 이오와

---

500 하마나 낫토(浜名納豆): 낫토(일본의 전통 발효 식품)의 한 종류. 삶은 대두를 밀가루에 묻혀 발효시킨 다음 반년 동안 소금물에 담가 햇볕에 말리고 생강, 산초, 시소 등의 향료를 첨가한 알갱이 모양의 식품.

결혼하고 이오가 약간의 술을 견디기에 이오에게 권하여 장어주를 맛보게 했다. 이오는 맛있어했다. 그래서 오빠 에이지로와 형부 나가오 소에몬에게 추천하고 또 히라노 사다카타에게도 마시게 했다. 이들 모두 나중에 장어주를 마시게 되었다.

음식을 제외하고 추사이가 좋아한 게 무엇이었는지 묻는다면 독서라고 말하지 않을 수 없다. 고간본과 고사본을 연구하는 것은 추사이의 평생 사업이었기 때문에 여기에 넣지 않는다. 의학서 중에서는 『소문』을 좋아해서 항상 가까이 두었던 것도 마찬가지다. 다음은 『설문』이다. 만년에는 매달 설문회를 열고 고지마 세이사이, 모리 키엥, 히라이 토도, 가이호 치쿠케이, 기타무라 고소,[501] 구리모토 조운[502] 등을 모았다. 가이호 치쿠케이는 이름을 겐키, 통칭을 벤노스케라고 했다. 본래 이나무라씨(氏)로, 교손의 문인이 되었다가 나중에 교손의 양자로 입양되었다. 1824년(분세이7)생으로 추사이가 사망했을 때 서른다섯 살이었다. 기타무라 고소는 이름을 초쿠칸, 자를 시리쓰라고 했다. 통칭은 안사이, 후에 아버지의 통칭인 안세이를 계승했다. 고조는 만년의 호다. 경학을 아사카 곤사이, 의학을 세이주칸에서 배우고 아버지 가이엔의 뒤를 이어 막부 의관이 되었다. 1841년(덴포12)에는 서른여덟 살로 세이주칸의 교사가 되었다. 구리모토 조운은 고소의 동생이다. 통칭은 데쓰조, 구리모토 집안에 입양되기에 이르러 세베에로 개명했다가 다시 즈이켄이라고 했다. 1850년(가에이3)에 스물아홉 살로 오쿠이시가 되었다.

설문회에는 시다마 고손[503]도 가끔 참석했다. 고손은 무사시국 오

---

501 기타무라 고소(喜多村㭲窓): 1804-1876, 막부 의관.
502 구리모토 조운(栗本鋤雲): 1822-1897, 유학자, 의사, 언론인.
503 시마다 고손(島田篁村): 1838-1898, 한학자.

사키의 나누시인 시마다 초키의 아들이다. 이름은 초레이, 자는 게이호, 통칭은 겐로쿠로라고 했다. 아사카 곤사이와 가이호 교손 두 집에 종학했다. 1838년(덴포9)생이기 때문에 가에이에서 안세이로 바뀔 때는 아직 십대 청년이었다. 추사이가 사망했을 때 고손은 스물한 살이었다.

추사이가 즐겨 읽은 소설은 아카혼,[504] 곤냐쿠본,[505] 키뵤시[506]류였다. 생각건대 직접 쓴 『여후천부』는 키뵤시를 흉내낸 게 아닌가 싶다.

추사이가 얼마나 연극을 좋아했는지는 게키신센이란 호를 계승한 것에서 미루어 짐작할 수 있다. 아버지 다다시게도 자주 극장에 드나들었다고 하기 때문에 거의 유전이라고 해도 좋을 것이다. 그런데 1849년(가에이2)에 쇼군을 알현했을 때 요로의 인물이 추사이에게 충고하기를 쇼군을 직접 알현할 수 있는 신분이 된 이상 이제부터 시중 목욕탕에 가는 것과 극장 출입은 삼가는 게 좋겠다고 했다. 시부에의 집에는 욕실이 있었기 때문에 목욕탕에 가는 것은 금지되어도 문제가 되지 않았다. 그러나 연극 관람을 제지당하는 것은 추사이에게 큰 고통이었다. 추사이는 인내하며 한동안 충고를 따랐다. 1855년(안세이2) 지진이 일어난 날 연극을 보러 간 것은 햇수로 7년 만이었다고 한다.

추사이는 모리 키엥과 마찬가지로 7대째 이치카와 단주로를 좋아했다. 집안에 전해 내려온 예명(藝名)인 산쇼, 하쿠엔 외에도 호를 야우안, 니쿠테이, 주카이로진이라고 한 사람으로, 후키야정 극장에 딸린 찻

---

504 아카혼(赤本): 삽화가 든 에도시대 통속 소설책의 총칭. 표지가 붉은 색이었다.
505 곤냐쿠본(菎蒻本): 주로 화류계에서의 놀이와 익살을 묘사한 에도시대 중기 풍속 소설책. 표지의 색과 형태가 곤약과 비슷했다.
506 키뵤시(黃表紙): 에도시대 중기에 유행한 그림책의 한 종류. 표지가 황색이었다.

집[507] 마루야의 주인 산에몬의 아들, 5세 단주로의 손자다. 추사이보다 열네 살 연상이었으나 추사이보다 1년 늦은 1859년(안세이6) 3월 23일에 예순아홉 살로 죽었다.

추사이가 다음으로 좋아한 사람은 5대째 사와무라 소주로[508]다. 겐베에, 겐노스케, 도쓰쇼, 소주로, 초주로, 다카스케, 고가라고 개칭한 사람으로, 1802년(교와2)에 태어나서 1853년(가에이6) 11월 15일에 쉰두 살로 죽었다. 추사이보다 3살 연상이었다. 4세 소주로의 아들, 괴저 때문에 다리를 절단한 3세 다노스케[509]의 아버지다.

64

연극을 좋아한 추사이는 데리하교겐[510]도 좋아했다고 한다. 나는 데리하교겐이라는 것을 몰라서 세이세이엔 이하라[511]에게 물어보았다. 이하라는 기타가와 기소[512]의 『근세풍속지(近世風俗志)』[513]에 데리하교겐의 기원과 연혁이 실려 있다는 것을 알려 주었다.

데리하교겐은 가에이 무렵 오사카의 탕자 네다섯 명이 창안한 것

---

507 시바이차야(芝居茶屋): 극장에 딸려 관객에게 연극 구경을 안내하고 휴식, 식사 등 시중을 들던 찻집.
508 1802-1853. 사와무라 소주로(澤村宗十郎)는 가부키 배우의 명적.
509 1845-1878. 사와무라 다노스케(澤村田之助)는 가부키 배우의 명적.
510 데리하교겐(照葉狂言): 에도시대 말 유행한 연예. 노(能), 교겐(狂言)을 바탕으로 당세풍의 속요, 춤, 가부키 동작 등을 섞은 것.
511 세이세이엔 이하라(青々園伊原): 1870-1941, 연극학자.
512 기타가와 기소(喜多川季莊): 1810-?, 풍속사가.
513 일본 근세풍속 연구의 기초문헌. 교토와 오사카 지방의 풍속 전반에 대해 삽화를 넣어 상술.

이다. 대체로 노가쿠[514] 사이의 교겐을 모방하고 의상은 스오,[515] 가미시모,[516] 노시메[517]를 사용하고 대사에는 가부키교겐, 니와카교겐,[518] 춤 등의 요소를 섞었다. 안세이 연간에 에도에서 공연되고 이로 인해 요세가 붐볐다. 데리하란 데니하니와카(天爾波俄)의 발음이 변형된 것이라고 한다.

이하라는 이 데리하의 어원이 의심스럽다고 하는데, 아무래도 바로 믿기 어려운 모양이다.

추사이는 노가쿠를 즐겨 봤다. 어릴 때 요곡[519]을 배운 적도 있다. 우연히 히로사키 사람 무라이 소코를 만났을 때 추사이는 함께 한 곡을 복습했다. 기예의 묘미가 사람들의 예상을 뛰어넘었다고 한다.

속곡[520]은 나가우타를 조금 배웠지만 요곡의 묘미에는 미치지 못했다.

추사이는 감상가로 고화(古畵)를 즐겨 구경했지만 많이 사 모으는 일은 하지 않았다. 다니 분초의 가르침을 받아서 실용적인 그림을 그리는 것 외에도 종종 직접 인물화와 산수화를 그렸다.

『고무감』, 오래된 에도지도, 고전은 추사이가 진귀한 것들을 수집하는 사람으로 모은 것들이다. 내가 처음 『고무감』을 매개로 하여 추사이를 알게 된 것은 전에 말한 대로다.

---

514 노가쿠(能樂): 일본의 대표적인 가면 음악극.
515 스오(素襖): 마포(麻布)에 가문의 문장을 넣은 무사의 예복.
516 가미시모(上下): 에도시대 무사의 예복 차림.
517 노시메(熨斗目): 무사들이 예복에 받쳐 입은 소매와 허리 부분에만 얼룩무늬가 있는 통소매 옷.
518 니와카교겐(俄狂言): 좌흥을 위한 즉흥적 희극.
519 요곡(謠曲): 노가쿠 사장(詞章)에 가락을 붙여 부르는 것.
520 속곡(俗曲): 요세나 술자리 등에서 흥을 위해 부르는 짧고 가벼운 음악.

추사이는 바둑을 잘 두었다. 그러나 대국하는 일은 좀처럼 없었다. 이는 스스로를 단속해서 지나치게 빠지는 일이 없도록 하기 위해서였다.

추사이는 다이묘 행렬 구경을 좋아했다. 그리고 각 가문의 행렬을 기억하고 잊지 않았다. 『신(新)무감』을 사서 그 도안에 직접 색칠하고 즐긴 것도 이 때문이다. 이 취미는 기타 세이로가 제례 보는 것을 좋아했던 것과 매우 비슷하다.

가쿠베에 사자춤이 문 앞에 이르면 추사이가 반드시 나가서 보았다는 것은 이미 말했다.

추사이는 정원을 사랑했다. 직접 전정가위를 들고 나무를 손질했다. 나무 중에서는 버드나무를 좋아했다. 즉 『이아(爾雅)』[521]에 실려 있는 능수버들이다. 우사(雨師), 삼춘류(三春柳) 등이라고도 한다. 일찍이 아버지 다다시게가 사랑했던 나무로, 추사이는 거처를 옮길 때마다 아버지가 생전에 아낀 버드나무만은 항상 머무는 방 가까이 옮겨 심었다. 거처에 간 류서옥(觀柳書屋)이라고 이름 붙인 '류(柳)'자도 냇버들이 아니라 능수버들이다. 반면 류겐서옥(柳原書屋)이라는 이름은 오타마가이케의 집이 야나기하라(柳原)와 가까웠기 때문에 지었을 것이다.

추사이는 만년에 번개를 가장 싫어했다. 두 번이나 낙뢰를 맞았기 때문일 것이다. 한 번은 신혼인 아내 이오와 길을 걸을 때였다. 흐린 날 하늘이 두 사람의 머리 위에서 갈라지고 거기서 한 줄기 불이 땅에 떨어지는 것 같더니 갑자기 귀를 찌르는 소리가 나고 두 사람은 땅에 쓰러졌다. 또 한 번은 세이주칸의 강사 대기소에서 쉬고 있을 때였다. 대기소 근처의 뒷간 앞 마당에 벼락이 떨어졌다. 그때 뒷간에서 볼일을 보고 있던 이

521　중국에서 가장 오래된 자서(字書).

사와 하쿠켄이 앞으로 쓰러져서 앞니 두 개가 소변기에 부딪혀 부러졌다. 이처럼 반복해서 번갯불에 위협을 당했기 때문에 추사이는 천둥소리를 싫어하게 되었을 것이다. 천둥소리가 울리기 시작하면 모기장 속에 앉아 술을 가져오게 했다고 한다.

    추사이의 이 약점을 우연히 모리 키엥이 공유했다. 키엥의 묘비 뒷면에 문인 아오야마 도준이 쓴 문장에 "여름철에 천둥과 번개를 두려워하여 소리가 울리기 전에 반드시 미리 알아차렸다"라고 되어 있다. 키엥이 싫어하는 것에는 한 가지가 더 있었는데, 바로 달팽이였다. 밤길을 걸을 때 길에 달팽이가 있으면 키엥은 어둠 속에서도 알아차렸다. 동행하던 문인들이 등불을 비추어 확인하고 놀란 적도 있다고 한다. 이것도 같은 문장에서 볼 수 있다.

제3장

65

추사이는 평성(平姓)이며 아명을 쓰네키치라고 했다. 성인이 된 후의 이름은 가네요시, 자는 도준, 시료였다. 도준을 통칭으로 사용했다. 그의 호인 추사이의 '추'자는 본래 '籀'로 지었다. 籀, 㧑畱, 抽 세 글자는 모두 서로 통한다. 추사이의 수택본에는 "추사이 교정(籀齋校正)"이라는 도장이 거의 반드시 찍혀 있다.

별호에는 간류서옥, 류겐서옥, 산에키도, 모쿠코추쇼사이, 곤미제오, 후큐진카이오 등이 있다. 3세 게키신센이라고 칭한 것은 이미 말한 대로다.

추사이는 일찍이 직접 법명을 지었다. "용안원불구심해[522]거사(容安院不求甚解居士)"라고 했다. 글의 겉으로 드러난 뜻이 묘하지 않다고 말하기 어려운데 지나치게 추상적이다. 반면 추사이가 아내 이오를 위해서 지은 법명은 묘하기 그지없다. "반천원출람종갈대자(半千院出藍終葛大姊)"라고 했다. 반천(半千)은 이오,[523] 출람(出藍)은 곤야정에서 출생,[524] 종갈(終葛)은 가쓰시카(葛飾)군에서 사망한다는 뜻이다. 그러나 세상사의 변화는 예견할 수 없는 것으로, 이오는 혼조에서 죽지 못했다.

이 두 법명은 모두 돌에 새겨지지 않았다. 추사이의 무덤에는 가이호 교손의 문장을 새긴 비석이 세워졌고 이오의 유골은 추사이의 무덤에 합장되었기 때문이다.

---

522 불구심해는 추사이의 별호인 후큐진카이.
523 이오(五百)는 오백(500)으로 천(1000)의 반(半千).
524 곤야정은 곤야(紺屋), 즉 염색집이 많이 모여 있는 구역이라는 뜻에서 유래한 지명. 곤야정 일대에는 쪽(藍)염색을 전문으로 한 염색 가게들이 늘어서 있었다.

보통 전기는 그 사람의 죽음으로 끝맺는 경우가 많다. 그러나 고인을 경앙하는 사람은 그 자손이 어떻게 되었는지 묻지 않을 수 없다. 그래서 나는 이미 추사이의 생애를 다 기록했지만 아직도 붓을 놓을 수 없다. 나는 추사이의 자손, 친척, 스승, 친구 등의 행적을 이제부터 적어 보려고 한다.

나는 이 글을 쓰는 데 많은 장애가 있음을 안다. 살아 있는 사람에 대해 언급할 일이 점점 많아짐에 따라 기피해야 할 것에 부딪치는 일 또한 잦아짐을 피할 수 없기 때문이다. 이러한 장애는 추사이의 경력을 서술하고 안세이 말년에 가까워졌을 때 이미 빠르게 대두했다. 이제부터는 이것이 더욱더 붓끝을 휘감고 구속을 가하려고 할 것이다. 그러나 나는 설령 다소의 어려움이 있더라도 쓰고 싶은 것만은 써서 이 글을 완성할 생각이다.

시부에 집에는 추사이 사후에 이미 말한 것처럼 미망인 이오, 쿠가, 미키, 센로쿠, 스이잔, 후계자 시게요시와 야지마 가문을 이은 야스요시가 남았다. 10월 초하루에 겨우 두 살로 가독을 상속한 시게요시와 다섯 자녀를 돌보며 일가의 생계를 세워 나가야 했던 사람은 마흔세 살의 이오였다.

남은 여섯 명의 자녀 중에서 당장 문제가 된 것은 야지마 야스요시의 신상에 관한 것이었다. 야스요시는 행실이 나빠 2년 전에 오모테이시에서 고부신이시로 격하되었다가 1년 전에 오모테이시 대리를 회복하고 아버지를 여읜 해 2월에 간신히 원래의 오모테이시에 복귀할 수 있었다.

그러나 당시 야스요시의 태도에는 아직 진정으로 뉘우쳤다고 보기 어려운 점이 있었다. 그래서 이오는 아침저녁으로 면밀하게 그 거동을 감시해야 했다.

남은 다섯 명의 자녀 중에서 열두 살인 쿠가, 여섯 살인 미키, 다섯 살인 센로쿠는 이미 독서와 습자를 시작했다. 쿠가와 미키에게는 이오가 직접 구독을 가르치고 손을 붙잡고 글씨를 쓰였다. 센로쿠는 근처의 스기시로라는 학자에게 다녔는데, 이 아이도 이오가 복습시키는 데 힘을 쏟았다. 센로쿠의 글씨본은 히라이 토도가 썼고 이 또한 임서(臨書)만은 이오가 손을 붙잡고 쓰였다. 점심 식사 후 날이 저물 때까지 이오는 아이들 뒤에 서서 습자를 도왔다.

66

저택 안에 살게 한 나가오 일가에도 때때로 다소의 풍파가 일었다. 그러면 반드시 이오가 중재에 나서야 했다. 그 다툼은 이오가 상업을 다시 일으키라고 권유해도 언니 야스가 주저하며 결정하지 못하기 때문에 일어났다. 소에몬의 장녀 케이는 벌써 스물한 살이었고 타고나기를 지기 싫어하는 성격이어서 어머니에게 이오의 말에 따르게 하려고 했다. 야스는 거부하지 않았지만 그렇다고 해서 실행에 옮기는 데는 한 발짝도 나서려고 하지 않았다. 여기서 다툼이 생기는 것이었다.

다툼을 진압시키는 사람이 이오여야만 한 것은 나가오의 집에 소에몬이 살아 있을 때부터의 관습이었다. 이오의 말에는 소에몬이 복종했기 때문에 그 아내와 자식들도 이오에게 감히 반항할 수 없었다.

소에몬이 아내의 여동생인 이오를 추사이의 배우자로서 존경할 뿐 아니라 이토록 신임한 데는 특별한 내력이 있었다. 언젠가 소에몬이 가정의 폭군으로 크게 야스를 학대했다가 이오의 엄중한 충고를 받고 눈물을 흘리며 사죄한 적이 있는데, 그때부터 소에몬은 이오의 앞에 고개를 숙였다.

소에몬은 성격이 바르고 성실한 사람이라고 할 수 있었지만 걸핏하면 화를 냈다. 지금으로부터 12년 전 일이다. 소에몬은 당시 아직 일곱 살이던 센에게 독서를 가르치며 이 아이가 크면 무사의 아내로 삼겠다고 했다. 센은 기억력이 좋아서 책을 잘 읽었다. 이럴 때 소에몬이 술기운이 돌면 센을 옆에 끌어다 놓고 참을성을 가르친다며 장난처럼 담뱃대로 머리를 때리는 경우가 있었다. 센은 처음에 조용히 참다가 나중에는 "아버지, 싫어요"라며 손을 들어 때리는 시늉을 했다. 소에몬은 화를 내며 "부모에게 대드는 것이냐"라면서 센을 주먹으로 마구 때렸다. 어느 날 이런 상황에서 야스가 말리려고 하자 소에몬은 이마저도 머리채를 잡아끌어서 쓰러뜨리고 마구 때리며 "나가"라고 소리쳤다.

야스는 원래 소에몬이 연애 결혼한 아내다. 1834년(덴포5) 3월에 당시 아베 가문을 섬기며 긴고라고 불리고 있던 아직 스무 살인 야스가 휴가를 얻어 사카이정에 있는 나카무라 극장으로 연극을 보러 갔다. 이때 소에몬이 야스에게 첫눈에 반해 연극이 끝나고 뒤쫓아서 야스가 곤야정에 있는 히노야로 들어가는 것을 확인했다. 동창인 야마노우치 에이지로의 집이었다. '그렇다면 에이지로의 여동생이란 말인가?' 즉시 사람을 보내 혼담을 청했다.

이렇게 해서 얻은 야스도 주먹질을 당해서 헝클어진 마루마게[525]를 손질한 틈도 없이 친정으로 도망쳤다. 에이지로가 히로세를 칭하기 전 무

---

525 마루마게(丸髷): 에도시대부터 메이지시대에 걸쳐 가장 대표적인 일본 기혼 여성의 머리 모양. 둥글게 틀어 올린 것.

렵으로, 에이지로는 아이즈야로 중재하러 가는 것을 귀찮아했다. 아내는 기생 하마테루의 영락한 몰골이라서 아무런 도움도 되지 않는다. 거기에 우연히 시부에 집에서 돌아와 있는 이오에게 "어떻게든 해보라"고 했다. 이오는 언니를 어르고 달래 요코야마정으로 데리고 갔다.

아이즈야에 가 보니 케이는 어슬렁거리며 돌아다니고 있었다. 센은 아직 울고 있었다. 아내가 나간 뒤에 다시 술을 부른 소에몬은 기분 나쁜 미소를 지으며 이오를 맞이했다. 이오는 조용히 사과했다. 주인은 좀처럼 듣지 않았다. 잠시 말을 주고받는 동안 주인은 점점 말이 많아져서 당해 낼 수 없는 광염만장[526]에 이르렀다. 소에몬은 고사(故事)를 즐겨 인용했다. 위서(僞書)『공총자(孔叢子)』[527]에 공씨삼세출처[528]라는 설이 나온다. 채중의 딸 옹희가 나온다.[529] 사이토 타로자에몬의 딸이 나온다.[530] 이오는 이것을 들으면서 생각했다. 이대로 져서는 끝이 없다. 예(例)를 인용해서 논하는 것이라면 이쪽에서도 할 말이 없는 것은 아니다. 그래서 이오도 논진(論陣)을 펴고 우열을 겨뤘다. 공보문백의 어머니 계경강

---

526 광염만장(光燄萬丈): 빛나는 불꽃이 높이 타오른다는 뜻. 시문 등이 기세가 넘치는 것을 비유.
527 공자 이하 자사(子思), 자상(子上), 자고(子高), 자순(子順)의 언행을 기록한 책. 중국 전한의 공부(孔鮒)가 편찬했다고 전해지나 후세의 위서라는 설도 있다.
528 공씨삼세출처(孔氏三世出妻): 공자 집안의 3세대가 모두 출처했다는 말. 공자 본인은 물론 아들 백어(伯魚)와 손자 자사까지 3대에 걸쳐 모두 이혼했다.
529 채중(祭仲)은 중국 춘추시대 정나라 중신. 사위 옹규가 채중 암살 음모에 가담하여 채중을 살해하려고 했는데, 채중의 딸 옹희가 이를 채중에게 알려 아버지를 구하고 남편을 죽게 했다.
530 사이토 타로자에몬은 오토노미야 진영과 로쿠하라 단다이 사이의 권력 다툼을 그린 조루리 「오토노미야 아사히노요로이(大塔宮曦鎧)」에 등장하는 인물. 로쿠하라의 무사인 타로자에몬은 오토노미야를 편들라는 딸의 부탁을 거절했지만 막상 오토노미야를 죽이려는 순간 자신의 손자를 대신 희생시켰다.

을 인용했다.[531] 안지추의 어머니를 인용했다.[532] 마침내 「대아사제(大雅思齊)」[533]에서 "먼저 덕으로 자신의 아내를 바르게 하면 그것이 형제에게까지 미쳐 비로소 가정과 국가를 다스릴 수 있다"는 문장을 인용해 소에몬이 가정의 화목을 깨뜨리는 것을 나무라고 목소리, 안색 모두 격렬해졌다. 소에몬은 굴복하며 "어째서 당신은 남자로 태어나지 않았습니까?"라고 했다.

나가오 집에 다툼이 일어날 때마다 이오가 와야 한다는 게 된 데는 이런 내력이 있었던 것이다.

67

추사이가 사망한 이듬해인 1859년(안세이6) 11월 28일에 야지마 야스요시가 하마정 별저에 근무하는 오쿠도오리[534]에 임명되었다. 오모테이시라는 이름으로 노부유키 곁에서 시중들게 된 것이다. 여전히 신뢰하기 어려운 야스요시가 책임 있는 직책을 맡게 된 것은 이오에게 심적 부담을 가중시켰다.

---

[531] 공보문백(公父文伯)은 중국 춘추시대 노나라 사람. 그 어머니 계경강(季敬姜)은 아들에게 직접 실을 잣아 근면검약을 가르치고 친구 고르는 법을 가르치는 등 현모로서 이름이 높았다.

[532] 안지추(顔之推)는 중국 육조시대 문인. 여기서는 맥락상 개자추(介子推)를 잘못 적은 것으로 보인다. 개자추는 중국 춘추시대 진나라 사람. 그 어머니는 아들의 결백을 이해하고 자진해서 아들과 함께 은둔했다.

[533] 『시경』「대아편(大雅篇)」 3장의 이름.

[534] 오쿠도오리(奧通): 무가에서 정치를 행하는 공간을 오모테(表), 생활하는 공간을 오쿠(奧)라고 불렀다. 오쿠도오리란 번저에서도 번주와 그 가족이 머무는 곳까지 출입할 수 있는 자격을 의미하는 것 같다.

추사이의 누나 스마가 낳은 장녀 노부가 죽은 것도 아마 이해였을 것이다. 다다시게의 친아버지인 이나가키 세이조의 양자가 오야 세이베에 고 세이베에의 아들이 이다 요시키요, 요시키요의 딸이 노부다. 노부는 용모가 아름다운 여자로, 고부네정의 가쓰오부시 도매상 아라이야 한시치라는 자에게 시집갔다. 요시키요의 장남인 나오노스케는 요절했고 뒤에는 양자 마고사부로와 노부의 여동생인 미치가 남았다. 마고사부로에 관해서는 추후에 보게 될 것이다.

추사이 사후 제2년은 1860년(만엔1)이다. 시게요시는 아직 네 살이었지만 벌써 하마정 별저의 쓰가루 노부유키를 긴주로서 섬겼다. 물론 가끔 문안하러 가는 정도였을 것이다. 이때 새로 주고쇼[535]에 임명되어 별저에서 근무하는 야가와 분이치로라는 사람이 어린 시게요시를 보살펴주었다.

야가와에는 본가와 말가가 있다. 본가는 장족류[536] 마술(馬術)을 전승하고 대대로 분나이라고 칭했다. 선대 분나이의 적자인 요시로는 당시 유키쓰구의 소바요닝이 되고 아버지의 칭을 계승했다. 아내 고타마는 에치젠국 쓰루가의 성주인 우쿄노스케 사카이 다다야스의 가신인 아무개의 딸이었다. 200석 8인 녹미의 집이었다. 요시로에게는 남동생과 여동생이 있었는데 남동생을 소베에, 여동생을 오카노라고 했다. 소베에는 분가하고 긴주고쇼[537] 구라타 고주로의 딸 미쓰를 아내로 맞이했다. 오카노는

---

535 주고쇼(中小姓): 에도시대 무가 직명. 주군 외출시에 뒤를 따라 걸으며 짐을 나르는 등의 시중을 들고 축일에 배식 및 술 따르는 등의 역할을 담당.
536 장족류(長習流): 포르투갈, 스페인 사람이 전했다는 마술(馬術)의 일파.
537 긴주고쇼(近習小姓): 고쇼(小姓)를 가리키는 히로사키번의 직명인 것 같다. 고쇼란 주군의 측근에서 직접 시중을 들고 명령을 수행하는 역할을 한 젊은 무사.

유키쓰구의 시녀가 되었는데, 실은 첩이었다.

분이치로는 소베에의 장남이었다. 어머니의 자매에는 하야시 유테키[538]의 아내, 사타케 에이카이[539]의 아내 등이 있었다. 사타케는 처음에 야마노우치 이오를 아내로 맞이하려고 했으나 이루어지지 않고 결국 야가와와 결혼했다. 어느 해 설날 사타케가 야마노우치 집에 새해 인사하러 왔다가 정원에 서 있던 이오의 손을 잡으려고 하자 이오가 손을 세게 놓았다. 사타케는 정원 연못에 빠졌고 야마노우치 집에서는 사타케에게 에이지로의 옷을 입혀서 돌려보냈다. 이오는 나중에 추사이에게 시집간 후 료고쿠의 나카무라로[540]에서 열린 서화회에서 사타케와 해후했다. 사타케가 여러 명의 기생에게 둘러쌓여 있는 것을 보고 "사타케 씨, 여전히 영웅호색이시네요"라고 했다. 사타케는 머리를 긁적이며 쓴웃음을 지었다고 한다.

분이치로의 아버지는 일찍 세상을 떠났고 어머니 미쓰는 재혼했다. 그래서 분이치로는 쓰가루 가문에 연고가 있는 아사쿠사 상복사(常福寺)에 맡겨졌다. 1851년(가에이4)에 있었던 일로, 1841년(덴포12)생인 분이치로는 당시 열한 살이었다.

분이치로는 절에서 성년을 맞고 시부에 가문에서 추사이가 사망했을 무렵 본가의 분나이 집에 맡겨졌다. 그리고 시게요시가 긴주고쇼를 명받기 조금 전에 스무 살로 노부유키의 주고쇼가 되었다.

분이치로는 상당히 준수한 외모를 가지고 있었고 속으로 이를 자신했다. 당시 요시와라의 예뻐하는 기생을 자주 찾다가 마침내 부부의 맹

---

538 하야시 유테키(林有的): 1837-1901, 외국서적 수입점 마루젠(丸善) 창업.
539 사타케 에이카이(佐竹永海): 1803-1873, 화가.
540 나카무라로(中村樓): 스미다강변에 있던 요릿집.

세를 맺었다. 어느 날 밤 분이치로는 문득 잠에서 깨어 옆에 누워 있는 여자를 봤는데, 한쪽 눈을 크게 뜬 채 잠들어 있었다. 항상 아름답다고만 생각했던 얼굴이 이상하게 변한 데 놀라 피부에 소름이 돋았지만 순식간에 악몽에 위협당하고 있는 게 아닐까 의심하며 급히 몸을 일으켰다. 여자가 깨서 무슨 일이냐고 물었다. 분이치로가 대답을 미처 하기도 전에 여자는 만면에 홍조를 띠고 한쪽 눈이 멀어서 의안을 착용했다고 고백했다. 그리고 눈물을 흘리며 옛 맹세를 깨뜨리지 말아 달라고 부탁했다. 분이치로는 겉으로는 부탁을 승낙하고 돌아가서 그 뒤로 이 여자와 관계를 끊었다고 한다.

68

나는 소싯적 분이치로를 전하며 다소 말이 많아졌다. 이는 단순히 분이치로가 어린 시게요시를 보살펴 주었기 때문만이 아니다. 분이치로와 시부에 집안의 관계가 이후 점차 긴밀해졌기 때문이다. 분이치로는 시게요시의 매형이 되었다. 분이치로는 아카사카 다이마치에 현재 살아 있는 사람인데, 아마도 지나간 일을 직접 이야기하는 것을 좋아하지 않을 것이다. 그의 소싯적 사적에는 두 가지 생생한 출처가 있다. 하나는 야가와 분나이의 2녀 쓰루의 이야기고 다른 하나는 다모쓰의 이야기다. 분나이에게는 3남 2녀가 있었다. 장남 슌페이가 종가를 이어받고 그 아들 시게헤이가 지금 아사쿠사 무코야나기하라정에 산다. 슌페이의 남동생은 주헤이와 로쿠헤이다. 딸은 장녀를 에쓰, 차녀를 간이라고 했다. 간은 나중에 이름을 쓰루로 바꿨다. 나카무라 유자에몬, 즉 지금 히로사키 오케야마치에 사는 한이치의 아내다. 그 아들인 스스무와 나는 편지를 주고받고 있다.

시게요시는 이해 10월 초하루에 가이호 교손과 고지마 세이사이의 문하에 들어갔다. 가이호의 강습소는 시타야 네리베이코지에 있었다. 이른바 덴케이로다. 시타야는 습기가 많은 땅이었음에도 불구하고 정원에는 오동나무가 심겨 있었다. 교손이 스승 오타 긴조[541]의 풍류를 경모해서 심은 것이다. 당시 교손은 예순두 살이었고 세이주칸의 강사였다. 또 무쓰국 하치노헤의 성주인 도오토우미의 관리 난부 노부유키, 에치젠국 사바에의 성주인 시모우사의 관리 마나베 아키카쓰에게서 각각 5인 녹미씩을 받고 있었다. 그러나 세이주칸에서도 강습소에서도 대체로 양자 치쿠케이가 대신 강의했다.

고지마 세이사이는 번주 아베 마사야스의 대에 다쓰노구치의 오래된 별저에 살다가 1857년(안세이4)에 가독을 상속한 겐노스케 마사노리의 대가 된 후 쇼헤이바시 안에 있는 본저에 살았다. 지금의 간다 아와지정이다. 공부하러 오는 아이들의 수가 매우 많아서 2층의 세 방에 책상을 늘어놓고 가르쳤다. 시게요시가 알고 지낸 동문 선배에는 1849년(가에이2)생으로 열두 살 된 이사와 데쓰사부로가 있다. 데쓰사부로는 하쿠켄의 아들로 나중에 도쿠안이라고 했다가 유신 후에 이와오로 바꾼 사람이다. 세이사이는 손에 회초리를 들고 정면에 앉아서 필법을 잘못하면 회초리 끝으로 가리켰다. 그리고 아이들이 지루해하지 않도록 하기 위해서였는지 익살 섞인 이야기를 했다. 그 상대는 대체로 데쓰사부로였다. 시게요시는 아직 어렸기 때문에 가이호에게 갈 때도 고지마에게 갈 때도 와카

---

541 오타 긴조(大田錦城): 1745-1825, 유학자.

토가 데리고 다녔다. 데쓰사부로에게도 와카토가 딸려 왔는데, 아버지가 오쿠즈메이시[542]가 되었기 때문에 종자처럼 따라 온 것이었다.

추사이의 묘비가 세워진 것도 이해다. 가이호 교손의 묘지는 그 문장이 대단히 길었는데, 커다란 비석을 세워서 세상에 오만한 듯한 모습을 취하는 것은 주가에 조심스럽다고 하여 글자를 아는 네다섯 명의 친구들이 모여 함께 의논해서 문장을 첨삭했다. 그 문장 내용이 온전하지 않고 또 간간이 실제 사실에 어긋나는 부분이 있는 것은 이 필삭 때문이다.

비석을 세우는 일이 끝난 후 시부에 가족은 다이도코로정 저택을 처분하고 가메자와정으로 이사했다. 요도가와 가쇼부네 시하이[543]인 스미노쿠라 요이치의 별저를 구입한 것이다. 스미노쿠라의 본저는 이다마치 모치노키자카시타에 있었고 주인은 교토에서 근무하고 있었다. 가메자와정 저택에는 정원과 연못, 이나리[544]와 화합신[545]을 모신 사당이 있었다. 이나리는 가메자와 이나리라고 해서 2월 첫 오일(午日)[546]에는 참배객이 많았고 잿날에는 상인들이 20여 개의 노점을 문 앞에 내놓게 되어 있었다. 그래서 스미노쿠라는 2월 첫 오일의 제사를 지낸다는 조건을 붙여

---

542 오쿠즈메이시(奧詰醫師): 뒷부분에 이사와 하쿠켄이 오쿠즈메이시에서 오쿠이시(奧醫師)가 되었다는 내용이 나오는 것으로 보아 오쿠이시 전 단계로 보인다. 그러나 정확히 어떤 직책이었는지 기록이 없기 때문에 확실히 알기 어렵다. 다만 '오쿠즈메이시는 오쿠이시의 별칭으로, 별도의 직책이 따로 존재했던 것은 아니고 일반적으로 오쿠이시 중에서 긴급 상황에 대비해 당직을 맡은 자를 오쿠즈메이시라고 불렀던 것으로 보인다'는 언급이 있다.
543 요도가와 가쇼부네 시하이(淀川過書船支配): 요도가와를 통과하는 상선에 세금을 징수했던 역.
544 이나리(稲荷): 곡식을 맡은 신.
545 화합신(和合神): 중국에서 혼례할 때 모시는 신. 일본에서는 근세기에 남녀 화합의 신으로 유행.
546 2월 첫 오일(初午): 이나리 신사의 제삿날.

서 저택을 팔았다. 지금 아이오이소학교가 된 땅이다.

그때까지 시부에의 집에 동거하고 있던 야지마 야스요시가 새로 혼조 미도리정에 집을 마련하고 독립한 것은 시부에 가족이 가메자와정 집으로 이사한 시기와 같다.

69

야지마 야스요시에게 별도로 일가를 이루어 독립하게 하자고 한 것은 전년, 즉 1859년(안세이6) 말부터 나카마루 쇼안이 주로 권유한 것이다. 쇼안은 추사이의 문인으로, 재능이 많고 말솜씨가 뛰어나서 동료들 사이에서 추대되고 있었다. 1818년(분세이1)생이기 때문에 당시 마흔세 살이었고 식록(食祿) 200석 8인 녹미를 받는 긴주이시 수석이었다. 쇼안은 이렇게 말했다. "야스요시 씨는 한때의 잘못된 마음가짐으로 지위가 격하되었다. 그러나 다행히 잘못을 고쳐서 재작년에 원래의 지위를 회복했고 작년에는 오쿠도오리까지 허락받았다. 지금은 추사이 선생님께서 돌아가시고 벌써 2년이 지났고 야스요시 씨도 스물여섯 살이 되었다. 나는 작년부터 생각했는데, 바로 지금이 야스요시 씨가 자진해서 새롭게 거듭나야 할 때다. 그러려면 가정을 꾸려서 책임지고 일해야 한다." 이윽고 두세 명 여기에 동의를 표하는 사람도 생겼기 때문에 이오는 걱정하면서도 이 제안을 받아들였다. 히라노 사다카타는 처음에는 반대했지만 이오가 뜻을 정했기 때문에 다시 다투지 않았다.

야스요시가 이사를 간 미도리정 집은 비둘기 의사라는 별명으로 불린 시중 개업의 사쿠마 아무개의 고택이었다. 야스요시는 아내 데쓰를 집으로 맞아들이고 하녀 한 명을 고용해서 세 식구가 살았다.

데쓰는 야스요시의 양아버지인 야지마 겐세키의 2녀다. 겐세키, 이름을 야스시게(優絲)라고 했다. 원래 추사이가 야스요시(優善)에게 지어준 이름은 다다요시였는데, 야지마 가문을 잇기에 이르러 양부의 '야스(優)'자를 답습한 것이다. 겐세키의 첫 번째 아내 아무개에게는 자식이 없었다. 후처인 스미는 가메타카 무라키자에몬이라는 사람의 여동생으로, 양부모는 가즈사국 이치노미야의 성주인 도오토우미의 관리 가노 히사아키라의 의관 하라 운안[547]이었다. 스미는 두 딸을 낳았는데 장녀를 간, 차녀를 데쓰라고 했다. 1851년(가에이4) 정월 23일에 스미가 죽고 5월 24일에는 아홉 살 간이 죽고 6월 16일에는 겐세키가 죽고 뒤에는 겨우 여섯 살인 데쓰가 남았다.

야스요시는 이때 야지마 집안에 입적해 말기양자가 되었다. 그 중개자는 나카마루 쇼안이었다.

나카마루 쇼안은 당시 스승 추사이를 설득하는 데 상당히 많은 말을 하며 야지마 가문의 제사를 차마 끊기게 할 수 없다는 것을 이유로 추사이의 정에 호소했다. 왜냐하면 추사이가 차남 야스요시를 야지마 가문의 데릴사위로 보내는 것은 대단히 큰 희생이었기 때문이다. 겐세키가 남긴 딸 데쓰는 심한 천연두를 앓아서 얼굴이 흉터로 가득했고 사람들이 보기를 꺼려할 정도로 외모가 추했다.

추사이는 나카마루 쇼안의 말에 설득되어 미남인 야스요시를 데쓰에게 주었다. 이오는 인정상 참기 어려웠지만 남편의 의협심에서 나온 일이었기 때문에 억지로 다툴 수 없었다.

---

547 하라 운안(原藝庵): 1643-1716. 의사.

이 일이 있던 해 이오는 2월 4일에 일곱 살 토를 잃고 15일에 세 살 키시를 잃었다. 당시 다섯 살이던 쿠가는 고야나기정 목수인 도료 신파치의 집에 맡겨져 있었는데, 이오가 쿠가를 불러들이려 하던 중 데쓰가 와서 이오의 품에 안겨 잠을 자게 되었기 때문에 쿠가는 이듬해까지 수양부모 곁에 있었다.

토는 아름다운 아이로, 추사이의 딸들 중에서는 이토와 토의 외모가 사람들에게 가장 많이 칭찬받았다. 이오의 오빠 에이지로는 토가 춤추는 모습을 볼 때마다 "깨물어주고 싶은 아이야"라고 했다. 이오 역시 지나치게 토의 아름다움을 운운했기 때문에 쿠가는 "어머니께서 언니를 칭찬하는 것을 듣고 있으면 나 따위는 괴물 같은 얼굴을 하고 있다고 밖에 생각되지 않아요"라고 했고 또 토가 죽었을 때는 "아마 어머니는 내가 대신 죽기를 바랐을 거야"라고 말하기까지 했다.

70

딸 토가 죽고 반년 동안 이오는 정신의 균형을 잃고 해질녘이 되면 창문을 열고 정원의 어둠을 응시하는 일이 종종 있었다. 어쩐지 어둠 속에서 토의 모습이 보이지 않을까 기대했다고 한다. 추사이는 걱정스러운 마음에 "이오, 당신답지 않구려. 정신 좀 차려요"라고 타일렀다.

그때 야지마 겐세키의 2녀이자 야스요시의 미래 아내가 될 데쓰가 와서 이오의 품에 안겨 자게 되었다. 이오는 정을 속이고 친숙하지 않은 남의 아이를 달래 품어야 했다. 그런데 잠결에 이오가 품 안에 있는 아이를 토라고 착각해서 비몽사몽에 그 몸을 쓰다듬다가 갑자기 일종의 공포에 사로잡혀 눈을 떴다. 천연두 흉터가 아직 새빨갛게 남아 움푹 패인 데쓰의 얼굴이 닿을 듯 가까운 곳에 있었다. 이오는 저도 모르게 흐느껴 울었다. 그리고 의식이 또렷해짐과 동시에 "야스요시가 정말로 불쌍하다"라고 중얼거렸다.

미도리정 집으로 야스요시가 데쓰를 데리고 들어갔을 때 데쓰는 이미 열다섯 살이었다. 그러나 세상 물정에 밝았던 야스요시는 데쓰를 어린아이 취급하며 말을 상냥하게 하고 달랬기 때문에 둘 사이에는 아무런 충돌도 일어나지 않았다.

반면 이오의 감시에서 벗어난 야스요시는 문을 나서면서 예전의 방탕한 생활로 돌아갔다. 나가사키에서 돌아온 시오다 료상과도 틀림없이 연락을 취했을 것이다. 이들은 단지 술집과 유곽을 드나들 뿐 아니라 건달들과 어울려 원탐의 기술을 겨뤘다.[548] 료상은 변발 같은 머리[549]를 하고 잠옷 차림으로 길거리를 활보한 적이 있다고 한다. 야스요시의 등 뒤에는 이미 네메시스[550]의 신이 바짝 다가와 있었다.

시부에 가족이 가메자와정으로 이사하고 이오는 다시 나가오 가족을 위해 원래의 작은 집을 새 저택으로 옮겨 거기에 일족을 살게 했다. 시기는 자세히 알 수 없지만 나가오 집안의 두 딸이 시집간 것은 가메자와정으로 이사한 후의 일이다. 처음에 장녀 케이가 어머니와 함께 차마 무위도식할 수 없다며 중매해 줄 사람이 있는 데 부탁해서 사루와카정 3정목에 있는 모리타 극장에 딸린 찻집 주인 미카와야 리키조에게 시집갔다.

---

548 도박을 했다는 뜻. 원탐(袁耽)은 중국 진나라 때 도박의 명인.
549 히토쓰벳쓰이(一つ窟): 삭발한 후 다시 머리를 기르기 시작해서 머리가 아직 묶을 만큼 자라지 않았을 때 머리 한가운데와 이마만 깎은 머리 모양.
550 네메시스(Nemesis): 그리스 신화에 나오는 복수, 응보, 천벌의 여신.

이어서 차녀 센도 아사쿠사 스가정의 포목상 마스야 기헤에에게 시집갔다. 미망인은 필산을 할 줄 알았기 때문에 케이의 남편 리키조가 신주 모시듯 하여 찻집 회계를 맡겼다.

추사이의 장서는 전부터 3만 5천 부라고 알려져 있었는데, 이해 가메자와정으로 이사하고 점검하니 만 부가 채 되지 않았다. 야지마 야스요시가 다이도코로정의 광에서 책을 반출하는 것을 당시 아직 살아 있던 형 쓰네요시가 발견하고 빼앗아 되돌려놓은 적이 있다. 그러나 야스요시가 사람들의 눈에 띄지 않게 얼마나 내다 팔았는지 알 수 없다. 어느 때는 2층에서 책을 밧줄에 묶어서 내려보내면 친구들이 길거리에서 기다리고 있다가 그것을 가져갔다고 한다. 1856년(안세이3) 이후 추사이가 때때로 자리보전하는 일이 있었는데, 그사이에 책이 없어지는 일이 유난히 많았다. 또 남에게 빌려주고 잃어버린 책도 적지 않았다. 그중에서도 모리 키엥과 그 아들 요신에게 빌려준 책은 대부분 돌려받지 못했다. 시게요시가 가이호 교손의 강습소에 들어간 후 가이호 치쿠케이가 자주 시부에 집안에 경고해서 "장서인이 찍힌 책들이 시중에 어지간히 나돌고 있는 것 같으니 주의하십시오"라고 했다.

추사이가 마음에 두고 죽은 세이주칸 교각의 『의심방』이 이해 완성되어 모리 키엥 등이 백은 약간을 상으로 받았다.

추사이에게 양학의 필요성을 깨닫게 해 준 아사카 곤사이가 이해 11월 22일에 일흔한 살로 죽었다. 곤사이가 사망했을 때의 나이에 대해서는 여러 책에 차이가 있는데, 그중에 일흔하나라고 하는 것과 일흔여섯이라고 한 게 많다. 스즈키 슌보[551]에게 부탁해서 묘원사(妙源寺)의 묘비와

---

551 스즈키 슌보(鈴木春浦): 1868-1927, 극평가.

과거첩을 조사해 보았지만 두 자료 모두 나이가 기록되어 있지 않았다. 문집을 열람하니 고향 아다타라산에 오른 기록에 간지(干支)와 연령이 대략적으로 적혀 있었는데, 1860년(만엔1)에 일흔여섯 살이 되지 않은 것은 분명했다. 아들 분쿠로 초인이 가문을 계승했다. 어릴 적 옴 때문에 쇠약했던 것을 아버지가 온천에 데려가서 치료했다는 내용이 문집에 나온다. 추사이는 곤사이의 워싱턴[552] 논찬(論贊)을 읽고 기뻐서 반복해 읽었다고 한다. 아마도 『양외기략』의 "아아, 워싱턴은 비록 오랑캐 사이에서 태어났으나 그 사람됨은 충분하며 크다" 운운하는 구절이었을 것이다.

71

추사이 사후 제3년은 1861년(분큐1)이다. 연초에 이오는 커다란 책상자 3개를 시게요시의 방으로 옮기고 붙박이장 속에 넣었다. 그리고 이렇게 말했다.

"이것은 일본에 겨우 세 부밖에 없는 좋은 판본의 『십삼경주소(十三經註疏)』[553]인데 아버지께서 네 것이라고 말씀하셨다. 올해는 벌써 3주기를 맞는 해이니 지금부터 네 곁에 두마."

며칠 후 야지마 야스요시가 꼿꼿이 친구들을 모아 모임을 갖고 싶은데 미도리정 집에는 마땅한 방이 없기 때문에 시게요시의 방을 빌리고 싶다고 했다. 시게요시는 방을 비워 주었다.

---

552 조지 워싱턴(George Washington): 1732-1799, 미국의 초대 대통령.
553 십삼경(十三經)의 주석서. 청나라 가경 연간에 완원(阮元)이 제본(諸本)을 비교, 교정한 교감기(校勘記)를 첨부해서 간행한 게 선본으로 간주되었다.

그런데 친구라는 사람들이 몇 명 와서 단팥죽 등을 먹고 돌아간 뒤에 붙박이장 속 책 상자를 보니 그 안이 텅 비어 있었다.

3월 6일에 야스요시는 "행실이 나쁘고 괘씸하다"는 이유로 은거를 명받고 동시에 "특별한 은혜로 가문의 명맥을 유지하도록 허락한다"는 결정이 내려져 양자를 들이는 것을 허락받았다.

야스요시가 입양할 자식을 선택하는 일은 나카마루 쇼안이 맡았다. 그런데 그의 환심을 사고 있는 150석 8인 녹미를 받는 긴주즈메 의사로 우에하라 겐에이라는 사람이 있어서 우에하라가 시중 개업의 다테 슈테이를 추천했다.

슈테이는 같은 해 8월 4일을 기해 가독 상속을 하고 야지마 집안의 녹 200석 8인 녹미를 받았다. 양아버지 야스요시는 스물일곱 살, 양자 슈테이는 1817년(분카14)생으로 마흔다섯 살이었다.

슈테이의 아내를 다카라고 했고 이미 네 명의 자식을 낳았다. 장남이 슈세키, 차남이 슈사쿠, 삼남이 산조, 사남이 겐시로였다. 슈테이가 야지마 가문을 잇게 됐을 때 장남 슈세키는 타고난 성품이 서툴러 사환(仕宦)에 적합하지 않다고 말하며 폐적을 청하고 오다와라로 가서 시중 개업의가 되었다. 그래서 1845년(고카2)생인 차남 슈사쿠가 후계자로 정해졌다. 당시 열일곱 살이었다.

이보다 앞서 야스요시가 은거 명령을 받았을 때 가장 근심한 사람은 이오였고 가장 분노한 사람은 히라노 사다카타였다. 사다카타는 야스요시를 야단치며 어떻게 해서 이 치욕을 씻을 것인지 물었다. 야스요시는 야마다 친테이의 강습소에 들어가서 공부하고 싶다고 답했다.

사다카타는 우선 야스요시가 뉘우치는 모습을 지켜보고 나서 입숙시키겠다며 야스요시와 그 아내 데쓰를 자기 집에 데려와서 2층에 살게 했다.

10월이 되고 사다카타는 이오를 불러서 함께 야스요시를 야마다의 강습소로 데리고 갔다. 강습소는 혼고 유미정에 있었다.

이 강습소의 월 비용은 3분 2주였다. 사다카타가 말하기를 이것은 약간의 금액이지만 야지마 집안의 녹을 받는 슈테이가 당연히 부담해야 하고 야스요시가 수행하는 동안 그 아내 데쓰를 슈테이가 책임지는 게 좋겠다고 했다. 이 두 가지 조건을 가지고 슈테이와 교섭했다. 슈테이는 어찌할 줄 모르겠다는 듯한 답을 하다 나중에 마지못해 승낙했다. 생각건대 우에하라는 슈테이를 야지마 집안의 후계자로 삼으면서 카부를 매도하는 듯한 형식을 취했을 것이다. 우에하라는 시부에 집안에 그다지 동정심을 가진 사람이 아니었고 야스요시에게는 방귀 찌꺼기라는 별명까지 붙였다고 한다.

야마다의 강습소에는 당시 문인 19명이 기숙하고 있었는데, 얼마 지나지 않아 우메바야시 마쓰야라는 사람과 야스요시가 숙생 대표에 임명되었다. 우메바야시는 처음에 추사이에게 배우다가 나중에 여기로 온 사람으로, 유신 후에 이름을 게쓰로 바꾸고 1888년(메이지21) 1월 14일에 육군 일등 군의관으로 생을 마쳤다.

히라노 집안에서는 이해 200석을 받는 같은 번의 모노가시라[554] 이나바 단게의 차남 후사노스케를 맞이해 양자로 삼았다. 사다카타가 이미 쉰 살이었는데도 아내 카나가 아이를 낳지 못했기 때문이다. 후사노스케는 1851년(가에이4) 8월 2일생으로 당시 열한 살이었고 학문보다는 무예

---

554 모노가시라(物頭): 무가시대의 직제. 활이나 총을 사용하는 하급 병사들을 지휘하는 우두머리.

를 좋아했다.

72

야가와 집안에서는 이해 분이치로가 스물한 살로 혼조 후타쓰메의 철물 도매상 히라노야의 딸 류를 아내로 맞이했다.

호카이시는 이해 12월 15일에 예순세 살로 죽었다. 호카이시가 시부에 집안의 도움을 받는 것은 거의 항례와 같았다. 이오는 호카이시에게 건넨 돈을 기록하는 장부를 가지고 있었다고 한다. 그러나 추사이는 이 사람의 글씨를 알아보고 호카이시가 시정의 일에 밝고 극의 연혁을 소상히 알고 있는 것을 좋아해서 찾아올 때마다 기쁘게 맞이했다. 추사이보다 3년 늦게 세상을 떠났다.

사람의 죽음을 말하면서 곧바로 그 잘못을 거론하는 것은 험담 같은 경향이 있지만 추사이의 장서가 분실된 경위를 물을 때 호카이시에게도 어느 정도 책임을 나누지 않을 수 없다. 그가 가져간 것은 주로 가무음곡 책, 수필, 소설류였다. 그 밖에 서화, 골동품 중에서도 이 사람의 손에서 상인 손으로 넘어간 것들도 있다. 여기에 다모쓰가 기억하는 한 가지 예를 언급하겠다. 추사이의 유품에 마루야마 오쿄[555]의 그림 백 점이 있었다. 제재는 그 유명한 〈칠난칠복도(七難七福圖)〉 비슷한 것들로, 나는 그 작품명을 다모쓰에게 들어서 기억하고 있지만 글로 적기는 조금 꺼려

---

[555] 마루야마 오쿄(圓山應擧): 1733-1795, 마루야마파를 창시한 화가. 대표작 〈칠난칠복도권(七難七福圖卷)〉은 『인왕경(仁王經)』을 바탕으로 인간의 칠난과 칠복의 모습을 형상화한 작품.

진다. 표구를 아주 아름답게 해서 오동나무 상자에 담아 보관했다. 이 그림과 목각 인형 몇 개를 호카이시가 어느 모임에 출품한다며 빌려갔다. 인형은 롯카센[556]과 와카슈[557]로, 간에이시대의 것이라고 했다. 이것들은 추사이가 "산보에게는 히나인형[558] 대신 이것을 준다"고 했다고 한다. 산보란 시게요시의 아명인 산키치다. 이오는 여러 번 세이스케라는 와카토를 아사쿠사 스와정 가마쿠라야로 보내 돌려달라고 재촉했지만 호카이시는 말을 이랬다저랬다 하며 끝내 돌려주지 않았다. 세이스케는 원래 교토의 환전상 제니야의 아들로, 방탕한 생활 때문에 부모에게 의절당하고 에도로 와서 시부에 집에 와카토로 더부살이했다. 필적이 꽤 좋았기 때문에 호카이시의 필경에 고용되었다. 그래서 가마쿠라야에 심부름꾼으로 보내진 것이다.

모리 키엥이 오노 후코쿠와 말다툼을 했다는 이야기가 있는데, 그 구체적인 시기는 알 수 없지만 나는 아마 이해쯤이었을 거라고 생각한다. 장소는 야마시로 강가에 있는 쓰토[559]의 집이었다. 예와 같이 문인, 화가, 씨름꾼, 배우, 어릿광대, 기생 등 많은 사람들이 모인 자리에서 술판이 한창일 때였다. 모리 키엥, 오노 후코쿠, 야지마 야스요시, 이사와 도쿠안 등이 마침 그 자리에 있었다. 처음에 키엥과 후코쿠는 무언가 논하고 있었는데, 만사를 태평하게 살아가는 키엥이 어찌된 일인지 크게 화를 내며 7대째 모도키의 단가를 멈추고 뚱뚱한 몸집의 후코쿠는 실색해서 자리를 피했다고 한다. 후코쿠 또한 골계 취미에 있어서는 키엥에 못지않은 인

---

556 롯카센(六歌仙): 헤이안시대 초기 와카의 여섯 명인을 본뜬 인형.
557 와카슈(若衆): 아름다운 소년의 모습을 본뜬 작은 인형.
558 히나인형(雛人形): 히나마쓰리(여자아이들의 무병장수와 행복을 빌기 위해 매년 3월 3일에 치르는 일본의 전통행사) 제단에 진열하는 작은 인형들.
559 쓰토(津藤): 1822-1870, 상인, 배우. 본명은 호소키 코이(細木香以).

물로, 배꼽으로 담배를 피우는 숨은 재주를 가지고 있었다. 키엥과 후코쿠가 이렇게까지 격렬하게 충돌하리라고는 아무도 생각하지 못했기 때문에 야스요시와 도쿠안 두 사람은 오랫동안 이 싸움을 잊지 못했다. 생각건대 재산을 늘리는 데 능한 후코쿠와 남의 것, 자기 것 할 것 없이 무심한 키엥은 성격상 서로 받아들일 수 없는 점이 있었을 것이다. 쓰토, 즉 쓰노쿠니야 토지로는 이름을 린, 자를 레이와, 호를 코이, 리카쿠, 바이아미 등이라고 했다. 그가 호화롭게 마음껏 놀다가 가산을 탕진한 것은 세상이 다 안다. 1822년(분세이5)생으로 당시 마흔 살이었다.

이해 추사이의 기일 즈음이었다. 고지마 세이사이가 이오에게 권유하여 아직 남아 있는 장서 대부분을 나카바시우메치에 있는 하쿠켄의 집에 맡겼다. 하쿠켄은 이듬해 오타마가이케로 제택을 옮길 때도 가재(家財)와 함께 추사이의 장서를 새집으로 옮겨서 1년 정도 소중히 보호했다.

73

추사이 사후 제4년은 1862년(분큐2)이다. 추사이는 생전에 번주에게 활판 박엽지[560]에 인쇄한 『의방유취(醫方類聚)』[561]를 바치기로 했다. 책은 기타무라 고소가 교각하고 있는 게 매달 발행되었고 추사이는 생을 다할 때까지 계속해서 다음 권을 바쳤다. 시게요시는 아버지 사후에 이어서 책을 바치고 있었는데, 이해에 이르러 전권을 다 바쳤다. 8월 15일에

---

560 박엽지(薄葉紙): 얇게 뜬 양지(洋紙).
561 조선시대에 편찬된 의학 백과사전. 전체 266권. 병증에 따라 임상적 처방을 분류.

유키쓰구는 중신을 통해 시게요시에게 "비단, 가문의 문장, 하오리[562] 및 술, 맑은 국"을 하사했다.

시게요시는 2년 전부터 가이호 치쿠케이에게 배우고 이해 12월 28일에 여섯 살로 번주 유키쓰구로부터 장학금 200필(匹)을 받았다. 주가 되는 경사(經史)의 소독을 끝냈기 때문이다. 이오는 자식들에게 독서와 습자를 가르치면서 반나절을 보내는 것을 일상으로 했지만 시게요시의 학업에는 조금도 간섭하지 않았다. "저 애는 책을 밥보다 좋아하니까 신경 쓰지 않아도 돼"라고 했다. 시게요시는 다시 어머니를 잘 모신다는 이유로 두 번이나 상을 받았다.

이해 10월 18일에 시게요시의 서법 스승인 고지마 세이사이가 예순일곱 살로 죽었다. 세이사이는 아침에 학생들에게 습자를 가르치고 아베 가문의 저택으로 출근한 다음 정오에 퇴근하여 술을 마시고 연극 이야기를 나누는 것을 예로 삼았다. 아베 가문에서는 추사이가 죽기 1년 전인 1857년(안세이4) 6월 17일에 로주직에 있던 이세의 관리 마사히로가 세상을 떠나고 8월에 이요의 관리 마사노리가 가독을 상속했다. 시게요시가 종학한 후로 세이사이는 줄곧 마사노리를 섬기고 있었다. 나중에 시게요시는 아침 수업의 소란스러움을 피해 오후에 방문해서 단독으로 가르침을 받았다. 그래서 세이사이의 연극 이야기를 듣는 일이 잦았다. 세이사이는 뇌졸중으로 죽었다. 마사히로가 로주였을 때 세이사이는 요닝격[563]에 발탁되고 고요닝 핫토리 쿠주로와 이름을 나란히 했다. 그러나 두 사람 모두 같은 병으로 목숨을 잃었다. 세이사이에게는 2남 3녀가 있

---

562 하오리(羽織): 기모노 위에 입는 짧은 길이의 서양식 겉옷.
563 요닝격(用人格): 에도시대에 다이묘 등의 집에서 정식 요닝이 아니라 요닝 대우를 받았던 신분.

었는데 장남 세이쇼는 요절했고 차남 노부유키가 가문을 계승했다. 통칭은 슌지였다. 슌지의 아들이 이쓰노스케, 이쓰노스케의 양자가 지금 혼고구 고마고메도자카정에 사는 쇼키치다. 세이사이의 수제자 중 한 명인 오코노기 다쓰타로는 1876년(메이지9)에 공무성에 고용되고 1885년(메이지18)에 내각으로 소속을 옮겼다. 1886년(메이지19) 12월 1일부터 1894년(메이지27) 3월 29일까지 가쿠슈인에서 근무하며 학생들에게 서법을 가르치다가 1895년(메이지28) 1월에 죽었다.

시게요시가 이 무렵 어머니 이오와 함께 아사쿠사 나가스미정에 있는 각음사(覺音寺)에 참배한 적이 있다. 각음사는 이오의 친정인 야마노우치 집안의 보리사(菩提寺)다. 돌아오는 길에 두 사람은 구라마에 거리를 걷다가 모모타로 당고 가게 앞에서 아는 여자와 우연히 마주쳤다. 이 사람은 이오와 마찬가지로 토도 가문을 섬기고 시녀가 된 사람이다. 이오는 오랫동안 소식이 끊겼던 이 여자와 이야기를 나누고 싶다며 근처 골목에 있는 요릿집 다가소데로 안내했다. 시게요시도 뒤따라갔다. 다가소데는 당시 가와초, 아오야기, 다이시치 등과 함께 일컬어진 요릿집이다.

세 사람이 지나간 방 옆에 큰 무리의 손님들이 있는 것 같았다. 그러나 큰 소리로 대화를 나누는 일도 없고 하물며 노래 소리나 악기 소리도 들리지 않았다. 잠시 후 그 방이 갑자기 소란스러워지더니 여러 사람의 발소리가 나고 다시 고요해졌다.

시중들러 온 여종에게 이오가 묻자 여종이 말했다. "저건 돈놀이를 업으로 하는 나리들이 장난을 치다 떠난 자리에 다쓰 씨가 뛰어들어오신 겁니다. 흩뿌려놓은 돈을 그대로 두고 나리들이 도망치셨는데, 다쓰 씨가 그것을 가지고 돌아가셨습니다." 다쓰란 훗날 도둑질을 하다 붙잡힌 하타모토⁵⁶⁴ 아오키 야타로의 첩이다.

여종이 말을 마칠 즈음 칼 두 자루를 찬 이상한 남자가 이오 일행이 있는 방으로 쳐들어와서 "당신들도 도박꾼 일당이지. 가진 돈 있으면 거기 내놔"라며 칼을 빼 들고 위협했다.

"뭐야, 이 사기꾼 놈이"라고 외치며 이오는 단도를 빼 들고 일어섰다. 남자는 처음 기세와 달리 몸을 날려 도망쳤다. 이해 이오는 벌써 마흔일곱 살이었다.

74

야지마 야스요시는 야마다의 강습소에 들어가 숙생 대표에 추대된 후로 다소 자중하는 사람처럼 병자가 있는 집에서도 신뢰를 받았고 하타모토 가정에서는 특별히 야지마의 이름을 대고 초청하는 사람도 있었다. 이오도 히라노 사다카타도 매우 안심했다.

이윽고 이해 2월 첫 오일이 되었다. 시부에 집에서는 가메자와 이나리 제사를 지낸다고 해서 친척, 친구들을 모았다. 야스요시도 와서 연회에 참석해 기요모토⁵⁶⁵를 읊거나 익살극을 선보였다. 이오는 이 모습을 보고 대단히 불쾌하게 생각했지만 야스요시가 술을 마시지 않으니까 설령 흥에 좀 젖었다고 해서 나중에 걱정할 만한 일은 하지 않을 거라며 신경쓰지 않았다.

---

564 하타모토(旗本): 에도시대에 쇼군의 직속 무사로 직접 쇼군을 만날 자격이 있는 녹봉 만 석 미만 500석 이상의 사람.
565 기요모토(清元): 에도시대 후기에 조루리에서 나온 샤미센 음악의 일종.

야스요시가 시부에 집에 와서 그날 저녁 돌아가고 이삼일 지난 무렵이었다. 스승 야마다 친테이가 혼고 유미정에서 찾아와 "야지마 씨 여기 계십니까? 너무 오래 머무시는 것 같아 어떻게 지내시는지 궁금해서 찾아뵈었습니다"라고 했다.

"야스요시는 이나리 신사 제삿날에 참배한 후로 그날 밤 10시쯤 돌아갔는데요"라고 이오는 의아하다는 듯 대답했다.

"글쎄요, 그날 이후로 강습소로는 돌아오지 않으셨는데요." 친테이는 이렇게 말하며 눈살을 찌푸렸다.

이오는 즉시 사람들을 사방으로 보내 수색했다. 야스요시의 행방은 금세 밝혀졌다. 이나리 신사 제삿날 밤에 무일푼으로 요시와라에 갔다가 다음 날부터 다마치에 있는 찻집[566]에 잠복하고 있었던 것이다.

이오는 돈을 물어주고 야스요시를 돌아오게 했다. 그리고 히라노 사다카타, 오노 후코쿠 두 사람을 불러 어떻게 처리해야 할지 의논했다. 어린 시게요시도 가장이라는 이유로 그 자리에 참석했다.

사다카타는 한동안 침묵하고 있다가 표정을 가다듬고 이렇게 말했다. "이번 처분은 하나밖에 없다고 생각합니다. 겐세키 씨는 제 집에서 할복시키겠습니다. 오노 씨도 누님도 산보도 번거로우시겠지만 입회해주세요." 말을 마치고 사다카타는 굳게 입을 다물고 자리에 있던 사람들을 둘러보았다. 야스요시는 야지마 가문을 잇게 된 후로 양부의 칭을 계승하여 겐세키라고 했다. 산보는 시게요시의 아명인 산키치다.

후코쿠는 얼굴이 흙빛처럼 변해서 한 마디도 하지 못했다.

이오는 사다카타의 말을 예상했다는 듯이 조용히 대답했다. "히라

---

566 히키테차야(引手茶屋): 유곽에서 손님을 창녀집으로 안내하는 찻집.

노 님의 의견은 지당하십니다. 여러 번의 잘못으로 더 이상 뭐라 드릴 말씀이 없습니다. 일간 신중히 숙고한 후에 이쪽에서 다시 말씀드리겠습니다."

이것으로 상담은 끝났다. 사다카타는 아무 일도 없었다는 듯한 얼굴을 하고 자리에서 일어나 돌아갔다. 후코쿠는 뒤에 남아 어떻게든 히라노가 용서하게 잘 말해 달라고 반복해서 이오에게 부탁하고 맥없이 돌아갔다. 이오는 야스요시를 불러서 엄숙히 회의의 자초지종을 전했다. 시게요시는 일이 어떻게 될지 마음을 졸였다.

다음 날 아침 이오가 사다카타를 찾아가서 이야기했다. 대강의 요지는 이렇다. 어제 말씀은 지극히 타당하다. 자신도 동의하지 않을 수 없다. 지금까지 일어난 일들을 생각하면 야스요시에게 이 이상 속죄의 방법은 없다. 자신도 죽음이 그에 상응한 것이라고 믿는다. 그러나 성대하게 죽게 하는 것은 가문을 위해서도 제후를 위해서도 바람직하지 않다. 그러므로 할복 대신 금비라[567]에게 기청문[568]을 바치게 하고 싶다. 회개할 가망이 없는 남자니까 반드시 부지불식간에 천벌을 받을 것이다.

사다카타는 곰곰이 듣고 대답했다. 좋은 생각이다. 이번 일에 대해서 살려 달라는 중재라면 결코 듣지 않겠다고 결심했는데, 성대하게 죽게 할 것까지 없다는 생각은 지극히 당연하다. 그렇다면 기청문을 써서 금비라에게 바치는 일은 누님에게 맡기겠다.

---

567 금비라(金毘羅): 여러 야차들을 거느리고 불법(佛法)을 지키기를 서원한 야차왕의 우두머리.
568 기청문(起請文): 선언이나 서약 따위를 할 때 사용하는 문서.

75

이오는 야지마 야스요시에게 기청문을 쓰게 했다. 그리고 그것을 가지고 도라노몬[569]의 곤비라에게 바치러 갔다. 그러나 기청문은 바치지 않고 야스요시의 장래를 기원하고 돌아왔다.

오노 집안에서는 이해 12월 12일에 은거 중이던 레이토가 여든 살로 죽었다. 5년 전에 직에서 물러나고 후코쿠에게 집을 잇게 했다. 오노 집안의 재산은 레이토가 모은 게 만 냥이 넘었다고 한다.

이사와 하쿠켄은 이해 3월 200섬 30인 녹미를 받는 오쿠이시에 임명되고 나카바시우메치에서 오타마가이케로 거처를 옮겼다. 이때 새집 축하연에 초대받았던 다모쓰가 여러 가지를 기억했다. 하쿠켄의 4녀 야스는 다모쓰의 누나인 미키와 함께 나가우타 〈노송(老松)〉을 불렀다. 시바타 조안이라는 뚱뚱한 의사는 훈도시 하나만 몸에 걸친 채 〈선반의 달마(棚の達磨)〉를 춤췄다. 연회가 끝나고 돌아가는 도중에 다모쓰는 진마쿠 히사고로[570]가 고야나기 헤이스케에게 졌다는 이야기를 들었다.

야스는 하쿠켄의 서출 딸이었다. 하쿠켄의 정부인 가리야 다카가 낳은 자식은 어려서 죽은 장남 도스케, 열여덟아홉 살에 홍역으로 죽은 장녀 슈, 가리야 에키사이의 양손자이자 가이시의 양자인 산에몬에게 시집간 차녀 쿠니 이렇게 셋뿐이고 그 외 자식들은 모두 첩 하루가 낳았다. 그 순서를 말하면 장남 도스케, 장녀 슈, 차녀 쿠니, 3녀 기타, 차남 이와오, 4녀 야스, 5녀 고토, 3남 신페이, 4남 마고스케다. 야스는 성인이 되고 나

---

569 도라노몬(虎の門): 에도성 외곽문의 하나.
570 진마쿠 히사고로(陣幕久五郞): 1829-1903. 스모 선수. 12대 요코즈나(橫綱: 스모의 최고 지위).

중에 시골로 시집갔는데, 지금은 아자부 도리이자카정에 있는 신페이의 집에 산다고 한다.

시바타 조안은 막부 의관 중 한 명이었다고 한다. 그러나 내가 소장하고 있는 『무감』에는 실려 있지 않다. 1860년(만엔1) 『무감』으로 내가 소장한 책은 정월, 3월, 7월 이렇게 세 종류다. 하쿠켄은 정월에는 아직 '오쿠즈메'부에 나와 있고 3월 이후에는 '오쿠이시'부에 나와 있다. 시바타는 세 책에 모두 실려 있지 않다. 유신 후 이 사람은 교겐 작가가 되고 다케시바 주사쿠라고 칭하고 5세 반도 히코사부로[571]와 친하게 지냈다고 한다. 더 알아보고 싶은 사람이다.

진마쿠 히사고로의 패배는 당시 사람들의 예상을 빗나간 사건이었다. 추사이는 스모를 좋아하지 않았지만 다모쓰는 어릴 때부터 스모 보는 것을 좋아해서 이해 봄 대회[572]도 첫날부터 닷샛날까지 하루도 빠뜨리지 않고 구경했다. 그런데 엿샛날이 이사와 집의 축하연이었다. 자시[573]가 지나고 다모쓰는 어머니와 누나에게 이끌려 이사와의 집을 나와서 귀가하고 있었다. 도중에 와카토 세이스케가 마중 나와 다모쓰에게 "진마쿠가 졌습니다"라고 속삭였다.

"거짓말 작작해"라고 다모쓰는 꾸짖었다. 대전은 전부터 알고 있었고 고야나기가 진마쿠의 적수가 아님을 굳게 믿었던 것이다.

"아닙니다, 정말이에요"라고 세이스케가 말했다. 세이스케의 말은 사실이었다. 진마쿠가 고야나기에게 졌다. 그리고 고야나기는 이번 승리를 이유로 살해당했다. 살해당한 게 오전 1시쯤이었다고 하니까 마침 다모

571　1832-1877, 가부키 배우.
572　하루바쇼(春場所): 매년 3월 오사카에서 열리는 공식 스모 대회.
573　자시(子刻): 밤 열한 시부터 오전 한 시까지.

쓰와 세이스케가 이 대화를 나누고 있을 때였다.

진마쿠에 대해 이야기한 김에 덧붙여 고니시키[574]에 대해서도 말해 둔다. 이사와 가에게 딸린 마쓰라는 소녀가 있었다. 마쓰는 생선 장수 요스케의 딸로, 기쿠, 케이 두 여동생이 있었다. 케이가 이와키 가와의 아이를 임신해서 낳은 게 고니시키 야소키치다.

다모쓰는 하쿠켄이 오쿠이시가 되었을 때 일을 한 가지 더 기억했다. 습자 스승인 고지마 세이사이가 하쿠켄의 아들인 데쓰사부로에 대한 대우를 갑자기 바꾼 것이다. 후쿠야마 제후의 가신인 세이사이가 막부 오쿠이시의 자식에게 얼마나 존경을 표해야 했는가 하는 당시 계급 제도의 그림이 어린 시게요시의 눈앞에 분명하게 펼쳐졌다.

76

고지마 세이사이가 간다에 있는 아베 가문 저택에 살며 2층을 교실로 해서 학생들에게 습자를 가르칠 무렵, 많은 아이들이 책상을 나란히 하고 있는 앞에 손에 회초리를 들고 앉아서 필법을 교정하기 위해 회초리 끝으로 가리키며 그 사이에 유머를 섞어 이야기했다는 것은 앞서 적었다. 세이사이는 이야기를 할 때 흔히 이사와 하쿠켄의 아들 데쓰사부로(鉄三郎)를 상대로 데쓰보(鉄坊)라고 불렀는데, 그게 뜻이 있는지 어떤지는 알 수 없지만 뎃포(鉄砲)[575]라고 들렸다. 제자들도 데쓰사부로를 뎃포

---

574 고니시키 야소키치(小錦八十吉): 1866-1914, 스모 선수. 17대 요코즈나.
575 총이라는 뜻.

라고 불렀다.

세이사이가 뎃포를 놀리면 뎃포도 스승을 공경하지만은 않았다. 종종 농담을 하며 존엄을 모독하는 일이 있었다. 세이사이는 "너 뎃포 놈!"이라고 외치며 회초리를 휘둘러 때리려고 했다. 뎃포는 웃으며 달아났다. 세이사이가 뒤쫓아가서 회초리로 머리를 때렸다. "아아, 아파! 선생님 너무하신 거 아닙니까?"라며 뎃포는 중얼거렸다. 제자들은 재미있어하며 웃었다. 이런 일은 거의 매일 있었다.

그런데 이해 3월이 되고 뎃포의 아버지 하쿠켄이 오쿠이시가 되었다. 다음날부터 세이사이는 이사와의 아들을 대하는 태도를 분명하게 바꿨다. 예를 들어 필법을 바로잡을 때도 "도쿠안 씨, 그 점은 이렇게 찍으세요"라고 했다. 데쓰사부로는 꽤 전에 아명을 버리고 도쿠안이라고 했다. 이 새로운 대우는 신기하게도 이것을 받아들이는 이사와의 적자에게 갑자기 태도를 바꾸게 했다. 도쿠안은 매우 어른스러워졌고 거의 수줍어하는 것처럼 보였다.

이해 9월에 하쿠켄은 보관하고 있던 추사이의 장서를 돌려주었다. 9월 9일에 쇼군 이에모치가 내년 2월을 기해 교토로 간다는 명령을 발표하고 하쿠켄이 수행 준비를 했기 때문이다. 시부에 집은 히라노 사다카타와 상의해서 이사와의 집에서 돌려받은 서적 중 주요한 것을 쓰가루 가문의 창고에 보관했다. 그리고 매년 두 번씩 책이 좀먹지 않도록 햇볕에 쬐고 바람을 쏘이기로 했다. 당시 작성한 목록에 따르면 그 부수는 3천 5백여 권에 지나지 않았다.

서적이 이사와의 집에서 반환되고 아직 쓰가루 가문에 보관되기 전 일이었다. 모리 키엥이 와서 『논어』와 『사기(史記)』를 빌려 갔다. 『논어』

는 오코토텐[576]이 달린 고사본으로, 마쓰나가 히사히데[577]의 인장이 찍혀 있었다. 『사기』는 조선판이었다. 이후 1890년(메이지23)에 다모쓰가 시마다 고손을 방문했을 때 다시 이 『논어』를 보았다. 고손은 이것을 호소카와 짓슈[578]에게 빌려서 읽고 있었다.

쓰가루 가문에서는 이해 10월 14일에 노부유키가 하마정 별저에서 예순세 살로 죽었다. 다모쓰가 머리맡에서 시중을 들었다.

이해 12월 21일 밤 하나와 지로[579]가 산반정에서 자객의 칼에 목숨을 잃었다. 추사이는 항상 이 사람과 오카모토 교사이에게 국전에 관해 물었다고 한다. 지로는 호를 온코도라고 했다. 호키이치[580]의 아들이자 요쓰야 데라마치에 사는 다다오의 조부다. 당시 뜬소문에 지로가 쓰시마의 관리 안도 노부유키[581]를 위해 폐립(廢立)의 선례를 조사했다는 이야기가 전해진 게 이 뜻하지 않은 재난의 원인이 되었다. 유해 옆에는 "대역죄로 천벌을 가한다"는 팻말[582]이 있었다. 지로는 1814년(분카11)생으로 살해당했을 때 마흔아홉 살이었고 추사이보다 9살 어렸다.

이해 6월 중순부터 8월 하순까지 홍역이 유행해서 시부에 집안의 가메자와정 집으로 버드나무잎과 종려나무잎을 구하러 사람들이 계속해서

---

576 오코토텐(乎古止点): 한문을 훈독하기 위해 한자의 네 귀퉁이와 위아래에 점, 선으로 읽는 법을 표시한 부호.
577 마쓰나가 히사히데(松永久秀): 1508-1577, 센고쿠시대 무장.
578 호소카와 짓슈(細川十洲): 1834-1923, 토사 번사. 법제학자, 교육자.
579 하나와 지로(塙次郎): 1807-1862, 국학자.
580 하나와 호키이치(塙保己一): 1746-1821, 국학자. 막부에 건의해 화학강담소(和學講談所)를 창립. 일본 최대 문헌총서인 『군서유종』을 편집. 눈먼 학자로 유명.
581 안도 노부유키(安藤信睦): 1819-1871, 막부 로주. 공무합체(公武合体)를 위해 쇼군과 황녀의 결혼을 추진.
582 스테후다(捨札): 에도시대에 죄인을 처형할 때 이름과 나이, 죄상 등을 적어 거리에 세워 둔 팻말.

왔다. 두 나뭇잎이 당시 민간약으로 사용되었기 때문이다. 이오는 하루 종일 접대하며 사람들의 기대에 어긋나지 않으려고 노력했다.

77

추사이 사후 제5년은 1863년(분큐3)이다. 시게요시는 일곱 살에 처음으로 야노쿠라의 다키 안타쿠에게 다니며 『소문』 강의를 들었다.

이사와 하쿠켄은 이해 쉰네 살로 죽었다. 도쿠가와 이에모치를 따라 교토로 가다 병을 얻어서 객사했다. 후계자인 도쿠안이 오타마가이케의 이사와 집안의 주인이 되었다.

이해 7월 20일 야마자키 요시시게[583]가 죽었다. 추사이는 요시시게와 그다지 친했던 것은 아닐 것이다. 그러나 두 집의 서고에 소장된 책은 서로 꺼내 빌려주는 것을 마다하지 않았던 것 같다. 요즘 진서간행회가 간행한 『다음은 옛날 이야기(後昔物語)』[584]를 보면 추사이의 발문이 있다. "키산지의 수필 『다음은 옛날 이야기』 한 권. 고몬도[585]가 소장한 책 대여. 친구 헤이하쿠민을 위해 필사. 경자(庚子) 초겨울 초교(初校). 추사이." 경자는 1840년(덴포11)으로 추사이가 히로사키에서 에도로 돌아온 이듬해다. 헤이하쿠민은 히라이 토도다.

요시시게, 자는 큐케이, 호쿠호, 고몬도 등의 호가 있다. 통칭은 신베

---

583 야마자케 요시시게(山崎美成): 1796-1856. 수필가. 잡학가. 사망한 것은 1863년이 아니라 1856년. 사망한 나이도 67세가 아니라 61세.
584 에도시대 후기 통속 문학 작가인 호세이도 키산지(朋誠堂喜三二)의 수필.
585 고몬도(好間堂): 야마자키 요시시게의 호.

에, 나중에 큐사쿠로 바꿨다. 시타야 니초마치에 약국을 열고 가게 이름을 나가사키야라고 했다. 만년에는 이다마치의 나베시마라는 사람의 저택 안에 살았다고 한다. 모치노키자가시타에 나베시마 에이노스케라는 5천 석을 받는 요리아이가 살았으니까 필시 그 저택이었을 것이다.

요시시게가 사망했을 때 나이를 예순일곱 살이라고 하면 추사이보다 8살 연상이었을 것이다. 그러나 책마다 기록이 달라서 정확히 하기 어렵다.

추사이 사후 제6년은 1864년(겐지1)이다. 모리 키엥이 세이주칸의 강사가 되었다는 이유로 막부로부터 월급을 받았다.

추사이 사후 제7년은 1865년(게이오1)이다. 시부에 집안에서는 6월 20일에 스이잔이 열한 살로 요절했다.

히라노 사다카타는 이해 4월 27일에 아내 카나의 상을 당했다. 카나는 1817년(분카14)생으로 마흔아홉 살이었다. 안으로는 검소함을 견디고 밖으로는 성망을 떨치려고 한 사다카타의 루스이 생활은 아내의 내조 덕분에 비로소 유지될 수 있었다. 카나가 죽은 후에 친척과 부하들이 거듭 재혼을 권유했지만 사다카타는 "오십 넘은 신랑이 되고 싶지 않다"며 오랫동안 응하지 않았다.

추사이 사후 제8년은 1866년(게이오2)이다. 가이호 교손은 9년 전에 병에 걸렸는데, 이해 8월에 병이 재발해서 9월 18일에 예순아홉 살로 죽었기 때문에 열 살인 시게요시는 다시 그 아들 치쿠케이의 문인이 되었다. 그러나 이것은 거의 명의만 바뀐 것에 불과했다. 왜냐하면 만년의 교손이 제자들에게 책을 강의한 것은 '4'와 '9'가 들어간 날 오후뿐이고 그 외의 수업은 전부 치쿠케이가 담당했기 때문이다. 교손이 책을 강의하는 목소리는 쉰 목소리였는데, 치쿠케이는 음성이 맑고 명랑한 데다 능변이었다. 나중에 시마다 고손 같은 사람이 강단에 설 때 사람들이 치쿠케이의 말투와 태도를 흉내낸 게 아닐까 의심할 정도였다. 치쿠케이가 양부 대신 강의한 것은 덴케이로에서만이 아니었다. 치쿠케이는 해진 옷을 입고 강습소를 나와서 교손 대신 세이주칸, 마나베 가문, 난부 가문에 갔다. 기세가 이와 같았기 때문에 교손 사후에도 네리베이코지의 덴케이로는 옛날처럼 번성했다.

수년간 시부에 집에 더부살이하고 있던 야마노우치 주베에의 첩 마키가 이해 일흔일곱 살로 이오의 돌봄을 받다가 죽었다.

78

추사이의 누나 스마가 이다 요시키요에게 시집가서 낳은 두 딸 중 장녀 노부는 고부네정의 아라이야 한시치의 아내가 된 후 죽었고 차녀 미치가 남았다. 미치는 천연두 때문에 얼굴이 망가졌는데, 아마 이 무렵이었을 것 같은데 300석을 받는 하타모토 도다 아무개라는 노인이 후처로 맞이했다. 도다씨(氏)는 하타모토 중에 매우 많아서 지금으로선 누구인지 알기 어렵다. 요시키요의 집은 스마가 낳은 장남 나오노스케가 요절한 뒤 마고사부로라는 양자가 와서 이어받은 지 오래였다. 이다 마고사부로는 10년 전인 1856년(안세이3)부터 『무감』의 '가치메쓰케'[586]부에 실렸다. 주소는 처음에는 유시마 천택사(天澤寺) 앞, 나중에는 유시마 천만궁(天

---

586 가치메쓰케(徒目附): 에도막부 및 제번에 설치된 역직. 메쓰케(目付: 무사의 위법을 감찰하던 직명)의 감독하에 문서 기안, 현관 단속, 주군 외출 시 도로 정리 등의 임무를 담당.

滿宮) 뒷문 앞으로 되어 있었다. 다모쓰가 기억하고 있는 집은 인상원(麟祥院) 앞 사루아메 골목에 있었다고 한다. 마고사부로는 유신 후 시즈오카현 관리가 되고 요시마사라고 칭했다. 나중에 다시 도쿄로 와서 시타야 구루마자카정에서 죽었다고 한다.

히라노 사다카타는 아내 카나가 죽은 후 이나바 집안에서 온 양자 후사노스케와 둘이서 홀아비 생활을 했는데, 아내 없이 루스이로 근무하는 것은 불가능하다고 설득하는 사람들이 많아서 사다카타의 마음이 점점 움직였다. 이해 무렵 중매인이 오모테보즈[587] 오스라는 사람의 딸 데루와 결혼하라고 권했다. 『무감』을 살펴보니 1866년(게이오2)에 근무한 오스씨(氏) 오모테보즈 부자가 있다. 아버지는 겐키, 아들은 겐에쓰로, 고지마치 산겐야에 있는 집에서 함께 살았다. 데루는 겐키의 딸이자 겐에쓰의 여동생이 아닌가.

사다카타는 쓰가루 가문의 루스이 관가에서 부리는 부하 스기우라 기자에몬을 보내 데루를 살펴보게 했다. 스기우라는 노련한 인물이어서 사다카타가 신임하고 있었다. 데루를 만나고 온 스기우라는 데루의 아름다움을 크게 칭찬하고 그 말투와 행동이 매우 단아하다고 했다. 약혼 예물을 교환했다. 혼례 당일 이오는 히라노의 집에 와서 신부가 오기를 기다렸다. 사다카타와 이오가 창문 아래 마주 앉아 있자니 신부를 태운 가마가 문 안으로 들어왔다. 이오는 가마에서 내리는 여자를 보고 놀랐다. 키가 매우 작고 살색은 검고 코는 낮았다. 게다가 입이 뽀족하고 이가 튀어나와 있었다. 이오는 사다카타를 보았다. 사다카타는 쓴웃음을 지

---

587 오모테보즈(表坊主): 에도막부의 직명. 에도성 내에 근무하며 다이묘 및 여러 관리들의 시중을 들고 청소 등의 업무를 수행.

으며 "누님, 저 사람이 새색시로군요"라고 했다.

신부가 오고 술잔을 나누기까지는 시간이 걸렸다. 이오가 스기우라가 없는 것을 이상히 여겨 물었고 신부가 도착하자마자 히라노의 말을 빌려 말을 타고 어디론가 떠났다고 했다.

잠시 후 스기우라가 이오와 사다카타의 앞에 나타나 이마의 땀을 훔치며 말했다. "정말로 면목이 없습니다. 저는 데루 님을 가까이서 뵙고 싶다고 상대 쪽에 요청했고 그쪽에서도 잘 알겠다는 답을 받고 들어갔습니다. 그 자리에 곱게 화장을 하고 차를 가지고 나와서 잠시 제 앞에 앉아서 계절 인사를 건넨 사람은 전에 말씀드린 대로 아름다운 여인이었습니다. 오늘 온 신부는 그날 과자 그릇인지 뭔지를 들고 나와서 문턱 안쪽까지 조금 들어왔다가 바로 물러갔습니다. 저는 설마 그 사람이 데루 님일 거라고는 생각지도 못했습니다. 너무나도 큰 착오여서 말을 빌려 오스 가문으로 달려가 물었는데, 인사 시킨 여자는 데루 님을 소개했던 그 집 아들 며느리라는 답이었습니다. 완전히 제 잘못입니다"라고 말하며 스기우라는 다시 이마의 땀을 닦았다.

79

이오는 스기우라 기자에몬의 이야기를 듣고 얼굴색이 변했다. 그리고 사다카타에게 "어떻게 하시겠어요?"라고 물었다.

스기우라는 옆에서 말했다. "파혼하시는 수밖에 없을 겁니다. 제가 그날 '당신이 데루 님이시군요'라고 한마디 다짐을 받아 두었다면 좋았을 겁니다. 완전히 제 잘못입니다." 스기우라는 눈에 눈물을 머금고 있었다.

사다카타가 팔짱 끼고 있던 손을 풀며 말했다. "누님, 걱정하지 마세요. 스기우라도 자책하지 말거라. 저는 이 혼례를 하기로 결심했습니다. 중을 두려워하는 건 아니지만 싸움을 시작하는 건 재미가 없어서요. 게다가 저는 이미 오십이 넘었는걸요. 외모를 따질 나이도 아니에요."

사다카타는 마침내 데루와 술잔을 나눴다. 데루는 1835년(덴포6)생으로 시집왔을 때 서른두 살이었다. 외모가 별로여서 결혼할 기회를 좀처럼 찾지 못했을 것이다. 사다카타는 아내의 친정과 교류하며 대체로 형식의 범위를 벗어나지 않았지만 데루와 결혼한 후 얼마 지나지 않아 그 남동생 겐타쿠를 예뻐하게 되었다. 오스 겐타쿠는 학문에 재능이 있었지만 아버지와 형이 도와주지 않았기 때문에 사다카타가 책을 사 주었다. 그중에는 야오판[588] 『사기』 같은 두툼한 것이 있었다.

이해 히로사키번에서는 에도에 상주하고 있는 번사들을 철수시키고 본국으로 귀환시키기로 결정했다. 추사이 등이 주장했던 재국 의론이 이때 이르러 비로소 실행된 것이다. 그러나 시부에 집안과 그 친척들은 우선 에도를 떠나는 무리에 포함되지 않았다.

추사이 사후 제9년은 1867년(게이오3)이다. 야지마 야스요시는 혼조 미도리정 집을 처분하고 무사시국 기타아다치군 가와구치로 이주했다. 지인이 이곳에서 의업을 하는 게 유망하다고 권했기 때문이다. 그러나 야스요시가 가와구치에서 의업에 종사한 기간은 짧았다. "아무래도 독신으로 시골에 있다 보니 촌티 나는 여자들이 꼬여들어 성가셔서 못 살겠다"며 가메자와정의 시부에 집으로 돌아와 함께 살았다. 당시 야스요시는 서

---

588 야오판(八尾板): 야오 도모하루(八尾友春)에서 복각한 판본. 여기서 『사기』는 『사기평림(史記評林)』을 가리킨다. 당시 일본에서 『사기평림』은 고야판(紅屋板)과 야오판 2종류가 유통되고 있었고 경쟁이 치열했다.

른세 살이었다.

히라노 사다카타의 집에서는 이해 후처 데루가 류라는 딸을 낳았다.

추사이 사후 제10년은 1868년(메이지1)이다. 후시미, 도바 전투[589]를 시작으로 동북 지방으로 몰린 좌막[590] 잔여 세력이 봄부터 가을에 이르는 동안 점차 쇠멸에 이르게 된 해다. 마지막 쇼군 도쿠가와 요시노부[591]가 우에노의 관영사(寬永寺)로 들어간 후 에도를 떠난 히로사키번의 정부[592] 몇 무리가 있었다. 그중에 시부에 집안이 있었다.

시부에 집에서는 3천 평 되는 가메자와정의 토지와 주택을 45냥에 팔았다. 다다미 한 장 값은 24문이었다. 정원에는 다다시게와 추사이 부자가 애지중지했던 버드나무가 있었다. 간다의 화재를 만나서 두 갈래로 나뉜 큰 가지 중 하나가 말라 죽었다. 간다에서 다이도코로정으로, 다이도코로정에서 가메자와정으로 옮겨지면서도 다행히 시들지 않았다. 또 야마노우치 주베에가 유언으로 이오에게 물려준 석등도 있었다. 이오도 시게요시도 차마 이것들을 버리고 떠날 수 없었지만 그렇다고 나무와 돌을 182리나 떨어진 곳으로 옮기는 것은 왕후나 부호도 하기 어려운 일이었다. 하물며 일신의 편안함조차 기대하기 어려운 난세의 여행이었다. 어머니와 아들은 어쩔 도리가 없었다.

식객들은 에도나 그 근처에 있는 친척들을 찾아 떠났다. 노비는 히

---

589 1868년 1월 3일에 막부타도파와 막부지지파가 교토 부근 도바와 후시미 지역에서 벌인 전투.
590 좌막(佐幕): 에도막부 말에 막부를 편들어 도운 세력.
591 도쿠가와 요시노부(德川慶喜): 1837-1913. 에도막부의 마지막 쇼군. 반(反)막부세력과의 항쟁 끝에 1867년에 국가 통치권을 천황에게 돌려주고 메이지유신이라는 평화적인 정권 교체의 기틀을 마련.
592 정부(定府): 에도시대에 각 번의 번사가 산킨코타이를 하지 않고 에도 번저에 상주하는 것.

로사키에 따라갈 와카토 2명을 제외하고 전부 물러났다. 이런 때 나이 든 남녀 중 가서 머물 집이 없는 사람들은 참으로 가엾다. 야마노우치 집안에서 온 마키는 2년 전에 죽었고 뒤에 아직 묘료니가 남았다.

묘료니의 친척은 에도에 많았지만 이런 때 누구 하나 데려가려고 하는 사람이 없었다. 이오는 한동안 당혹스러웠다.

80

시부에 집안이 혼조 가메자와정 집을 떠나려고 할 때 가장 처리가 곤란했던 것은 묘료니의 신상이었다. 이 늙은 여승은 1781년(덴메이1)에 태어나서 이미 여든여덟 살이었다. 쓰가루 가문에 고용살이한 적은 있지만 태어나서 에도 땅을 떠나본 적이 없었다. 이 사람을 히로사키로 데려가는 것은 이오에게도 바람직하지 않았고 늙고 쇠약한 본인에게도 먼 길을 떠나 아는 사람 없는 곳에 가는 것은 괴로운 일이었다.

본래 묘료니는 특별히 시부에 집안에 연고가 있는 여자는 아니었다. 간다 도시마정의 헌옷 장수 딸로 태어나서 신주인의 시동으로 근무했다. 그 집을 떠난 후 시집가서 남편과 사별하고 출가했다. 남편의 동생이 가문을 계승하게 되자 처음에는 사랑했던 탓에 지금은 증오하게 된 가장에게 학대를 당했고 참고 견디며 세월을 보냈다. 사별한 남편의 동생의 자식 대에 이르러 학대는 전보다 배로 심해졌고 게다가 눈병을 걱정해야 했다. 이게 1845년(고카2)으로 묘료니가 예순다섯 살이었을 때다.

묘료니는 눈병 치료를 청하고자 추사이에게 왔다. 전년에 시집온 이오가 묘료니의 이야기를 듣고 딱하게 여겨 마침내 식객으로 삼았다. 그때부터 시부에 집에 살며 아이들을 보살피고 그중에서도 토와 시게요시를 예뻐했다.

묘료니의 가장 가까운 친척은 혼조 아이오이정에서 회반죽 가게를 하는 남동생이었다. 그러나 동생은 시부에 집안이 에도를 떠날 때 누나를 데려가려고 하지 않았다. 그 외에도 이마가와바시의 사탕 가게, 이시하라의 못 가게, 하코자키의 포목전, 도시마정의 버선 가게 등도 모두 친척들이었지만 누구 하나 묘료니를 돌보려는 사람이 없었다.

다행히 묘료니의 조카딸이 도미타 주베에라는 사람의 아내였는데, 남편에게 묘료니의 일을 이야기하자 주베에가 흔쾌히 묘료니를 데려가겠다고 약속했다. 주베에는 이즈국 니라야마에 있는 어느 절에서 잡일을 하고 있었기 때문에 묘료니는 니라야마로 갔다.

4월 초하루에 시부에 집안은 가메자와정 저택을 떠나 혼조 요코카와에 있는 쓰가루 가문 별저로 옮겼다. 이어 11일에 에도를 떠났다. 이날은 관군이 에도성을 접수한 날이다.

일행은 가장인 시게요시가 열두 살, 어머니 이오가 쉰세 살, 쿠가가 스물두 살, 미키가 열여섯 살, 센로쿠가 열다섯 살, 야지마 야스요시가 서른네 살 여섯 명과 와카토 두 명이었다. 그 중 한 사람은 이와사키 고마고로라는 히로사키 사람이고 다른 한 사람은 추조 가쓰지로라는 히타치국 쓰치우라 사람이었다.

동행자는 야가와 분이치로와 아사고에 일가였다. 분이치로는 7년 전인 1861년(분큐1)에 스물한 살로 혼조 후타쓰메의 철물 도매상 히라노야의 딸 류와 결혼해서 아들을 한 명 뒀는데, 히로사키행이 결정되자 아내는 에도를 떠나고 싶어 하지 않았기 때문에 아들을 데리고 친정으로 돌아갔다. 분이치로는 에도를 떠날 때 스물여덟 살이었다.

아사고에 일가는 부부와 딸로, 와카토 한 명을 데리고 있었다. 가장은 통칭을 겐류라고 했고 180석 6인 녹미를 받는 오모테이시였다. 겐류는 어릴 적 행실이 나빠 아버지 에이주에게 의절당했지만 에이주가 사망하기에 이르러 말기양자로 뒤를 잇고 추사이의 문인이 되었다. 또 추사이의 소개로 가이호 교손의 강습소에 들어갔다. 1838년(덴포9)생으로 추사이에게 종학한 1857년(안세이4)에는 스무 살이었다. 그 후 시부에 집안과 친하게 지냈고 함께 에도를 떠날 때는 서른 살이었다. 겐류의 아내 요시는 스물네 살, 딸 후쿠는 갓난아이였다.

여기에 이 일행에 합류하려다 허락받지 못한 사람들이 있다. 나는 이것을 적으면서 당시 사회가 지금과 매우 달랐다는 것을 느낀다. 고용인이 신하 관계가 된 것은 물론이고 드나드는 장인과 상인도 정이 매우 두터웠다. 시부에 집에 드나드는 사람들 중 장인에는 금속 장식품 세공인 초하치, 상인에는 초밥 가게 주인 큐지로가 있었다. 초하치의 경우 시부에 집안이 에도를 떠날 때 묘목이 한아름이 되도록 커 있는 상태였고[593] 큐지로는 예순여섯 살 노인으로 여전히 살아 있었다.

81

금속 장식품 세공인인 초하치는 단순히 시부에 집에 드나들기만 한 게 아니다. 1839년(덴포10)에 추사이가 히로사키에서 돌아왔을 때 초하

---

[593] 묘목이공(墓木已拱): 장사 지낼 때 무덤 옆에 심은 나무의 둘레가 한아름이 되도록 컸다는 뜻. 사람이 죽고 오랜 세월이 흘렀음을 비유하는 말.

치는 아파서 치료를 청했다. 그때 추사이가 초하치가 병 때문에 일을 그만두고 아내와 세 아이를 부양하지 못하는 것을 보고 나가야[594]에 살게 하며 옷과 음식을 제공했다. 그래서 초하치는 병이 낫고 다시 일을 시작한 후 오랫동안 시부에 집안의 은혜를 잊지 않았다. 1858년(안세이5)에 추사이가 죽었을 때 초하치는 장례를 돕고 집에 돌아와 예에 따라 저녁 반주 한 잔을 기울였다. 그리고 "주인 어른께서 돌아가시는 걸 보니 나도 함께 가면 좋을 텐데"라고 했다. 그 후 2층으로 올라가 잠이 들었는데, 다음 날 아침 내려오지 않아서 아내가 가 보니 죽어 있었다고 한다.

초밥 가게 주인인 큐지로는 원래 생선을 멜 대에 메고 팔러 다니는 생선 장수였는데, 이오의 오빠 에이지로가 후원해서 자본을 대고 요릿집을 열게 했다. 다행히 큐지로의 칼솜씨가 평판이 좋아서 열 살 어린 아내를 맞이하고 1835년(텐포6)에 아들 도요키치를 얻었다. 1803년(교와3)생인 큐지로는 당시 서른세 살이었다. 9년 후 이오가 추사이에게 시집가면서 큐지로도 시부에 집에 드나들며 점차 가까워졌다.

시부에 집안이 히로사키로 떠날 때 큐지로는 진심으로 함께 가기를 바랐다. 서른네 살이 된 도요키치에게 어머니를 보살피게 하고 자신은 홀몸으로 시부에 가족을 모시고 떠나려고 했다. 이 소망을 품게 된 데는 히로사키에서 요릿집을 열어보겠다고 하는 기업가 정신도 조금은 영향을 준 것 같지만, 예순여섯 살 노인이 200리 채 못 되는 먼 길을 함께 떠나려고 한 것은 주로 이오를 존경하는 마음에서 비롯된 것이었다. 시부에 집에서는 이유 없이 큐지로의 청을 거절할 수 없어서 번의 당사자에게 문

---

594 나가야(長屋): 칸을 막아 여러 가구가 살 수 있도록 길게 만든 집. 서민을 위한 공동 주택.

의했는데, 당사자는 허락하고 싶어하지 않아 했다. 이오는 요닝 고노 로쿠로의 의중을 받들어 큐지로의 수행을 거절했다. 큐지로는 크게 낙담했고 이듬해 병에 걸려 죽었다.

시부에 일행은 혼조 후타쓰메바시 근처에서 다카세부네[595]를 타고 다테가와를 헤치고 나카가와에서 도네가와로 나와서 나가레야마, 시바마타 등을 거쳐 오야마에 도착했다. 에도를 떠나 불과 21리 길에 5일이 걸렸다. 고노에 가문에 연고가 있는 쓰가루 가문은 니시다테 고세이[596]의 소개로 이미 관군에 가담한 상태였기 때문에 목적지인 동북 지방은 아키타번을 제외하고 모두 적지였다. 일행인 시부에, 야가와, 아사고에 세 가문 중에서 시부에 가족은 인원이 가장 많고 노인도 있고 소년, 소녀도 있었다. 그래서 가장 몸이 가벼운 야가와 분이치로와 젖먹이와 아내뿐인 아사고에 겐류를 먼저 보내고 시부에 일가가 뒤에 남았다.

야지마 야스요시가 이오 일행이 탄 가마 다섯 채를 인솔하고 와카토 두 명을 데리고 이시바시역에 다다르자 센다이번의 보초병과 마주쳤다. 총을 겨눈 병졸들이 좌우로 20명씩 가마를 사이에 두고 하나하나 문을 열어 검문했다. 여자들이 탄 가마는 별다른 문제 없이 통과됐지만 시게요시가 탄 가마에 이르러 심문에 시간이 걸렸다. 이날 밤 숙소에 도착하고 이오는 시게요시에게 여장을 시켰다.

데와의 야마가타는 에도에서 90리로, 히로사키에 이르는 여정의 중간이다. 평소라면 이곳에 들러 축하하는 게 관례였지만 이오 일행은 일부러 여관을 피해서 장어 가게에 숙소를 구했다.

---

595 다카세부네(高瀬舟): 얕은 여울에서도 저을 수 있는 운두가 낮고 밑이 평평한 너벅선.
596 니시다테 고세이(西館孤清): 1829-1893, 히로사키 번사.

82

    야마가타에서 히로사키로 가는 길의 순서는 고자카 고개를 넘어 센다이로 들어가는 것이다. 그러나 이오 일행은 센다이를 피해 이타야 고개를 넘어 요네자와로 들어갔다. 이 길도 안전하지 않았다. 가미노야마까지 가자 형세가 몹시 불안해 며칠 체류했다.

    이오 일행은 여비가 다 떨어졌다. 에도를 떠날 때 많은 돈을 가지고 가는 것은 위험하다고 해서 돈을 직사각형 궤[597] 50여 짝 바닥에 숨겨서 배로 부쳤기 때문이다. 이오 일행은 가미노야마에서 간신히 육지로 운반해 온 소량의 짐을 절반 이상 팔았다. 돈을 마련하기 위해서만이 아니었다. 지름길로 가기로 결정하면서 부피가 큰 짐은 가지고 갈 수 없었기 때문이다. 짐을 팔아 얻은 돈은 말할 것도 없이 여비 부족분을 보충할 만한 액수에는 미치지 못했다. 다행히 히로사키번의 회계원을 만나 이오 일행은 돈을 약간 빌릴 수 있었다.

    가미노야마를 떠난 후에는 인적이 드문 산골짜기 사이를 지나갔다. 밧줄 사다리에 매달려서 낭떠러지를 오르내린 적도 있었다. 밤에 묵는 숙소는 나그네에게 떡을 팔고 차를 제공하는 휴게소 같은 곳이 많았다. 숙소에서 물건을 도둑맞는 일도 여러 번 있었다.

    인나이 고개를 넘어 아키타령에 들어섰을 때 이오 일행은 마음을 조금 놓을 수 있었다. 영주인 우쿄노타유[598] 사타케 요시타카가 히로사키의

---

597 나가모치(長持): 옷, 일상 신변구 따위를 넣어 두는 뚜껑이 있는 직사각형 궤. 흔히 운반용으로 사용.
598 우쿄노타유(右京大夫): 교토 서쪽의 사법, 행정, 치안을 담당한 관직. 에도 시대에는 무사들의 명예 칭호로 사용되었다.

쓰가루 쓰구테루와 함께 관군 편이었기 때문이다. 아키타령은 무사히 지났다.

이제 야타테 고개를 넘고 시주하치가와를 건너 히로사키로 간다. 야타테 고개의 분수령이 사타케와 쓰가루 두 가문의 영지 경계. 그곳을 조금 내려가면 이카리가세키라는 관문이 있고 파수꾼이 배치되어 있다. 파수꾼은 허가증을 검사한 후에 비로소 예의 갖춘 말을 사용했다. 누군가 구름 위로 우뚝 솟은 이와키산을 가리키며 저게 쓰가루의 후지산이고 그 산기슭이 히로사키성 아래라고 가르쳐 줬을 때 이오 일행은 저도 모르게 눈물을 흘리며 기뻐했다고 한다.

히로사키에 들어선 후 이오 일행은 도테마치의 헌옷상 이세야의 집에서 번으로부터 일인당 하루 금 1분(分)의 처우를 받고 하숙했다. 그리고 그곳에서 반년 남짓 머물렀다. 배로 부친 짐은 조금 지나 나중에 도착했다. 하숙집에서 거리로 나가면 현지 사람들이 에도 토박이라고 부르며 뒤따라왔다. 당시 상투를 삼실(麻糸)로 묶고 이 고장에서 생산된 솜옷을 입은 히로사키 사람들 사이에 에도 출신인 이오 일행이 섞여 있었기 때문에 이들을 신기하게 여긴 것도 이상할 게 없었다. 특히 시게요시가 에도에서도 아직 드물었던 양산을 쓰고 나가면 울타리 치듯 많은 사람들이 늘어서서 쳐다봤다. 시게요시는 양산과 회중시계를 가지고 있었다. 시계는 모르는 사람들도 소개를 구해서 보러 왔기 때문에 며칠 만에 고장나 버리고 말았다.

시게요시는 긴주고쇼직이 있어서 매일 성으로 출근했다. 숙직은 두 달에 3번 정도였다.

시게요시는 경사를 가네마쓰 세키쿄에게 배웠다. 에도에서 가이호 치쿠케이의 강습소를 그만두고 히로사키에서 세키쿄의 문을 두드린 것이다. 세키쿄는 당시 이미 칩거를 면제받은 상태였다. 의학은 에도에서 다키 안타쿠의 가르침을 받은 후 히로사키에서는 특별히 사사하지 않았다.

　전쟁[599]은 이미 여러 곳에서 일어났고 파발꾼이 날마다 정보를 가지고 왔다. 함께 히로사키로 온 야가와 분이치로는 스물여덟 살에 종군해 훗카이도로 향했다. 아사고에 겐류는 남부 방면으로 파견되었다. 이때 아사고에 밑에 배속된 사람이 시중 개업의에서 5인 녹미를 받는 고부신이 시로 새로 고용된 난방의 오사나이 겐요[600]였다. 히로사키에서는 이보다 전에 번교인 게이코칸[601]에 난학당을 설치하고 관의와 시중 개업의 자제들을 교육하고 있었다. 이를 주재한 사람은 에도의 스기타 세이케이[602]의 문인인 사사키 겐슌[603]이었다. 오사나이 겐요도 스기타의 문하에서 나온 사람으로, 나중에 켄이라고 칭하고 1885년(메이지18) 2월 14일에 중좌 상당 육군 일등 군의정으로 히로시마에서 생을 마감했다. 지금 문학사(文學士) 오사나이 가오루와 화가 오카다 사부로스케의 아내 야치요가 켄의 유자녀들이다. 야지마 야스요시는 히로사키에 남아 전쟁터에서 후송되어 오는 부상자들을 치료했다.

599　왕정복고 쿠데타에 성공한 신정부와 이에 반발한 막부 및 막부지지 번들이 1868년 1월부터 1869년 6월까지 약 1년 5개월 간 치른 보신전쟁(戊辰戰爭).
600　오사나이 겐요(小山内元洋): 1846-1885, 히로사키 번사.
601　게이코칸(稽古館): 1796에 개교한 히로사키번의 학문소.
602　스기타 세이케이(杉田成卿): 1817-1859, 난학자. 스기타 겐파쿠(杉田玄白)의 손자.
603　사사키 겐슌(佐々木元俊): 1818-1874, 난학자.

83

시부에 집안의 와카토 중 한 명인 추조 가쓰지로는 히로사키에 오고 생각지도 못한 일을 겪었다.

일행이 도테마치에 하숙한 후 이삼 개월이 되고 폭풍우가 있었다. 히로사키 사람들은 폭풍우를 이와키산의 신이 벌하는 거라고 믿었다. 신은 다른 고장 사람들이 와서 정착하는 것을 싫어해서 폭풍우를 일으킨다는 것이다. 이 때문에 히로사키 사람들은 타향인을 배척했다. 그중에서도 단고 사람과 난부 사람을 싫어했다. 왜 단고 사람을 싫어하는가 하면 이와키산의 신은 옛 전설의 안주 공주로, 자신을 혹사시킨 산쇼 다유의 고향 사람이라서 싫어한다는 것이다.[604] 난부 사람을 싫어하는 것은 신도 쓰가루 사람의 배타주의에 감화된 것인지 모른다.

폭풍우가 지나가고 며칠 사이에 새로 에도에서 이주해 온 집들에 통지가 날아들었다. 만약 단고, 난부 등의 출신이 섞여 있으면 엄중히 조사해서 국경 밖으로 쫓아내라는 것이었다. 시부에 집안의 일행 중에서는 추조가 타향인으로 지목되었다. 추조는 히타치 출신이라고 해명했지만 관리는 출신지가 불분명하다고 보고 추조에게 떠나라고 타일렀다. 이오는 어쩔 수 없이 여비를 주고 추조를 에도로 돌려보냈다.

겨울이 되고 시부에 일가는 도미타신마치 집으로 옮겼다. 녹봉은 당분간 6할 감액하여 지급한다는 지시가 있었는데, 실제로는 숙박비와 식

---

604 안주와 즈시오 남매가 부모를 잃고 떠돌다가 납치되어 산쇼 다유(山椒大夫)에게 팔려 가 누나가 남동생은 탈출시키고 자신은 고문받아 죽은 뒤 신이 되어 산쇼 다유를 벌주었다는 일본의 유명 전설. 오가이도 이 전설을 소재로 「산쇼 다유」(1915)라는 작품을 발표한 적이 있다.

비 외에는 아무런 급여도 없었다. 이것이 2년 후에 더욱 큰 급여 삭감으로 이어지는 발단이 되었다. 2년 전부터 순차적으로 에도를 철수하여 히로사키로 온 정부 사람들은 도미타신마치, 신테라마치 신와리정, 가미시로카네정, 시모시로카네정, 시오와케정, 차바타정 여섯 곳에 거주했다. 도미타신마치에는 에도코마치, 신테라마치 신와리정에는 오야바, 가미시로카네정에는 신야시키라는 별칭이 있었다. 도미타신마치에는 시부에 일가 외에 야가와 분이치로와 아사고에 겐류 등이 있었고 신테라마치 신와리정에는 히라노 사다카타와 나카무라 유자에몬, 시모시로카네정에는 야가와 분나이 등이, 시오와케정에는 히라이 토도 등이 있었다.

    이 무렵 이오는 센로쿠의 취학 문제로 고민했다. 센로쿠의 성격은 시게요시와 달랐다. 시게요시는 책을 읽는 데 다른 사람의 재촉이 필요하지 않았다. 읽는 책도 스스로의 선택에 맡길 수 있었다. 그래서 이오는 시게요시가 가네마쓰 세키쿄를 따라 경사를 공부하는 것을 보고 조금도 참견하지 않았다. 시게요시가 유학자가 되는 것도 의사가 되는 것도 가능하다고 생각한 것이다. 반면 센로쿠는 책 읽는 것을 좋아하지 않았다. 책을 대하면 우선 쓸모가 있는지 없는지를 따졌다. 이오는 이 아이에게는 유학자가 될 소질이 없다고 믿었다. 그래서 결심하고 삭발시켰다.

    이오는 히로사키성 아래에서 센로쿠가 스승으로 삼을 만한 의사를 물색했다. 그리고 오야카타정에 사는 긴주이시 오노 겐슈를 얻었다.

84

오노 겐슈는 히로사키 번사인 쓰시마 이쿠지로의 차남으로, 아명을 쓰네키치라고 했다. 열여서일곱 살 때 아버지 이쿠지로가 갑자기 병에 걸렸다. 쓰네키치는 야밤중에 의사 아무개의 집으로 달려갔다. 아무개는 집에 있었지만 왕진을 거절했다. 쓰네키치는 이때 아버지 때문에 걱정하고 아무개 때문에 아쉬워하며 이 일을 마음에 새겼다. 나중에 의사가 된 후 누군가 아프다는 것을 들으면 집이 가난하고 부유한 것을 묻지 않고, 거리가 가깝고 먼 것을 논하지 않고 밥을 먹고 있을 때는 젓가락을 내려놓고, 누워 있을 때는 이불을 걷어차고 일어나서 즉시 가서 진료했는데, 소싯적의 쓰라린 경험을 잊지 않아서였다고 한다. 겐슈는 스물여섯 살에 같은 번 출신인 오노 슈토쿠의 양자가 되었고 그 장녀 소노의 배우자가 되었다.

겐슈는 충성스럽고 청렴했다. 긴주이시로 임명된 후에는 대기소에 출입할 때 아침에는 누구보다 먼저 갔고 저녁에는 누구보다 늦게 돌아왔다. 그리고 퇴근 후에는 무사, 일반 서민 병자들을 돌보며 조금도 지친 기색이 없었다.

게이코칸의 교수며 고짓코쿠마치에 사숙을 연 구도 다잔[605]은 겐슈와 친했다. 다잔이 아직 벼슬길에 오르지 못했을 때 겐슈가 그 가난을 알고 대가를 받지 않고 친절히 치료해 주었을 때부터 교제가 시작되었다. 다잔의 아들인 도노사키도 겐슈를 알고 있었는데, 이 사람을 평해 온윤

---

605 구도 다잔(工藤他山): 1818-1889, 히로사키 번사. 역사학자, 교육자.

양옥[606] 같은 사람이라고 했다. 이오가 센로쿠를 겐슈에게 종학시킨 것은 실로 적임자를 얻은 것이라고 할 수 있다.

겐슈의 양자인 간조는 원래 야마자키씨(氏)로, 난방의 이토 겐보쿠의 문인이었다. 간조의 양자인 호호는 원래 나루미씨(氏)로, 지금 히로사키 기타카와바타정에 산다. 겐슈의 생가 후손은 히로사키 가치마치 가와바타정에 사는 쓰시마 쇼조다.

센로쿠는 겐슈와 같은 훌륭한 스승을 얻었지만 유감스럽게도 마음속으로는 의사가 되기를 원하지 않았다. 히로사키 사람들은 머리를 박박 민 센로쿠가 통소매 옷과 기장이 짧은 하카마[607]를 입은 채 붉은 담요를 두르고 총을 메고 산과 들을 돌아다니는 것을 자주 보았다. 이는 당시 병사들의 복장이었다.

센로쿠는 병사들 사이에 교제를 청했다. 병사들은 의사 총대(銃隊)라고 부르며 센로쿠를 아주 좋아했다.

당시 히로사키로 이주한 정부 중에 야마즈미 기치조라는 사람이 있었다. 이름을 나오키요라고 했다. 쓰가루번이 1863년(분큐3)에 에도로 파견한 해군 훈련생 7명 중 주고쇼로 근무했다. 쓰키지의 해군조련소에서 산수를 배운 후 그곳의 교원 대열에 합류했다. 히로사키로 이주하고 얼마 지나지 않아 야마즈미는 포병대 사령관에 임명되었다. 병사들 중에서 입신출세하고자 한 사람들은 대부분 야마즈미를 스승으로 삼아 서양식 셈법을 배웠다. 센로쿠도 후지타 히소무, 가시와바라 레키조 등과 함께 야마즈미의 문하에 들어가 서양식 셈법과 부기(簿記)를 배우고 어느새 겐

---

606 온윤양옥(溫潤良玉): 사람의 성격을 좋은 보석에 비유한 말. 따뜻하고 온화한 성격.
607 하카마(袴): 일본 옷의 겉에 입는 주름 잡힌 하의.

슈의 강의에는 출석하지 않았다. 나중에 야마즈미는 해군 대위, 가시와바라는 해군 소장으로 생을 마쳤다. 후지타 히소무는 지금 공옥사(攻玉社) 사장을 맡고 있다. 공옥사는 나중에 곤도 마코토[608]의 강습소에 붙여진 이름이다. 처음에는 고지마치 8정목에 있는 도바 번주인 쓰시마의 관리 이나가키 나가카즈의 저택 안에 있던 게 중간에 쓰키지의 해군조련소 안으로 옮겨진 후 처음으로 공옥숙(攻玉塾)이라고 칭해졌고, 이후 시바 신메이정의 쇼센코[609]와 시바 신센자의 육지측량연습소로 분리되고 두 곳의 총칭이 공옥사가 되었다. 1886년(메이지19)까지 곤도가 직접 경영했다.

85

오노 후코쿠와 그 아들 도에쓰가 에도를 떠난 것은 이해 2월 23일로, 도중에 25일을 보내고 3월 18일에 히로사키에 도착했다. 시부에 일가가 히로사키에 들어오기 약 2개월 전이다.

야지마 야스요시가 은거에 처했을 때 뒤를 이은 슈테이 일가도 이해 히로사키로 이주했는데, 에도를 떠날 때 삼남 산조는 에도에 남았다. 전에 오다와라로 간 장남 슈세키와 산조는 나중에 천주교 선교사가 되었다고 한다. 히로사키로 이주한 슈테이는 오모테이시 오쿠도오리에 올랐고 후계자가 된 차남 슈사쿠도 알현 후에 오모테이시를 명받았다.

---

608 곤도 마코토(近藤眞琴): 1831-1886, 항해학자, 산학(算學)자, 국학자.
609 쇼센코(商船黌): 상선학교. 1875년에 설치된 항해측량연습소의 후신.

추사이의 누나 스마의 남편 이다 요시키요의 양자 마고사부로는 이해 에도가 도쿄로 개칭된 후 시즈오카번으로 가서 관리가 되었다.

모리 키엥은 이해 7월에 도쿄에서 후쿠야마로 이주했다. 당시 번주는 1861년(분큐1)에 이요의 관리 마사노리의 뒤를 이은 가즈에노카미[610] 아베 마사카타였다.

야스요시의 친구 시오다 료상은 이해 우라와현 관리가 되었다. 이보다 먼저 료상은 야스요시가 야마다 친테이의 강습소에 들어간 것과 거의 동시에 이사와 하쿠켄의 강습소에 들어가서 하쿠켄에게 그 뛰어난 재능을 인정받고 절개를 굽히고 책을 읽었다. 1863년(분큐3)에 하쿠켄이 죽고 집으로 돌아갔다가 지금 사환을 하는 것이다.

이해 하코다테에 거점을 두고 있는 에노모토 다케아키[611]를 공격하기 위해 관군이 출정할 때 후쿠야마번의 병사들도 참가했다. 이사와 신켄의 후계자인 도켄도 이에 따라 북쪽으로 향했다. 그 길에 도미타신마치에 있는 시부에 가족을 방문했다. 도켄은 후쿠야마번으로부터 일입금단 구매를 부탁받고 이 임무를 완수하는 한편 옛 친구들의 안부를 묻고자 했다. 도켄, 이름은 신준, 통칭은 순안, 신켄의 딸 가에가 이케다 젠안과 헤어진 후 이 사람을 신랑으로 맞이했다. 가에는 나중에 이름을 소노라고 바꿨다. 소노는 현재 살아 있는 사람으로, 이치가야 도미히사정에 있는 이사와 메구무의 집에 산다. 메구무는 도켄의 적자다.

---

610 가즈에노카미(主計頭): 일본 고대 율령제 하에서 국가 재정 및 회계를 관리한 최고 책임자. 에도시대에는 막부의 재정 및 경제 관련 업무를 담당한 직책 또는 무사계급의 명예 칭호로 사용되었다.

611 에노모토 다케아키(榎本武揚): 1836-1908, 해군 제독. 보신전쟁 때 신정부군에 대항해 하코다테에 에조시마정부를 수립했으나 항복한 뒤 메이지정부에 중용.

추사이 사후 제11년은 1869년(메이지2)이다. 추사이의 4녀 쿠가가 야가와 분이치로에게 시집간 게 이해 9월 15일이다.

　　쿠가가 태어난 1847년(고카4)에는 삼녀 토가 아직 세 살로 어머니의 품을 떠나지 않았기 때문에 쿠가는 태어나자마자 고야나기정의 목수 도료 신파치라는 사람 집에 수양딸로 보내졌다. 그리고 1851년(가에이4)에 토가 일곱 살로 죽고 이오가 다섯 살인 쿠가를 데려오려 할 때, 마침 야지마 데쓰가 와서 함께 자야 했기 때문에 쿠가를 데려오는 것을 나중으로 미뤘다. 이듬해인 1852년(가에이5)에 겨우 돌아온 쿠가는 하얀 피부에 사랑스러운 여섯 살 소녀였다. 그러나 이오의 가슴은 토를 그리워하는 정으로 가득차 있었기 때문에 쿠가는 어머니의 사랑을 충분히 받을 수 없었고 어머니에 대해서 스스로를 억제하지 않으면 안 되었다.

　　반면 추사이는 쿠가를 애지중지하고 가까이 두고 일을 시키면서 어느 날 이오에게 이렇게 말했다. "나는 이렇게 건강하니까 아무래도 당신보다 오래 살 것 같소. 그래서 지금 이렇게 쿠가를 가르쳐서 당신이 먼저 죽으면 이 아이를 당신 대신으로 삼을 생각이라오."

　　쿠가는 오빠 야지마 야스요시에게도 사랑받았다. 시오다 료상도 쿠가를 예뻐한 사람 중 한 명으로, 쿠가가 글씨 연습을 하면 손을 잡고 쓰여 주었다. 추사이가 어느 날 쿠가의 청서를 보고 "료상 씨의 청서가 잘 되었구나"라고 놀린 적도 있다.

　　쿠가는 어릴 때부터 나가우타를 좋아해서 추운 겨울 밤 뒤뜰의 작은 산에 올라 홀로 발성 연습을 했다.

86

　추사이의 4녀 쿠가는 이러한 가정에서 성장하여 당시에도 그 처지에 만족하며 조금도 결혼을 서두를 생각이 없었다. 그래서 일찍이 한번은 이다 토라노조에게 시집갈 것을 권유한 사람도 있었으나 일이 성사되지 않았다. 토라노조(寅之丞)는 당시 긴주고쇼였다. 1842년(텐포13) 임인(壬寅)에 태어났기 때문에 붙여진 이름이다. 즉 지금의 이다 다쓰미로, '다쓰미(巽)'자는 1869년(메이지2) 기사(己巳)에 스물여덟 살이 되었다는 의미로 선택한 것이라고 한다. 쿠가와의 혼담은 중매인이 상대방에게 알리지 않고 시부에 집안에 권한 것은 아니겠지만 너무 오래된 일이라서 다쓰미는 이미 잊어버린 것 같다. 그런데 이번에는 쿠가가 결국 분이치로의 청을 거절할 수 없게 되었다.

　분이치로는 첫 번째 아내 류가 에도를 떠나려고 하지 않았기 때문에 아들과 함께 친정으로 돌려보내고 혼자 히로사키로 떠났다. 히로사키에 온 직후 분이치로는 두 번째 아내를 맞이했지만 얼마 지나지 않아 헤어졌다. 이 여자는 니시무라 요사부로의 딸 사쿠였다. 다음으로 하코다테에서 돌아왔을 무렵부터일텐데 쿠가를 아내로 맞이하려고 마음을 먹고 사람을 시켜서 요청한 일이 여러 번 있었다. 그러나 시부에 집에서는 움직이지 않았다. 쿠가는 예전과 마찬가지로 혼인을 서두를 마음이 없었고 이오는 분이치로가 좋은 사람이라는 것은 잘 알고 있었지만 이 사람을 사위로 삼는 것은 바라지 않았다. 이러한 사정으로 두 집 사이에는 상당 기간 동안 긴장 관계가 지속되었다.

　분이치로는 장년에 열정적인 성격을 가지고 있었다. 쿠가에 대한 열망은 이 때문에 매우 열렬했다. 시부에 집에서는 만약 그 청을 받아주지 않으면 양가 사이에 사달이 나지 않을까 걱정했다. 쿠가가 결국 분이치로에게 시집간 것은 이 의구심의 희생양이 된 셈이었다.

　이 혼인은 명목상 쿠가가 야가와 집안에 시집간 것이지만 실제로는 분이치로가 데릴사위로 들어온 것 같았다. 식을 올린 이튿날부터 부부는 하루 종일 시부에 집에 있다가 밤늦게 야가와의 집으로 자러 돌아갔다. 이때는 분이치로가 새로 우마마와리에 임명된 해로, 분이치로가 스물아홉 살, 쿠가는 스물세 살이었다.

　야지마 야스요시는 쿠가가 분이치로의 아내가 된 다음 달, 그러니까 10월에 도테마치에 집을 마련하고 슈테이 집에 머물고 있던 데쓰를 맞아들였다. 이것은 형편상 당연한 일로, 이오는 옆에서 수고를 아끼지 않고 보살펴 주었다. 그러나 스물세 살이 된 데쓰는 더 이상 예전처럼 남편의 감언에 속아 넘어가지 않았기 때문에 이 도테마치의 거처는 야스요시가 신상의 위기를 일으키는 장소가 되었다.

　야스요시와 데쓰 사이에 부부의 애정이 생기지 않은 것은 애초부터 예견된 일이었다. 그러나 단지 애정이 생기지 않을 뿐 아니라 두 사람은 순식간에 원수가 되었다. 그리고 그 다툼은 데쓰가 항상 공세를 취해 물질적인 이해관계를 내세워 남편에 맞서는 것이었다. "당신이 나약하기만 해서 저 슈테이 같은 남자에게 야지마 집을 빼앗긴 거예요." 이 구절은 데쓰가 수도 없이 반복하는 비난의 주안점이었다. 야스요시가 여기에 대답하면 데쓰는 냉소하며 혀를 찼다.

　이러한 다툼은 주를 거듭하고 달을 거듭해도 그치지 않았다. 이오 등이 백방으로 중재를 시도했지만 아무런 보람이 없었다.

　이오는 어쩔 수 없이 슈테이와 교섭해서 다시 데쓰를 데려가게 하려고 했다. 그러나 슈테이는 쉽게 응하지 않았다. 시부에 집안과 슈테이 사이에 주고받은 여러 번의 요구와 거절은 승강이하는 모양새였다.

이러한 왕래가 한창일 때 홀연 야스요시가 행방을 감췄다. 12월 28일에 도테마치 집을 나가서 그 길로 돌아오지 않았다. 시부에 집에서는 야스요시가 괴로움을 떨쳐내기 위해 주색의 장소로 달아난 것이라고 생각하여 분담해서 요릿집과 유곽을 수색했다. 그러나 야스요시의 행방은 아무래도 알 수 없었다.

87

히라노 사다카타는 에도에서 철수하는 정부 마지막 한 무리 30여 가족과 함께 전년 5, 6월 사이에 안사이마루라는 새로 건조한 범선에 탑승했다. 그런데 안사이마루는 바다에 떠오른 지 얼마 지나지 않아 조타기가 손상되어 진퇴의 자유를 잃었다. 선원들은 아무 땅에나 상륙해서 무수한 고초를 겪고 이해 5월 겨우 도쿄로 돌아왔다.

그 후 사다카타는 다시 미국 군함 술탄호에 탑승해 이번에는 무사히 아오모리에 도착했다. 사토 야로쿠는 당시 동승자 중 한 명이었다고 한다.

히로사키에 있는 시부에 가족은 사다카타가 도쿄를 떠났다는 소식을 들었음에도 아무래도 도착하지 않자 어떻게 된 일인지 걱정하고 있었다. 특히 '히라노 스케타로'라고 적힌 수화물 표가 아오모리 항구에 떠내려 왔다고 하는 소문 등이 있어서 마침내 마음을 괴롭혔다. 이해 12월 10일 경 아오모리를 떠난 사다카타에게서 손편지가 왔다. 그 안에는 안사이마루의 고장 때문에 도쿄로 되돌아갔다가 다시 미국 함선을 타고 왔다는 내용과 함께 돈을 가지고 마중 나와 달라는 내용이 있었다. 1년여간 무익한 왕복을 하고 사다카타의 여비는 겨우 1분 은화 하나뿐이었다.

히로사키에 온 후 현금으로 급여를 받은 적이 없는 시부에 집에서는 이 편지를 받고 당황했다. 배로 부친 짐 가운데 칼 35개를 전당 잡혀서 금 25냥을 빌리고 그것을 가지고 사다카타를 히로사키로 안내했다.

사다카타의 양자인 후사노스케는 이해 데마와리[612]에 임명되었으나 막번체제가 바뀌어서 이 직에 오래 있을 수 없었다.

추사이 사후 제12년은 1880년(메이지3)이다. 6월 18일에 히로사키 번사의 녹봉이 대폭 삭감되고 다시 의사 강등 명령이 내려졌다. 녹봉액은 15~19섬까지 15섬, 20~29섬까지 20섬, 30~49섬까지 30섬, 50~69섬까지 40섬, 70~99섬까지 60섬, 100~249섬까지 80섬, 250~499섬까지 100섬, 500~799섬까지 150섬, 800섬 이상을 200섬으로 삭감했다. 종래 쌀로 지급하던 녹봉도 그대로 섬으로 간주하여 동일하게 삭감했다. 그리고 무사의 신분을 상사(上士), 중사(中士), 하사(下士)로 나누고 각각 대소(大少)를 두었다. 20섬을 소하사, 30섬을 대하사, 40섬을 소중사, 80섬을 대중사, 150섬을 소상사, 200섬을 대상사로 했다.

시부에 집안은 원래 녹봉이 300석이었기 때문에 중상(中上)에 위치해서 녹봉이 작은 집에 비하면 받는 손실이 대단히 컸지만 그럼에도 받아들이고 만족할 생각이었다.

그런데 의사 강등령이 내려지고 그것이 시부에 집안에 적용되었다. 원래 시게요시는 의사의 자식으로 긴주고쇼에 임명된 것이 틀림없다. 그러나 아직 한 번도 의사로 근무한 적은 없다. 뿐만 아니라 명령이 나오

---

612 데마와리(手廻): 주군의 신변을 호위하는 역.

기 전에 열네 살로 번학 조교에 임명되어 학생들에게 경서를 가르치고 있었다. 이는 스승 가네마쓰 세키쿄가 이미 은거를 면하고 번의 학업 감독자에 임명되었기 때문에 그 문인도 함께 기용된 것이다. 또 선례를 조사하면 치과 의사인 사토 슌에키의 아들은 단순히 어려서 가독 상속을 했다는 이유로 평사[613]에 임명되었다. 하물며 시게요시는 분명히 유직(儒職)에 종사하고 있었다. 시게요시가 이 명령을 자신에게 적용하려고 하지 않은 것도 무리는 아니다.

그러나 시게요시는 만약을 대비해서 대참사[614]인 니시다테 고세이와 소참사 겸 대대장인 가토 다케히코 두 사람을 만나 의견을 물었다. 두 사람 모두 시게요시는 의사로 봐야 할 사람이 아니라고 했다. 다케히코는 소바요닝 겸 요닝인 세이베에의 아들이다. 그런데 도대체 어찌된 일인지 시게요시는 의사로 간주되어 강등당하고 30섬의 녹을 받게 되었으며 심지어 사적 외에 있다고까지 말해졌다. 시게요시는 항의해 보았지만 아무런 성과도 거두지 못했다.

88

어째서 유학으로 섬기고 있는 시게요시에게 의사 강등 명령이 적용됐는지 그것을 상상하기는 어렵지 않다. 시부에 집안은 대대로 유학을 겸

---

613 평사(平士): 평범한 신분의 무사.
614 대참사(大參事): 메이지시대 초기 부번현(府藩縣) 삼치제 시기에 두어진 관직. 현(縣)을 기준으로 지사(知事), 권지사(權知事), 대참사(大參事), 소참사(少參事), 대속(大屬), 권대속(權大屬), 소속(少屬), 권소속(權少屬), 사생(史生) 순.

해 명을 받아 경학을 강의하기는 했지만 집안은 본래 의사 가문이었다. 시게요시에 이르러서도 어릴 때부터 다키 안타쿠 문하에 들어갔다. 또 이미 히로사키에 온 후에도 의관 기타오카 다이준, 데즈카 겐즈이, 이마 하루세키 등이 시게요시에게 전부터 의학으로 섬길 것을 권하며 이렇게 말했다. "히로사키에는 젊은 사람들 중에 나카무라 슌타이, 미카미 도슌, 기타오카 유카쿠, 오노 게이안 같은 사람들이 있다. 그 외에 오사나이 겐요 같이 새로 부름을 받은 사람도 있다. 그러나 에도 정부 출신의 젊은 의사가 없다. 의업 쪽도 열심히 하면 어떻겠나."

한편 명령이 발표되기 조금 전에 일어난 일로, 시게요시가 쓰가루 쓰구테루에게 의사로서 대우받았다는 증거가 있다. 6월 13일에 번지사 쓰구테루는 오호시바[615]에서 전투를 가르쳤다. 쓰구테루는 5월 26일에 지사가 된 상태였다. 총소리가 맹렬히 울릴 때 제5대대 의관 오노 도슈가 병에 걸렸다. 쓰구테루는 곁에서 시중들던 시게요시에게 오노를 대신하게 했다. 이처럼 시부에 집안의 자식이 의술에 능하다는 것은 상하가 모두 믿고 있었던 것 같다. 그러나 이로 인해 실제 유학으로 섬기고 있는 사람을 불행에 빠뜨린 것은 동정심이 부족하다고 해도 좋을 것이다.

야지마 야스요시가 전년 말에 실종되어 시부에 집에서는 의구심 속에서 한 해를 보냈다. 이해 1월 2일 오후에 이시카와역에서 사람이 두 통의 편지를 가지고 왔다. 야스요시가 집을 나간 날 쓴 것으로, 하나는 이오 앞, 다른 하나는 시게요시 앞이었다. 모두 이별의 편지로 곳곳에 눈물 자국이 묻어 있었다. 이시카와는 히로사키에서 1리 반 떨어진 역인데 심부름꾼은 명령받은 대로 야스요시가 역을 떠난 후에 편지를 전달했다.

---

615   오호시바(大星場): 히로사키번이 1854년 8월에 완공한 대포훈련소.

이오와 시게요시는 야스요시가 눈 속에서 고생하는 것은 아닌지 병들어 드러누운 것은 아닌지 걱정해 다시 사람을 고용해서 수색했다. 시게요시는 직접 눈을 무릅쓰고 이시카와, 오와니, 구라다테, 이카리가세키 등을 샅샅이 살폈다. 그러나 야스요시의 종적은 끝내 알 수 없었다.

야스요시는 도쿄를 향해 이시카와역을 떠나 이해 1월 21일에 요시와라의 찻집 미나토야에 도착했다. 미나토야의 여주인은 어지간히 나이를 먹은 여자로 항상 야스요시를 "나비 씨"라고 부르며 친근하게 대했다. 야스요시는 이 여자를 의지해서 온 것이다.

미나토야에는 미나라는 아가씨가 있었다. 미나는 아름다워서 찻집의 인기를 끌었다. 미나는 쓰토에 연고가 있다고 하는 고노 아무개를 손님으로 모셨는데, 고노가 마침내 미나를 아내로 맞아들이고 야스요시가 도쿄에 도착했을 때는 이마도바시 근처에 기생집을 차린 상태였다. 가게 이름은 마찬가지로 미나토야였다.

야스요시는 요시와라 미나토야의 도움으로 산야보리의 하코야[616]가 되어 주로 이마도바시 미나토야에 소속된 기생들을 수행했다.

4개월 반쯤 후 야스요시는 어떤 사람의 소개로 혼조 미도리정의 야스다라는 골동품점의 데릴사위가 됐다. 야스다의 집에서는 주인 레이스케가 죽고 미망인 마사가 과부로 지내고 있었다. 그러나 야스요시의 골동품상 시절은 하코야 시절보다 짧았다. 마사가 야스요시의 아내가 되고 얼마 지나지 않아 죽었기 때문이다.

이 무렵, 전에 우라와현의 관리가 된 시오다 료상이 권대속(權大屬)

---

616 하코야(箱屋): 기생의 샤미센을 날라 주는 남자.

에 올라 청송[617]을 담당하고 야스요시를 현령에게 추천했다. 야스요시는 8월 18일을 기해 우라와현 출사를 명받고 전옥[618]이 되었다. 당시 서른여섯 살이었다.

89

센로쿠는 병사들과의 교제가 점점 깊어져 이해 5월 마침내 "군무국에서 군악대 병사 훈련을 명한다"는 통지서를 받았다. 군악대 병사 훈련을 하고 있는 동안 센로쿠는 12월 29일에 야마다 겐고의 양자가 되었다. 야마다 겐고는 덴포 연간에 쓰가루 노부유키가 아직 은퇴하기 전에 소바요닝으로 근무하고 있었는데, 뜻을 거역하고 물러나게 되었다. 그러나 다른 집을 섬기려는 마음도 없고 장사도 좋아하지 않아서 집의 보리사인 혼조 나카노고에 있는 보현사(普賢寺)의 방 하나에 세들어 살며 날마다 거리로 나가 노래를 부르며 돈을 구걸했다.

이런 순수한 낭인 생활이 30여 년 정도 계속되었다. 겐고는 칼, 가문의 문장이 새겨진 옷, 무사 예복 등을 옷고리짝 하나에 담아 가지고 있었다.

쓰구테루는 이해 겐고를 다시 불러들여 20섬을 지급하고 알현 이하무사로 편입시키고 혼조 요코카와 저택의 파수꾼에 임명했다. 겐고는 나이가 많고 몸이 병들어 오랫동안 직에 있기 어렵다고 생각해서 양자를

617 청송(聽訟): 재판하기 위해 송사(訟事)를 듣는 것.
618 전옥(典獄): 교도소장의 옛 명칭.

구했다.

이때 겐고의 친척에 도자와 이세이라는 사람이 있어서 센로쿠를 양자로 소개했다. 도자와는 이오를 설득하며 야마다의 가세가 본래 미천하지 않았으며 도쿄 근무로 생계를 세우는 데 편리하다는 이유를 들고 또 이렇게 말했다. "게다가 센로쿠 씨가 도쿄에 있으면 나중에 동생분이 상경하게 되더라도 편하실 거예요." 시게요시는 강등당하고 녹이 삭감된 후 도쿄로 가서 수치를 씻으려고 생각하고 있었다.

도자와가 이렇게 권유했을 때 이오는 쉽게 귀를 기울였다. 도자와의 사람됨을 좋아했기 때문이다. 도자와 이세이, 통칭은 야소키치, 노부유키 생전에 측근이었다. 재간과 기개가 있고 겸손하면서도 억제할 줄 알고 약간의 학문도 있었다. 그런데 술을 마실 때는 강퍅해져서 사람들을 업신여겼다. 노부유키는 평소에 명해 술을 금하게 했으나 재정이 궁핍할 때면 도자와에게 술을 마시게 하고 명령을 당국에 전하게 했다. 도자와는 당국의 승낙 없이는 돌아오지 않았다고 한다.

언젠가 도자와가 공적인 일로 여행에 나섰다. 서기인 마쓰모토 키네조가 이 사람을 수행했다. 가마 속에 앉아 있던 도자와가 문득 옆에서 걷고 있는 마쓰모토를 봤는데, 짚신 끈에 발등이 찢겨 피가 흐르고 있었다. 도자와는 급히 일행을 멈추고 큰 소리로 "키네조"라고 불렀다. "예"라며 마쓰모토가 가마 문으로 다가갔다. 도자와는 "잠시 용건이 있으니 사양하지 말거라"라며 수행원들을 물리치고 마쓰모토에게 짚신을 벗게 하고 억지로 가마 안에 앉힌 다음 직접 마쓰모토의 짚신을 신고 가마꾼을 불러 메고 가게 했다고 한다. 이것은 마쓰모토가 다모쓰에게 이야기한 내용으로, 다모쓰는 도자와와 그 남동생인 호시노 덴로쿠로를 알고 있었다. 도자와의 아들인 요네타로와 호시노의 아들인 긴조 두 사람은 예전에 다모쓰에게 가르침을 받은 적이 있다.

도자와의 권유에는 이해 히로사키에 도착한 히라노 사다카타도 동의했기 때문에 이오는 결국 센로쿠가 야마다 가문의 양자가 되는 것을 승낙했다. 그 일이 결정된 게 12월 29일이고 센로쿠가 탄 배가 아오모리를 떠난 게 이튿날인 30일이었다. 이해 센로쿠는 열일곱 살이었다. 그런데 도쿄에 있는 양부 겐고는 센로쿠가 아직 배를 타고 있을 때 병으로 죽었다.

야가와 분이치로에게 시집간 쿠가가 이해 장남 만키치를 낳았지만 만키치는 요절하고 히로사키 신테라마치 보은사(報恩寺)에 야가와 분나이의 어머니 묘 옆에 묻혔다.

추사이의 6녀 미키는 이해 우마역[619] 무라타 고키치의 아들 히로타로에게 시집갔다. 미키는 당시 열여덟 살이었다. 이윽고 야지마 슈테이가 이오에게 부부 사이가 좋지 않다고 전했다. 이오는 할 수 없이 미키를 데려왔다.

오노 집안에서는 이해 후코쿠가 예순네 살로 물러나고 아들 도에쓰가 가독을 상속했다. 도에쓰는 1836년(덴포7)생으로 서른다섯 살이었다.

나카마루 쇼안이 이해 6월 28일에 죽었다. 1818년(분세이1)생이기 때문에 쉰세 살로 생을 마감한 것이다.

히로사키성은 이해 5월 26일에 번청(藩庁)이 되었기 때문에 지사 쓰가루 쓰구테루는 산노우치[620]로 옮겼다.

---

[619] 우마역(馬役): 무가에서 말을 타고 말을 다루는 일을 담당한 직책.
[620] 산노우치(三之内)라는 지명은 확인이 불가하다. 지사인 쓰가루 쓰구테루가 번청이 있는 곳으로 옮겼다는 내용으로 미루어 히로사키 성곽 내에 있는 산노마루(三の丸)를 가리키는 것으로 보인다.

90

추사이 사후 제13년은 1871년(메이지4)이다. 시게요시는 어머니를 히로사키에 남겨 두고 혼자 도쿄로 가기로 결심했다. 도쿄에 가기로 한 것은 첫 번째로는 강등을 당해서 불평을 참을 수 없었기 때문이고, 두 번째로는 녹봉이 삭감된 후 예전처럼 생계를 꾸려갈 수 없었기 때문이다. 어머니를 히로사키에 남겨 두는 것은 탈번(脫藩)의 의심을 피하기 위해서였다.

히로사키번은 관비로 젊은이를 도쿄에 보내는 것을 싫어하지는 않았다. 반면 사비로 도쿄에 가려는 사람이 있으면 번은 이미 그 사람의 탈번을 의심했다. 하물며 가족까지 동반하려고 하면 이 의심은 더욱 깊어지는 것이었다.

시게요시가 도쿄에 가려고 생각한 것은 오래된 일로, 시게요시는 자주 스승 가네마쓰 세키쿄에게 상의했다. 세키쿄는 기회를 봐서 시게요시를 관비생처럼 가게 하겠다고 맹세했다. 그러나 시게요시는 더 이상 가만히 기다릴 수 없었다.

그래서 시게요시는 굳이 사비를 들여서 가기로 했지만 어머니만은 남겨 두기로 했다. 어쩔 수 없었기 때문이다. 만약 시게요시가 어머니와 함께 가려고 했다면 번은 시게요시를 보내주지 않았을 것이다.

시게요시는 어머니에게 훗날 도쿄로 모셔 오겠다고 약속했다. 그러나 번이 이를 방해할 것임을 어머니와 아들 모두 알고 있었다. 간단히 말하면 히로사키를 떠나는 시게요시에게는 어머니를 인질로 삼는 것 같은 아쉬움이 있었다.

번이 탈적자들의 발생을 두려워하게 된 것은 두세 가지 꺼림칙한 실례가 있었기 때문이다. 그중 대표적인 인물은 간조부교를 그만두고 미곡상이 된 히라카와 한지였다. 당시 이처럼 재물과 이익 때문에 사적에서 벗어나려는 기풍이 있었음은 시부에 집안도 몸소 경험할 수 있었다. 어떤 사람은 이오를 설득하여 도쿄 료고쿠에 있는 나카무라로를 사라고 했다. 지금 천 냥의 돈을 투자해서 사 두면 나중에 큰 부를 이룰 수 있을 거라고 했다. 어떤 사람은 도쿄 간다 스다정의 모 약품 주식을 사라고 했다. 이 주식은 지금 싼 값에 살 수 있고 당일부터 월 삼백 냥 내지 오백 냥의 이익이 있다고 했다. 이오가 귀를 기울이지 않았음은 말할 것도 없다.

당시 번직에서 쓰가루 가문이 무사를 잃지 않도록 온 힘을 다해 탈적을 막은 사람은 대참사 니시다테 고세이였다. 시게요시는 니시다테를 찾아가 도쿄에 가는 것을 보고했다. 니시다테는 대강 이렇게 말했다. 도쿄에 가는 것은 좋다. 학업을 성취해서 히로사키로 돌아온다면 우리들은 기꺼이 임용할 것이다. 그러나 도중에 어머니를 맞이하려는 듯한 움직임이 있다면 그것은 고향으로서는 충성스럽지 않음을 증명하는 것이다. 우리 번은 이를 용서하지 않을 것이다. 시게요시는 비통한 심정을 억누르고 니시다테의 처소에서 물러났다.

시게요시는 가록[621]을 나누어 그중 5인 녹미를 도쿄로 송금해 달라고 당로자에게 요청해 허락받았다. 그리고 직사각형 궤 한 짝 분량의 풍속화를 컬러 인쇄한 목판화를 서화 겸 골동품 상인 긴타케에게 팔았다. 이것은 아사쿠사 구라마에의 도케이 등에서 20장 100문 정도에 구입한 그림인데 당시 3장에 200문 내지 1장에 100문에 팔 수 있었다. 시게요시는 이 돈을 받아 절반은 남겨서 어머니에게 보내고 나머지 절반은 여비와

---

621 가록(家祿): 한 집안이 세습적으로 물려 받는 녹봉.

학비로 충당했다.

시게요시가 히로사키에서 작별 인사를 하기 위해 돌아다닌 집들 가운데 이별을 가장 아쉬워한 사람은 가네마쓰 세키쿄와 히라이 토도였다. 토도는 왼쪽 턱 밑에 혹이 생겨서 스스로 호를 류오[622]라고 했는데, 이별에 즈음하여 이제 재회는 막연하다고 해서 눈물을 흘렸다. 시게요시가 떠난 이듬해인 1872년(메이지5) 9월 16일에 토도는 시오와케정 집에서 죽었다. 쉰아홉 살이었다. 4녀 토메가 집을 이어받았다. 지금 도쿄 간다 우라진보정에 거주하며 거문고 스승으로 활동하고 있는 히라이 마쓰노가 바로 이 토메다.

91

시게요시는 번학의 직을 사임하고 이해 3월 21일에 어머니 이오와 작별의 술잔을 나누고 가마에 올라 집을 나섰다. 작별의 술잔을 나눈다는 것은 당시 상황으로 미루어 볼 때 재회를 기대하기 어렵다고 생각했기 때문이다. 시게요시는 열다섯 살, 이오는 쉰여섯 살이었다. 추사이가 죽었을 때 시게요시는 아직 소년이었기 때문에 이때 처음으로 부모와 자식이 이별하는 슬픔을 알고 가마 안에서 소리 내어 울고 싶은 것을 겨우 참았다고 한다.

동행자는 마쓰모토 키네조였다. 키네조는 나중에 주쇼라고 개명했다. 아버지를 쇼베에라고 했는데, 원래 히라노 사다카타의 부친인 분조의 와

---

[622] 류오(瘤翁): 혹부리 영감이라는 뜻.

카토였다. 분조는 그의 순박함과 정직함을 아껴서 쓰가루 가문에 추천해서 아시가루[623]로 삼도록 했다. 그 아들인 키네조는 재학이 있어서 번의 공용국에 사생[624]으로 임용되었다.

히로사키에서 여행을 떠나는 사람은 이시카와역까지 가마를 타고 와서 여기에서 친척, 친구들과 술을 나누고 헤어지는 것이 관례였다. 시게요시를 배웅하는 사람들은 시게요시에게서 구독을 배운 소년들 외에도 야가와 분이치로, 히라노 후사노스케, 핫토리 젠키치, 히시카와 타로 등이 있었다. 나중에 핫토리는 도쿄에서 시계 직공이 되고 히시카와는 쓰지 신지의 집 학복이 되었다. 두 사람 모두 이미 세상을 떠났다.

시게요시는 4월 7일에 도쿄에 도착했다. 짐을 푼 곳은 혼조 후타쓰메 번저였다. 이보다 먼저 시게요시의 형 센로쿠가 야마다 겐고의 양자로 도쿄에 와서 미처 부자의 대면도 하지 못한 사이에 죽은 양부 겐고의 집에 살고 있었다. 겐고는 쓰가루 쓰구테루가 혼조 요코카와에 마련한 저택을 관리했고 주거지는 혼조 와리게스이에 있었다. 그 외에도 도쿄에는 이오의 언니 야스가 료고쿠 야겐보리에 살고 있었다. 야스의 두 딸 중 케이는 사루와카정 3정목 극장에 딸린 찻집 미카와야, 센은 구라마에 스가정의 포목점 마스야 기베에의 집에 살았다. 또 센로쿠와 시게요시의 형 야스요시도 그리 멀지 않은 우라와에 있었다.

시게요시의 옛 스승에는 다키 안타쿠가 야노쿠라에 있었고 가이호 치쿠케이가 오타마가이케에 있었다. 치쿠케이는 유신 초에 관리가 되고 이 저택을 이사와 도쿠안에게서 사들여 네리베이코지의 습지가 있고 바

---

623 아시가루(足輕): 무가에서 평상시에는 잡역에 종사하다가 전시에는 병졸이 되는 최하급 무사.
624 사생(史生): 공문을 교정하고 필사해서 상사의 인가를 얻는 역.

닥이 낮으며 다다미가 썩은 집에서 옮겨와 살았다. 단지 집만 바뀐 게 아니다. 항상 해진 옷을 입던 치쿠케이가 그 무렵부터 비단옷을 입었다. 그러나 얼마 안 가 당시 유력자였던 야마노우치 도요시게[625] 등이 물러나면서 관리를 그만두었다. 시게요시는 4월 22일에 다시 치쿠케이의 문하에 들어갔는데, 치쿠케이는 전년에 회음부에 농양이 생겨 약간 쇠약해진 상태였다. 시게요시는 오랜만에 『주역(周易)』이나 『시경(詩經)』 강의를 들었다. 다키 안타쿠는 유신 후 곤궁해져 치쿠케이의 보살핌을 받고 있었다. 시게요시는 자주 안부를 물었지만 다시 『소문』을 배우려고 하지는 않았다.

시게요시는 영어를 배우기 위해 5월 11일에 혼조 아이오이정에 있는 공립학사(共立學舍)에 다니기 시작했다. 아버지 추사이는 유언으로 네덜란드어를 배우게 했지만 시대의 변화로 인해 배워야 할 외국어가 바뀌었다. 공립학사는 세키 신파치[626]가 경영하는 곳이었다. 신파치, 첫 이름을 진주라고 했다. 시모우사국 다카오카의 성주인 치쿠고의 관리 이노우에 마사타키의 가신 스즈키 하쿠주의 아들이었다. 1839년(덴포10)에 에도 사쿠마정에서 태어났고 안세이 말년에 세키 가문을 잇게 되었다. 다나베 다이치[627]에게 계몽되어 영어에 뜻을 두고 나카하마 만지로,[628] 니시 기치주로[629] 등을 스승으로 삼고 영미인에게 직접 가르침을 받았다. 분큐 연간에 프랑스와 미국 두 나라를 여행했다. 시게요시가 종학한 때 센파치

---

625 야마노우치 도요시게(山内豊信): 1827-1872, 막부 말 다이묘. 메이지유신의 서막을 연 대정봉환(마지막 쇼군이 천황에게 국가통치권을 돌려준 사건)의 연출자로 유명.
626 세키 신파치(尺振八): 1839-1886, 영어학자.
627 다나베 다이치(田辺太一): 1831-1915, 외무관료.
628 나카하마 만지로(中浜萬次郎): 1827-1898, 영어학자.
629 니시 기치주로(西吉十郎): 1835-1891, 네덜란드어 통역관, 관료.

는 서른세 살이었다.

92

시게요시는 4월에 가이호의 덴케이로, 5월에 세키의 공립학사에 들어가고 6월부터는 대학남교[630]에도 적을 두고 일과를 나누어 세 학교를 오갔다. 또 방과 후에는 베르베크[631]의 집을 찾아가 가르침을 받았다. 베르베크는 원래 네덜란드인으로 미국 국적을 가지고 있었다. 일본 교육계를 개척한 인물 중 한 명이다.

학비는 히로사키번에서 보내주는 5인 녹미 중 3인 녹미를 팔아서 충당할 수 있었다. 당시 시세로 한 달에 금 2냥 3분 2주와 467문이었다. 서적은 영문 서적은 처음부터 새것을 사려고 했고 한문 서적은 히로사키에서 추사이의 수택본을 보내주기로 했다. 그런데 이 서적을 실은 배가 항해 중 7월 9일에 폭풍을 만나 뒤집혀서 추사이가 일찍이 수집한 고간본 등 대부분이 바다신(海神)의 소유로 돌아갔다.

8월 28일에 히로사키현의 간독(幹督)이 시게요시에게 명해서 신사(神社) 조사 담당 임무를 맡기고 금 3냥 2분 2주와 2문(勾) 2분(分) 5리(厘)의 수당을 지급했다. 이 명령은 시게요시가 공립학사에 들어간 것을 신고해 두었기 때문에 동시에 "결석 승낙 의뢰"라는 형식으로 학사에 전

---

630 대학남교(大學南校): 메이지 초기 관립 양학교.
631 귀도 베르베크(Guido F. Verbeck): 1830-1898, 네덜란드 출신 미국인 선교사, 어용고문. 일본 외교와 교육제도 정비에 공헌.

달되었다. 이보다 앞서 7월 14일의 조칙으로 폐번치현[632] 제도가 공포되어 히로사키현이 성립되었다.

야지마 야스요시는 우라와현 전옥이 되고 이해 1월 7일에 가라쓰 번 사인 오사와 세이의 딸 초를 아내로 맞이했다. 1849년(가에이2)생으로 스물세 살이었다. 이에 앞서 야스요시는 전처 데쓰와 수많은 갈등을 겪고 헤어졌다.

야스요시는 7월 17일에 서무국으로 근무지를 옮기고 10월 27일에 판임사생[633]에 임명되었다. 뒤이어 11월 13일에 우라와현이 폐지되고 그 사무가 사이타마현으로 이관되었기 때문에 야스요시는 12월 4일을 기해 다시 사이타마현 14등 출사를 명받았다.

시게요시와 함께 도쿄로 온 마쓰모토 키네조는 야스요시의 추천으로 동시에 15등 출사를 명받고 후에 병사(兵事) 과장으로 승진했다. 1899년(메이지32) 3월 28일에 죽었다. 1845년(고카2)생이기 때문에 쉰다섯 살이었다.

당시 현리[634]의 권세는 막강했다. 시게요시가 도쿄에 온 직후 아직 우라와현 전옥이던 야스요시를 방문했을 때, 야스요시는 등외(等外) 일등 출사인 미야모토 한조에게 가마 한 대를 인솔하여 시게요시를 현의 경계에서 맞이하게 했다. 시게요시가 그 가마를 타고 도다의 나루터에 다다르자 나루터의 관리가 엎드려 절했다.

야스요시가 서무국에 근무하던 무렵의 일이다. 어느 날 야스요시는

---

632 폐번치현(廢藩置縣): 메이지유신 시기에 이전까지 지방 통치를 담당했던 번(藩)을 폐지하고 지방 통치 기관을 중앙 정부가 통제하는 부(府)와 현(縣)으로 일원화한 행정 개혁.
633 판임사생(判任史生): 하급 서기관.
634 현리(縣吏): 현의 행정사무에 종사하는 관리.

연회를 열고 전년에 자신이 시중들던 이마도바시 미나토야에 소속된 기생들을 비롯하여 산야보리에서 낯을 익힌 기생들을 빠짐없이 초대했다. 그리고 술자리가 한창일 때 "나는 당신들을 모시고 꽤 신세를 진 적이 있지만 오늘은 나도 손님이라오"라고 말했다. 확실히 뜻을 이루었다는 기개가 있었다고 한다.

당시 현리들 사이에서는 술자리가 자주 열렸다. 우라와현 지사인 마지마 후유미치가 주최한 친목회에서는 시오다 료상이 노로마교겐[635]을 연기하고 야스요시가 메리야스 속옷을 입고 연인의 침소에 잠입하는 흉내를 낸 적이 있다. 마지마는 통칭 만지로, 오와리 번사였다. 1869년(메이지2) 4월 9일에 형법관 판사에서 오미야현 지사가 되었다. 오미야현이 우라와현으로 이름을 변경한 것은 그해 9월 29일이다.

이해 말 야스요시가 사이타마현에 출사하게 된 후의 일이다. 어느 마을 촌장이 채소 한 수레를 야스요시에게 바치고 싶다며 가지고 왔다. 야스요시는 "나는 뇌물은 받지 않소"라며 거절했다.

촌장은 당혹스러운 얼굴을 하고 말했다.

"이 채소를 이대로 가지고 돌아가면 마을 사람들에게 제 체면이 서지 않습니다."

"그렇다면 사주지요"라고 야스요시가 말했다.

촌장은 겨우 동전[636] 1닢을 받고 채소를 수레에서 내리고 돌아갔다.

야스요시는 값싼 채소를 샀다고 해서 현령 이하 직원들에게 나누어

---

635   노로마교겐(野呂松狂言): 얼간이 같이 생긴 인형을 조종해서 연기하는 우스꽝스러운 촌극.
636   원문은 천보전(天保錢): 천보통보(天保通寶). 에도시대 말기인 덴포 6년(1835)에 주조되어 메이지시대까지 유통된 타원형 동전.

주었다.

현령은 노무라 모리히데였는데, 채소를 받으면서 이 이야기를 듣고 "야지마 씨의 방식은 재미있단 말이지"라고 칭찬했다고 한다. 노무라는 처음에 소시치라고 했다. 사쓰마의 무사로, 우라와현이 사이타마현이 되었을 때 히타현 지사에서 사이타마현 지사로 임명되었다. 마지마 후유미치는 나고야현으로 가서 참사직을 맡다가 1890년(메이지23) 9월 30일에 오우타도코로 요리우도[637]로 생을 마쳤다. 노무라는 1873년(메이지6) 5월 21일에 이 직에서 사망했기 때문에 나가토의 무사인 참사 시라네 다스케가 한동안 현의 업무를 대행했다.

93

야마다 겐고의 양자가 된 센로쿠는 아직 면회도 하지 못한 양부를 여의고 그 유적을 지키고 있다가 5월 1일에 이르러 번지사 쓰가루 쓰구테루의 명을 받았다. "부친 겐고의 녹봉 20섬을 변함없이 지급한다"는 것이었다. 겐고는 알현을 허락받지 못한 직으로 생을 마쳤지만 센로쿠는 6월 20일에 쓰구테루를 알현할 수 있었다. 시게요시가 내의(內意)를 받아들여서 청원서를 제출했기 때문이다.

센로쿠는 시게요시의 소개로 먼저 가이호의 덴케이로에 들어가고 이어서 8월 9일에 공립학사에 들어가고 12월 3일에 우메우라 세이이치[638]

---

637 오우타도코로(御歌所)는 궁내청에 속하여 황족의 단가에 관한 사무를 맡아 보던 곳. 요리우도(寄人)는 오우타도코로의 직원.
638 우메무라 세이이치(梅浦精一): 1852-1912, 사업가.

에게 종학했다.

이해 6월 7일 시게요시는 이름을 다모쓰(保)로 바꿨다. 어머니를 생각하는 마음에서 바꾼 것인데, 어머니는 '이오(五百)'의 글자 모양이 우아하지 않다고 여겨서 항상 '伊保'라고 서명했다고 한다. 야지마 야스요시가 이름을 유타카로 바꾼 것도 이해. 야마다 센로쿠가 이름을 오사무로 바꾼 시기는 특별히 기록해야 할 필요가 있는 것은 아니지만 좀 나중 일인 것 같다.

이해 12월 3일 다모쓰와 오사무가 동시에 참발[639]했다. 유타카가 언제 머리카락을 잘랐는지 모르겠지만 아마 같은 시기였을 것이다. 유타카는 조금 먼저 도쿄로 와서 곧 도쿄에서 멀지 않은 우라와로 가서 관리가 되었는데, 반드시 두 동생보다 먼저 머리카락을 잘랐다고 말하기는 어렵다. 보라색 끈으로 상투를 묶는 게 당시 관리의 머리 장식이었기 때문에 유타카가 언제까지 그 상투를 고수했는지 알 수 없다. 사람들은 어쩌면 추사이의 자식들이 언제 머리를 잘랐는지 묻는 것을 신경 쓰지 않을지도 모른다. 그러나 메이지 초기에 남자가 머리를 잘랐다는 것은 먼저 18세기 독일에서 댕기 머리가 시작되고 나중에 청나라에서 변발이 유행한 것과 마찬가지로 풍속의 대변천이다. 그러나 후세의 역사가들은 그 시기를 아는 데 고생할지도 모른다. 나 같은 사람은 자기가 언제 머리카락을 잘랐는지 기록하지 않는다. 다모쓰의 일기 한 건을 여기에 수록하는 이유다.

이해 12월 22일에 혼조 후타쓰메의 히로사키 번저가 폐해졌기 때문

639 참발(斬髮): 상투를 틀지 않고 가지런히 잘라서 산발한 머리 모양. 메이지 초기에 문명 개화의 상징이 된 남자 머리.

에 다모쓰는 형 야마다 오사무의 혼조 와리게스이 집에서 함께 살았다.

가이호 치쿠케이의 아내이자 교손의 딸이 이해 10월 25일에 죽었다.

추사이 사후 제14년은 1872년(메이지5)이다. 1월에 다모쓰가 야마다 오사무의 집에서 혼조 요코아미정에 있는 스즈키 키요의 집 이층으로 이사했다. 스즈키는 처음에 놀잇배나 낚싯배 주선을 업으로 하는 집이었는데, 남편이 죽고 미망인 키요가 방을 세놓게 되었다. 키요는 1830년(덴포1)생으로 이해 마흔세 살이었다. 당시 다모쓰에게 잘해 주었기 때문에 다모쓰는 이후에도 연락을 끊지 않았다. 이보다 앞서 다모쓰는 히로사키에 있는 어머니를 모셔 오고자 번의 당로자에게 여러 차례 상의했다. 그러나 쓰가루 쓰구테루가 지사인 동안은 니시다테 등이 기존의 주장을 고수하여 허락하지 않았다. 전년에 폐번의 조칙이 나오고 쓰구테루가 도쿄에 있게 되고 현정(縣政) 또한 매우 개선되었기 때문에 다모쓰는 다시 당로자에게 상의했다. 당로자는 이오가 도쿄에 가는 것을 다시 막으려고 하지 않았다. 다만 다모쓰가 한낱 학생으로서 어머니를 부양하려고 하는 것을 의아하게 여겼다. 그래서 다모쓰는 야지마 유타카에게 청원서를 작성하게 하여 제출했다. 현청은 이를 승인했다. 이오는 마침내 히로사키에서 도쿄로 오게 되었다.

다모쓰가 도쿄에 유학한 후 이오의 쓸쓸한 생활에는 특별히 기록할 게 없다. 전년에 번이 폐지되기 전에 히로사키의 마나이타바야시 산림지가 시부에 집안에 할당되었을 뿐으로, 무사 신분인 사람에게 수산[640]의 목적으로 할당한 토지에 여분이 있어서 당로자가 무사 신분으로 취급되

---

640 수산(授産): 직업이 없거나 가난한 사람에게 살길을 열어 주려고 일자리를 마련하여 주는 것.

지 않는 의사에게도 은혜를 베푼 것이라고 한다. 이 토지의 거래는 아사고에 겐류가 이오의 위탁에 따라 처리했다.

이오가 히로사키를 떠날 때 무라타 히로타로의 집에서 돌아온 미키를 데리고 가야 하는 것은 물론이었다. 그 외에도 쿠가가 남편 야가와 분이치로와 함께 이오를 따라 도쿄로 가게 되었다.

분이치로는 히로사키를 떠나기 전에 쓰가루 가문의 용달인 상인 구도 주고로 한칸의 차남 한토쿠를 양자로 삼고 히로사키에 남겨 두었다. 한칸에게는 2남 2녀가 있었다. 장남 요시쓰구는 모리 진페이의 사적, 차남 한토쿠는 분이치로의 사적을 물려받았다. 장녀 렌은 한칸의 뒤를 이어 현재 히로사키 시모시로카네정에서 야가와 사진관을 운영하고 있다. 차녀 미키는 이와카와 도모야[641]를 신랑으로 삼고 혼정 1정목 모퉁이에서 M 야가와 사진소를 운영하고 있다. 한토쿠는 우편 기술자가 되었고 1904년(메이지37) 10월 28일에 죽었다. 양자 분페이가 그 뒤를 이었다.

94

이오는 5월 20일에 도쿄에 도착했다. 그리고 야가와 분이치로와 쿠가 부부를 비롯하여 무라타 집안에서 돌아온 미키와 함께 혼조 요코아미정의 스즈키 집에 짐을 풀었다. 히로사키에서 동행한 사람은 다케다 다이지로라는 사람이었다. 다이지로는 간조부교인 다케다 준자에몬의 손자였다. 준자에몬은 1833년(덴포4) 12월 20일에 참수형을 당했다. 쓰가루

---

641 이와카와 도모야(岩川友彌): 1874-1949, 일본화가, 사진가.

노부유키 밑에서 가사하라 오우미가 정사를 제멋대로 처리하던 때의 일이다.

이오와 다모쓰는 16개월 만에 재회했다. 어머니는 쉰일곱 살, 아들은 열여섯 살이었다. 오사무는 와리게스이에서, 유타카는 우라와에서 어머니를 만나러 왔다.

세 명의 아들 중에서 생계에 가장 여유가 있었던 사람은 유타카였다. 유타카는 이해 4월 12일에 권소속(權少屬)이 되고 월급은 겨우 25엔이었다. 여기에 당시 넉넉한 순회 여비를 더해도 70엔 정도에 불과했다. 그러나 그 의기는 지금의 칙임관[642]에 필적했다. 유타카의 집에는 두 명의 식객이 있었다. 한 명은 아내 초의 남동생 오사와 세이, 다른 한 명은 생모 도쿠의 오빠 오카니시 겐테이의 차남 요겐이었다. 겐테이의 장남 겐안은 예전에 다모쓰의 태반을 복용했던 간질병 환자로, 유신 후 얼마 지나지 않아서 세상을 떠났다. 그 차남이 요겐으로, 당시 성명을 바꿔 오카 간사이라고 했다. 유타카가 관청에 출근하니 그를 보좌하는 급사(給仕)는 친구 나카다 아무개의 아들 게이자부로였다. 유타카가 추천한 현리에는 15등 출사인 마쓰모토 키네조가 있었다. 또 게이자부로의 아버지 나카다 아무개, 오사무의 친척 야마다 겐조, 예전에 시부에 가문의 와카토였던 추조 가쓰지로, 가와구치에 개업했을 때 알게 된 미야모토 한조가 있었다. 나카다 이하는 모두 월급 10엔을 받는 등외 일등 출사였다. 그 밖에도 지금 기요우라 자작[643]이 현내 소학교 교원이 되고 현청 학무과 직원이 되는 데도 유타카의 추천이 크게 작용했다고 하는데, "야지마 선생

---

642 칙임관(勅任官): 일본 구(舊)제도에서 천황의 명령으로 임명되던 관리.
643 기요우라 게이고(清浦奎吾): 1850-1942, 정치가. 23대 내각총리대신 역임.

님께, 게이고 배상"이라고 적힌 편지가 여러 통 남아 있다. 한때 유타카의 구원에 힘입어 의식을 해결한 사람이 수십 명에 달했다고 한다.

다모쓰는 하숙집에 사는 학생, 오사무도 폐번과 동시에 요코카와 저택 파수꾼을 그만두고 이쪽도 한 가구주라는 것뿐이지 마찬가지로 학생이었는데, 유타카만이 홀로 관리인 데다 응분의 권세까지 가지고 있었다. 그래서 유타카는 어머니를 우라와의 집으로 모셔 오려고 했다. "다모쓰가 졸업하고 시부에 집을 지을 때까지 적어도 사오 년 동안 제 집에 와 계세요"라고 했다.

이오는 응하지 않았다. "나도 나이는 들었지만 다행히 병이 없으니 우라와로 가서 편하게 지내지 않아도 괜찮구나. 그보다는 학교에 다니는 다모쓰 곁을 지키겠어요"라고 했다.

유타카는 계속 권했다. 그때 일입금단 주문이 크게 들어왔다. 후쿠야마, 구루메 두 곳에서 들어온 것이다. 금단 조제는 줄곧 이오가 직접 맡아서 해왔기 때문에 이번에도 바로 조제에 착수했다. 유타카는 일단 우라와로 돌아갔다.

8월 19일에 유타카는 다시 우라와에서 왔다. 그리고 어머니에게 꼭 우라와로 옮기지 않아도 좋으니까 아무튼 구경 삼아서 묵으러 와 주십사 부탁했다. 그래서 20일에 이오는 미키와 다모쓰를 데리고 우라와로 갔다.

이보다 앞서 다모쓰는 고등사범학교에 들어가기를 희망하고 있었는데, 그 입학시험이 22일부터 시작되기 때문에 혼자 먼저 도쿄로 돌아갔다.

95

다모쓰가 사범학교에 들어가기를 원한 것은 대학 과정을 마칠 때까지의 자금을 가지고 있지 않았기 때문이다. 사범학교는 이해 처음으로 설립되었고 문부성은 상등생에게는 10엔, 하등생에게는 8엔을 지급했다. 다모쓰는 이 장학금을 받고자 했다.

그런데 한 가지 문제가 있었다. 사범학교 학생은 20세 이상으로 한정되어 있었는데, 다모쓰는 16세였기 때문이다. 그래서 다모쓰는 모리 키엥에게 상담했다.

키엥은 이해 2월에 후쿠야마를 떠나 여러 지방을 유람하고 5월에 도쿄로 와서 유시마 기리도오시의 셋집에 살았다. 같은 달 27일에 문부성 10등 출사가 되었다. 당시 키엥은 예순여섯 살이었다.

키엥은 다모쓰를 무척 아꼈던 것 같은데, 도쿄에 온 셋째 날 요코아미정의 하숙집을 찾아가서 다모쓰를 기리도오시의 집으로 초대했다. 다모쓰가 이삼 일 동안 오지 않자 키엥은 다시 다모쓰를 찾아가서 왜 오지 않느냐고 물었다. 다모쓰가 찾아가 보니 기리도오시 집은 가게 건물로, 가게와 그 옆 방과 부엌이 있을 뿐이고 키엥은 가게 앞에 책상을 내놓고 책을 읽고 있었다. 다모쓰가 무심코 "점쟁이 같지 않습니까?"라고 하자 키엥은 재미있다는 듯이 웃었다. 그 이후로 유시마와 혼조 사이에 왕래가 끊이지 않았다. 키엥은 자주 다모쓰를 야마시타의 간나베, 고마가타의 가와마스 등에 데려가서 술을 마시며 세상을 욕했다.

문부성은 당시 많은 명사를 모집하고 있었다. 오카모토 교사이, 사카키바라 긴슈,[644] 마에다 겐온[645] 등이 모두 9등 내지 10등 출사로 임명되고 월 사오십 엔을 받았다.

다모쓰가 키엥을 찾아가서 사범학교 학생의 연령에 관한 일을 말하자 키엥은 웃으면서 "뭐야, 나이가 부족한 정도의 일이라면 내가 어떻게든 해결해 주마"라고 했다. 다모쓰는 키엥에게 부탁하고 원서를 제출했다.

사범학교 입학시험은 8월 22일에 시작되어 30일에 끝났다. 다모쓰는 합격해서 9월 5일에 입학하게 되었다. 이오는 입학일 전에 우라와에서 돌아왔다.

다모쓰의 동급생에는 지금 스에마쓰 자작[646] 외에 가지 요시카타,[647] 후루와타리 스케히데 등이 있었다. 가지는 후에 와타나베 집안을 이었고 소설가 무리에 투신해서 『에이리자유신문(繪入自由新聞)』[648]에 연재물을 발표한 적이 있다. 작가명은 하나가사 분쿄였다. 후루와타리는 풍채가 좋지 않고 행동거지가 변변치 않아서 이 사람과 교제하는 사람은 거의 다모쓰 한 명뿐이었다. 본래 히타치국 농가의 자식으로, 지방에 갓난아이를 질식시켜 죽이는 나쁜 관습이 있었기 때문에 하마터면 죽을 뻔한 것을 간신히 면했다고 한다. 도쿄에 와서 구와타 고헤이[649] 집의 학복이 되고 그 후 사범학교에 입학했다. 나이는 다모쓰보다 일고여덟 살 많았지만 학급 석차는 한참 아래였다. 그러나 다모쓰는 그의 사람됨이 침착한 것을 좋아해서 두텁게 대했다. 이 사람은 졸업 후에 사가현사범학교에 부임했

---

644 사카키바라 긴슈(榊原琴洲): 1832-1881, 국학자. 일본 최대 백과사전인 『고사유원(古事類苑)』 편찬에 종사.
645 마에다 겐온(前田元温): 1821-1901, 의사.
646 스에마쓰 겐초(末松謙澄): 1859-1920, 정치가, 평론가.
647 가지 요시카타(加治義方): 1857-1926, 소설가.
648 메이지시대에 자유당이 일간으로 발행한 당 기관지. 일반 대중을 위해 쉬운 문장과 삽화를 사용한 것이 특징.
649 구와타 고헤이(桑田衡平): 1836-1905, 군의.

으나 얼마 뒤 그만두고 게이오의숙[650] 별과에서 수학했다. 1879년(메이지 12)에 『니가타신문(新潟新聞)』의 주필이 되고 한때 동북정론가들 사이에서 존중받았지만 그해 8월 12일에 콜레라로 죽었다. 그 뒤를 이은 사람이 오자키 가쿠도[651]라고 한다.

이 무렵 야지마 유타카는 시간이 날 때마다 우라와에서 어머니의 안부를 물으러 왔다. 토요일에 어머니를 모시고 우라와로 돌아갔다가 일요일에 차로 모셔다 드렸다. 토요일에 직접 올 수 없을 때는 차를 보내 맞이했다.

스즈키의 여주인은 점차 유타카에게 친근감을 느끼고 훌륭하고 싹싹한 나리라고 칭찬했다. 당시 유타카는 검은 수염을 기르고 있었다. 한 번은 구로다 기요타카 백작[652]을 알현했을 때 자리에 있던 소녀가 유타카의 얼굴을 한참동안 바라보며 "저 아저씨 얼굴은 거꾸로 붙어 있어요"라고 했다고 한다. 귀밑머리털이 옅고 수염이 짙어서 소녀는 하관을 머리로 착각한 것이다. 유타카는 이 용모에 양복을 입고 시계 쇠사슬을 가슴 앞에 늘어뜨리고 있었다. 여주인이 훌륭하다고 할 만하다.

어느 토요일 유타카가 저녁 식사 무렵 왔기에 여주인이 "우라와 나리, 밥을 드릴까요?"라고 물었다.

"아니요, 고맙지만 이미 먹고 왔습니다. 지금 아사쿠사 미쓰케[653] 근처를 지나오는데, 먹음직스러워 보이는 다반(茶飯)과 갈분 양념 얹은 요

---

650 의숙(義塾): 공익을 위해 의연금을 모아 세운 교육 기관.
651 오자키 가쿠도(尾崎愕堂): 오자키 유키오(尾崎行雄). 1858-1954, 일본에서 헌정(憲政)의 신으로 불리는 정치가.
652 구로다 기요타카(黒田清隆): 1840-1900, 2대 내각총리대신을 역임한 정치가, 육군 군인.
653 아사쿠사 미쓰케(淺草見附): 에도성을 둘러싸고 있는 성문 중 하나.

리를 파는 가게가 생겼더군요. 거기서 밥을 두 공기, 요리를 두 그릇 먹었습니다. 각각 50문씩, 딱 200문이었어요. 저렴하지 않습니까?"라고 유타카는 말했다. 여주인이 싹싹하다고 칭찬한 것은 이런 기색을 가리켜 말한 것이다.

96

이해에는 히로사키에서 도쿄로 온 사람들이 많았다. 히라노 사다카타도 그중 한 명인데, 어느 날 갑자기 다모쓰의 요코아미정 하숙집에 찾아와 "지금 도착했어"라고 했다. 사다카타는 데리고 온 아내 데루와 여섯 살 된 딸 류를 스미다강 말뚝[654] 옆에 묶어둔 배 안에 남겨 두고 혼자 상륙했다. 그리고 당분간 다모쓰와 함께 지낼 생각이라고 했다.

다모쓰는 그 자리에서 즉시 승낙하고 "사양 마시고 사모님과 따님을 데려오세요. 이제 곧 어머니도 히로사키에서 오실 예정이니까요"라고 했다. 그러나 다모쓰는 은근히 마음이 괴로웠다. 왜냐하면 다모쓰는 스즈키의 여주인에게 한 달에 2냥의 하숙비를 주기로 약속했지만 학비가 부족하기 십상이어서 아직 한 번도 내지 못했다. 그때 별안간 세 명의 손님을 맞이해야 한 것이다. 그게 다른 사람이라면 숙박비를 받을 수도 있을 것이다. 그러나 사다카타는 가장이 된 후로 남에게 돈을 쓰게 한 적이 없다. 다모쓰는 어떻게든 네 사람의 비용을 처리해야 했다. 이것이 한 가

---

654 햣폰구이(百本杭): 스미다강의 흐름을 완만하게 하고 강변과 둑을 보호하기 위해 물속에 박아 넣은 말뚝.

지 근심이었다. 또 이 근처에는 아직 속발을 한 루스이를 아는 사람들이 많았다. 이들을 요코아미정 하숙집에 머물게 하는 것이 미안해서 견딜 수 없었다. 이것이 다모쓰의 두 번째 근심이었다.

다모쓰는 이를 참고 견디며 수개월 동안 세 사람을 대접했다. 그리고 거의 매일 사다카타를 요코야마정의 오와리야로 데려가서 대접했다. 사다카타는 양자 후사노스케가 히로사키에서 올 때까지 다모쓰의 하숙집에 머물렀고 후사노스케가 도착했을 때 함께 혼조 미도리정에 집을 빌려 이사했다. 마침 다모쓰가 어머니를 고향에서 맞이할 무렵이었다.

야가와 분나이도 이해 도쿄로 왔다. 아사고에 겐류도 왔다. 야가와는 전당포를 열었지만 성공하지 못했다. 아사고에는 이름을 류로 바꾸고 도쿄부 관리, 혼조구청 서기, 혼조은행 사무원이 되었다. 아사고에에게는 4명의 자식이 있었다. 에도 출생인 장녀 후쿠는 나카사와 히코키치[655]의 남동생인 히코시치의 아내가 되었고 두 아들 중 형은 서양화가, 동생은 전신(電信)기사가 되었다.

이오와 함께 도쿄로 온 쿠가가 남편 야가와 분이치로의 이름으로 혼조 미도리정에 설탕 가게를 연 것도 이해다. 나가오 소에몬의 딸 케이의 남편 미카와야 리키조가 운영하던 사루와카정 찻집이 이해 10월에 신토미정으로 옮겼다. 모리타 간야[656]의 모리타 극장[657]이 2월에 부청의 허가를 얻어 10월에 개연(開演)하게 되었기 때문이다.

이해 6월 가이호 치쿠케이가 죽었다. 1824년(분세이7)생이기 때문에

---

655 나카사와 히코키치(中澤彦吾): 1839-1912, 정치가, 사업가.
656 모리타 간야(守田勘彌): 1846-1897, 교겐 작가, 모리타 극장 주인.
657 모리타 극장(守田座): 가부키 극장. 에도 3좌(座)의 하나. 1875년에 신토미 극장(新富座)으로 개칭.

마흔아홉 살로 생을 마감한 것이다. 전년부터 벤노스케라는 통칭을 사용하지 않고 다시 이름인 겐키를 사용했다. 치쿠케이가 죽었을 때 집에 남은 가족은 양부 교손의 첩 아무개와 치쿠케이의 아들, 딸 각각 한 명이었다. 후계자인 시게마쓰는 1862년(분큐2)생으로 집을 물려받았을 때 일곱 살이었다. 치쿠케이가 죽고 다모쓰는 시마다 고손을 한학 스승으로 모셨다. 1838년(덴포9)생인 고손은 서른다섯 살이었다.

    추사이 사후 제15년은 1873년(메이지6)이다. 2월 10일에 시부에 가족은 당시 제6대구 6소구 혼조 아이오이정 4정목에서 셋집살이를 했다. 이오가 쉰여덟 살, 다모쓰가 열입곱 살 때다. 가족은 처음에 어머니와 아들 외에 미키뿐이었지만 나중에 야마다 오사무가 와서 같이 살았다. 오사무는 이 무렵 천식을 앓았기 때문에 와리게스이 집을 정리하고 어머니의 보살핌을 받으러 왔다.

    이오는 도쿄에 온 후 빨리 집을 마련하고 싶어했다. 그러나 모아 둔 현금이 거의 바닥난 상태였기 때문에 어쩔 도리가 없었다. 이윽고 다모쓰가 사범학교에서 월 10엔을 받게 되고 이오는 돌봐야 할 사람이 있어서 본의 아니게 기생집을 위해 바느질을 하며 약간의 품삯을 벌게 되었다. 아이오이정 집은 이때 비로소 빌릴 수 있었다.

97

    다모쓰는 전년부터 혼조 아이오이정 집에서 사범학교에 통학하고 있었는데, 이해 5월 9일에 학교장이 학생 전원에게 기숙사 입사를 명했다. 공사 중이던 기숙사가 완공되었기 때문이다. 게다가 이 명령에는 기한이 붙어 있었는데, 6월 6일까지 반드시 입사하라는 것이었다.

그러나 다모쓰는 기숙사에 들어가기를 원하지 않았기 때문에 "모친의 병환으로 당분간 통학을 허락해 주기를 간청한다"는 청원서를 제출하고 예전처럼 혼조에서 통학했다. 어머니의 병환이라는 것은 거짓이 아니었다. 이오는 당시 눈병으로 고생하고 있었다. 그러나 다모쓰는 단순히 이오의 눈병을 이유로 입사 시기를 연장한 게 아니었다.

다모쓰는 사범학교에서 배우는 학문이 자신이 배우길 원하는 것과 상반됨을 깨닫고 남몰래 퇴학을 계획하고 있었다. 그래서 통학생에서 입사생이 되어 학교와 자신의 관계가 한층 긴밀해지는 것을 꺼린 것이다.

학교에서는 미국인 스콧을 초빙해 학생들에게 소학교 교수법을 가르치게 했다. 주로 연습시킨 것은 자음과 모음의 발성이었다. 발음이 정확한 사람은 상석에 앉혔다. 발음이 부정확한 사람은 하석에 앉혔다. 그래서 도쿄 출신, 중국인 등은 실력이 없어도 중시되고 규슈 출신, 동북 출신 등은 실력이 있어도 경시되었다. 학생들은 불평을 참을 수 없었다. 그중에서도 도쿄 출신 아무개는 자기가 상위에 속했음에도 불구하고 "이 교수법으로는 엔주다유[658]가 최우등생이 되겠다"고 욕했다.

다모쓰는 영어를 익히고 영문을 읽는 것을 목표로 하고 있었지만 학교의 현재 상황을 보면 이 소망에 부합하는 과목은 전혀 없었다. 또 설령 장차 영문과가 개설된다고 해도 함께 입학한 54명 중 과반수가 순수 한학도들이었기 때문에 철자법이나 『제1 리더』[659]부터 시작해야 했다. 다모

---

658 엔주다유(延壽太夫): 1832-1904, 미성으로 알려진 4세 기요모토 엔주다유(清元延壽太夫). 기요모토 엔주다유는 에도 조루리 일파인 기요모토부시(清元節)의 종가.
659 초등 영어 교과서. 윌슨(M. Wilson)의 "The First Reader of the School and Family Series".

쓰는 이들과 보조를 맞춰 나가는 것을 참을 수 없었다.

다모쓰는 어떻게든 퇴학하고 싶었다. 퇴학하고 어떻게 할 것이냐고 하면 알고 지내는 베르베크에게 부탁해서 식객으로 받아달라고 해도 좋다. 누군가의 심부름꾼이 되어 해외에 데려가 달라고 해도 좋다. 모레 부부처럼 실제로 자신을 좋아하는 사람들도 있었다. 부탁만 하면 심부름꾼으로 써 주지 않을 리 없을 것이다. 다모쓰는 이런 꿈을 꾸고 있었다.

다모쓰는 이렇게 생각하며 교장, 교사들에게 존경을 표하지 않고 교칙과 과제를 준수하는 것도 게을리하고 조만간 퇴학 처분이 내려지기를 기대하고 있었다. 교장 모로쿠즈 노부즈미[660] 집에 면회를 청할 수 없었다. 그 집이 어느 동네에 있는지조차 알지 못했다. 교사보다 늦게 교실에 들어갔다. 수학을 제외하고 일체의 과목은 복습하지 않고 오로지 영문만 읽었다.

이런 상황에서 입사 명령을 받았다. 다모쓰는 이렇게 생각했다. 만약 기숙사에 들어가지 않으면 반드시 퇴학 처분이 내려질 것이다. 그렇게 되면 다시 정천입지[661]의 자유의 몸이 되어 마음대로 영어를 연구하자. 물론 모처럼 얻은 관비는 끊길 것이다. 그러나 서점 만간로 주인이 아는 사이라서 번역서를 내주겠다고 하고 있다. 조속히 번역에 착수하자고 한다. 만간로 주인은 오덴마정의 후쿠로야 가메지로로, 전에 다모쓰가 처음으로 번역한 퀴켄보스의 『미국사(美國史)』[662]를 맡아 전년에 발행한 적이 있다.

---

660 모로쿠즈 노부즈미(諸葛信澄): 1849-1880, 교육자. 1873년에 사범학교 교장에 취임.
661 정천입지(頂天立地): 하늘을 이고 땅 위에 선다는 뜻. 홀로 서서 남에게 의지하지 않는 것.
662 당시 일본에서 영어 교과서로 널리 사용된 "History of America".

다모쓰는 이 계획을 어머니에게 말하고 동의를 얻었다. 그러나 야지마 유타카와 사다카타가 반대했다. 그 주된 이유는 만약 퇴학 처분을 받고 이름이 문부성 잡지에 실린다면 이력상 씻을 수 없는 오점을 남기게 될 것이라는 것이었다.

10월 19일에 다모쓰는 속으로 참고 견디며 사범학교 기숙사에 입사했다.

98

야지마 유타카는 이해 8월 27일에 소속(少屬)으로 승진하고 12월 27일에 같은 관등으로 공부성으로 옮겨 광산 관련 사무를 담당하고 시바 고토히라정에 가서 살았다. 유타카의 집에 살던 오카 간사이도 유타카의 추천으로 공부성 임시 직원이 되었다. 간사이는 1884년(메이지17) 10월 19일에 죽었다. 1839년(덴포10)생이기 때문에 마흔여섯 살로 생을 마감한 것이다. 간사이는 태어났을 때는 얼굴이 단정했으나 천연두를 앓고 망가졌다. 의학관에서 공부하고 추사이와 키엥의 문하에 있었다. 간사이는 키엥의 묘비 뒷면에 "어렸을 때 선생님의 문하에 있으면서 그분의 인품과 학문의 박식함을 알 수 있었다. 그래서 남몰래 선생님의 언행 및 자학,[663] 의학에 관한 여러 가지 설을 기록하고 별도로 작은 책자로 만든다"라고 적었다. 나는 이 문장이 존재하는지 여부를 확실히 알지 못한다. 간사이는 처음에 이사와 가에가 낳은 이케다 젠안의 딸 우메를 아내로 맞

---

663 자학(字學): 한자의 유래, 소리, 뜻 등을 연구하는 학문.

이했으나 나중에 이 사람과 헤어지고 무쓰국 이와키다이라의 성주인 안도 가문의 신하 고토의 딸 이쓰를 후처로 맞이했다. 이쓰는 아들 둘을 낳았는데, 장남 슌타로는 지금 혼고 니시카타마치에 살며 육군성 인사국 보임과에서 근무하고 있다. 차남 도쿠지로는 가자마 가문을 잇고 고이시카와미야시타정에 산다. 도쿠지로는 해군 기관 대령이다.

쿠가는 이해 야가와 분이치로와 헤어지고 설탕 가게를 닫았다. 생계가 뜻대로 되지 않았기 때문이었을 것이다. 분이치로가 서른세 살, 쿠가가 스물일곱 살 때다.

이어서 쿠가는 혼조 가메자와정에 간판을 내걸고 키네야 가쓰히사라고 칭하고 나가우타 스승이 되었다.

야지마 슈테이 일족도 이해 도쿄로 이주했다. 슈테이는 레이간지마에 살며 의사를 업으로 했고 유타카의 전처 데쓰는 혼조 아이오이정 후타쓰메바시 거리에 완구점을 열었다. 슈테이는 원래 안과 의사였기 때문에 이오는 이 사람에게 눈 치료를 부탁했다.

어느 날 슈테이는 후계자인 슈사쿠를 데리고 시부에 집을 찾아와서 속수[664]를 바치고 슈사쿠를 다모쓰의 문인으로 삼아달라고 청했다. 슈사쿠는 이미 스물아홉 살, 다모쓰는 겨우 열일곱 살이었다. 다모쓰는 그 뜻을 헤아리지 못했는데, 물어보니 슈사쿠를 사범학교에 입학시키기 위한 준비를 하려는 것이었다. 다모쓰는 기꺼이 승낙하고 슈사쿠에게 시험 과목을 복습시키고 한문을 가르쳤다. 슈사쿠는 2차 모집에 응시해서 합격하고 1877년(메이지10)에 졸업하여 야마나시현에 부임했지만 얼마 안 가 정신 질환에 걸려 그만두었다.

---

664 속수(束脩): 문하생이 될 때 스승에게 바치는 예물.

미도리정의 히라노 집안에서는 후사노스케가 친아버지인 이나바 이치무사이와 함께 골동품 가게를 차렸다. 이치무사이는 단게의 노년 이름이다. 사다카타는 한 달에 여러 번 아사쿠사 구로후네정 정각사(正覺寺)의 선영(先塋)에 참배했고 돌아가는 길에는 어김없이 시부에 집을 방문해서 이오와 옛날 이야기를 나누었다.

추사이 사후 제16년은 1874년(메이지7)이다. 이오의 눈병이 쉽게 치료되지 않아 야지마 슈테이 외에도 안도 아무개를 불러서 치료하게 하고 몇 달 후 나을 수 있었다.

미키는 이해 후카가와 사가정의 양품상 효고야 도지로와 재혼했다. 당시 스물두 살이었다.

묘료니는 이해 아흔네 살로 니라야마에서 죽었다.

시부에 집안에서는 이해 감응사에서 추사이를 위한 법회를 열었다. 이오, 다모쓰, 야지마 유타카, 쿠가, 미키, 히라노 사다카타, 이다 요시마사 등이 참석했다.

시부에 집안의 녹봉공채[665] 증서가 이해 교부되었는데, 삭감된 녹을 1석(石) 95전(錢)의 비율로 환산한 금액은 말할 것도 없이 작은 금액이었다.

추사이 사후 제17년은 1875년(메이지8)이다. 1월 29일에 다모쓰는 열아홉 살로 사범학교를 졸업하고 2월 6일에 문부성의 명을 받아 하마마쓰현으로 가게 되었기 때문에 어머니를 모시고 도쿄를 떠났다.

---

665 녹봉공채(秩祿公債): 폐번치현 때 정부가 1873년부터 1875년까지 가록, 상전록(賞典祿: 메이지유신에 공로를 세운 사족 등에게 정부가 가록 외에 포상으로 지급한 녹)을 반납한 무사에게 그 보상으로 지급하기 위해 발행한 공채.

이오와 다모쓰 모자가 떠난 후 야마다 오사무는 가메자와정의 쿠가의 집으로 옮겼다. 미키는 여전히 후카가와 사가정에 있었다. 야지마 유타카는 이 무렵 집을 정리하고 미이케로 출장갔다.

99

다모쓰는 어머니 이오를 모시고 하마마쓰에 도착해서 처음 얼마 동안은 여관에 머물렀다. 곧 모자는 하숙비 월 6엔을 내고 시모타레정에 있는 야마다야 와사부로의 고야도에 머물게 되었다. 고야도란 번정 시대에 소송 등으로 마을 사람들이 성 밖으로 나갈 때 묵던 집을 말한다. 각지를 유력하는 서가, 화가 등도 대개 고야도에 묵었다. 야마다야는 큰 집이었고 정원에는 커다란 계수나무가 있었다. 지금도 여전히 존재한다고 한다.

야마다야 맞은편에 야마키라는 선술집이 있었다. 다모쓰는 야마다야로 이사한 처음 야마키 가게에 대접에 장어 꼬치구이가 가득 담긴 것을 보고 이오에게 "저걸 사 볼까요?"라고 했다.

"사치스러운 소리 마렴. 장어는 이 지역에서도 비쌀 거야"라고 이오는 말렸다.

"한번 물어보죠"라며 다모쓰는 나갔다. 값을 물어보니 1전에 다섯 꼬치였다. 당시 하마마쓰 부근이 살기 좋은 곳이었음을 짐작할 수 있다.

다모쓰는 처음에 문부성 임면장을 가지고 현청에 갔다. 하마마쓰현의 관리는 과반수가 구(舊)막부 출신으로, 삿초정부[666]의 문부성에 반감이 있어서 학무과장 오에 다카부미도 다모쓰를 매우 냉대했다. 그러나 한참 이야기를 나누는 동안 다모쓰가 쓰가루 출신이라는 것을 듣고 얼굴을 조금 누그러뜨렸다. 오에의 어머니는 쓰가루 가문의 요닝인 도가노 모토메의 여동생이었다. 후에 오에는 현령 하야시 고토쿠에게 품의하여 사범학교를 설립하기로 하고 다모쓰를 교감에 임용했다. 학교가 준공된 것은 6월이다.

몇 달 후 다모쓰는 다카마치 고개 밑 곤야정 서쪽 끝에 있는 잡화상 고슈야 하야미 헤이키치의 별채를 빌려 이사했다. 이 집도 지금 여전히 존재한다고 한다.

야지마 유타카는 이해 10월 18일에 공부성 소속을 그만두고 신문 기자가 되어 『사키가케신문(魁新聞)』, 『마사고신문(眞砂新聞)』 등을 위해 주로 연극란에 글을 썼다. 『사키가케신문』에는 야마다 오사무가 함께 입사했고 『마사고신문』에는 모리 키엥이 함께 가입했다. 키엥은 문부성 관리로 의학교, 공학료[667] 등에 출근하면서 동시에 신문사에 기고했다.

추사이 사후 제18년은 1876년(메이지9)이다. 10월 10일에 하마마쓰 사범학교가 시즈오카사범학교 하마마쓰지부로 개칭되었다. 이보다 앞서 8월 21일에 하마마쓰현이 폐지되고 시즈오카현에 통합되었다. 다모쓰의 직책은 그대로였다.

이해 4월 다모쓰는 이오의 환갑 잔치를 열고 현령 이하의 축하를 받았다.

이오의 언니 나가오 야스가 이해 신토미 극장에 딸린 찻집 미카와야에서 죽었다. 예순두 살이었다. 이 찻집의 영업권은 나중에 케이의 남편 리키조가 죽고 다른 사람 손에 넘어갔다.

---

666 삿초정부(薩長政府): 메이지유신에 중심적인 역할을 한 사쓰마번과 조슈번 출신으로 조직된 신정부.
667 공학료(工學寮): 메이지 초기에 공부성 내에 설치된 기술자 양성 부서.

히라노 사다카타도 이해 혼조 미도리정 집에서 죽었다. 1812년(분카 9)생이기 때문에 예순다섯 살에 생을 마감한 것이다. 그 뒤를 이은 후사노스케는 현재 미도리정 1정목에 산다.

오노 후코쿠도 이해 7월 17일에 죽었다. 향년 70세였다. 아들 도에쓰가 가독을 상속했다.

다키 안타쿠도 이해 1월 4일에 쉰세 살로 죽었다. 이름은 겐엔, 호는 운주였다. 그 뒤를 이은 사람은 가즈사국 이즈미군 소모토무라에 현재 살아 있는 차남 세이노스케다.

기타무라 고소도 이해 11월 9일에 죽었다. 고소는 추사이가 사망할 무렵 오쿠이시를 그만두고 오쓰카무라에 살았다. 1874년(메이지7) 12월에 뇌졸중으로 오른쪽 반신이 마비되고 결국 생을 마감했다. 향년 73세였다.

추사이 사후 제19년은 1877년(메이지10)이다. 다모쓰는 하마마쓰 오모테하야우마정 40번지에 집을 마련하고 얼마 지나지 않아 다시 성 안 57번지로 이사했다. 하마마쓰성은 원래 가와치의 관리 이노우에 마사나오의 성이었다. 1868년(메이지1)에 도쿠가와 가문이 새로 이 땅에 봉해졌기 때문에 마사나오는 이듬해 가즈사국 이치하라군 쓰루마이로 이주했다. 성 안 가옥은 모두 이노우에 가문 시대 중신들의 제택으로 성의 정문 좌우에 나란히 줄지어 있었다. 다모쓰는 그중 한 곳에 어머니를 모셨다.

이해 7월 4일 다모쓰가 근무하는 시즈오카사범학교 하마마쓰지부가 변칙중학교**668**로 개칭되었다.

가네마쓰 세키쿄가 이해 12월 12일에 죽었다. 향년 68세였다. 절필(絶筆)의 오언절구**669**와 와카를 남겼다. "오늘 나는 삶의 고단한 책임에서 해방됨을 깨달았다. 또한 학을 타고 노닐 것이다. 하느님께서 특별한 명을 내리시어 나를 영원히 쉬게 해 주시리라." "파도가 겹겹이 밀려와 물결이 거세게 이는 세상, 바닷가를 떠나 배를 저어 나아가리라." 세키쿄는 이와미의 관리 사카이 다다미치의 가신인 야시로 아무개의 딸을 아내로 맞이하고 3남 2녀를 두었다. 장남 곤, 자는 시쇼가 가문을 계승했다. 호는 고보쿠켄이다. 곤의 아들 세이키는 육군 포병 대위다. 세이키는 시모우사 국 이치카와마치에 살고 곤 씨도 그 집에 산다.

100

추사이 사후 제20년은 1878년(메이지11)이다. 1월 25일에 쓰가루 쓰구테루는 번사들의 전기를 편찬하기 위해 시모사와 야스미[670]를 시켜서 시부에 집안에 추사이의 행적을 조사하게 했다. 다모쓰는 즉시 기록한 것을 바쳤다. 이른바 전기는 지금 존재하는 『쓰가루번구기전류(津輕藩舊記傳類)』가 아닐까. 나는 아직 그 책을 보지 못했기 때문에 추사이의 행적이 채택되었는지 아닌지 자세히 모른다.

다모쓰가 근무하는 하마마쓰변칙중학교가 이해 2월 23일에 중학교로 개칭되었다.

---

668   변칙중학교(変則中學校): 1872년 학제 공포에 따라 소학교를 수료한 학생들에게 일반 학과를 가르치는 중학교를 설치했는데, 그중에서 재래의 교과서를 사용해서 수업을 진행하거나 학업 순서를 따르지 않고 외국어, 의학 등을 가르친 학교를 모두 변칙중학교라고 칭했다.
669   오언절구(五言絶句): 한 구가 다섯 글자로 이루어진 한시의 한 형식.
670   시모사와 야스미(下澤保躬): 1838-1896, 국학자.

야마다 오사무는 이해 9월 2일 어머니 이오의 부름을 받고 하마마쓰로 왔다. 이오는 전부터 오사무의 천식을 걱정했는데, 오사무가 야지마 유타카와 함께 『사키가케신문』 기자가 되기에 이르러 다모쓰에게 보낸 편지에 아침 술 얘기가 있는 것을 보고 건강을 해칠까 크게 염려해서 급히 하마마쓰로 오게 했다. 그러나 이오는 단지 오사무의 몸 상태만 걱정한 게 아니었다. 그 신문 기자의 악덕에 빠지게 될 것도 우려한 것이다.

이해 4월 오카모토 교사이가 여든두 살로 죽었다.

추사이 사후 제21년은 1879년(메이지12)이다. 10월 15일에 다모쓰는 학문을 닦기 위해 직을 그만두고 28일에 청허(聽許)받았다. 게이오의숙에 들어가 영어를 배우기 위해서였다.

전부터 다모쓰는 영어를 깊이 연구하고 싶었지만 아직 그 뜻을 이루지 못하고 있었다. 사범학교에 들어간 것도 졸업하고 교원이 된 것도 모두 학비를 마련할 수 없었기 때문에 어쩔 수 없이 한 것이다. 이윽고 다모쓰는 게이오의숙의 학풍에 관한 소문을 듣고 후쿠자와 유키치[671]에게 경도되었다. 1876년(메이지9)에 아와 출신 국학자 아무개가 후쿠자와가 저술한 『학문의 권장(學問のすすめ)』을 반박하며 책 속에 등장하는 "일본은 아주 작은 나라다"라는 문장을 들어 조국을 욕되게 하는 짓이라 주장하는 것을 보고 다모쓰는 후쿠자와를 대신해서 글을 써서 『민간잡지(民間雜誌)』에 투고했다. 『민간잡지』는 후쿠자와가 경영하는 일간 신문으로, 오늘날 『시사신보(時事新報)』 전신이다. 후쿠자와는 다모쓰의 글을 싣고 자필 편지를 써서 다모쓰에게 감사를 표했다. 이 덕분에 다모쓰는 후쿠자와에게 눈도장을 찍었고 이 사람을 따르고자 하는 마음이 점점 더

---

671   후쿠자와 유키치(福澤諭吉): 1835-1901, 계몽사상가, 교육가, 저술가.

간절해졌다.

다모쓰는 직을 그만두기 전에 야마다 오사무에게 살 집을 구하게 했다. 오사무는 9월 28일에 먼저 하마마쓰를 떠나 도쿄에 도착해서 시바구 마쓰모토정 12번지의 집을 빌려 어머니와 동생을 맞이했다.

이오와 다모쓰 모자는 10월 31일에 하마마쓰를 떠나 11월 3일에 마쓰모토정 집에 도착했다. 이때 다모쓰와 오사무는 다시 도쿄에서 어머니 슬하에서 가까이 모실 수 있었지만 야지마 유타카만은 어머니의 도착을 기다리지 못하고 홋카이도로 떠났다. 10월 8일에 개척사[672] 어용 담당에 임명되고 삿포로에서 근무하게 되었기 때문이다.

쿠가는 어머니와 다모쓰가 하마마쓰로 간 후에도 가메자와정 집에서 나가우타 스승으로 활동하고 있었다. 이 집에는 효고야에서 돌아온 미키가 함께 살고 있었다. 가쓰히사는 미키의 남편이었던 하타나카 도지로를 믿음직하지 않다고 여겨서 아직 오사무가 하마마쓰로 가기 전에 상담해서 미키를 집으로 데려왔다.

다모쓰와 이오가 하마마쓰에서 도쿄로 왔을 때 두 명의 동행자가 있었다. 한 명은 야마다 요조,[673] 다른 한 명은 나카니시 쓰네타케였다.

야마다는 도오토우미국 후치군 쓰즈키 출신이었다. 아버지를 기헤이라고 했고 다다미 도매상이었다. 그 3남 요조는 1864년(겐지1)생 청년으로, 시부에 집에서 하마마쓰중학교에 다니다가 졸업하고 도쿄로 왔다. 당시 열여섯 살이었다. 나카니시는 이세국 와타라이군 야마다이와부치정 사람인 나카니시 요스케의 남동생이었다. 아이치사범학교에서 공부하고

---

672 개척사(開拓使): 메이지 초기에 홋카이도의 행정과 개척을 맡은 관청.
673 야마다 요조(山田要藏): 1864-1934, 사업가, 정치가.

졸업해 하마마쓰중학교 교원이 되었다. 직을 그만두고 도쿄로 왔을 때 스물일고여덟 살이었다. 야마다도 나카니시도 다모쓰와 마찬가지로 게이오의숙에 들어가고자 하여 함께 도쿄로 온 것이다.

101

다모쓰는 도쿄에 도착한 이튿날인 11월 4일 게이오의숙에 가서 본과 3등에 편입했다. 동행자인 야마다는 다모쓰와 마찬가지로 본과, 나카니시는 별과에 들어갔다. 그 후 야마다는 1881년(메이지14)에 우등으로 졸업하고 한때 의숙의 교원이 되었다. 이윽고 이토 가문을 잇고 중의원[674]에 당선되었다. 지금은 모 은행, 모 회사 중역을 맡고 있다. 나카니시는 별과에서 수학한 후 고향으로 돌아갔다.

다모쓰는 게이오의숙 학생이 되고 3일째 되던 날 반라이샤에서 후쿠자와 유키치를 봤다. 반라이샤는 의숙의 부속 클럽으로, 후쿠자와는 매일 오후에 와서 문명론을 강의했다. 다모쓰가 이름을 고하자 후쿠자와는 옛일을 꺼내며 다모쓰를 환대했다.

당시 게이오의숙은 1년을 3기로 나누어 1월부터 4월까지를 1기, 5월부터 7월까지를 2기, 9월부터 12월까지를 3기라고 했다. 다모쓰가 이해 3기로 편입한 3등은 여전히 3급이라고 할 수 있다. 월말에는 작은 시험이 있고 학기 말에는 다시 큰 시험이 있었다.

키엥은 이해 12월 1일에 대장성 인쇄국 편수(編修)가 되었다. 신분은

---

674 중의원(衆議院): 일본의 양원제 국회에서 하원을 이르는 말.

준판임(准判任) 어용 담당으로, 월급은 40엔이었다. 국장 도쿠노 료스케는 처음에 80엔을 주려고 했는데, 키엥이 거절했다. 많이 받고 빨리 그만두는 것보다 적게 받고 오래 근무하고 싶다, 40엔으로 충분하다고 했다. 국장은 이에 따라 특별히 키엥을 장로로 우대하고 광 안에 다다미를 깔고 사무를 보게 했다. 광의 열쇠는 키엥이 직접 보관하고 있어서 자유롭게 드나들었다. 묘비에 "날마다 국(局)에 출근했다. 늙고 있다는 것을 몰랐다. 거의 금마문[675]을 생각했다"라고 적혀 있다.

추사이 사후 제22년은 1880년(메이지13)이다. 다모쓰는 4월에 2등에 오르고 7월에 파격적으로 1등에 오르고 마침내 12월에 전 과목을 마쳤다. 하등(下等) 동창에는 와타나베 오사무,[676] 히라가 빈[677]이 있었고 같은 아오모리현 출신에 세리카와 도쿠이치,[678] 구도 기스케[679]가 있었다. 상등(上等) 동창에는 이누카이 쓰요시[680] 외에 야다 세키,[681] 야스바 남작[682]이 있었고 같은 현 출신에 사카이 지에이, 가미오 긴야가 있었다. 뒤의 두 사람은 구(舊)아이즈 번사였다.

반라이샤에서는 지금의 가네코 자작,[683] 소마 나가타네,[684] 메가타 남

---

[675] 금마문(金馬門): 중국 한나라 때 지어진 미앙궁(未央宮) 문의 하나. 벼슬을 하여 관청에 나가 하문을 기다리던 곳.
[676] 와타나베 오사무(渡辺修): 1859-1932, 정치가, 사업가.
[677] 히라가 빈(平賀敏): 1859-1931, 사업가, 관료.
[678] 세리카와 도쿠이치(芹川得一): 1857-1923, 정치가.
[679] 구도 기스케(工藤儀助): 1845-1915, 탐험가, 정치가, 사업가.
[680] 이누카이 쓰요시(犬養毅): 1855-1932, 정치가. 29대 내각총리대신을 역임.
[681] 야다 세키(矢田績): 1860-1940, 사업가.
[682] 야스바 야스카즈(安場保和): 1835-1899, 관료, 정치가.
[683] 가네코 겐타로(金子堅太郎): 1853-1942, 관료, 정치가. 일본헌법 기초자 중 한 명. 후에 백작.
[684] 소마 나가타네(相馬永胤): 1850-1924, 정치가, 법학자, 경제학자.

작,[685] 하토야마 가즈오[686] 등이 법률을 강의했으므로 다모쓰도 들었다.

야마다 오사무는 이해 전신학교에 들어가 마쓰모토정 집에서 통학했다. 가쓰히사가 사람들에게 나가우타를 가르치고 음악취조소 학생이 된 것도 이해. 음악취조소는 당시 창립된 것으로, 도쿄음악학교의 시초였다. 이 무렵 미키는 가쓰히사 곁을 떠나 어머니의 집에 갔다.

또 이해 후지무라 요시타네가 하마마쓰에서 와서 시부에 집에 임시로 살았다. 후지무라는 구(舊)막부 출신으로, 하마마쓰중학교를 졸업하고 도오토우미국 나카이즈미에서 소학교 교사를 하다가 외국어학교에서 러시아어 학생 입학을 허가하고 관비를 지급한다는 소식을 듣고 그 시험을 보러 왔다. 후지무라는 다행히 합격했으나 나중에 러시아어과가 폐지되고 도쿄고등상업학교에 들어가 졸업한 후 현재 모 회사 중역이 되었다.

마쓰모토정 집에는 이오, 다모쓰, 미키 세 사람과 제생 야마다 요조, 후지무라가 있었다.

추사이 사후 제23년은 1881년(메이지14)이다. 당시 게이오의숙 졸업생은 세상 사람들이 앞다투어 초빙하려고 했는데, 그 주선자는 주로 오바타 도쿠지로[687]였다. 다모쓰는 여전히 영어를 연구하고 싶다는 뜻을 품고 있었지만 하마마쓰에 있을 때 의식을 절약하며 모은 돈이 다시 바닥나서 결국 봉급을 바라지 않을 수 없게 되었다.

이해에도 졸업생들의 진로는 매우 많았다. 다모쓰도 첫 번째로 『미에일보(三重日報)』의 주필에 지명되었으나 거절했다. 미에현청이 후지타

---

685 메가타 다네타로(目賀田種太郎): 1853-1926, 관료, 정치가, 법학자.
686 하토야마 가즈오(鳩山和夫): 1856-1911, 정치가, 법률가. 중의원 의장을 역임.
687 오바타 도쿠지로(小幡篤次郎): 1842-1905, 교육자, 정치가, 사상가.

모키치[688]에게 돈을 대고 있다는 말을 들었기 때문이다. 두 번째로 히로시마 모 신문 주필은 처음에 맡으려고 했는데, 곧이어 성사된 학교 지위에 마음이 기울어 중도에 협상을 그만두었다.

학교 지위란 아이치중학교 교장이었다. 초빙에 관한 일은 아베 타이조[689]와 상의해서 정하고 다모쓰는 8월 3일에 어머니와 미키를 데리고 도쿄를 떠났다. 제생 야마다 요조는 이때 게이오의숙에 기숙했다.

102

다모쓰는 미카와국 호이군 고후마치에 도착해서 장천사(長泉寺)의 은거처를 빌려 살았다. 그리고 9월 30일에 아이치현중학교 교장에 임명한다는 임면장을 받았다.

다모쓰가 학교에 가 보니 두 가지 시급히 해결해야 할 문제가 앞에 놓여 있었다. 교칙을 만드는 것과 벌칙을 만드는 것이었다. 교칙은 안을 갖추어 문부성에 제출하고 인가를 받아야 했다. 벌칙은 학교장이 직접 만들어서 시행할 수 있었다. 교칙안은 즉시 만들어 제출하고 벌칙은 불문율로 삼고 학생들에게 자력의 덕교(德教)를 가르쳤다. 교칙은 문부성이 쉽게 인가해 주지 않아서 수십 차례 왕복을 거듭했으나 결국 다모쓰가 재직하는 동안에는 제정되지 못했다. 벌칙은 과연 필요하지 않았다. 한 명의 위반자도 나오지 않았기 때문이다.

---

688 후지타 모키치(藤田茂吉): 1852-1892, 신문 기자, 정치가.
689 아베 타이조(阿部泰藏): 1849-1924, 사업가, 관료.

장천사의 은거처는 점차 붐볐다. 처음에 다모쓰는 어머니와 미키 두 명의 가족만 있어서 쓸쓸한 가정을 이뤘지만 기숙을 청하는 학생을 한 명 받아주고 두 명 받아주다 보니 얼마 지나지 않아 하치타 이쿠타로,[690] 이나가키 신코, 시마다 주이치, 오야 진자부로, 스가누마 이와조,[691] 미조베 이키[692] 여섯 명에 달했다. 하치타는 나중에 해군 소장에 이르렀다. 스가누마는 여러 지역의 중학교에서 근무하다가 지금은 하마마쓰에 있다. 가장 기이한 사람은 미조베로, 어느 날 우연히 와서 묵다가 그대로 체류했다. 여름에 겹옷으로 하오리[693]를 입고도 태연히 조금도 부끄러워하지 않고 더위를 타는 모습도 보이지 않았다. 사람들 모두 그가 나가토 출신이라는 것을 알았지만 한 번도 직접 나이를 말한 적이 없기 때문에 그가 몇 살인지 아는 사람이 없었다. 얼핏 보면 다모쓰와 동년배 같았다. 미조베는 나중에 농상무성 임시 직원이 되고 지방관으로 옮겨 도치기현 지사에 이르렀다.

당시 다모쓰는 친구 한 명을 얻었다. 다케다 준페이[694]로, 다모쓰가 고후의 학교에 초빙되었을 때 중간에서 주선해 준 아베 타이조의 형이다. 준페이는 고후에 살며 의업에 종사하고 있었지만 의사로서 이름을 떨친 게 아니라 오히려 정객(政客)으로 알려져 있었다.

전에 준페이는 아이치현 의회 의장이 된 적이 있다. 어느 해 현회가 끝나고 현리와 의원들이 친목 연회를 열었다. 준페이는 평소 현령 구니사다 렌페이의 시설(施設)에 불만이었는데, 연회가 바야흐로 한창일 때

---

690 하치타 이쿠타로(八田郁太郎): 1865-1932.
691 스가누마 이와조(菅沼岩藏): 1866-1944.
692 미조베 이키(溝部惟幾): 1857-1903.
693 주로 방한 목적으로 입었다.
694 다케다 준페이(武田準平): 1838-1882, 의사, 자유민권운동가.

구니사다 앞으로 나아가 술잔을 올리고 "술안주는"이라고 외치며 구니사다에게 등을 돌리고 서서 옷을 치켜올리고 엉덩이를 내보였다고 한다.

다모쓰는 고후에 온 후 준페이와 안면을 텄다. 이윽고 준페이가 형제가 되자고 권했다. 다모쓰는 겸손하게 부자가 되는 게 적당할 것 같다고 했다. 마침내 부자라고 칭하고 술잔을 주고받았다. 준페이는 마흔네 살, 다모쓰는 스물다섯 살이었다.

이때 도쿄에서는 정당들이 앞다투어 일어났다. 개진당이 생기고 자유당이 생기고 또 제정당이 생겼다. 신문에서는 조만간 이들의 결당식이 거행될 거라고 전했다. 준페이와 다모쓰는 고후에서 이렇게 말했다. "도쿄의 정계는 화려하다. 우리처럼 시골에 사는 사람들은 연못을 향해 물고기를 부러워하는 심정을 금할 수 없다. 그러나 큰 것은 이루기 어렵고 작은 것은 이루기 쉽다. 우리들도 등딱지 크기에 맞는 구멍을 파고[695] 하나의 작은 정치 모임을 결성해서 도쿄의 여러 선배들보다 먼저 식을 거행하지 않겠는가." 이 정치 결사 모형은 진취사라고 이름 붙여졌고 다모쓰가 사장, 준페이가 부사장이었다.

103

추사이 사후 제24년은 1882년(메이지15)이다. 1월 2일에 다모쓰의 친구 다케다 준페이가 자객에게 살해당했다. 준페이의 집에는 어머니와

---

695 "게는 자기 등딱지에 맞는 구멍을 판다(蟹は甲羅に似せて穴を掘る)"는 일본 속담. 사람은 자신의 신분이나 역량에 걸맞은 언행을 하거나 그에 맞는 바람을 가진다는 의미.

아내, 딸 한 명이 있었다. 사위 히데조는 도쿄제국대학 의과대학 별과생이었는데, 집에 없었다. 항상 제생과 하인들이 있었지만 모두 신년에 휴가를 얻어 돌아간 상태였다. 이날 집안사람들이 잠자리에 든 후 욕실에서 불이 났다. 유일하게 휴가를 가지 않은 하녀가 놀라 깨서 연기에 뒤덮인 부엌을 보고 창문을 열고 사람들을 불렀다. 욕실은 부엌 바깥에 면해 있었다. 준페이는 하녀의 목소리를 듣고 "무슨 일이야, 무슨 일" 하며 손에 등불을 들고 부엌으로 나왔다. 그때 우비를 입은 한 남자가 어둠 속에서 일어나 준페이에게 다가갔다. 준페이는 등불을 내려놓고 안으로 들어갔다. 우비 차림의 남자가 뒤따라 들어갔다. 준페이는 안쪽 복도에서 덧문을 걷어차고 정원으로 나왔다. 우비 차림의 남자가 또다시 뒤따라 나왔다. 준페이는 몸에 열네 군데 상처를 입고 정원의 노송나무 아래 쓰러졌다. 노송나무는 고목이었는데, 전년 말인 12월 28일 밤에 바람도 불지 않았는데 부러졌다. 준페이는 그것을 보고 신년이 지나 장작으로 패려고 했다. 집안사람들은 노송나무가 나쁜 일을 예언했다고 말했다. 우비 차림의 남자가 누구였는지 또 무슨 이유로 준페이를 죽였는지 끝내 알 수 없었다.

　다모쓰는 소식을 듣고 급히 다케다의 집으로 갔다. 경찰서장 사토 아무개가 있었다. 군장 다케모토 모토스구가 있었다. 순경 여러 명이 있었다. 사토는 이렇게 말했다. "다케다 씨가 진취사 일 때문에 살해당한 것 같습니다. 시부에 씨도 조심하시는 게 좋겠습니다. 당분간 순경 두 명을 붙여 드리겠습니다."

　다모쓰는 그 작은 결사를 이유로 자객이 손을 놀렸다고는 믿을 수 없었다. 그러나 당분간은 사람들의 권유에 따라 순경의 호위를 받았다. 이오는 예의 단도를 손에서 놓지 않고 지니고 있었고 다모쓰에게도 탄환을 장전한 권총을 갖추게 했다. 진취사는 준페이가 죽은 후 아무런 활동도 하지 않고 흩어졌다.

다모쓰는 『요코하마마이니치신문(横浜毎日新聞)』 기고가가 되었다. 『마이니치신문』은 시마다 사부로[696]가 주필로, 『도쿄니치니치신문(東京日々新聞)』의 후쿠치 오우치[697]와 논쟁을 벌이고 있었기 때문에 다모쓰는 시마다를 도와 싸웠다. 주된 논제는 주권론, 보통 선거론 등이었다.

보통 선거론에서는 도야마 쇼이치[698]가 후쿠치를 응원하며 "마이니치 기자는 장님이 뱀을 무서워하지 않는 격[699]"이라고 했다. 시마다가 벤담[700]을 보통 선거론자라고 여긴 것은 무지 때문이며 벤담은 실제로는 제한 선거론자라는 것이다. 그래서 다모쓰는 벤담의 헌법론에서 보통 선거를 찬성하는 문장을 발췌하고 "도야마 선생이야말로 장님이 뱀을 무서워하지 않는 격"이라고 도야마가 한 말을 그대로 흉내내어 복수했다.

이들의 논쟁 후 다모쓰는 시마다 사부로, 누마 슈이치,[701] 고에즈카 류[702] 등에게 눈도장을 찍었다. 나중에 요코하마마이니치신문 사원이 된 것은 이 연고가 있었기 때문이다.

다모쓰는 12월 9일에 학교 휴가를 이용해서 도쿄에 갔다. 실은 고후를 떠나려는 뜻이 있었던 것이다.

---

696 시마다 사부로(島田三郎): 1852-1923, 정치가.
697 후쿠치 오우치(福地櫻痴): 1841-1906, 언론인, 정치가.
698 도야마 쇼이치(外山正一): 1848-1900, 사회학자, 교육자.
699 "장님이 뱀을 무서워할까(盲蛇に怖じず)"란 우리나라 속담 "하룻강아지 범 무서운 줄 모른다"에 해당하는 일본 속담. 무지한 사람은 무모한 일을 아무렇지 않게 저지른다는 의미.
700 벤담(J. Bentham): 1748-1832, 공리주의를 주창한 영국의 사상가.
701 누마 슈이치(沼間守一): 1843-1890, 정치가, 신문 기자.
702 고에즈카 류(肥塚龍): 1851-1920, 신문 기자, 중의원 의원, 사업가.

이해 야지마 유타카는 삿포로에 있었고 9월 15일에 시부에 집안 호적으로 돌아왔다. 10월 23일에 아내 초가 죽었다. 향년 34세였다.

야마다 오사무는 이해 1월 공부(工部)기사에 임명되고 니혼바시 전신국, 도쿄부청 전신국 등에서 근무했다.

104

추사이 사후 제25년은 1883년(메이지16)이다. 다모쓰는 전년 말에 도쿄로 와서 임시로 시바타마치 1정목 12번지에 살았다. 아이치현청에 사표를 제출하고 도쿄에서 직업을 구했다. 다모쓰는 먼저 직업을 구하고 이어서 파면 통보를 접했다. 1월 11일에는 공옥사 교사, 25일에는 게이오의숙 교사가 되고 오전에는 게이오의숙, 오후에는 공옥사에 가게 되었다. 공옥사는 사장이 곤도 마코토, 간사가 후지타 히소무였고 학생들 중에는 나중에 해군 소장이 된 히데시마 아무개, 해군 대령이 된 가사마 초쿠 등이 있었다. 게이오의숙은 사두(社頭)가 후쿠자와 유키치, 부사두가 오바타 도쿠지로, 교장이 하마노 사다시로[703]였고 교사 중에는 가도노 이쿠노신,[704] 가마다 에이키치[705] 등이 있었고 학생 중에는 이케베 기치타로,[706]

---

703 하마노 사다시로(浜野定四郎): 1845-1909, 교육자, 영어학자, 번역가.
704 가도노 이쿠노신(門野幾之進): 1856-1938, 사업가.
705 가마다 에이키치(鎌田榮吉): 1857-1934, 관료, 정치가.
706 이케베 기치타로(池辺吉太郎): 1864-1912, 언론인.

가도노 주쿠로,[707] 와다 도요지,[708] 히비 오스케,[709] 이부키 라이타[710] 등이 있었다. 아이치현중학교 교장에서 해임한다는 사령이 2월 14일부로 발표되었다. 다모쓰는 시바 가라스모리정 1번지에 집을 빌리고 4월 5일에 고후에서 돌아온 어머니와 미키를 맞이했다.

가쓰히사는 아이오이정 집에서 나가우타를 가르쳤고 야마다 오사무는 그 집에서 부청 전신국에 통근했다. 그러던 중 유타카가 개척사직을 그만두고 삿포로에서 돌아온 게 8월 10일이었다. 유타카는 아내가 죽고 혼자가 되었기 때문에 가쓰히사를 설득해서 스승일을 그만두고 집안 살림을 맡게 했다.

8월 중 일이었다. 다모쓰는 손님을 피해 『요코하마마이니치신문』에 기고할 글을 쓰기 위해 일주일 정도 야나기시마의 호아시 겐조라는 사람 집에 머물고 있었다. 가라스모리정 집에는 미키를 남겨두어서 어머니를 모시게 하고 동시에 유타카와 오사무, 가쓰히사 세 명에게 번갈아가며 어머니의 안부를 묻게 했다. 그런데 어느 날 밤 미키가 호아시 집으로 찾아와서 어머니가 병이 난 듯 아무것도 먹지 않는다고 전했다.

다모쓰가 집에 돌아와 보니 이오는 잠자리를 펴고 자고 있었다. "다녀왔습니다"라고 다모쓰가 말했다.

"어서오렴." 이오가 미소 지었다.

"어머니, 아무것도 드시지 않는다면서요. 저는 더워서 견딜 수 없으니 빙수를 먹겠습니다."

---

707 가도노 주쿠로(門野重九郎): 1867-1958, 사업가.
708 와다 도요지(和田豊治): 1861-1924, 사업가.
709 히비 오스케(日比翁助): 1860-1931, 사업가.
710 이부키 라이타(伊吹雷太): 1863-1938, 사업가.

"그러면 그 김에 내 것도 가져다 주렴." 이오는 빙수를 먹었다.

다음 날 아침 다모쓰가 "저는 오늘 아침은 날계란으로 하겠습니다"라고 했다.

"그러니, 그러면 나도 먹어 보자." 이오는 날계란을 먹었다.

점심이 되고 다모쓰가 말했다. "오늘은 오랜만에 생전복 요리를 준비해서 술을 좀 마시고 밥을 먹겠습니다."

"그러면 나도 좀 마시자." 이오는 회를 안주 삼아서 술을 마셨다. 그때는 이미 평소 같이 일어나 앉아 있었다.

밤이 되고 다모쓰가 말했다. "저녁이 되었는데도 이렇게 바람이 조금도 불지 않아서야 정말로 견딜 수 없네요. 지금부터 끓인 소금물로 목욕을 하고 호수에 들러 시원한 바람을 쐬고 오겠습니다."

"그러면 나도 갈게."

이오는 마침내 소금물 목욕을 하고 호수에서 먹고 마셨다. 이오는 다모쓰가 오랫동안 돌아오지 않아서 음식을 먹지 않게 되었다. 이오는 딸 중에서는 토를 사랑했고 아들 중에서는 다모쓰를 사랑했다. 전에 히로사키에서 집을 지키며 다모쓰를 도쿄로 보낸 것은 결심한 다음의 일이었다. 그래서 능히 1년 남짓 견뎠다. 반면 돌아와야 하는데 돌아오지 않는 다모쓰를 날마다 기다리는 것은 이오에게 힘든 일이었다. 이때 이오는 예순여덟 살, 다모쓰는 스물일곱 살이었다.

105

이해 12월 2일에 유타카가 혼조 아이오이정 집에서 죽었다. 유타카는 직을 그만둘 때부터 심장에 이상이 있어서 도쿄에 돌아와 기요카와 겐도[711]에게 치료를 받고 있었는데, 실내에 조용히 앉아 있으면 별로 아프지 않았다. 사망 당일에는 아침부터 글을 쓰고 있었고 정오 무렵 "아, 피곤하다"라며 반듯이 누웠다가 그대로 일어나지 못했다. 오카니시 도쿠가 낳은 추사이의 차남은 이렇게 해서 세상을 떠난 것이다. 유타카는 마흔아홉 살이었다. 자식은 없었다. 유해는 감응사에 묻혔다.

유타카는 탕자였다. 그러나 나중에 관직에 몸을 두고 난 뒤에는 낮은 관직에 있었음에도 불구하고 상당한 재능을 드러냈다. 유타카는 인정이 두터웠다. 그의 은혜를 입은 친척과 친구들이 매우 많았다. 유타카는 필적이 좋았다. 그의 글씨에는 고지마 세이사이의 분위기가 있었다. 그 밖에도 연극에 관한 것은 이 사람이 가장 정통한 분야였다. 신문의 연극평 같은 것은 모리 키엥과 유타카를 개척자 가운데 넣어야 할 것이다. 1916년(다이쇼5)에 진서간행회에서 공개한 『극계진화(劇界珍話)』[712]는 히초[713]라는 이름이 서명되어 있는데, 유타카의 미완성 원고다.

추사이 사후 제26년은 1884년(메이지17)이다. 2월 14일에 이오가 가라스모리 집에서 죽었다. 향년 69세였다.

이오는 평소 병에 걸리는 일이 적었다. 추사이가 죽은 후 눈병에 한 번 걸렸고 가끔 급경련통을 앓은 정도였다. 특히 1876년(메이지9)에 환갑

---

711 기요카와 겐도(清川玄道): 1838-1886, 한방의.
712 이시즈카 주베에의 연극담을 기록한 것.
713 히초(飛蝶): 나비가 난다는 뜻.

을 맞은 후에는 거의 병이 없었다. 그런데 전년 8월에 다모쓰가 집에 돌아오지 않는 것을 걱정하여 절식한 때부터 몸과 마음에 이상한 조짐이 있었다. 자식들은 걱정했다. 그러나 새해가 되고 이오의 건강 상태는 좋아졌다. 다모쓰는 2월 9일 밤 어머니가 튀김 메밀국수를 먹고 고타쓰[714]에 앉아서 역사 이야기를 하며 밤이 깊어가던 것을 기억했다. 또 다음날인 10일에도 점심식사로 메밀국수를 먹은 것을 기억했다. 오후 3시경 이오는 담배를 사러 나갔다. 이삼 년 전부터는 자식들의 간언을 받아들여서 혼자 문밖에 나가지 않기로 했지만, 당시 집에서 담배 가게 가는 길은 가라스모리 신사 경내에 있어서 차도 다니지 않았기 때문에 담배를 사러 갈 때만은 혼자서 갔다. 다모쓰는 자기 방에서 글을 읽고 있어서 알지 못했다. 잠시 후 이오는 담배를 사 가지고 돌아와 다모쓰의 등 뒤에 서서 이야기하기 시작했다. 다모쓰는 글을 읽으면서 대답했다. 처음으로 독일어를 배울 무렵이었는데, 읽고 있던 책은 쉐펠의 문법책이었다. 다모쓰는 어머니의 숨이 가빠지고 있음을 알아차리고 "어머니, 호흡이 몹시 촉박하시네요"라고 말했다.

"아, 나이 탓이겠지. 조금만 걸어도 숨이 차서 말이야." 이렇게 말하면서도 이오는 여전히 이야기를 멈추지 않았다.

잠시 뒤 이오가 갑자기 입을 다물었다.

"어머니, 무슨 일 있으세요?" 다모쓰는 뒤돌아보았다.

이오는 화로 앞에 앉아 고개를 약간 숙이고 있었는데, 다모쓰는 그 자세가 평소와 다르다는 것을 깨닫고 급히 일어나 곁으로 가서 얼굴을 들여다 보았다.

---

714 고타쓰(炬燵): 열원 위에 틀을 놓고 그 위로 이불을 덮은 일본식 난방 기구.

이오의 눈은 앞만 보고 있었고 입가에서는 침이 흐르고 있었다.

다모쓰는 "어머니, 어머니!" 하고 불렀다.

이오는 "아아" 한 마디 소리로 대답했는데, 인사불성 같았다.

다모쓰는 이부자리를 깔고 어머니를 누인 뒤 직접 의사에게 달려갔다.

106

시부에 일가가 살고 있던 가라스모리 집에서는 존세이도라는 마쓰야마 도안[715]의 출장소가 가장 가까웠다. 출장소에는 가타쿠라 아무개라는 의사가 살고 있었다. 다모쓰는 존세이도로 달려가 가타쿠라를 데리고 집에 돌아왔다. 존세이도에서는 마쓰야마의 출장도 요청해 두었다.

가타쿠라가 한 차례 처치를 하고 있을 때 마쓰야마가 왔다. 마쓰야마는 진찰한 뒤 말했다. "뇌졸중으로 오른쪽 반신이 마비되었습니다. 출혈 부위가 중요 부위고 출혈량도 많아서 회복 가망이 없습니다."

다모쓰는 그 말을 믿고 싶지 않았다. 잠시 허공을 보고 있던 어머니가 지금은 사람의 얼굴에 주목하고 사람이 떠나면 보이지 않을 때까지 바라본다. 머리맡에 놓인 손수건을 왼손에 쥐고 접었다. 다모쓰가 곁에 다가갈 때마다 왼손으로 다모쓰의 가슴을 쓰다듬었다.

다모쓰는 다시 인도 겐토쿠[716]를 불러서 진찰하게 했다. 그러나 소견

---

715 마쓰야마 도안(松山棟庵): 1839-1919, 의사.
716 인도 겐토쿠(印東玄得): 1850-1895, 의사.

은 마쓰야마와 마찬가지로 이 이상 치료 방법이 없다고 했다.

이오는 마침내 14일 오전 7시에 숨을 거두었다.

이오의 말년 생활은 날마다 인쇄한 것처럼 똑같았다. 혹한기를 제외하고 아침 5시에 일어나 청소를 하고 세수를 하고 불단에 참배하고 6시에 아침을 먹었다. 다음으로 신문을 읽고 잠시 독서를 했다. 그 후 점심 준비를 하고 정오에 점심을 먹었다. 오후에는 바느질을 하고 4시쯤 하녀를 데리고 집을 나섰다. 산책 겸 장을 보는 것이다. 생선과 채소도 대체로 이때 샀다. 저녁 식사는 7시였다. 식사를 마치면 일기를 썼다. 그리고 다시 독서를 했다. 싫증이 나면 다모쓰를 불러서 바둑을 두는 경우도 있었다. 잠자리에 드는 것은 10시였다.

이틀에 한 번 목욕하고 매주 월요일에 머리를 감았다. 절에는 매달 한 번 참배했는데, 부모님과 남편의 기일에는 별도로 참배했다. 가계는 추사이가 살아 있을 때부터 직접 맡아서 죽을 때까지 그만두지 않았다. 그 절약에 대한 대비는 놀라울 만한 것이었다.

이오가 만년에 읽은 책에는 신간 역사서, 지리서 종류가 많았다. 『병요일본지리소지(兵要日本地理小志)』[717]는 그 문장이 간결하고 좋다고 해서 늘 곁에 두었다.

기이한 것은 이오가 육십이 넘어 영문을 읽기 시작했다는 것이다. 이오는 아주 일찍부터 서양의 학술에 관심을 기울였다. 그 시기를 생각하면 추사이가 아사카 곤사이의 책을 읽고 서양을 안 것보다도 빨랐다. 이오가 아직 친정에 있을 때, 어느 날 오빠 에이지로가 스시큐[718]에게 이상한 말

---

[717] 일본 각지의 지리, 기후, 풍속 등을 기술한 책.
[718] 야마노우치 집안에 드나들던 초밥 가게 주인 큐지로인 것 같다.

을 하는 것을 들었다. "인간은 밤에 거꾸로 되어 있다" 운운한 것이다. 이오는 의아하게 여겨 스시큐가 떠난 뒤 오빠에게 묻고 처음으로 지동설에 대한 강의를 들었다. 그 후 오빠의 책상 위에 『기해관란(氣海觀瀾)』[719]과 『지리전지(地理全志)』[720]가 있는 것을 보고 가져와서 읽었다.

추사이에게 시집온 후 어느 날 추사이가 "천장에 파리가 똥을 싸서 아무래도 곤란하단 말이야"라고 했다. 이것을 듣고 이오가 말했다. "인간도 밤에는 파리가 천장에 붙어 있는 것처럼 되어 있다고 하지요." 추사이는 아내가 지동설을 알고 있다는 사실에 놀랐다고 한다.

이오는 한문이나 일본어로 번역된 서양 학설을 읽고 만족하지 못하여 마침내 다모쓰에게 철자를 배우고, 얼마 지나지 않아 윌슨의 독본(讀本)으로 옮겨갔다. 그리고 1년 정도 지나 팔리의 『만국사(萬國史)』,[721] 퀴켄보스의 『미국사』, 포셋 부인[722]의 『경제론(經濟論)』 등을 듬성듬성 읽게 되었다.

이오가 추사이에게 시집갔을 때 혼인을 요청한 사람은 추사이지만 그 과정에는 어떤 비밀이 숨겨져 있다고 한다. 추사이가 혼인을 요청하게 된 것은 아베 가문의 의사인 이시카와 데이하쿠가 권했기 때문이고 이시카와 데이하쿠에게 그렇게 권유하도록 만든 사람은 이오 자신이었다는 것이다.

---

719 일본 최초의 물리학 책.
720 영국의 윌리엄 머헤드(William Mulrhead, 1822-1900)가 저술한 지리 개설서.
721 피터 팔리라는 필명으로 알려진 미국의 사무엘 굿리치(Samuel Griswold Goodrich, 1793-1860)가 저술한 역사서. 당시 세계사 교과서로 널리 사용되었다.
722 밀리센트 포셋(Dame Millicent Garrett Fawcett): 1847-1929, 영국의 정치운동가, 작가, 페미니스트.

107

이시카와 데이하쿠는 원래 이름이 이소노 가쓰고로였다. 언제 일이 있었는지 아베 가문의 무구(武具)를 담당하던 가쓰고로의 아버지는 동료가 주가의 갑옷과 투구를 전당 잡혀 해고되었다. 그때 가쓰고로는 전부터 의술을 이사와 신켄에게 배우고 있었기 때문에 곧바로 성명을 바꾸고 삭발하여 의업으로 생계를 세웠다.

데이하쿠는 시부에 집안에도 왕래하고 야마노우치 집안에도 왕래하여 추사이도 알고 이오도 알았다. 1844년(고카1)에는 이오의 오빠 에이지로가 요시와라의 창녀 하마테루를 찾아다니다가 마침내 아내로 맞이하기에 이르렀다. 그때 데이하쿠는 하마테루가 기적에서 몸을 빼내는 상담 상대가 되어 주었고 양부모가 되는 것까지 승낙했다. 당시 오빠의 처사를 달갑지 않게 여겼던 이오가 평소 데이하쿠를 곱지 않은 시선으로 바라보았음은 충분히 상상할 수 있다.

어느 날 이오가 심부름꾼을 보내 데이하쿠를 불렀다. 데이하쿠는 주뼛주뼛 히노야의 문턱을 넘었다. 오빠의 비행을 거들고 있기 때문에 여동생에게 꾸짖음을 당하지 않을까 두려웠던 것이다.

그런데 데이하쿠를 맞이한 이오에게는 평소와 같은 기운이 없었다. "데이하쿠 씨, 오늘은 부탁드리고 싶은 일이 있어서 모셨습니다"라며 태도가 여느 때와 달리 겸손하고 정중했다.

무슨 일인지 묻자 추사이의 아내가 돌아가신 자리에 자신을 소개해 주지 않겠느냐는 것이었다. 데이하쿠는 뜻밖이라서 놀랐다.

전에 히노야에서는 이오에게 데릴사위를 얻게 하려는 논의가 있었고 데이하쿠도 이를 알았다. 사위로 점찍어진 사람은 우에노 히로코지의 포목점 이토 마쓰자카야의 고참 지배인으로, 나이는 서른둘셋이었다. 에이지로는 여동생이 자신들 부부를 못마땅하게 여기는 것을 보고 여동생에게 데릴사위를 얻어 히노야의 가게를 양보하고 자신은 하마테루와 함께 은거하려고 했다.

사위로 지목된 지배인 아무개와 이오라면 옆에서 봐도 좋은 짝이었다. 이오는 스물아홉 살이었지만 얼핏 보면 스물네다섯 살로밖에 보이지 않았다. 그런데 추사이는 이미 마흔 살이었다. 데이하쿠는 이오의 뜻을 파악하는 데 고생했다.

그래서 이오에게 따져 물으니 이오는 그저 학문이 있는 남편을 가지고 싶다고 대답했다. 그 말에는 일리가 있었다. 그러나 데이하쿠는 아직 이오의 의중을 다 읽을 수 없었다.

이오는 데이하쿠의 기색을 보고 이렇게 덧붙였다. "저는 데릴사위를 얻어서 이 집을 양보받고 싶지는 않습니다. 그보다는 시부에 씨 댁으로 가서 그분께 히노야의 뒤를 봐 달라고 부탁드리고 싶습니다."

데이하쿠는 무릎을 쳤다. "그렇군요, 그런 생각이십니까. 좋습니다. 전부 제가 맡겠습니다."

데이하쿠는 이오의 깊은 생각과 원대한 계획에 참으로 놀랐다. 이오의 오빠 에이지로도 언니 야스의 남편 소에몬도 쇼헤이코에서 공부한 남자들이었다. 만약 이오가 평범한 상인을 남편으로 맞는다면 이오의 의지는 야마노우치 집안에서도 나가오 집안에서도 업신여겨질 것이다. 반면 이오가 추사이의 아내가 된다면 에이지로도 소에몬도 이오 앞에 고개를 숙이지 않을 수 없다. 이오는 친정을 위해서 적은 노력으로 많은 공을 얻으려고 했던 것이다. 한편 오빠가 당연히 가져야 할 재산을 여동생으로서 양보받는 것은 바람직하지 않다. 만약 그렇게 하면 오빠가 은거 중에 무슨 일을 하든 간섭할 수 없을 것이다. 영원히 오빠를 덕으로 여기며 오빠가 하는 대로 맡겨 두지 않을 수 없을 것이다. 이오는 이 같은 처지에 몸을 두고 싶지 않았다. 이오는 떳떳이 이 집을 떠나 시부에 집안에 가서 시부에 집안의 힘을 빌려 이 집을 감독하고자 했다.

데이하쿠는 곧장 추사이를 찾아가 이오의 바람을 전하고 자신도 말을 덧붙여 추사이를 설득했다. 이오의 혼인은 이렇게 해서 성사되었다.

108

다모쓰는 이해 6월 『요코하마마이니치신문』 편집 위원이 되었다. 이때까지는 신문사와 그저 기고자로서의 관계만 가지고 있었다. 당시 사장은 누마 슈이치, 주필은 시마다 사부로, 회계 담당은 하타노 덴자부로[723]라는 면면이었고 편집 위원에는 고에즈카 류, 아오키 다다스,[724] 마루야마 메이세이,[725] 아라이 다이지[726] 등이 있었다. 또 야노 지로,[727] 쓰노다 신페이,[728] 다카나시 데쓰시로,[729] 오카 이쿠조[730] 등은 회사 동료였다. 8월에 다모쓰는 공옥사를 그만두었다. 9월 1일에는 집을 시바 사쿠라가와정 18번지로 옮겼다.

723 하타노 덴자부로(波多野傳三郎): 1856-1907, 정치가, 교육자, 경영자, 사업가.
724 아오키 다다스(青木匡): 1856-?, 정치가.
725 마루야마 메이세이(丸山名政): 1857-1922, 정치가, 사업가.
726 아라이 다이지(荒井泰治): 1861-1927, 사업가, 정치가.
727 야노 지로(矢野次郎): 1845-1906, 외교관, 교육자, 사업가.
728 쓰노다 신페이(角田眞平): 1857-1919, 정치가, 배우.
729 다카나시 데쓰시로(高梨哲四郎): 1856-1923, 중의원 의원.
730 오카 이쿠조(大岡育造): 1856-1928, 변호사, 정치가.

오사무는 이해 12월 공부기사를 그만두었다.

미키는 이해 야마노우치 가문을 잇고 시바 신센자정에 집을 마련했다.

추사이 사후 제27년은 1885년(메이지18)이다. 다모쓰는 신문사의 여러 용무를 처리하기 위해 자주 여행을 떠났다. 10월 10일에 여행에서 돌아와 보니 모리 키엥이 5일에 보낸 편지가 책상 위에 놓여 있었다. 면담하고 싶은 일이 있는데 언제 가면 만날 수 있느냐는 내용이었다. 다모쓰는 11일 아침에 키엥을 찾아갔다. 키엥은 당시 교바시구 미즈타니정 9번지에 살았고 가족은 며느리 오쓰키 요와 손녀 코 두 사람이었다. 후계자인 요신은 아버지보다 먼저 죽었고 코의 여동생 류는 이미 시집간 상태였다.

키엥은 『요코하마마이니치신문』의 연극란을 담당하고 싶어서 다모쓰에게 소개를 부탁했다. 이보다 전에 가리야 에키사이의 『왜명초전주(倭名鈔箋註)』[731]가 인쇄국에서 간행되고 또 『경적방고지』가 청나라 공사관에서 간행되었는데, 키엥이 이들 사업을 담당했기 때문에 그의 집은 옛날처럼 가난하지 않았다. 그러나 이해 1월 대장성 직을 그만두고 월급을 받지 못하게 되면서 다시 기자가 되려고 했던 것이다.

다모쓰는 키엥의 요청에 응해 신문사에 소개하고 두세 편의 글을 제출하고 12일에 다시 회사 용무차 도오토우미국 하마마쓰로 갔다. 그런데 용무는 한 곳에서 완수할 수 없었기 때문에 이누이에 갔다가 가케즈카에서 증기선 도요카와마루를 타고 귀경길에 올랐다. 항해 중 폭풍을 만나 시모다에 체류하고 12월 16일에 겨우 집에 돌아왔다.

---

731 헤이안시대 중기에 미나모토노 시타고(源順)가 편찬한 『왜명유취초(倭名類聚抄)』의 주역서.

책상 위에는 다시 모리의 편지가 있었다. 그러나 이것은 키엥의 자필 편지가 아니라 그의 부고였다.

모리 키엥은 12월 6일에 미즈타니정 집에서 죽었다. 향년 79세였다. 키엥의 임종에 다다라 이사와 메구무가 머리맡에서 시중을 들었다고 한다. 인쇄국은 전년의 공로를 잊지 않고 장송(葬送) 도중에 관을 관청 앞에 멈추게 하고 인쇄국 직원이 모두 나와서 예배를 드렸다. 키엥은 오토와에 있는 동운사(洞雲寺)의 선영에 묻혔는데, 이 절은 1913년(다이쇼2) 8월에 스가모무라 이케부쿠로 마루야마 1605번지로 이전했다. 이케부쿠로 정거장에서 서쪽으로 약 10정[732] 거리로, 부립사범학교 북서쪽, 상운사(祥雲寺) 옆에 있다. 나는 동운사가 이전된 곳을 방문하지 못하고 이것을 오쓰키 후미히코에게 물어서 처음으로 알게 되었다. 이 절에는 키엥의 6세 조상부터의 묘가 나란히 있다. 내가 참배했을 때는 손녀 코와 오쓰키 후미히코의 이름이 적힌 새로운 솔도파[733]가 세워져 있었다.

키엥의 뒤는 아들 요신의 장녀인 코가 이어받았다. 코는 여류 화가로, 현재 아사쿠사 나가스미정의 우에다 마사지로라는 사람 집에 산다. 코의 여동생인 류는 전에 기궐씨[734]인 아무개에게 시집갔다가 미망인이 된 후 아사쿠사 쇼덴 골목에 있는 기독교 교회당의 관리인이 되었다. 기독교 신자였다.

다모쓰는 키엥의 부고를 받은 후 병 때문에 신문 기자 일을 그만두고 도오토우미국 스치군 이누이무라 149번지로 이주했다. 다모쓰는 병 때문

---

732 정(町): 거리 단위. 1정은 약 109m.
733 솔도파(卒堵婆): 죽은 사람의 공양, 추선을 위해 범자(梵字)나 경문 구절 등을 적어 묘지에 세운 위가 탑처럼 뾰족하고 갸름한 나무 판자.
734 기궐씨(剞劂氏): 인쇄할 목적으로 나무 판에 글자를 전문적으로 새기는 사람.

에 가끔 쓰러지는 일이 있었기 때문에 마쓰야마 도안의 권유에 따라 도회지를 떠난 것이다.

109

추사이 사후 제28년은 1886년(메이지19)이다. 다모쓰는 시즈오카 안자이 1정목 미나미우라마치 15번지로 이주했다. 사립시즈오카영어학교 교감이 되었기 때문이다. 학교 경영자는 후지나미 진스케[735]라는 사람이었고 고용된 외국인으로는 캐시디 부부, 캐싱 부인 등이 있었다. 당시 학생 중에 지금 이름이 알려진 사람은 야마지 아이잔[736]이다. 통칭은 야키치, 아사쿠사 훗타하라에 살다가 나중에 도리고에 거주한 막부 천문방[737] 야마지 집안의 후손으로, 1864년(겐지1)에 태어났다. 이해 스물세 살이었다.

10월 15일에 다모쓰는 구(舊)막부 출신으로 시즈오카현 사족인 사노 쓰네사부로의 딸 마쓰를 아내로 맞이했다. 호적명은 이치였다. 다모쓰는 서른 살, 1869년(메이지2) 정월 16일생인 마쓰는 열여덟 살이었다.

오노 후코쿠의 아들 도에쓰가 이해 8월 콜레라에 걸려 죽었다. 도에쓰는 1836년(덴포7) 8월 초하루에 태어났다. 경서를 하기와라 라쿠테이[738]에게, 서법을 히라이 토도에게, 의술을 다키 사이테이와 이사와 하

---

735 후지나미 진스케(藤波甚助): 1850-1917, 정치가, 교육자.
736 야마지 아이잔(山路愛山): 1864-1917, 평론가, 역사학자.
737 천문방(天文方): 에도막부의 직명. 천문, 역법, 지리지, 측량, 양서 번역 등을 담당.
738 하기와라 라쿠테이(萩原樂亭): 1792-1831, 유학자.

쿠켄에게 배웠다. 아버지와 함께 섬기며 오모테이시 오쿠도오리에 이르렀다. 1870년(메이지3)에 히로사키에서 번학 소학 교수에 임명되고 같은 해에 가독 상속을 했다. 소학 교수란 소독(素讀) 스승을 말한다. 다모쓰가 조교수가 된 곳은 번학 유학부고 도에쓰가 소학 교수가 된 곳은 의학부였다. 도에쓰도 조부를 닮아서 재산 증식에 능했지만 평생 주로 조상들이 이루어 놓은 것을 지키는 데 전념했다. 그런데 1878년(메이지11)에서 1879년(메이지12)으로 바뀔 무렵, 도에쓰가 마쓰다 도후 밑에서 가나자와재판소 서기를 하고 있을 때 부재 중에 아내가 도쿄에서 투기로 많은 돈을 잃었다. 그 후 도에쓰는 다모쓰가 시게노 세이사이[739]에게 소개해서 수사국[740] 임시 직원이 될 수 있었다. 아들인 미치타로는 시사신보사에서 문선[741]을 했는데, 아버지보다 먼저 죽었다.

세키 신파치도 이해 11월 28일에 죽었다. 향년 48세였다.

추사이 사후 제29년은 1887년(메이지20)이다. 다모쓰는 1월 27일에 시즈오카에서 발행하는 『동해교쇼신보(東海曉鐘新報)』 주필이 되었다. 영어학교 직은 그대로였다. 『교쇼신보』는 자유당 기관으로, 마에지마 도요타로[742]라는 사람이 사주(社主)였다. 5년 전에 금옥[743] 3년, 벌금 900엔을 선고받고 세상의 이목을 놀라게 한 사람인데, 1835년(덴포6)생이기 때문에 쉰세 살이었다. 다음으로 다모쓰는 7월 1일에 시즈오카고등영화학교에 초빙되고 9월 15일에 다시 시즈오카문무관(文武館) 위촉을 받아 학

739　시게노 세이사이(重野成齋): 시게노 야스쓰구(重野安繹), 1827-1910, 역사학자, 한학자.
740　수사국(修史局): 메이지 초기에 설치된 정부의 역사 편찬소.
741　문선(文選): 활판 인쇄에서 원고 내용대로 활자를 골라 뽑는 일.
742　마에지마 도요타로(前島豊太郎): 1835-1900, 변호사, 자유민권운동가.
743　금옥(禁獄): 감옥에 가두는 형벌로 중죄에 부과하던 형.

생들에게 영어를 가르쳤다.

추사이 사후 제30년은 1888년(메이지21)이다. 1월에『동해교쇼신보』는 제목을 변경하여 '동해' 두 글자를 삭제했다. 같은 달에 나카에 초민[744]이 시즈오카를 지나면서 다모쓰를 방문했다. 초민은 전년 말에 보안조례[745]에 따라 도쿄에서 추방되고 오사카의 시노노메신문사 초빙에 응해 서쪽으로 내려가는 길에 시즈오카에 온 것이다. 6월 30일에 다모쓰의 장남 산키치가 태어났다. 8월 10일에 사립 시부에 강습소를 다카조마치 2정목에 설립하는 것을 인가받았다.

오사무는 7월에 도쿄에서 다모쓰의 집으로 와서 시즈오카경찰서 내 순경강습소 영어 교사에 위촉되고 이어서 다모쓰와 함께 시부에 강습소를 세웠다. 이보다 전에 오사무는 시부에 집안 호적으로 돌아왔다.

오사무는 시부에 강습소가 설립될 때 아내 사다를 맞이했다. 사다는 시즈오카 사람인 후쿠시마 다케지로의 장녀로, 현하 스루가국 아베군 도요다무라 마가리가네의 재산가인 운노 주사쿠가 임시 딸로 삼았다. 오사무는 서른다섯 살, 1869년(메이지2) 8월 9일생인 사다는 스무 살이었다.

이해 9월 15일에 다모쓰의 집에 익명의 편지가 도착했다. 날을 기약해서 결투를 요구하는 편지였다. 그 문체와 서풍이 장난이라고 보이지 않았기 때문에 다모쓰는 어느 정도 마음의 준비를 하고 기다렸다. 시즈오카 시중에서는 이 일을 전해 듣고 여러 가지 소문이 나돌았다. 그날이 되자

---

744 나카에 초민(中江兆民): 1847-1901, 사상가. 인민주권론을 주장하고 자유민권운동을 추진.

745 보안조례(保安条例): 1887년에 일본 정부가 자유민권운동을 탄압하기 위해 정한 법령. 치안을 어지럽힐 우려가 있을 경우 황궁에서 3리(12km) 이상 떨어진 곳으로 이송하고 3년 이내에 돌아올 수 없다는 규정이 있었다. 1898년에 폐지.

이른 아침에 마에다 고몬이 다모쓰의 집에 와서 돕겠다고 했다. 고몬은 원래 고자에몬이라고 했고 세록 572석을 받는 시타야 아타라시바시 옆에 사는 구(舊)막부 출신이었다. 1882년(메이지15)에 다모쓰가 미카와국 고후를 떠나 도쿄로 오려고 할 때 고몬은 친목회에서 다모쓰와 안면을 텄다. 처음에는 『칸유일보(函右日報)』 사주였고 지금은 『다이무신문(大務新聞)』 고문이다. 다모쓰는 고몬과 함께 하루 종일 익명의 적을 기다렸지만 적은 끝내 나타나지 않았다. 고몬은 1905년(메이지38) 2월 23일에 죽었다. 1835년(덴포6)생이기 때문에 향년 71세였다.

110

추사이 사후 제31년은 1889년(메이지22)이다. 1월 8일에 다모쓰는 도쿄 하쿠분칸의 요청에 응해 이력서와 사진, 원고를 인편에 부쳤다. 이것이 다모쓰가 이 서점을 위해 저술을 하게 된 계기가 되었다. 교섭이 차차 진행되면서 다모쓰는 점차로 교쇼신보사에서 멀어지고 하쿠분칸에 가까워졌다. 그리고 12월 27일에 신보사에 연말을 기다렸다가 주필을 그만두겠다고 통보했다. 그러나 신보사는 다모쓰에게 퇴사 후에도 계속 사설을 써 달라고 요청했다.

오사무의 적자 슈키치가 이해 12월 1일 다카조마치 2정목에 있는 시부에 강습소에서 태어났다. 즉 지금 도안가로 활동하고 있는 시부에 슈키치다.

추사이 사후 제32년은 1890년(메이지23)이다. 다모쓰는 3월 3일에 시즈오카에서 도쿄로 와서 고지마치 유라쿠정 2정목 2번지에 있는 다케노야[746]에 임시로 거처했다. 시즈오카를 떠날 즈음 시부에 강습소를 닫고 영어학교와 영화학교, 문무관 세 학교도 그만두었다. 다만 『교쇼신보』 사설은 도쿄에서도 계속 쓰기로 약속했다. 도쿄에 온 후 3월 26일부터 하루 분칸을 위한 저작, 번역 원고를 쓰기 시작했다. 7월 18일에 다모쓰는 간다 나카사루가쿠정 5번지에 있는 도요타 슌가의 집으로 거처를 옮겼다.

다모쓰 집에는 장녀 후쿠가 1월 30일에 태어나서 2월 17일에 요절했다. 7월 11일에는 장남 산키치가 세 살로 죽었다. 감응사의 묘에 새겨져 있는 "지운동자(智運童子)"가 바로 산키치다.

오사무는 이해 5월 29일 혼자 도쿄로 와서 6월에 이다마치에 있는 보습학회와 간다 사루가쿠정 유슈학교 영어 교사가 되었다. 아내와 아들은 7월에 도쿄로 왔다. 12월에 철도청 제2부 임시 직원이 되고 도오토우미국 이와타군 후쿠로이역에서 근무하게 되었기 때문에 다시 온 가족이 도쿄를 떠났다.

1891년(메이지24)에는 다모쓰가 새로운 거처를 간다 나카사루가쿠정 5번지로 정하고 7월 17일에 착공해서 10월 1일에 완공했다. 오사무는 쓰루가국 슨토군 사노역의 부역장으로 자리를 옮겼다. 추사이 사후 제33년이다.

1892년(메이지25)에는 다모쓰의 차남 시게지가 2월 18일에 태어나서 9월 23일에 요절했다. 감응사의 묘에 "시교동자(示教童子)"로 새겨져 있다. 오사무는 7월에 철도청에 해임을 요청하고 도쿄로 와서 시바 아타

---

746 다케노야(竹の舎): 다케노야는 메이지시대 작가이자 연극 평론가인 아에바 고손(饗庭篁村)의 별호. 여기서는 아에바 고손의 집을 가리키는 것으로 보인다.

고시타정에 거주하고 교바시 니시콘야정에 있는 슈에이샤⁷⁴⁷의 한자 교정 담당이 되었다. 오사무의 차남 유키하루가 태어났다. 추사이 사후 제34년이다.

1893년(메이지26)에는 다모쓰의 차녀 후유가 12월 21일에 태어났다. 오사무가 이해부터 하이쿠를 짓기 시작했다. "가죽으로 만든 버선 사십에 발을 들여놓았도다"⁷⁴⁸라는 구절이 있다.

1894년(메이지27)에는 오사무의 차남 유키하루가 4월 13일에 세 살로 죽었다. 쿠가가 12월에 혼조 마쓰이정 3정목 4번지에 있는 후쿠시마 아무개의 땅에 새로 집을 지었다. 즉 현재 거주지다. 나가우타 스승으로서 이 사람의 경력은 한때 유타카 때문에 좌절됐지만 그 후 계속 이어져 오늘날에 이르고 있다. 곧 더 자세히 기록할 것이다.

1895년(메이지28)에는 다모쓰의 3남 준키치가 7월 13일에 태어났다.

1896년(메이지29)에는 오사무가 1월에 슈에이샤 이치가야 공장 로마자 교정 담당으로 자리를 옮기고 우시고메 니지쓰키정으로 이사했다. 이달 12일에 오사무의 3남 추조가 태어났다.

1897년(메이지30)에는 다모쓰가 9월에 네모토 우가쿠⁷⁴⁹의 문하에 들어가 역(易)을 묻기 시작했다. 나가이 긴푸의 말에 따르면 우가쿠의 스승은 노가미 친레이,⁷⁵⁰ 친레이의 스승은 야마모토 호쿠잔이라고 한다. 구리모토 조운이 3월 6일에 일흔여섯 살로 죽었다. 가이호 교손의 첩이 죽었다.

1898년(메이지31)에는 다모쓰가 8월 30일에 네모토 우가쿠의 의도

747 슈에이샤(秀英舍): 메이지 시기를 대표하는 인쇄 회사.
748 오사무의 나이가 40세에 접어들었음을 의미하는 것 같다.

관(義道館) 강사, 12월 17일에는 의도관 평의원이 되었다. 오사무의 장녀 하나가 12월에 태어났다. 시마다 고손이 8월 27일에 예순한 살로 죽었다. 추사이 사후 제35년 내지 제40년이다.

111

나는 앞서 기술한 내용에 이어서 추사이 사후 제41년 이후의 일을 열거할 것이다.

1900년(메이지33)에는 5월 2일에 다모쓰의 3녀 오토메가 태어났다.

1901년(메이지34)에는 오사무가 긴게쓰라는 호를 사용했다. 하이쿠 스승인 2세 가쓰라 밑에서 긴시조가 내려 준 호다. 야마노우치 미키가 1월 26일에 죽었다. 향년 49세였다. 후쿠자와 유키치가 2월 3일에 예순여덟 살로 죽었다. 하쿠분칸 주인 오하시 사헤이가 11월 3일에 예순일곱 살로 죽었다.

1902년(메이지35)에는 오사무가 7월에 슈에이샤를 떠나 교바시 소주로정에 있는 고쿠분샤[751]에 들어가 교정 담당이 되었다. 오사무의 4남 스에오가 12월 5일에 태어났다.

1903년(메이지36)에는 오사무가 9월에 시즈오카로 가서 안자이 1정목 미나미우라에 시부에 강습소를 재건했다. 현립시즈오카중학교 교장

---

749 네모토 우가쿠(根本羽嶽): 1822-1906, 유학자. 역학(易學)의 대가.
750 노가미 친레이(野上陳令): 1774-1846, 유학자.
751 고쿠분샤(國文社): 과거 일본에 존재했던 출판사로 주로 역사, 문화, 평론, 시집 등을 출판.

가와다 세이초[752]의 권유에 따라 중학생들을 위해 복습의 편의를 도모한 것이다. 오사무의 장녀 하나가 3월 15일에 여섯 살로 죽었다.

1904년(메이지37)에는 다모쓰가 5월 14일에 간다 미사키정 1번지로 이사했다.

1905년(메이지38)에는 다모쓰가 7월 13일에 에바라군 시나가와정 미나미시나가와 159번지로 이사했다. 오사무가 12월에 시즈오카의 시부에 강습소를 닫았다. 가와다 세이초가 미야기현제1중학교 교장으로 자리를 옮기고 시즈오카중학교 규칙이 변경되면서 시부에 강습소는 존립할 필요가 없어진 것이다. 이사와 하쿠켄의 후계자 이와오가 11월 24일에 죽었다. 데쓰사부로는 도쿠안, 유신 후에 다시 이와오로 개명했다. 이와오의 후계자인 신지는 지금 아카사카 히카와정에 있는 매형 시미즈 가운의 집에 산다.

1906년(메이지39)에는 오사무가 도쿄로 돌아와서 고이시카와 히사카타정에 있는 하쿠분칸 인쇄소 교정 담당이 되었다. 네모토 우가쿠가 10월 3일에 여든다섯 살로 죽었다.

1907년(메이지40)에는 다모쓰의 4녀 모미지가 10월 22일에 태어나서 28일에 요절했다. 이것이 추사이 사후 제48년에 이르는 동안의 간략한 기록이다.

추사이 사후 제49년은 1908년(메이지41)이다. 4월 12일 오후 10시에 오사무가 죽었다. 오사무는 이달 4일 눈 내리던 날 감기에 걸렸다. 그러나 5일까지는 하쿠분칸 인쇄소 일을 그만둘 수 없었다. 6일에 이르러 기침이 심해지고 열이 나서 자리에 누웠다가 결국 기관지 폐렴으로 목숨을 잃

---

752 가와다 세이초(川田正澂): 1864-1935, 교육자.

었다. 후계자인 슈키치는 지금의 시모시부야 집으로 이사했다.

나는 오사무의 하이쿠 초고를 아래에 옮겨 적는다. 비슷한 구절을 피해서 잘 골라 뽑는 일 같은 것은 그 길에 전념하지 않은 내가 잘 할 수 있는 게 아니다. 독자의 지적을 얻는다면 다행일 것이다.

산밭이며 안개 위의 괭이질

쓰레기 더미에 유채꽃 핀 것처럼 봄이로구나

김 향기 나고 밀짚 스며드는 툇마루 끝

끊어진 연 끝에 흘러가는 작은 개천이여

아지랑이와 함께 아른거리는 어린 은어여

언제 보아도 햇것 같은 뱅어로구나

모란꽃 꺾어 쓸쓸한 저녁이여

큰 수박 딱 두 동강 난 모습

산사(山寺)는 별보다 높은 등롱 같네

번개 자국에 미지근한 별이 날아오른다

가을은 모든 것이 희미한 고추

손도 뻗지 않고 책상으로 향하는 추위여

행상인 모두 두건 두르고 나가는 밤이여

초겨울 찬바람에 토기 말리는 석등롱

눈 내리는 날 닭이 나오는 숯가마니

1911년(메이지44)에는 다모쓰의 3남 준키치가 열일곱 살로 8월 11일에 죽었다.

1913년(다이쇼2)에는 다모쓰가 7월 12일에 아자부 니시마치 15번지,

8월 28일에는 같은 구 혼무라정 8번지로 이사했다.

1914년(다이쇼3)에는 9월 9일에 지금의 우시고메 후나가와라정 집으로 이사했다.

1915년(다이쇼4)에는 다모쓰의 차녀 후유가 10월 13일에 스물세 살로 죽었다. 이것이 추사이 사후 제52년부터 제56년 동안의 간략한 기록이다.

112

추사이의 후손으로 지금 살아 있는 사람은 앞선 언급한 것과 같이 우선 우시고메의 시부에를 꼽지 않을 수 없다. 주인인 다모쓰는 추사이의 일곱째 자식으로, 후계자가 된 사람이다. 경학을 가이호 교손과 치쿠케이 부자, 시마다 고손, 가네마쓰 세키쿄, 네모토 우가쿠에게 배우고 한의학을 다키 안타쿠에게 배웠다. 사범학교에서 교육자로 양성되고 공립학사와 게이오의숙에서 영어를 연구했다. 하마마쓰와 시즈오카에서는 교장, 교감으로 활동하고 동시에 신문 기자로 정치를 논했다. 그러나 가장 크게 정력을 쏟은 것은 하쿠분칸을 위한 저작과 번역으로, 출판한 책이 총 약 150부에 이른다. 그 책들은 그때그때 세인의 계몽에 기여했으나 대부분 유행을 좇는 서점의 요구에 응해 붓을 놀린 것들이다. 다모쓰의 에너지는 허비되었다고 하지 않을 수 없다. 다모쓰 스스로도 이를 잘 알고 있다. 필경 문인과 서점의 관계는 공생이어야 하는데, 실제로는 기생 관계가 되어 버렸다. 다모쓰는 생물학상 남편 역할을 한 것이다.

다모쓰가 만들고 싶어하는 책은 지금도 여전히 계획으로 다모쓰의 마음속에 있다. 『일본사형사(日本私刑史)』, 『중국형법사(支那刑法史)』, 『경자일가언(經子一家言)』, 『주역일가언(周易一家言)』, 『독서오십년(讀書五十年)』 다섯 권이다. 그중에서도 『독서오십년』 같은 것은 그저 계획으로만 존재하는 게 아니라 초고가 이미 제대로 형태를 갖추고 있다. 이것은 일종의 서지학으로, 다모쓰의 박식함을 엿볼 수 있다. 저자의 뜻이 아버지의 『경적방고지』를 확대하여 옛날부터 지금까지를 아우르고 동쪽에서 서쪽까지 포괄하는 데 있다고 하는데, 어쩌면 불가능한 게 아닐 것이다. 다모쓰는 과연 능히 그 뜻을 이룰까. 세상은 과연 능히 다모쓰에게 그 뜻을 이루게 할까.

다모쓰는 금년 1916년(다이쇼5)에 예순 살, 아내 사노 마쓰는 마흔여덟 살, 딸 오토메는 열일곱 살이다. 오토메는 1908년(메이지41) 이후 가부라키 기요카타[753]에게 그림을 배우고 1914년(다이쇼3) 이후에는 아토미 여학교 학생이 되었다.

두 번째로 혼조의 시부에가 있다. 여주인은 추사이의 4녀 쿠가로, 나가우타 스승인 키네야 가쓰히사다. 이미 기록한 바와 같이 1916년(다이쇼5)에 일흔 살이다.

쿠가가 처음으로 나가우타 기초를 배운 스승은 니혼바시 바쿠로정의 2세 키네야 가쓰사부로로, 바바(馬場)의 오니가쓰(鬼勝)로 칭해진 명인이다. 1850년(가에이3)에 쿠가가 겨우 네 살이었을 때라고 하니까 아직 고야나기정 목수 도료 신파치 집에 수양딸로 보내졌을 때 거기서 배우러 다녔을 것이다.

---

753 가부라키 기요카타(鏑木清方): 1878-1972. 화가. 우키요에의 전통을 세우고 새로운 풍속화를 창조.

어머니 이오도 목소리가 좋았는데, 쿠가도 그것을 닮은 아름다운 목소리라고 해서 가쓰사부로가 칭찬했다. 가락도 잘 익혔다. 샤미센은 〈밤은 기다려(宵は待ち)〉를 연주할 때 이미 스스로 장단을 맞출 수 있었고 메리야스[754] 〈검은 머리(黒髪)〉에 이르러서는 스승에게 이끌려 여기저기 총연습에 갔다.

가쓰사부로는 쿠가를 가르치는 데 특별히 공들였다. 매달 육재일[755]과 날을 기약해서 가쓰사부로가 기요조, 다쓰조 두 명의 제자를 데리고 오타마가이케의 시부에 저택을 찾아가면 그날에는 쿠가도 수양부모 집에서 돌아와 기다리고 있었다. 쿠가의 복습이 끝나면 두 번 정도 연주가 있고 그다음에 술과 밥이 나왔다. 요리는 반드시 아오야기에서 시켰다. 1851년(가에이4)에 시부에 가족이 혼조 다이도코로정으로 이사한 후에도 이 출장 지도는 계속됐다.

113

시부에 집안이 한때 히로사키로 이주했다가 이후 도쿄로 개칭된 에도로 다시 돌아왔을 때, 쿠가는 혼조 미도리정에 설탕 가게를 열었다. 처음부터 장사를 시작하려고 정착한 것은 아니고 그저 이나바라는 집 대문 한구석에 빈터가 있어서 거기에 작은 집을 짓고 산 것이다. 그런데 이 집

---

754 메리야스(めりやす): 나카우타의 한 종류. 보통 가부키 반주 음악으로 사용. 서정적인 효과를 높이기 위해 독창 또는 이중창으로 노래.
755 육재일(六齋日): 한 달 가운데서 몸을 조심하고 마음을 깨끗이 재계(齋戒)하는 여섯 날. 음력 8일, 14일, 15일, 23일, 29일, 30일.

에 살면서 이나바 가족과 친하게 교제하게 되었고 그들의 권유로 설탕 가게를 열게 되었다. 또 설탕 가게를 닫고 나가우타 스승으로 독립하게 된 것도 마찬가지로 이나바 가족 덕분이다.

혼조에는 300석 이상의 하타모토로 이나바라는 성을 쓴 집이 네 집 정도 있었기 때문에 직접 그 자손에 대해 묻지 않고는 어느 집인지 알 수 없는데, 쿠가를 감싼 이나바 집에는 당시 마흔몇 살 미망인 아래 한번 시집갔다 돌아온 마흔 살 정도의 딸 한 명과 마쓰, 고마 형제가 있었다. 마쓰는 지금 호를 센슈라고 하며 서가가 되었다고 한다.

쿠가가 작은 집으로 이사했을 당시 이나바 집의 어머니와 딸은 대중목욕탕에 갈 때도 쿠가를 데리고 가서 어머니가 등을 씻어주면 딸이 손을 씻어주는 식이었다. 머리도 두 사람이 매일 갖가지 모양으로 묶어주었다.

그런데 이나바 미망인이 말하기를 젊은 사람이 놀고 먹기만 해서는 안 된다, 친한 설탕 도매상이 있으니 설탕 가게를 내면 좋겠다, 의사 집에서 태어나 쿠가는 저울눈을 볼 줄 아니 딱 좋겠다는 것이었다. 설탕 가게가 문을 열었다. 그리고 번창했다. 품질도 좋고 저울도 좋다는 평판이 퍼지면서 먼 곳에서도 손님이 찾아왔다. 팥죽 가게에서 설탕을 사러 왔다. 조림 요리를 파는 가게에서 설탕을 사러 왔다. 고마쓰가와 부근에서 일부러 찾아오는 사람들까지 있었다.

 어느 날 귀부인이 하녀 여럿을 데리고 가게에 왔다. 그리고 얼음설탕, 별사탕 등을 사고 쿠가에게 말했다. "사족의 딸로 기특하게 장사를 시작한 사람이 있다는 소문을 듣고 일부러 사러 왔습니다. 부디 도중에 그만두지 말고 끝까지 참고 견뎌서 사람들의 본보기가 되어 주세요." 나중에 들으니 토도 가문의 부인이었다고 한다. 토도 가문의 별저는 료고쿠바시 근처에 있었고 당시 주인은 다카유키, 부인은 다카타케의 딸이었을 것이다.

어느 날 이오와 다모쓰가 요세에 갔다. 출연자는 엔초[756]였는데, 본론으로 들어가기 전에 이런 말을 했다. "요즘 미도리정에서는 대갓집 아가씨께서 설탕 가게를 시작하셨는데, 매우 번창하고 있다고 합니다. 때가 때인 만큼 훌륭한 결심이고 누구나 그렇게 되기를 바라는 일이라고 생각됩니다." 이야기 중에 이른바 심학[757]을 설파한 엔초의 면모를 엿볼 수 있다. 이오는 이 말을 듣고 감개무량했다고 한다.

이 설탕 가게는 다행인지 불행인지 한창 번창 중일 때 문을 닫았고 쿠가는 세간의 동정에 보답할 수 없었다. 가족 관계상 지우기 어려운 장애가 생겼기 때문이다.

장사를 그만두고 한가한 시간을 갖게 된 쿠가의 집으로 이나바 미망인이 놀러 왔는데, 대화가 우연히 나가우타 이야기로 이어졌다. 미망인은 예전에 나가우타를 배운 적이 있었다. 쿠가가 밥보다도 좋아하는 게 나가우타였다. 함께 복습해 보자는 게 되었다. 일단(一段)을 채 끝내기도 전에 남을 돌봐 주기 좋아하는 미망인이 감탄하며 이렇게 말했다. "당신은 아마추어가 아니군요. 꼭 스승이 되세요. 제가 첫 번째 제자가 되겠습니다."

---

[756] 엔초(圓朝): 초대 산유테이 엔초(三遊亭圓朝), 1839-1900, 만담가.
[757] 심학(心學): 에도시대에 이시바 바이간(石田梅巌)이 창시한 서민을 위한 생활철학. 다양한 종교와 사상을 융합하여 일상윤리를 평이하게 설명.

114

이나바 미망인의 말을 듣고 쿠가의 마음이 조금 움직였다. 예능인이 되는 것을 꺼렸지만 어떻게든 생계를 꾸려야 한다면 자신이 좋아하는 예능으로 하고 싶었던 것이다. 쿠가는 어머니 이오를 찾아가 상담했다. 이오는 의외로 쉽게 허락했다.

쿠가는 스승 키네야 가쓰사부로의 '가쓰(勝)' 자를 청해 받아서 가쓰히사로 칭하고 공식적으로 신고하여 면허를 교부받았다. 그때 혼조 가메자와정에 있는 미장공 쇼베이의 가게에 알맞은 한 채가 비어 있었기 때문에 가쓰히사는 그것을 빌려 간판을 내걸었다. 1873년(메이지6) 스물일곱 살 때다.

이 가메자와정 집 옆에는 요시노라는 상아 장인 노부부가 살고 있었다. 남편은 마을 청년들을 이끄는 장으로, 세상 물정에 밝고 의협심이 강한 사람이었기 때문에 아내와 함께 가쓰히사의 신상을 맡아서 보살펴 주었다. "아직 마을 생활에 익숙하지 않으실 테니 실례지만 저희 부부가 지도해 드리겠습니다"라고 했다. 부부는 아침마다 가게 문을 올려 주고 저녁에는 다시 내려 주며 하나부터 열까지 돌봐 주었다.

요시노의 집에는 두 딸이 있었는데 언니를 후쿠, 동생을 가네라고 했다. 노부부는 즉시 자매를 입문시켰다. 가네는 지금 니혼바시 오사가마치 13번지에 사는 미즈노 아무개의 아내로, 아이도 가쓰히사의 제자다.

요시노는 가쓰히사가 마을 생활에 익숙하지 않다고 말했다. 가쓰히사는 한때 설탕 가게를 운영한 적이 있지만 지금 소위 접객업을 하는 스승이 되고 보니 자신이 얼마나 서툰지 깨닫지 않을 수 없었다. 이제까지 자신을 "쿠가 씨"라고 부르던 사람들이 갑자기 "스승님"이라고 부른다.

그 말을 들을 때마다 움찔하여 이성은 "스승님"이라고 부르는 사람들의 말이 타당함을 인정하면서도 감정은 그 사람들을 짓궂게 여겼다. 설탕 가게를 할 때도 채소 가게 주인이나 생선 가게 주인에게 "당신"이라고 부르는 것을 꺼려서 당시에는 상대를 바로 가리켜 부르는 것을 피했다. 지금은 온갖 직업의 사람들과 어울려서 누구에게나 "주인"이라고 하고 "부인"이라고 해야 한다. 그게 도무지 입에 잘 붙지 않았다. 어느 날 요시노의 주인이 "잘 신경 써서 사람들에게 우쭐거린다는 말을 듣지 않도록 하세요"라고 충고하자 가쓰히사는 급소를 찔린 것 같았다고 했다.

그러나 가쓰히사의 일은 예상했던 것보다 번창했다. 아직 얼마 되지 않았는데 제자의 수가 80명을 넘었다. 게다가 상류층 집에 초대받는 일이 점점 많아져서 나중에는 거의 매일 같이 점심 레슨을 마치고 사방팔방의 저택으로 차를 급히 몰게 되었다.

가장 자주 간 곳은 바로 근처의 토도 가문이었다. 이 집에서는 가족들의 생일과 여러 축일에 반드시 가쓰히사를 불렀다.

토도 가문 다음으로 호소카와, 쓰가루, 이나바, 마에다, 다테, 마키노, 오가사와라, 구로다, 혼다 등 여러 가문에서 가쓰히사를 특별히 돌봐 주었다.

115

호소카와 가문에서 가쓰히사를 초대한 것은 동문 가쓰히데의 소개 덕분이다. 가쓰히데는 한때 히고국 구마모토까지 이 집 사람들을 따라 간 적이 있다고 한다. 가쓰히사가 처음에 초대받은 곳은 이마도의 별저였고 당일 샤미센은 수석에 가쓰히데와 보조 2명, 나가우타 가창은 수석에 가쓰히사와 보조 2명, 그 밖에 악기 연주단 모두 여성 예능인들이었다. 프로그램은 〈권화장(勸進帳)〉,[758] 〈요시와라참새(吉原雀)〉,[759] 〈꽃송이집착사자(英執着獅子)〉였고 마지막에 요청곡으로 〈돌다리(石橋)〉를 공연했다.

호소카와 가문의 당주는 요시유키였을 것이다. 가쓰히사가 방으로 물러나고 있을 때 쓰가루 제후가 와서 "시부에의 딸 쿠가가 있다기에 만나러 왔다"고 했다. 함께 온 여성들은 모두 놀랐다. 쓰가루 쓰구테루는 주인 요시유키의 동생이라서 그날 손님으로 와 있었던 것이다.

나가우타가 끝난 후 주인과 손님들이 섞여 노가쿠를 공연했고 여성 예능인들은 관람을 허락받았다. 쓰가루 제후는 〈배 위의 벤케이(船弁慶)〉[760]를 췄다. 가쓰히사를 호소카와 가문에 소개한 가쓰히데는 지금은 고인이 되었다.

쓰가루 가문에는 호소카와 별저에서 주공을 알현한 것이 인연이 되어서 시부에 쿠가로 자주 부름을 받았다. 항상 혼자 가서 연주도 하고 노래도 불렀다. 시녀인 우타노, 방에 있는 사람들과 친해져서 이들이 쿠가를 돌봐 주었다.

이나바 가문에는 스승 가쓰사부로가 생전에 처음으로 데려갔다. 그 저택이 아오야마에 있었다고 하니까 분고국 우스키의 이나바 가문에서 당시 주공 히사미치가 아자부 가와라케정의 별저로 초대했을 것이다. 공연단에는 남녀가 섞여 있었다. 샤미센은 수석에 가쓰사부로와 보조에 가

---

758 절에서 기부금을 모을 때 쓰는 장부.
759 요시와라 사정에 밝은 사람이라는 뜻.
760 일본의 전설적인 무사 미나모토노 요시쓰네(源義經)와 그 심복 벤케이가 배를 타고 도망치는 동안 유령들에게 습격받는 내용.

쓰히데, 나가우타 가창은 수석에 사카타 센파치와 보조에 가쓰히사였는데, 모두 이나바 가문에서 지명했다. 센파치는 고인으로, 전에 이름을 가쓰시로라고 했던 가쓰고로의 아버지다. 프로그램은 〈학과 거북(鶴龜)〉, 〈첫가을 비(初時雨)〉, 〈키센(喜撰)〉[761]이었고 마지막에 요청곡으로 가쓰사부로와 센파치가 〈너구리장단(狸囃)〉[762]을 공연했다.

 연주가 끝난 후 가쓰사부로 일행은 화원 구경을 허락받았다. 화원은 매우 넓고 진귀한 화초들이 많았다. 화원을 지나 채소밭으로 들어가자 그 옆에 대나무 숲이 있고 죽순이 무성하게 자라고 있었다. 주공이 예능인들에게 "자네들이 직접 뽑은 것만큼은 몇 개를 가져가도 좋으니 마음껏 뽑게"라고 했다. 남녀 예능인들이 앞다투어 뽑았다. 그중에는 죽순이 뽑힘과 동시에 엉덩방아를 찧는 사람도 있었다. 주공은 이를 보며 흥겨워했다. 죽순 주변의 흙은 미리 파헤쳐서 부드럽게 만들어 놓은 다음 다시 덮어 놓았다고 한다. 그럼에도 예능인들은 죽순을 쉽게 뽑을 수 없었다. 귀가 선물로 죽순을 많이 받았다. 죽순을 뽑지 않은 사람도 빠짐없이 받았다.

 마에다 가문, 다테 가문, 마키노 가문, 오가사와라 가문, 구로다 가문, 혼다 가문에도 차례로 불려가게 되었다. 처음 갔을 때는 마에다 가문이 재상 요시야스, 다테 가문이 가메사부로, 마키노 가문이 가나마루, 오가사와라 가문이 도요치요마루, 구로다 가문이 소장 요시스케, 혼다 가문이 슈젠노카미 야스시게 때였을 것이다. 그러나 나는 유신 후 화족 가문의 족보에 대해 잘 알지 못하기 때문에 만약 오류가 있다면 바로잡아 주

---

761 헤이안시대 시인.
762 너구리가 밤중에 농민의 축제를 흉내내어 제 배를 두드리면서 맞춘다는 장단.

기 바란다.

가쓰히사는 간판을 걸고 4년째인 1877년(메이지10) 4월 3일에 료고쿠 나카무라로에서 이름을 세상에 널리 알리는 대규모 리허설을 열었다. 회장의 정면 천막[763]은 후카가와 고혼마쓰정 제자들, 후막[764]은 어물 경매 시장의 도매상 이마와와 미도리정 제자들, 미즈히키[765]는 마키노 가문에서 맡았다. 그 외 종가 제자들이 홍백색 비단 천막, '키네(杵)'와 '가쓰' 예명을 사용하는 남녀 명인들이 연청색 비단 후막, 가쓰히사 문하에서 예명 사용을 허가받은 여자 명인들이 중간형 무늬 비단으로 만든 대형 액자, 친한 여자 명인들이 갈색 비단으로 제작한 마루오비[766] 모양의 족자, 재목상 후원자들이 흰 비단으로 제작한 미즈히키를 보냈다. 배우들은 제각각 디자인에 공들인 전단을 보냈다. 인연이 있는 화족 가문들은 모두 금품을 보냈고 그중에는 시녀를 보낸 곳도 있었다. 가쓰히사가 서른한 살 때다.

116

가쓰히사가 혼조 마쓰이정에 있는 후쿠시마 아무개의 토지에 현재의 거처를 마련했을 때, 스승 가쓰사부로는 기뻐하며 시를 읊고 직접 글을 써서 표구하여 선물했다. 가쓰히사는 이 시를 바탕으로 가곡 〈소나무

---

763 천막(天幕): 천장에 걸어 장식하는 막.
764 후막(後幕): 무대 후방에 거는 막.
765 미즈히키(水引): 무대 상부에 가늘게 둘러치는 막.
766 마루오비(丸帶): 천의 폭을 두 겹으로 접어 만든 여성의 예식용 띠.

의 번영(松の榮)〉을 만들어 료고쿠 이부무라로[767]에서 신곡을 발표했다. 가쓰사부로를 비롯하여 키네야 일파의 명류(名流)들이 모였다. 곡은 고급 종이에 인쇄한 책으로 만들어 손님들에게 나눠 주었다. 취미로『네 개의 바다』를 쓴 추사이의 기호 일면은 뜻밖에도 딸 쿠가를 통해서 이와 같은 발전을 이뤘다. 1894년(메이지27) 12월로, 가쓰히사가 마흔여덟 살 때였다.

가쓰사부로는 1896년(메이지29) 2월 5일에 죽었다. 향년 77세였다. 법명을 "화릉원조예동성신사(花菱院照譽東成信士)"라고 했다. 도세이(東成)는 생전 이름이다. 무덤은 아사쿠사 구라마에 서복사(西福寺) 안 진행원(眞行院)에 있다. 조사하니 나가우타 키네야 일파는 배우 나카무라 간고로에서 나와 그 종가는 대대로 기사부로 또는 로쿠자에몬으로 칭하며 현재 니혼바시 사카모토정 18번지에서 명적(名跡)을 전하고 있다. 이른바 우에키다나[768]의 종가다. 3세 기사부로의 3남 키네야 로쿠사부로가 분파를 이루고 그 문하에 초대 사키치, 초대 사키치의 문하에 와키치가 있었다. 와키치의 뒤를 초대 가쓰고로, 초대 가쓰고로의 뒤를 초대 가쓰사부로가 계승했다. 가쓰사부로는 평생 이름을 바꾸지 않고 가쓰고로의 칭을 문하생에게 잇게 했다. 다음이 2세 가쓰사부로 도세이로, 아명을 고사부로라고 했다. 즉 가쓰히사의 스승이다.

2세 가쓰사부로에게는 아들, 딸 각각 한 명이 있었는데 누나를 후사, 동생을 긴지로라고 했다. 긴지로는 "나는 예능인 따위는 되지 않겠다"며 학교만 다녔다. 2세 가쓰사부로는 임종 때 자식들에게 유언하여 가쓰히

767　이부무라로(井生村樓): 히가시료고쿠에 있던 요릿집.
768　우에키다나(植木店): 니혼바시 사카모토정 북부의 속칭.

사를 고모라고 부르고 뒷일을 상의하는 게 좋겠다고 했다고 한다.

2세 가쓰사부로의 바쿠로정 집은 장녀 후사에게 데릴사위를 얻어 잇게 했다. 사위는 신주쿠의 이와마쓰라는 사람이었는데, 장인의 아명인 고사부로를 계승하고 나카무라로에서 예명을 알리는 행사를 열었다. 그러나 얼마 지나지 않아 고사부로는 장인의 아명을 따르는 것을 떳떳하게 여기지 않고 3세 가쓰사부로가 되기를 원했다. 그러나 선대 가쓰사부로의 문인들은 키네가쓰 동창회를 조직하고 있었고 고사부로보다 기예가 뛰어난 사람들이 많았다. 그래서 선대의 이름을 계승하는 일은 쉽게 용인되지 않았다. 고사부로는 결국 갈등을 빚고 절연당했다.

이 때문에 2세 가쓰사부로의 장남 긴지로가 아버지의 유업을 계승하지 않을 수 없었다. 긴지로는 친척과 아버지 제자들의 강요로 학교를 그만두고 내키지 않는 샤미센을 손에 들고 키네가쓰 분파 노인들의 채찍질 속에서 마지못해 실력을 닦았다.

긴지로는 마침내 3세 가쓰사부로가 되었다. 처음에 이 가쓰사부로는 학교 교육을 받았다는 것 때문에 배운 것이 없는 동료들에게 기피 대상이 되었고 키네가쓰 동창회 간사 중 한 명인 가쓰히사는 앞날 때문에 손에 땀을 쥐는 일이 자주 있었다. 그러나 본래 약간의 학문이 기예를 방해할 리 없으므로 점차 종가의 명성은 안정되고 후원자도 생겼다.

1903년(메이지36) 가쓰히사가 쉰일곱 살 되었을 때다. 3세 가쓰사부로가 가마쿠라에 자리보전하고 있어서 가쓰히사는 가쓰히데, 가쓰키미와 함께 2월 25일에 병문안을 갔다. 가쓰사부로는 가이코잔 장곡사(長谷寺)의 다다미방에서 셋방살이를 하고 있었다. 병이 좀처럼 호전되지 않았지만 가쓰사부로는 당시 아직 지팡이에 의지해서 절 문을 나와 가쓰히사 일행에게 근방의 유적을 보여줄 수 있었다. 가쓰히사는 유람기를 만들어

병상의 위안거리로 삼으라며 보냈다. 잡지『도락세계(道樂世界)』에 "키네야 가쓰히사는 학자다"라고 쓴 것은 이 무렵 일이다. 3월 3일에 가쓰사부로는 병이 아직 낫지 않은 상태에서 도쿄로 돌아왔다.

117

　3세 가쓰사부로의 병은 도쿄에 돌아와서도 낫지 않았다. 당시 가쓰사부로는 도쿄좌(座) 대표였기 때문에 수제자인 아사쿠사 모리타정의 가쓰시로에게 주로 그 일을 맡겼다. 가쓰시로는 바로 지금의 가쓰고로다. 그런데 가쓰사부로는 도쿄좌에서 가쓰시로가 일하는 방식에 만족하지 못했다. 그리고 병 때문에 성미가 급해진 가쓰사부로와 가쓰시로 사이에 점차 봉합하기 어려운 불화가 생겼다.

　5월에 이르러 가쓰사부로는 보슈로 전지 요양을 떠나기로 결심했다. 출발에 즈음하여 자신이 떠난 후 키네가쓰 분파의 앞날을 걱정했다. 그래서 분파의 영속을 보증할 남녀 명인들의 서약서를 작성하게 했다. 가쓰히사가 보살피는 여자 명인들 사이에서는 서약서를 작성하는 데 아무런 문제가 없었다. 그러나 가쓰시로를 우두머리로 모시는 남자 명인들은 먼저 스승이 노여움을 풀고 스승과 가쓰시로가 예전처럼 화목하게 지내는 것을 보기 전까지 서약서에 날인할 수 없다고 했다. 이때 가쓰히사는 병든 스승의 마음을 편안하게 해 드리려면 남녀 명인 전원의 서약을 완성하는 게 상책이라고 생각해서 스승과 남자 명인들 사이를 오가며 중재에 노력했다.

　그러나 가쓰사부로는 끝내 석연함에 이르지 못했다. 6월 16일에 가쓰히사가 바쿠로정 종가를 방문하여 거듭 가쓰시로를 위해 간청했을 때, 가쓰사부로는 눈물을 흘리며 화를 내고 "고모는 어디까지 이 병자의 마음을 거스를 생각입니까?"라고 했다. 가쓰히사는 여기에 이르러 또다시 어찌할 바를 몰랐다.

6월 25일 아침 가쓰사부로는 레이간지마에서 배를 타고 보슈로 떠났다. 아내 미쓰가 동행했다. 키네가쓰 분파 사람들이 여스승이라고 부르는 사람이다. 배웅하는 사람들은 가쓰사부로의 누나 후사, 이소, 데루, 가쓰히사, 가쓰후미, 도지로, 스승의 집에 사는 가네라는 남자, 가즈사야의 우두머리 이상 여덟 명이었다. 가쓰사부로의 누나 후사는 나중에 니혼바시 하마정 1정목에 2세 가쓰사부로가 세운 은거처에서 독신 생활을 했기 때문에 키네가쓰 분파에서 하마정 스승으로 불렀다.

이 부두에서의 이별에는 어쩐지 쓸쓸함이 있었다. 병들어 쇠약해진 가쓰사부로는 결국 남자 명인 전원의 화합을 보지 못하고 도쿄를 떠났다. 다시 돌아오지 못할 여행길이었다.

가쓰히사는 가쓰사부로를 배웅하고 4일 후 병으로 앓아누웠다. 7월 8일 여스승이 보슈에서 돌아와 가쓰히사의 병세를 물었다. 12일에 가쓰히사는 바쿠로정과 하마정으로 문안 심부름을 보내고 가쓰사부로가 보슈에서 가마쿠라로 옮겼다는 소식을 들었다.

9월 11일은 가랑비 내리는 날이었다. 가마쿠라에서 가쓰사부로의 병이 위독하다고 알려 왔다. 가쓰히사는 허리 경련 때문에 자다가 몸을 뒤척이지도 못하고 화장실에 갈 때도 남에게 안겨 갔다. 그때 이 소식이 전해져서 가쓰히사는 한동안 전율을 멈출 수 없었다. 그러나 가쓰히사는 스스로를 다잡고 평소 친하게 지내는 가쓰후미를 부르러 사람을 보냈다. 간호 겸 동행을 청한 것이다. 두 사람은 신바시에서 기차를 타고 가마쿠라로 갔다. 가쓰사부로는 이날 저녁에 세상을 떠났다. 향년 38세였다. 법명을 "연생원훈예지재신사(蓮生院薰譽智才信士)"라고 했다.

118

9월 12일 가쓰히사는 3세 가쓰사부로의 관을 화장터까지 배웅하고 거기서 차를 정거장으로 몰아 밤에 도쿄로 돌아왔다. 가쓰사부로가 사망한 후에 키네가쓰 분파의 단결을 유지해 가려면 한시라도 빨리 제거해야 하는 장애가 있었기 때문이다. 가쓰사부로 생전에 가쓰히사 등이 백방으로 중재를 했음에도 불구하고 용서받지 못한 수제자 가쓰시로의 절연 문제다. 가쓰히사는 가마쿠라에 있는 동안에도 도쿄로 돌아오는 도중에도 잠시도 이 문제를 잊을 수 없었다.

13일 이른 새벽 가쓰히사는 모리타정에 있는 가쓰시로의 집으로 편지를 보냈다. "필시 들어서 알고 계시겠지만 키네야 당주께서 돌아가셨습니다. 그와 관련하여 저희들은 오늘 오후 4시에 한곳에 모이기로 했습니다. 당신께서는 어떻게 하실 생각이십니까? 제가 생각하기에 같은 시각에 스스로의 뜻에 따라 바쿠로정으로 나오시는 게 좋을 것 같습니다. 다와라정에 잠시 들러서 오시면 더 좋을 것 같습니다. 그렇게 하신다면 미흡하나마 어떻게든 사정이 좋아질 수 있도록 하겠습니다. 우선은 위와 같이 말씀드립니다."

다와라정이란 가쓰시로에 버금가는 두 번째 제자인 가쓰지로의 집을 말한다. 가쓰지로는 최근 병 때문에 틀어박혀서 키네가쓰 동창회에도 빠지고 있었다.

가쓰시로의 답장에 호의는 고맙지만 아무래도 지금까지의 형편상 혼자서는 갈 수 없다고 했다. 그래서 주조와 가쓰스케 두 사람이 모리타정으로 마중 갔다.

바쿠로정 집에서는 이날 밤샘을 위해 고인의 친척을 비롯하여 남녀 명인들이 모두 모였다. 가쓰히사는 하마정 스승과 여스승에게 고인을 대신해서 가쓰시로를 용서해 줄 것을 요청했다. 하마정 스승은 고인의 누나 후사, 여스승은 서른여섯 살로 미망인이 된 고인의 아내 미쓰다. 두 사람은 허락했다. 그때 가쓰시로가 도착해서 가쓰사부로의 위패에 절하고 선향을 바쳤다. 가쓰시로는 위패 앞을 물러나 남녀 명인들에게 인사했다. 갈등은 여기서 완전히 풀렸다. 이것이 1903년(메이지36) 가쓰히사가 쉰일곱 살 때로, 가쓰히사는 줄곧 병을 참으며 이 조정의 중임을 맡았다. 가쓰히사의 병이 완쾌된 것은 이해 12월이었다.

키네가쓰 동창회는 이후로 갈등의 뿌리를 뽑고 남자 명인들 중에서는 이름을 가쓰고로로 바꾼 가쓰시로, 여자 명인들 중에서는 가쓰히사가 추대되어 간사가 되었다. 가쓰시로라는 이름은 지금 이다마치에 거주하는 다섯 번째 제자가 계승하고 있다. 첫 번째 제자는 가쓰고로, 개명 전 가쓰시로, 두 번째 제자는 가쓰지로, 세 번째 제자는 가쓰에몬, 개명 전 가쓰마쓰, 네 번째 제자는 가쓰타로, 개명 전 가쓰키치, 다섯 번째 제자는 가쓰시로, 여섯 번째 제자는 와키치, 개명 전 가쓰노스케다.

2세 가쓰사부로의 3주기에는 남녀 명인들이 범종 한 개를 서복사에 기부했다. 7주기에는 돈 100엔과 남녀 명인들이 막 한 장, 여자 명인들이 연보라색 비단막, 가쓰히사 제자들이 커다란 액자와 안팎을 검은색 비단으로 제작한 하오리를 기부했다. 3세의 7주기를 앞당겨 합동으로 지낸 13주기에는 남녀 명인들이 목어 한 쌍, 무덤 앞 꽃꽂이대 및 향꽂이대, 17주기에는 남녀 명인들이 연꽃 모양 접시 13점을 기부했다. 또 3세 가쓰사부로의 3주기에는 남녀 명인들이 경함[769] 6개, 13주기에는 종가에서 가사[770] 한 벌, 남녀 명인들이 관 뚜껑 한 개를 기부했다. 사람들은 어쩌면 내가 왜 번거로움을 마다하지 않고 이것들을 조목조목 적는지 수상히 여길 것이다. 그러나 나는 가쓰히사의 수기를 조사하면서 소위 예능인이 스승을 섬기는 마음이 이토록 깊다는 사실에 놀랐다. 그래서 그 선행을 차마 묻어둘 수 없었다. 만약 내가 허례에 속아 넘어갔다고 하는 사람이 있다면 나는 감히 묻고 싶다. 그렇게 말하는 사람은 과연 모든 선행의 동기를 간파할 수 있느냐고 말이다.

119

가쓰히사가 사람들에게 나가우타를 가르친 것은 지금에 이르기까지 44년이다. 이 동안 가쓰히사는 겨우 일곱 명의 제자들에게 예명 사용을 허가했다. 1899년(메이지32)에는 구라타 후데가 키네야 가쓰쿠라가 되었다. 1901년(메이지34)에는 엔도 사토가 키네야 가쓰쿠미가 되었다. 1910년(메이지43)에는 후쿠하라 사쿠가 키네야 가쓰쿠메, 야마구치 하루가 키네야 가쓰쿠리가 되었다. 1913년(다이쇼2)에는 가토 다쓰가 키네야 가쓰쿠마가 되었다. 1914년(다이쇼3)에는 호소이 노리가 키네야 가쓰쿠요가 되었다. 1916년(다이쇼5)에는 이토 아이가 키네야 가쓰쿠오가 되

---

769 경함(經箱): 경문을 넣어 두는 함.
770 가사(袈裟): 승려가 장삼(長衫: 승려의 웃옷) 위에 왼쪽 어깨에서 오른쪽 겨드랑이 밑으로 걸쳐 입는 법의(法衣).

었다. 이외에 1915년(다이쇼4)에 야마다 마사지로가 키네야 가쓰마루가 되었는데, 이 사람은 남자여서 가쓰히사의 제자이기는 하지만 이름은 종가에서 받게 했다.

지금의 교육은 전부 관공사립 학교에서 행하게 되어 있어서 필연적으로 집단 교육 방법에 따르지 않을 수 없다. 그 폐해를 바로잡으려면 오직 개인 교육의 방법을 취하는 길뿐이다. 이러한 까닭에 세상에는 종종 옛날 유학자의 가숙(家塾)을 꿈꾸는 사람들이 있다. 그런데 이른바 예능인에게는 스승으로부터 예명 사용을 허가받는 제도가 있어서 지금도 굳건히 지켜지고 있다는 데 생각이 미치는 사람들이 적다. 예사로운 면허허가[771]의 남발은 예능인이 어쩌면 사람들의 비난을 불사할 수 없는 부분일 것이다. 그러나 예명 사용에 이르러서는 감히 가볍게 빌릴 수 있는 게 아닌 것 같다. 만약 그렇지 않다면 44년이라는 긴 세월 동안 가쓰히사에게 의탁한 수백 명 중에서 명인의 반열에 오른 사람이 단지 일고여덟 명만은 아니었을 것이다.

쿠가는 비단 나가우타만 배운 게 아니라 어려서부터 거문고를 야마세[772] 가문에 배우고 춤을 후지마[773] 후지에게 배웠다. 쿠가가 춤출 때 사용하는 의상과 소도구는 시부에 집에 충분히 갖춰져 있었기 때문에 쿠가와 함께 춤추는 아이가 채비가 어려운 집의 아이라면 시부에 집에서 상대 아이의 준비도 같이 해서 춤추게 했다. 쿠가는 춤을 잘 췄지만 그 취향

---

771 유루시토리(許取り): 예도(藝道)에서 스승이 제자에게 주는 면허 등급의 하나. 초단(初段), 목록(目錄)을 거쳐 그 후 절반 이상의 전수를 받아 허가를 얻는 것.
772 야마세(山): 거문고를 연주하는 음악(箏曲)의 한 유파.
773 후지마(藤間): 일본 무용의 한 유파 및 그 유파에 속하는 무용가의 예명(藝名).

이 나가우타에 치우쳐 있어서 중도에 그만두었다.

쿠가는 엔슈류[774] 꽃꽂이도 배웠다. 바둑과 장기도 어머니 이오에게 배웠다. 이오는 바둑 2단이었다. 이오는 한때 나기나타 무술[775]도 쿠가에게 가르친 적이 있다.

쿠가의 독서와 서법에 대해서는 이미 기록했는데, 장성함에 이르러서는 이오가 고노에 요라쿠인의 글씨본을 주고 베껴 쓰게 했다고 한다.

쿠가의 바느질도 이오가 가르쳤다. 쿠가가 성인이 된 후 시부에 집에서는 겹옷에서 평상복까지 외부에 바느질을 맡긴 적이 거의 없었다. 이오는 항상 "바느질은 쿠가가 최고야. 재봉집 바느질은 형편없어"라고 했다. 옷감도 이오가 손에 자를 들고 지시해서 결이 조금도 비뚤어지지 않게 쿠가에게 붙이게 했다. "잘 붙인 천 조각은 새 옷감을 재단한 것 같아야 한다"고 이오는 항상 말했다.

머리카락을 깎고 손질하는 일에도 쿠가는 빨리 숙달됐다. 머리를 깎는 일은 묘료니가 "쿠가 님이 깎아 주신다면 머리가 잔금 투성이가 되어도 좋다"며 머리를 맡겼기 때문에 금방 익숙해졌다. 머리를 손질하는 일은 마키 할머니의 머리를 앞머리에 힘이 없는 작은 오바코 묶음[776]을 한 것이 처음으로 나중에는 어머니의 머리, 여동생의 머리, 하녀들의 머리까지 손질해 주었고 자기 머리는 원래부터 스스로 손질했다. 외출할 때만 어머니를 귀찮게 했다. 히로사키로 이주했을 때 아사고에 겐류, 마에다

---

774 엔슈류(遠州流): 꽃꽂이 유파. 가지의 곡선미가 강한 것이 특징.
775 나기나타(薙刀): 긴 막대기 끝에 구부러진 칼이 붙은 도구를 사용한 일본의 전통 스포츠.
776 오바코무스비(祖母子結び): 에도시대 말 여성 머리 모양. 머리카락을 묶어 좌우에 작은 고리를 만들고 고깔을 옆으로 끼운 다음 남은 머리카락으로 가운데를 감아 고정한 것.

젠지로의 아내, 마쓰모토 키네조의 여동생 등이 과자 상자를 가지고 와서 쿠가에게 머리를 손질해 달라고 부탁했다. 쿠가는 선물을 사양하고 머리를 손질해 주었고 유행하는 장식까지 선물했다.

쿠가는 천성이 온순한 아이로 울지도 않고 화내지도 않고 수다스럽지도 않았다. 그러나 말과 행동이 쾌활해서 집안사람들에게도 바깥 사람들에게도 익살꾼으로 예쁨을 받았다고 한다. 성인이 된 후에 지조가 굳고 의무감이 강한 것은 나가우타 스승으로서의 경력에 비추어 알 수 있다.

우시고메의 다모쓰 집과 아버지의 후계자라는 이유로 다모쓰를 줄곧 오라버니라고 부르는 혼조의 가쓰히사 집 외에도 현재 도쿄에는 제3의 시부에가 있다. 바로 시모시부야의 시부에다.

시모시부야의 집은 오사무의 아들 슈키치를 당주로 하고 있다. 슈키치는 도안가로, 1914년(다이쇼3)에 쓰다 세이후[777]의 문인이 되었다. 1916년(다이쇼5)에 스물여덟 살이다. 슈키치에게는 두 명의 남동생이 있다. 전년에 메이지약학교를 졸업한 추조가 스물한 살, 스에오가 열다섯 살이다. 이 세 사람의 생모인 후쿠시마 사다는 시즈오카에 있다. 우시고메의 마쓰와 동갑으로 마흔여덟 살이다.

---

777 쓰다 세이후(津田青楓): 1880-1978, 화가.

시부에 집안 가계도

아버지
시부에 다다시게
(澁江允成)

어머니
이와다 누이
(岩田縫)

시부에 추사이
(澁江抽齋)

첫 번째 아내
오지마 사다
(尾島定)
- 장남 쓰네요시(恒善)

두 번째 아내
히라노 이노
(比良野威能)
- 장녀 이토(純)

세 번째 아내
오카니시 도쿠
(岡西德)
- 차남 야스요시(優善) 유타카(優)
- 이녀 요시(好)
- 삼남 하치사부로(八三郎)

네 번째 아내
야마노우치 이오
(山内五百)
- 삼녀 토(棠)
- 사남 겐코(幻香)
- 사녀 쿠가(陸) 키네야 가쓰히사(杵屋勝久)
- 오녀 키시(癸)
- 육녀 미키(水木)
- 오남 센로쿠(專六) 오사무(脩)
- 육남 스이잔(翠暫)
- 칠녀 사키(幸)
- 칠남 시게요시(成善) 다모쓰(保)

장남 슈키치(終吉)

일본 연호: 간에이~다이쇼

연호	서력
간에이(寬永)	1624~1645
쇼호(正保)	1645~1648
게이안(慶安)	1648~1652
조오(承應)	1652~1655
메이레키(明曆)	1655~1658
만지(萬治)	1658~1661
간분(寬文)	1661~1673
엔포(延寶)	1673~1681
덴나(天和)	1681~1684
조쿄(貞享)	1684~1688
겐로쿠(元祿)	1688~1704
호에이(寶永)	1704~1711
쇼토쿠(正德)	1711~1716
교호(享保)	1716~1736
겐분(元文)	1736~1741
간포(寬保)	1741~1744
엔쿄(延享)	1744~1748
간엔(寬延)	1748~1751

연호	서력
호레키(寶曆)	1751~1764
메이와(明和)	1764~1772
안에이(安永)	1772~1781
덴메이(天明)	1781~1789
간세이(寬政)	1789~1801
교와(享和)	1801~1804
분카(文化)	1804~1818
분세이(文政)	1818~1831
덴포(天保)	1831~1845
고카(弘化)	1845~1848
가에이(嘉永)	1848~1855
안세이(安政)	1855~1860
만엔(萬延)	1860~1861
분큐(文久)	1861~1864
겐지(元治)	1864~1865
게이오(慶應)	1865~1868
메이지(明治)	1868~1912
다이쇼(大正)	1912~1926

시부에 추사이

초판 1쇄 발행 2025년 5월 30일

지은이 모리 오가이
옮긴이 전정은
펴낸이 주혜숙

펴낸곳 역사공간
등록 2003년 7월 22일 제6-510호
주소 04000 서울시 마포구 동교로19길 52-7 PS빌딩 4층
전화 02-725-8806
팩스 02-725-8801
이메일 jhs8807@hanmail.net

ISBN 979-11-5707-652-9 03830

책값은 뒤표지에 있습니다. 잘못된 책은 바꾸어 드립니다.